論語本意

吴天明 著

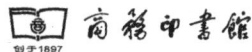

2019年·北京

例　言

　　《左传·哀公二十一年》即有"儒书"一说，这时孔子刚刚去世六年，说明以孔子学说为核心的儒学，早在孔子去世前后即已形成，并已引起华夏各国上层社会的广泛关注。《论语》出现之前的"儒书"，当指孔子终身学习并传授的"六艺"，即"诗、书、礼、乐、易、春秋"，这是尧、舜、夏、商、周、春秋六代将近两千年思想文化的结晶。而"六艺"的精华，当然集中在战国初期成书的《论语》里，所以《论语》当然是"儒书"的杰出代表。早在战国中期，《论语》就已为许多学者所熟悉，战国诸子不管赞成与否，全都认真学习，各家著作都明里暗里加以引用，实际上就已经经典化了。汉代直至清末，又一直是官方规定的必读书，少儿用它启蒙，学者也学习研究。民国初期虽被官方所废弃，但是民间和学校一直都在坚持学习。近年随着中华民族的伟大复兴正在逐步变为现实，亿万中国人民也逐步恢复了一度丧失的民族自信和文化自信。作为中华民族文明史上无与伦比，人类文明史上亦极其重要的一部经典，《论语》重新受到广大读者和学术界的特别注意，这是理所当然的事情。

　　几千年来研究《论语》的著作虽然汗牛充栋，估计有三千多种，但是大部分都已亡佚，剩下来的好本子也不多见。何晏的《论语集解》、邢昺的《论语注疏》、朱熹的《论语集注》、刘宝楠的《论语正义》、杨伯峻先生的《论语译注》，都是后世非常好的本子，而且出版社大都出了标点本，极大地满足了读者的需要。

　　但是读者在学习过程中，普遍反映有一个问题，就是虽然会认字，会翻译，甚至会背诵，但似乎就是读不懂，总觉得隔了一层。这主要是由文化隔膜造成的。所以我在研究周礼时，决定编写本书作为副产品。这本书除了要帮助读者扫除文字障碍外，重点是要帮助读者扫除文化障碍，尽可能让读者了解孔子本意。我主要采取了以下几个办法。

其一，根据周代文献，利用现代语言，讲清楚周代君子的生活，进而解读《论语》。如《学而篇》第一章：

> 学而时习之，不亦说乎？有朋自远方来，不亦乐乎？人不知而不愠，不亦君子乎？

周代读书人学习道德学问，主要目的还是要去做官，做了官才能治国平天下。读书人出路多元化，只是最近几十年的事情。他们学了相关知识，合适时讲习讲习，以备当官之用。周代读书人之间互称朋友，有互相责善的义务。孔子的弟子，有些进入师门早，道德学问好的，就给诸侯公卿当官去了，当然不能再随侍老师。进入师门晚，道德学问还没有到家，因此还没有当官的，则随侍孔子。当官的早期弟子来自远方，看望老师，同时帮助尚在师门的师弟们提高仁德，当然让人高兴。人家诸侯世卿一时不了解随侍弟子，使他们一时当不了官，但是只要弟子有本事，有信心，相信将来自会有人重用。这三件事情，在仁德君子看来，都是令人高兴的事情，"不亦说（悦）乎""不亦乐乎""不亦君子乎"，都是"不也让人高兴吗"之类的意思。所以这一章是写"君子三乐"或曰"读书人三乐"。周人的生活与我们今天当然会有差异，但只要根据周代文献，用现代的话语，把周代君子的生活讲清楚，今天的读者就完全可以理解。如果只用现代话语解释字词句，但不讲清楚周代君子的生活情况，现代人就很难读懂。读不懂，就很难吸取营养。

其二，尽可能还原古人对话的场景。春秋君子以刀为笔，在又短又窄的竹简上刻写，书写之艰难，今人难以想象，所以记录时不得不掐头去尾，行文不得不特别简洁，这给后人读书平添了许多麻烦。孔子一生教育弟子，不知要说多少话，但是弟子们只会记录老师最精彩的几句话，不会什么都记。因此我们看到《论语》中几乎所有的语录都已经被掐头去尾。如果根据周代君子的生活情况，和孔子一派人的习惯，把掐了的"头"和去了的"尾"补充起来，还原了对话的场景，读者阅读理解就会非常容易了。

其三，尽量让孔子师徒说话，而我则尽量不说话。做了前面两个工作后，孔子师徒说的话，今人完全可以理解，也就根本不需要我来画蛇添足了。

其四，过去对《论语》的误读，常常与没有注意研究语录的记录者有关，因此我非常注意做这个工作，凡是可以考证的记录者，我都一一考证清楚；即使无法考证清楚的，也会大体说明白，是哪一类人所记录，以便读者阅读理解。

其五，古来经师研究《论语》成果颇丰，理当认真学习。但我解读《论语》，只有在上述几个办法仍然不能奏效时，才会寻求经师的帮助，而且只要援引了前贤的成果，都会一一注明。

其六，为了照顾今人的阅读习惯，本书各章均解释了重点字词，并有全文翻译。但要真正理解透彻，还需阅读后面的分析文字。这些分析文字，往往包含如下内容：必要的注释、必要的内容分析、背景介绍、研究线索，等等。

其七，我考证孔子有十位弟子效仿孔子设帐授徒，除了颜回、闵损以外，他们或迟或早都做了华夏大国的公卿，按照周礼，他们的门徒都应该尊称各自的老师为"某子"，但曾参师徒编辑《论语》时，将其中的大部分"某子"直接改为他们的表字，如将"端木子"改称"子贡"，将"卜子"改称"子夏"等。考虑到这样的改动已经发生两千几百年，后世从无任何人改回去，我在翻译时，一般都会尊重曾参师徒的意思，不再改回。但是少数篇章如果不改回为原始记录状态，就无法正确翻译，极大影响读者阅读学习，那么我会按照原简改回，但会详细说明情况。

其八，为了方便读者阅读，方便学者进一步开展研究工作，除了许多篇章都留下了研究线索以外，我还专门编写了《论语所及孔子弟子索引》作为附录，学者研究战国早期诸子百家思想发展情况，会很方便。

其九，孔子弟子第一次出现时，会写一传略，以后从略。传略会考虑与司马迁《史记·仲尼弟子列传》的适当区别，目的是帮助读者阅读文献。

其十，《论语》中有许多特殊词语，如"子""夫子""人""民""圣""仁""道""门人"，等等，都与今天有同有异，都需要专门解释。我一般采取首次出现时详细解释，后面大多参见前文的办法处理。例如"子"字是《论语》正文的第一个字，以后出现许多次，我就在《学而篇》1·1中一并讲清楚，以后从略。又如"门人"一词，虽然孔子弟子、弟子的弟子，都投身各自的师门，都可以称为"门人"，但是如此称呼必然带来逻辑混乱，所以孔子的徒子徒孙早在孔子在世时就做了区别：孔子弟子才称"弟子""门弟子"，孔子徒孙一律称为"门人"。"门人"一词《论语》中共出现六次，《里仁篇》4·15中首次出现，我便在它首次出现时一并考证清楚，以后从略，但会提示参见4·15。其他以此类推。

　　本书可作中学生的启蒙读物，但需要老师认真指导，可作高等学校的通识课教材和文学、史学、哲学、政治学、社会学等专业的专业课教材。本书留下了进一步开展研究工作的许多线索，学者将感到非常方便，因此也可以作学者的参考书。

目录

孔子简论　/001
《论语》简论　/022

论语本意　/039
　　学而篇第一　/041
　　为政篇第二　/061
　　八佾篇第三　/080
　　里仁篇第四　/103
　　公冶长篇第五　/120
　　雍也篇第六　/148
　　述而篇第七　/174
　　泰伯篇第八　/204
　　子罕篇第九　/222
　　乡党篇第十　/244
　　先进篇第十一　/259
　　颜渊篇第十二　/282
　　子路篇第十三　/300
　　宪问篇第十四　/324
　　卫灵公篇第十五　/361
　　季氏篇第十六　/386

阳货篇第十七 /401

微子篇第十八 /423

子张篇第十九 /433

尧曰篇第二十 /454

附录一：《论语》所及孔子弟子索引 /460

附录二：《论语本意》参考文献目录 /468

后　记 /471

孔子简论

《论语》主要收录了孔子及其设帐授徒的弟子的语录,要读《论语》,当然首先要了解孔子,而要了解孔子,就必须把他放在整个中华文明史上来考察。在中华民族非常悠久而光辉灿烂的文明史上,尽管英才辈出,代有其人,但是只有孔子一个人,才处在一个最为重要、最为特殊、无可比拟的历史地位上。就孔子谈孔子,不可能说清楚任何问题。

(一) 特殊的历史节点

中华文明史到底从什么时候开始算起,或者换句话说,我们的祖先从什么时候开始进入文明时代,学术界主要有五种观点:

一是"中华文明一万年说"。农业史家大都主张,中华文明应该从一万年前我们的祖先创造发明种植业和养殖业时开始算起,代表性作品就是史式先生的著名论文《五千年还是一万年》[①]。这一理论可称为"农业文明起源说",其主要长处是,揭示了中华文明农业起源早、先民定居早、村社形成早、诸氏族部落融合早等特点。最近几千年中华文明的许多特色,都可以在更加遥远的农业文明时代看到其雏形。

二是"中华文明七千年说"。近几十年的考古学家大多主张中华文明以仰韶文明为起点,代表性作品就是如今收藏在河南省博物院,以仰韶彩陶为代表的一批仰韶文物。这一理论可称为"手工业文明起源说"。根据经济发展规律,农业文明发展到一定阶段后,手工业文明才会得到长足发展,所以手工业

---

① 见《团结报》1999年6月10日。

文明是水平很高的文明。

三是"中华文明五千年说"。清初著名学者王夫之根据《史记·五帝本纪》推测之。《五帝本纪》从炎帝黄帝开始说起，炎黄时代开始进入父系社会，因此这一理论可以叫作"父系社会文明说"。人类为什么进入父系社会，中外学者有许多推测，我认为主要原因很简单，就是人类创造的财富，这时已经有比较多的积累，而社会财富的主要创造者是男子，男子不再愿意倾其所有养育自己的外甥，而要养育自己的亲生后代，于是他们逼迫本氏族的姐妹出嫁，把别氏族的女子抢回来，这就进入父系社会了。其实历史学上的炎黄文明就是考古学上的仰韶文明，中间误差大约两千年，我们应以考古学成果为主要依据，所以王夫之的说法最不科学，但名气最大、影响最大，近几百年中国人乃至全球诸国都最熟悉。

四是"中华文明四千年说"。西周春秋君子讲华夏文明，必从尧、舜、大禹时代说起。西周天王分封诸侯时，人工冶铁技术尚未发明，青铜器太昂贵而且硬度韧劲都不适合农耕，黄土冲积平原才是最宝贵最适合使用原始农具进行农耕的地方。周天王自家的兄弟子侄都无法全部分封在黄土冲积平原，[①]却特意将唐尧子孙封在刘国，[②]虞舜子孙封在陈国，大禹子孙封在杞国，[③]其地都在极其宝贵的黄土冲积平原的核心地带。这说明西周天王是十分认可尧、舜、禹文明，并把尧、舜、禹视作文明祖先的。尧、舜、禹以前的历史，西周春秋君子一般都不视作信史。所有现代学者都认为，尧舜是原始社会末期的领袖，大禹的时代已经进入阶级社会，有了国家，有了城市文明，因此这一历史观，可视作"国家文明起源说"。尧、舜、禹的时代距今四千多年。战国秦汉君子才开始讲那些似乎并"不雅训"的炎黄文明，其成果见《史记·五帝本纪》。但是这一理论并非空穴来风，而是渊源有自，西周天王将黄帝之后封在今河南境内的南燕，将炎帝之后封在许国，说明西周时代炎黄文明就已经被注意到，并得到相当程度的认同。"国家文明起源说"的主要长处是，国家出现，城邦出

---

① 周家诸侯，除了北燕是要对付游牧民族，鲁国是要看住东夷，是天王有意布局外，分封在其他地方的周家子孙，都应该是因黄土冲积平原无地可封，而被迫封在土地较贫瘠的地方的。
② 可能还包括随国，其故地在今湖北省随州市境内。随国，学者或以为唐尧之后，或以为炎帝之后，总之是文明民族。这里处在黄土冲积平原的边缘地带，土壤亦相当有利于农业。
③ 杞国起初也在河南，后因大国压迫而在河南、山东四处迁徙。

现，有了社稷宗庙和初步的礼制礼法，说明文明已经发展到了很高的水平。

五是"炎黄文明说"。战国晚期秦汉君子持这一观点，成果见《史记·五帝本纪》。这一理论可称为"父系社会文明说"，与第三种理论相通。

以上五种理论，或重农业，或重手工业，或重国家特征，或重经济水平，或只重信史，或兼采口传史，可谓各有千秋，各有道理，本书只是稍加介绍，不予一一评价。我要特别说明的是，中华文明的起点不管按照什么理论来研究，从哪里算起，孔子都处在中华文明史的一个关键的节点上：只有孔子，才是远古中华文明的集大成者，才对后世几千年的中华文明产生了极其重大而深远的影响。

我把中华文明史大体划分为三个时期：远古草创期，春秋战国总结创新期，秦汉至今稳健发展不断创新期。孔子以前的时代，是中华文明的草创时代，我们的伟大祖先不仅发明了农业和手工业，创造了光辉灿烂的物质文明，而且创造了光辉灿烂的精神文明。华夏族在西周早期就已经隐然成形，最晚在春秋时代就已完全形成，①《诗》《书》《礼》《乐》《易》《春秋》成为华夏民族精神文明的核心。到了孔子生活的春秋时代，以孔子为代表的一批春秋君子，开始对远古草创期的华夏文明做总结。孔子把历史悠久而又无比复杂的华夏思想文化，概括为"六艺"，并且又将"六艺"融会贯通，进一步加以凝炼创造，创造出了以"仁学"和"礼学"为核心理念的孔学。孔子创造孔学之后，整个战国时代，儒家、墨家、法家、道家、兵家、名家、纵横家、阴阳家等诸子百家竞相著书立说，提出各种理论，创造各种学说，形成了所谓"百花齐放，百家争鸣"的局面，至战国末期，这一总结创新工作基本结束。秦汉至今，中华文明进入稳健发展不断创新期。中华文明历史的起点不管具体在哪

---

① 西周初期几代天王分封诸侯时，特意按照"五服"设计，将周家兄弟子侄大都分封在天王"甸服"周边的黄土层冲积平原的核心地带，谓之"侯服"；将周家甥舅之国大都分封在黄土层冲积平原的边缘地带，"侯服"之外，谓之"宾服"；将其他古老文明民族分封在"宾服"之外，谓之"要服"；将蛮、夷、戎、狄赶到"要服"之外的穷山恶水之地，谓之"荒服"。甸服乃京畿之地，是天下的中心；"侯服"乃周家兄弟子侄，"侯"有公侯之义；"宾服"乃周家姻亲，又是古老文明民族，"宾"有周家亲戚之义；"要服"乃其他文明民族，"要"有"约"之义，将他们分封在"要服"，应该是政治协商的结果；"荒服"乃蛮荒之地，野蛮之人，经济文化均十分落后。到春秋时代"华夏"一说反复出现在文献中时，"五服"之中的前"四服"均属于华夏，最后"一服"则是华夏要防范打击的对象。所以我认为，早在西周初期，"华夏"民族就已经隐然成形，春秋时代末期则已完全融合而成。而华夏与东夷等融合为汉族，那就是汉代的事情了。

里，孔子都是这光辉灿烂文明史的最伟大的总结者和创造者，而且他的总结和创造，深深影响到春秋战国时代所谓的"百花齐放，百家争鸣"，深深影响到战国秦汉以来两千多年中华民族的思想文化乃至生存发展。

我们研究孔子，学习《论语》，就要把孔子和《论语》放在中华文明的悠久历史上来考察，放在这个关键的历史节点上来考察。否则，我们就很难充分认识孔子及其思想理论的伟大而深远的意义。

（二）高贵的血统身世

孔子名丘，字仲尼，春秋晚期鲁国人。他是东夷殷商的苗裔。其远祖商汤灭夏，经五百多年传至帝乙。帝乙长子微子启，庶出，不得嗣位；少子辛，嫡出，得嗣帝位，是为帝辛，天下谓之纣。①周武王灭商，封纣子武庚以嗣殷商。周武王驾崩，武庚谋反，周公乃诛武庚，命微子启以嗣殷商，立国于宋，即今河南商丘。传至宋湣公，生嫡长子弗父何，按照礼制，弗父何本应嗣位为宋君，但把君位让给了母弟宋厉公，从此弗父何这一枝开始边缘化。弗父何生宋父周，周生世子胜，胜生正考父，父生孔父嘉，五世亲尽，别为公族，遂姓孔氏。②孔父嘉无辜被华父督杀害。孔父嘉生木金父，父生睾夷，睾夷生防叔，防叔畏惧华氏迫害而逃到鲁国，故孔氏为鲁国人。③防叔生伯夏，伯夏生叔梁纥，叔梁纥即孔子的父亲。

叔梁纥为鲁国的郰邑大夫，根据《春秋》和《左传》，春秋时代特别是中晚期有称大夫为"某（国名或采邑名）人"的习惯，故鲁国君子称他为"郰人纥"④，《论语》称他儿子孔丘为"郰人之子"⑤。叔梁纥娶施氏女，生九女；其妾生孟皮，病足；叔梁纥又求婚于颜氏徵在，生仲尼，故孟皮、仲尼皆庶出。

---

① 古人说微子启的母亲生启时，尚为帝乙之妾，故启为庶子；生辛时已为帝乙之嫡妻，故辛为嫡子，得以嗣位。详见《史记·宋世家》。这说明，西周早期正式确立，并且影响了此后几千年的所谓"嫡长子继承制，余子分封制"，并非凭空产生，而是有所继承的。
② 据《国语》记载，正考父整理过《商颂》。孔子整理《诗经》，应该与其祖先多少有些关系。详见《春秋〈诗〉义三变》（吴天明，《长江学术》2008年第1期）。
③ 参《左传·桓公元年》《桓公二年》《史记·孔子世家·索隐》。
④ "人"字在周代时的要义有二：一指所有的人，与"鬼"相对而言；二指贵族，与"民"相对而言。叔梁纥是贵族，故称"人"；他是郰邑大夫，故称"郰人"。《左传》中有许多某国大夫或某邑大夫为"某人"的例子，《论语·先进篇》11·14中也有以"鲁人"指鲁国大夫的例子。
⑤ 参《左传·襄公十年》，《论语·八佾篇》3·15。

孔子的出生年份向来有两说，或说是鲁襄公二十一年，或说是鲁襄公二十二年，①差别不大。孔子出生不久，叔梁纥即去世。叔梁纥无嫡子，孟皮、仲尼虽均为庶子，但孟皮年长，按照周礼，孟皮才能继承父亲的爵位和官职，孔子只能当一个普通的士，其政治地位、经济地位几乎与平民无异，只有一个高贵的血统，受过一定的教育而已。②鲁昭公被"三桓"（即季孙氏、叔孙氏、孟孙氏）赶到齐国时，孔子三十五岁左右，也到了齐国，做了高昭子的家臣。③齐国高氏、国氏，都应源出姜太公。《左传·僖公十二年》记载，周襄王欲以上卿之礼招待管仲，管仲不敢当，说："有天子之二守国、高在。"可知齐国高氏、国氏都是周天子直接任命的世世代代的上卿，虽然未必总有实权，但地位甚至比齐君任命的管仲、晏婴这类下卿都高，所以管仲在周天子面前自称"陪臣"，受下卿之礼而还。孔子想借此机会接近齐景公，做齐国的大臣，从而实现自己的人生理想。但是齐景公已经年老，他早已只顾享乐，心思已经完全不在治国理民上了，加上晏婴反对重用孔子，孔子只得返回鲁国。这时鲁国"三桓"控制朝政，"三桓"的家臣又控制"三桓"，出现了"陪臣执国命"的格局，朝政十分混乱，孔子无意做官，退而学习整理《诗》《书》《礼》《乐》《易》《春秋》。到了鲁定公十年或稍早，控制季孙氏的家臣阳虎被打败赶走，鲁国大体安定下来，孔子这才正式当官。他当过鲁定公的"相"，当过中都宰，后来转任司空，又转任司寇。鲁君、齐君在夹谷这个地方会盟时，"孔丘相"，做了公卿。④后来鲁国正卿季桓子中了齐人的美人计，接受了齐人送来的八十个女乐，连续三日不朝。孔子愤而辞职，漫游天下十四年之久，其间卫灵公、楚昭王、卫出公都想用而均不能用。孔子返鲁，鲁哀公亦不能用。鲁哀公

---

① 前说见《公羊传》《谷梁传》，即公元前551年；后说见《史记·孔子世家》，即公元前550年。
② 《左传·隐公元年》记载周代贵族葬期，天子七月、诸侯五月、卿大夫三月、十二月，可见士在西周时代和春秋早期尚为贵族。但因一，贵族总是过度繁衍，小贵族不断平民化是大趋势；二，春秋中期从鲁国开始，诸国相继实行"初税亩"，承认土地私有化，"井田制"被破坏，士的政治地位、经济地位到了春秋中后期，几乎与平民无异。孔子出仕前，就是这样一个平民化的士，所以他说："吾少也贱，多能鄙事。"不过，士虽贫贱，但毕竟有高贵的血统，受到较好的教育，心境远比一般人高，理想抱负远比一般人大，这是我们特别要注意的。孔子师徒都本是士，但他们天天在一起讨论道德学问，研究如何平治国家天下，这就不是平民所为，甚至不是一般的君子所为了。
③ 《史记·仲尼弟子列传》推定为鲁昭公二十五年，此说有道理。
④ 见《左传·定公十年》。终春秋之世，鲁"相"从来都是卿担任，古代学者因此推断孔子任卿，此说可从。

十六年，孔子郁郁而终，享年七十二岁。①

司马迁写《孔子世家》，也只从孔防叔说起。我之所以要从商汤说起，主要的考虑是：

其一，孔子家族在长达上千年的时间里，一直是殷商大贵族。即使因其十世祖弗父何礼让宋国，孔子家族这一支开始边缘化，但一直到孔子的父亲叔梁纥都还是鲁国大夫。孔子这样极其显赫的身世，对他思想性格和独特眼光的形成无疑是具有重大深远影响的，对他一生的经历也无疑是具有重大深远影响的。例如，春秋君子，无论是周人，还是殷人，大家都常常说，孔子是圣人之后，必然成为"达人"②。这样的社会环境，对孔子的成长当然会产生极其重大的影响，当然会激励孔子终身以治国平天下为己任。春秋晚期，君臣父子完全乱套，诸侯卿大夫尚力不尚德。在这样的社会环境里，仍然以治国平天下为己任的仁人，已经成为迂腐可笑的对象，③但是孔子一直毫不动摇地坚持自己的人生理想和政治理想，并为此奋斗终身。要说这与他高贵的血统没有关系，是很难说得过去的。

又如，春秋君子大都认为，礼要下庶人，而孔子虽然主张要用礼来教育平民百姓，但他同时认为，要严格区分君子与小人，君子也要分出等级，不同的人适用不同的礼；孔子任何时候谈起君子、小人，都有一种与生俱来的道德文化的高贵感、优越感；孔子任何时候说话、做事，都自然而然透露出一种几乎与生俱来的贵族风范；孔子喝酒从不限量，但从不喝醉，也应与他殷商祖先的饮酒习惯，以及商纣王因为纵酒而丢掉天下的经历有密切的关系；孔子在鲁定公时代，竟然以普通士的身份直接担任鲁国的"相"（公卿），所有这些都应该与他高贵的出身颇有关系。

周代人讲的"东夷"，除了偶然指某个可能还处在部落制状态的东南部落国家以外，绝大多数情况下，都是泛指生活在中原东部、东南方向广大地区的一个庞大族群，包括殷人、嬴人、楚人、越人、群舒等等，这些人大体上原本生活在今日河南、安徽、江苏、山东一带，与来自西北部的主要由羌戎形成的

---

①参《左传·哀公十六年》《史记·孔子世家》。民间几千年来一直有孔子七十三岁而卒的传说，盖算虚岁。
②参《左传·昭公七年》《史记·孔子世家》。
③参《论语·雍也篇》6·26。

华夏诸族明显不同。东夷多礼，自古而然，史不绝书。孔子少年时代应该十分贫贱，但他很小就开始琢磨礼仪，后来成为礼制大家，连他的很多学生如子夏、曾参等，后来也成为研究周礼的专家，这与他的高贵血统都或多或少有些关系。

其二，孟子曾说"五百年必有王者兴，其间必有名世者"①。从尧、舜、禹到商汤大约五百年，从商汤到周文王、周武王大约五百年，从周文王、周武王到孔子大约也是五百年。孟子这样排队，明显是把孔子排在了伟大圣贤甚至"王者"的队伍里了。②《孟子》一书反复强调，孔子是应运而生的伟大圣人，可与尧、舜、禹、汤、文、武、周公等先代圣人相比，甚至比其他圣人都要伟大，是有人类以来最伟大的先哲先圣。这与春秋时代鲁国公卿臧武仲、孟僖子的看法有相通之处。臧武仲说："圣人有明德者，若不当世，其后必有达人。"古来经学家都认为，臧氏所说的"圣人"是指礼让宋国国君之位的太子弗父何。这样的说法恐怕并不准确圆通。孔子祖先从商汤开始，一直到弗父何，有多少"圣人"！这些"圣人"之后"必有达人"，这是暗示孔子应运而生。孟僖子也认为"圣人"之后的"达人"就是孔子，因此遗命二子师事孔子学礼。③孔子的祖先中有许多"圣人"，因此春秋时代许多君子都认为孔子是应运而生的"圣人""达人"。孔子及其门徒都有极其崇高的历史使命感，这固然与当时天下的形势有关，与孔子的教育背景有关，也当与孔子的显赫身世有关。这非常像后世的刘秀和刘备，他们都是汉高祖之后，虽然离刘邦的时代已经非常遥远，但他们都因为有高贵的出身，而赋予自己极其崇高的历史使命。我认为宋襄公也自认为是应运而生的圣人，但他失败了；孔子也认为自己应运而生，并且为治国家平天下而奋斗终身。

其三，孔子的祖先虽然极其显赫，但到孔子近祖的时代，孔氏已经衰落。孔子的父亲叔梁纥只是个乡邑大夫，相当于今天的县长。叔梁纥没有嫡子，其嫡妻为他生了九个女儿，两个庶妾分别生了孟皮和仲尼。按照周礼，无嫡立长，而且叔梁纥去世时，仲尼年幼，应由孟皮继承父亲的爵位和官职，那么孔

---

① 《孟子·公孙丑下》4·13、《尽心下》14·38，均见杨伯峻先生《孟子译注》（中华书局，1980年版）。
② 参《孟子·尽心下》14·38。
③ 参《左传·昭公七年》《论语·为政篇》2·5、《公冶长篇》5·2、《先进篇》11·6、《宪问篇》14·5等。

子就成了一个普通的士即普通的读书人,在经济上、政治上与平民没有太大的差别。春秋晚期,鲁国可以一次驱使几百个读书人去打仗,可见那个时代的士,地位之低下。①孔子出生不久,父亲就死了,他随寡母长大,其间苦辛不言而喻。所以孔子说:"吾少也贱,故多能鄙事。"②这样的身世对孔子无疑是有重大影响的。例如孔子反对增加税收,怜悯平民,就可能与他的少年经历多少有些关系。

过去的学者研究孔子,常常只看孔子生活的春秋晚期的时代环境,这虽有一定道理,但是我总觉得还不够,有些问题没有完全说透。孔子的时代,有许多像他这样的士和君子,郑国、卫国、鲁国尤其多。但是,为什么只有他才能够承担天下的兴亡?为什么只有他才承担着传播尧、舜、文王的"文"的责任?天下为什么一定要以他为"木铎"?老天爷为什么要生孔子?不兼顾思考孔子的血统和出身,许多问题就说不清楚。

(三)混乱的时代环境

孔子生活的春秋时代,古来学者都喜欢用"礼崩乐坏"来概括当时天下的总体形势,这四个字概括得很深刻很准确。"礼崩乐坏"这四个字展开来说,主要包含这几层意思:

宗教权力和政治权力不断下移,天下分崩离析。周代仍然实行政教一体的管制制度,天子在政治上是天王,在宗教上是上帝在人间的最高代表,③故称"天子",同时拥有宗教、行政两种最高权力,用宗教和行政两种办法统治天下。诸侯则是方国的主祭者和主政者,同时用这两种办法治理国家。卿大夫亦按此办法治理采邑。但到了春秋时代,天子的实力不断下降,合法性和影响力随之不断下降,只有所谓"春秋五霸"才能号令天下。礼乐征伐本是天子的权力,但是这个时代几乎全部出自诸侯。到了春秋时代的中后期,诸侯的权力又被世卿所稀释篡夺,例如鲁国世卿"三桓"专权,齐国世卿"田氏代齐",这些都是孔子所亲见的。孔子去世不久,晋国世卿"三家分晋","分晋"之前的情况也是孔子所亲见的。世卿操控国政,他们的家臣则操控世卿,如鲁国"三

---

① 参《左传·哀公八年》。
② 见《论语·子罕篇》9·6。
③ 周人把至上神称为"天"。

桓"的家臣操控"三桓",出现了所谓"陪臣执国命"的情况,这些也是孔子所亲见的。

　　土地军队不断被世卿所实际控制。殷商和西周都实行"井田制",天下的土地名义上全部都归天王所有,即所谓"溥天之下,莫非王土。率土之滨,莫非王臣"①。然后天王像切蛋糕一样,把土地切给诸侯,诸侯再切给卿大夫,卿大夫再切给士,即所谓"得乎丘民而为天子,得乎天子为诸侯,得乎诸侯为大夫"②。贵族借用民力耕田从而获得生活所需,平民借用贵族田地也获得生活所需。这一制度的好处是既确保了贵族的利益,防止土地兼并,税收又比较低,平民衣食大体有保障,因此天下比较稳定。但是,贵族的子孙总是呈几何数增长,而土地数量的增长却总是十分有限。那些逐步被边缘化平民化的小贵族就不断开荒,普通平民也跟着开荒,这就出现了许多私有土地。私有土地的所有权,早先是不被政府所承认的,不承认所有权,政府当然也不能收税。春秋时代几乎年年打仗,所有国家都急需用钱,于是鲁国率先承认土地私有制,井田以外新开的荒地也要交税,谓之"初税亩"③。"初税亩"的本意是鼓励开荒,从而增加国家的税收,但是这个制度的好处很快被卿大夫们所占有。鲁襄公十一年,鲁国作三军,"三桓"各得其一。④昭公五年,鲁国再次被瓜分,"公室四分,民食于他"⑤。所谓"四分",是指将土地兵赋一并四分,季氏独得两分,叔孙、孟孙各得一分,鲁君反而什么都没有得到。土地都成了"三桓"的,平民要吃饭,必须借种"三桓"的土地,所以说"民食于他"。这样,国君在经济上、政治上就完全被架空了。后来鲁昭公被驱逐到齐国,客死他乡,⑥鲁国居然没有几个人拥护昭公,这也就不难理解了。

　　礼法礼仪制度完全乱套。春秋时代外交场合有赋诗言志的习惯,诸侯用天子的诗乐,卿大夫用诸侯甚至天子的诗乐,在那个时代都是十分普遍的情况。孔子曾经批评季氏用"八佾",因为这是天子的礼乐,⑦而季氏只是个公卿。其

---

① 见《诗经·小雅·北山》。
② 见《孟子·尽心下》14·14。
③ 参《左传·宣公十五年》。
④ 参《左传·襄公十一年》。
⑤ 参《左传·昭公五年》。
⑥ 参《左传·昭公三十二年》。
⑦ 参《论语·八佾篇》3·1。

实这种事情在晚周时期可谓比比皆是，甚至连史官都懒得记载。例如，春秋时代共有十三位周天王，《春秋》记载其葬礼的仅有五位，鲁国派公卿去参加葬礼的只有两位。而按照周礼规定，天王去世，华夏诸国的国君必须亲自参加葬礼。鲁国号称最守周礼，《春秋》号称是天下最讲周礼的史书，天王至少在政治宗教名分上还是华夏诸国的共主，丧礼又是最重要的宗教礼仪，尚且如此这般，其他又当如何？

除了"礼崩乐坏"四个字以外，春秋时代还可以用"天翻地覆"四个字来概括。"礼崩乐坏"主要是说华夏内部君臣父子关系全部乱套；"天翻地覆"则是说华夏与蛮夷戎狄的关系全部乱套。

西周初期，周天王把自家大多数兄弟子侄都分封在了黄土层冲积平原。[①]那时农耕还在使用原始的石器，青铜器太贵，而且硬度韧劲都不够，不适合做农具。黄土层冲积平原土壤疏松而且肥沃，墒情又好，非常适合"刀耕火种"，所以在西周时代，周家兄弟甥舅诸国大都是经济文化发达的国家，是血统华夏和文明华夏的核心国家。

但是到了春秋时代，西亚发明的人工炼铁技术传到了中国，中国人很快在此基础上，发明了往铁水中掺碳的炼钢技术，战国时代又发明了锻造技术，这样钢铁就大量用在了农耕和战争中。早先国土多不适合农耕的楚国、齐国等国家，因为国土辽阔、空间巨大，很快发展起来，国力大增，成为超级大国。原先经济、文化发达的周家诸国，除了晋国以外，大多因为拥挤在黄土冲积平原，国土狭小，空间有限，很快被新兴大国打压下去。东部的鲁国长期被齐国打压，南方的楚国则灭掉了周家的许多小国，甚至"问鼎"周天王了。"华夏"这个概念虽然在春秋文献中才频频出现，但是这个理念早在西周时代就应该有了。[②]"华夏"最早的意思是指周家兄弟甥舅之国，周家兄弟之国又是华夏的核心。到了春秋时代，"华夏"的共主周天王实力不行了，他的兄弟之国也大多不行了，齐国这样的甥舅之国，楚国这样的蛮夷戎狄之国，成了华夏的中坚力量。这真正是"天翻地覆"。

周家兄弟甥舅即华夏内部"礼崩乐坏"，周家外部又"天翻地覆"，其实是

[①]北燕主要是为了对付北方的游牧民族，鲁国主要是为了对付东夷，但像这样分封在远离黄土层地带的周家兄弟子侄并不多。

[②]我认为周天王分封诸侯时，已经隐含"华夏"理念。

更加广泛意义上的"礼崩乐坏",天下简直是乱透了。

人是群居动物,包括人在内,所有群居动物都需要秩序,没有秩序,首领和成员都会倒霉。孔子就生活在一个完全没有秩序的时代,他希望以周礼为依据,恢复社会秩序和政治秩序,这并不难理解。过去常有学者说,孔子保守复古,他想"克己复礼",就是想恢复西周的奴隶制,这恐怕是个很大的误会。西周是否为奴隶制,先姑且不论。①孔子的确想要一个"君君,臣臣,父父,子子"的社会秩序和政治秩序,但是他从来没有说过一句要恢复西周秩序的话。他当然清楚地知道,周天王早就没有合法性了,实力也不济,已经不可能再统治天下了。鲁国只是个中等国家,平台太小,齐国、楚国都是大国,平台较大,所以孔子曾经想在这些大国做官,实现自己治国平天下的抱负。齐国与周家长期通婚,那个时代还被视作华夏,而楚国在那时尚被视作蛮夷,孔子也想去做官。孔子的这些举动雄辩地说明,他认为,不管是谁,只要安定天下就行,并没有一定要恢复所谓西周奴隶制的考虑。

(四)复杂的思想渊源

孔子是一位百科全书式的伟大思想家和教育家,在讨论他的思想体系之前,先讨论一下他的思想渊源,这对我们是有好处的。

孔子一生都致力于学习整理《诗》《书》《礼》《乐》《易》《春秋》,一生都用"六艺"教育弟子。而这"六艺",就是尧、舜、夏、商、周、春秋文化的杰出代表。

许多年前,我曾经十分仔细地研究过周人赋诗的情况,并且对这些情况做出统计分析,断定今本《诗经》最晚在鲁襄公时代的晚期就已大体定型,②这个时候孔子还只是个十岁左右的小孩子。孔子说他自卫返鲁,雅颂各得其所,③想必他晚年还是做过雅颂的某些整理工作。《诗经》是春秋君子的必读书,贵族聚会,尤其是在外交场合,赋诗言志是每次都会上演的节目。如果有谁不会赋诗,或者听不懂人家赋诗,那是极其丢人现眼的事情。如果评论当时

---

① 学术界早已认定西周时代为奴隶制时代,但我并不认同。这个问题很复杂,本书暂不论述。
② 参《春秋〈诗〉义三变》(吴天明,《长江学术》2008年第1期)。近有学者说今本《诗经》成书于齐桓公时代,这在逻辑上恐难成立。齐桓公时代,今本《诗经》中的许多诗歌都还没有创作出来。
③ 参《论语·子罕篇》9·15。

的人和事,周人引经据典,也会常常引用《诗经》和《尚书》。孔子教育弟子时,常常与弟子讨论《诗经》,说明《诗经》的确是孔门的教材之一。孔子特别提醒儿子孔鲤学《诗》,学"二南",则可能与春秋晚期赋诗风气开始变淡有些关系,不然则无需特别提醒。孔子要教育弟子学习《诗经》,他自己自然会首先认真学习。

《尚书》也是周代君子的必读书,《论语》引用《尚书》的例子,在"六艺"中是最多的。孔子的有些思想,即直接来自于《尚书》,如"克己复礼为仁"①;有些思想则是对《尚书》的发展,如孔子发展了《尚书·说命中》的"知行说",提出了"学行说";还有些思想则是纠正《尚书》的结果,如《尚书》赞美尧舜是圣人,周人言必称尧舜,但孔子却说,尧舜虽然了不起,但不可能真正帮助平民百姓,这是非常了不起的见解。孔子常常赞美古代圣贤如舜、禹、吴王泰伯、文王、武王、周公、微子、箕子、比干等,《尚书》中都记载了他们的事迹。《论语·尧曰篇》的编辑工作一定杂乱无章,其中不少片段很可能是孔子弟子读《尚书》时随手做的摘抄,也被曾参师徒胡乱编进了《论语》。不过,这些资料让我们进一步知道,《尚书》对孔子师徒多么重要,他们读《尚书》时,常常随手做摘抄以备记诵。

周代应有一些记载古礼尤其是周礼的零零星星的简牍,据《左传》记载,周代许多君子都常常有"周礼"如何的话,这些话应该不是空穴来风。例如《左传·隐公元年》讲,周代官方规定贵族的丧期是天子七月、诸侯五月、卿大夫三月、士两月。这是刚入春秋的史料,说明西周时代这一礼制就在实行。春秋时代两百多年,凡是按此规定办理丧事的,《左传》都评论说"礼也";凡是不按此办理,而又没有特殊情况的,《春秋》要么不记载,要么会特记一笔,《左传》也会评论说"非礼也"。我相信华夏诸国的典籍中,都记录了周代丧礼的这一规定,不仅鲁国史料有此记载。再如,西周应该有关于贵族妻妾地位、嫡子庶子地位的礼制规定,因为春秋时代这些礼制已经开始松弛了,所以华夏诸侯几乎每次盟会,都要强调这些规定,并将其写入盟约。这些盟约都会由诸国保存在档案馆中。凡是遵守这些规定的,经传都会肯定;凡是违反这些规定的,《左传》都会评论说"非礼也"。又如,凡是农闲时使唤百姓的,《左

---

①见《论语·颜渊篇》12·1。

传》都说"礼也";凡是农忙时使唤百姓的,《左传》都说"非礼也"。这样的例子还有许许多多。周代诸国,都有管理档案典籍的政府机关和官员,如周王国有"周府",就是档案馆;晋国有"籍氏",就是世世代代管理档案的官员。我相信,那些记录着三代礼制的零零星星的简牍,就收藏在华夏诸国的档案馆中。当然,孔子的时代,还没有我们如今看到的成为专门书籍的所谓"三礼"。孔子对礼的论述,据《左传》所记,常常与晚周君子相同。这说明孔子是花了大气力研究这些简牍,学习这些古礼,并将这些古礼传授给弟子的。

鲁襄公二十九年吴公子季札访问鲁国时,曾经"请观周乐"。他所观的"周乐",有虞、夏、商、周四代的音乐。①据《左传》记载,晚周时代甚至还可以听到黄帝时代的古老音乐。《论语》中常有孔子对相关音乐的仔细描述,这并非出自想象和臆断,孔子就十分熟悉这些音乐。他的学生言偃当武城县长时,就遵照老师的教导,用音乐教育武城人民。②孔子对后世影响重大而深远的音乐理论,即来自于对这些音乐的研究。

今本《周易》中的一部分,包括六十四卦与卦辞、爻辞,都作于西周初,其他则是后世所作。《周易》本是一本卜筮的书,但周代许多君子都把它当作政治学和礼学的书来看,《左传》中有许许多多这样的例子。孔子"五十以学《易》",与周代诸君子一样,也是从《易》中学习人生哲理。

至于鲁《春秋》,孔子更加深受其影响。孔子评价了春秋早中期的许多人和事,其评价的主要依据就是鲁《春秋》。孔子有可能还看到过鲁《春秋》的西周史部分,他对殷末周初许多人物事情的评论,除了受《尚书》影响外,还可能受到鲁《春秋》西周史部分的影响。孔子"君君,臣臣,父父,子子"的思想,甚至连他称呼自己、称呼弟子的具体方法,都深受《春秋》的影响。

总之,以"六艺"为代表的尧、舜、夏、商、周、春秋文化,是孔子最为重要的思想来源。《韩非子·显学篇》说,春秋显学无非儒墨,孔子、墨子都以尧舜为榜样,都认为自己的思想理论来自尧舜。这话固然不错,但是太笼统。我从"六艺"上讲,可能比较具体一点。

同时代君子的影响,也是孔子思想的重要来源。春秋时代各国君子的善言

---

① 参《左传·襄公二十九年》。
② 参《论语·阳货篇》17·4。

仁行，孔子都十分注意学习。他高度评价管仲、晏婴，称赞子产是"古之遗爱"，称赞郑国、卫国的诸位君子。这些春秋君子的善言仁行，对孔子思想的形成，也起了十分重要的作用，《论语》中的记载就非常多。

当然，孔子当时的环境，对他形成自己的思想体系无疑是有重要作用的。那个时代，君不君，臣不臣，父不父，子不子，最后所有的人都是受害者。这样残酷的社会现实，当然会教育孔子，促使他思考国家、天下的过去和未来。

孔子在中国历史上，处在一个关键的节点上，他上承尧、舜、夏、商、周、春秋圣贤，下启后世百代子孙，可以说，他是尧、舜、夏、商、周、春秋文化的集大成者。生活在这个关键节点上的，当然不仅他一人，还有许许多多的春秋君子，但是只有他才穷尽一生的精力，如此用心地学习古代文化成果，如此用心地传授这些成果，所谓"学而不厌，诲人不倦"，使他终于成为一代圣贤、万世师表。

（五）清晰的理论体系

上面我已经说过，孔子是一位百科全书式的伟大思想家和教育家，他的道德学问成就非凡，内容庞杂，涉及许多方面。但是如果细心体会，认真分析，我们就会发现，孔子有一个完整的思想体系，而且其思想体系的关键词只有两个字，就是"仁"和"礼"。①

"仁"是孔子的道德主线，是孔子的人生理想和政治理想，它主要解决人为什么活着的问题。中国哲学的核心问题是道德论，道德论的核心问题是人生理想政治理想论，而人生理想政治理想论的第一位伟大思想家就是孔子。

"仁"也叫"道"，后世学者常常称之为"人道""仁道""人本""仁本"等。孔子曾经对弟子曾参说："参乎，吾道一以贯之！"曾参明白，老师的"道"，分而言之，就是"忠"和"恕"，"忠"和"恕"合而言之，就是"道"即"仁"。②对此，后世几千年的学者有共同的认知，但是其中仍有需要澄清的地方。

关于"忠"的具体内涵，古今学者的认知尚存有误区。弟子子贡曾经问过

---

①详见《孔子的道德学问不只一条主线》（吴天明，《求索》2017年第4期）。
②参《论语·里仁篇》4·15。

老师："如有博施于民而能济众，何如？可谓仁乎？"孔子回答说："何事于仁，必也圣乎！尧舜其犹病诸！夫仁者，己欲立而立人，己欲达而达人。能近取譬，可谓仁之方也已。"①理解这一章的关键，是要首先弄明白"人""民""众"三个词。孔子所讲的"人"，主要含义有二，一是广义的人，指所有的人，与"鬼"相对而言；二是狭义的人，指上等人、贵族即诸侯、卿大夫，与"民""众""小人""工""老农"等平民相对而言。本章用狭义。明白这一点，本章的意思就很清楚了："立人达人"者是"仁人"；"立人达人"之后还要"施民济众"的就是"圣人"了。孔子的人生理想和政治理想明显分为两个层次，较低的层次是帮助君子贵族"立"和"达"，最高层次是继而帮助天下所有的人都过上好日子。但他认为，"立人达人"之后还要"施民济众"，这个目标几乎不可能实现，甚至连伟大的尧舜都没有办法真正实现。古今学者研究孔子的"忠"道时，往往忽略"人""民"之别，想当然地以为，孔子的"忠"道自然是包括天下所有人的，这是误解。其实，孔子的"忠"道只是"君子之道""贵族之道"，不包括"平民之道"，再说简单一点，只有"人道"，没有"民道"。

为了进一步证明上述意思，我们不妨再举一例。子路曾经请教孔子，怎样做一个君子。孔子说"修己以敬""修己以安人"就可以了，就是仁德君子了。如果"修己以安百姓"，那就不得了，就是圣人了。不过，孔子又说，要当"安人"而且"安百姓"的圣人，可不是一件容易做到的事，"尧舜其犹病诸！"②本章中孔子也认为，圣人的理想是不可能实现的，连伟大的尧舜都没有办法实现。"百姓"即平民。本章孔子明显也把人生理想和政治理想分为两个层次，"安人"，这是仁人的理想，就是"人道""仁道"；"安人"且"安百姓"，这是圣人的理想，就是"民道""圣道"。

前面我虽然只具体分析了两章，但这两章十分典型。《论语》中有许多章都表达了类似的意思，我没有必有一一分析。这两章告诉我们，孔子虽然也十分想在"立人达人"的基础上再去"施民济众"，在"安人"的基础上再去"安百姓"，但是孔子明白，能够"立人达人""安人"，实行"人道"，当个仁

---

①参《论语·雍也篇》6·30。
②参《论语·宪问篇》14·42。

人，就已经十分不容易了，还想"施民济众""安百姓"，实行"民道"，当上圣人，完全是没有可能的。因此我认为，孔子的"忠道"只是君子之道，只是"人道"，不包括"民道"。

也许有学者举例分析说，孔子是如何关心平民的，他要求少收老百姓的税，他要求鲁国正卿季康子不杀老百姓，他告诉弟子要设法让老百姓富裕起来，等等，我都承认。但是关心是一回事，理想目标则是另一回事。我也关心全世界人民，希望全世界人民都过上好日子，但这显然不是我的人生理想，因为我不可能真正帮助全世界人民。以今况古，以凡况圣，其中的道理并不难理解。

关于"恕"，孔子有十分清楚的解释："己所不欲，勿施于人。"[1]因此古来从无争议。不过要注意的是，这不是对所有的人提出的道德要求，只是对君子即贵族提出来的道德要求。孔子一向认为，平民的道德水平很低，无可救药，他不可能要求平民讲究恕道。[2]

"忠"与"恕"合起来，就是"仁"，就是"道"，就是孔子的人生理想和政治理想。经过上面简要的分析，我们可以得出一个初步的结论，孔子的"仁""道"只是"人道"，也就是君子之道、贵族之道，不包括"民道"。古今学者大多认为，孔子是为天下所有的人而奋斗终身的，这是个美妙的误会。其实，他只是为上等人奋斗了一辈子。当然，这是完全正常的。要一个几千年前的古人具有现代人的远大理想，这才是不可理解的事情。

除了"仁"以外，孔子思想体系的另一个关键词是"礼"。礼的本意，应该是用酒肉谷物祭祀祖先，其起源必定很早。许多年以前，我曾经根据考古学家的报告，通过研究古人的葬式，用实证方式证明，古人的祖先崇拜以及相关的礼俗，应该起源于大约五六万年前。[3]从现存文献来看，将约定俗成的礼俗形成成文的礼制或许就在尧舜三代时期。礼最早最主要的用处，是规范祖先与子孙的关系。但历史发展到周代，古人的鬼魂观念已经相当平淡，礼的主要作用，由主要规范祖先与子孙的关系，逐步演变为主要规范人与人之间的关系了。

---

[1] 见《论语·卫灵公篇》15·24。
[2] 详见《孔子没有平民文化教育思想》（吴天明，《长江学术》2017年第1期）。
[3] 详见《神仙思想的起源和变迁》（吴天明，《海南大学学报》人文社会科学版2004年第6期）。

孔子简论

　　人这个物种的发展有一个规律，就是无论你是哪个种族，其精神文化的真正源头，只可能是宗教文化，也就是礼。几万年前的礼俗，古人已经无法追溯了；尧舜三代成文的礼制，就成了晚周君子探索古代文明、规范人际关系必须要认真研究的对象，成为中华精神文明的可靠源头。而孔子的礼学，就是以研究人际关系，特别是君臣父子关系为主的一种学问。

　　古人的学问不分科，什么学问都在那些文献里。这样学习的好处是，可以培养伟大的学问家，坏处是常常让人摸不着头脑。因此，在那些拉拉杂杂，几乎无所不包的文献里，悟到学问的主线，就是一件极其艰难，又不得不做的事情。孔子要用这些文献教育弟子，他自己得首先悟到这些繁杂学问的主线。

　　孔子与弟子子贡有一番对话，很能启发我们的心智。孔子问子贡："女以予为多学而识之者与？"子贡回答说："然。非与？"孔子说："非也。予一以贯之。"[①]孔子并没有接着说清楚到底是用什么东西将"多学而识之者""一以贯之"，因为子贡已经听懂了。子贡当然已经明白了，所以没有接着问，因此也就没有什么好接着记录的。但是这一下却害苦了后世几千年的学者，害苦了我们这些后人。大家考虑到，孔子与曾参谈到"仁道"时，也曾经说过，他的"道"有个东西"一以贯之"，于是学者们就想，孔子与子贡说的将"多学而识之者""一以贯之"的那个东西，应该也是"仁"即"忠恕"吧？几千年来，学者们大多是这么想的，也都是这么说的，不过很可惜，错了。

　　孔子说，他一生用一个东西将"多学而识之"的学问"一以贯之"，子贡当然懂，但是没有说出来，当然也就没有记录下来。颜回也懂，幸运的是，他说出来了，而且记录下来了。颜回说，老师的学问无比丰富，无比了不起，无处不在。老师教育我们，总是"博我以文，约我以礼"[②]。"博文约礼"，本义是讲孔子的教育方法，客观上却告诉我们，孔子教育弟子无比丰富的"文"，而这些"文"有一条主线贯穿，就是"礼"。也就是说，这个"礼"，是学习理解古代文献的一把钥匙，是古代文献的主线和灵魂，也是孔子无比丰富复杂学问的主线和灵魂。颜回的见解是十分了不起的。孔子自己就不止一次讲过，君子要"博文约礼"[③]，即广泛地学习古代文献，然后以礼来归纳总结贯穿，形

[①] 见《论语·卫灵公篇》15·3。
[②] 见《论语·子罕篇》9·11。
[③] 见《论语·雍也篇》6·27、《论语·颜渊篇》12·15。

成知识体系。悟到这一层,方可"从心所欲不逾矩"。与孔子同时代而稍早的齐国世卿晏婴、鲁国世卿孟僖子,以及西汉早期的伟大史学家司马谈,也都认识到了孔学乃至整个儒学"博文约礼"的特点,这些先贤的相关论述,都可以作我们的参考,并启发我们的心智。①

(六)深远的重大影响

读了《论语》的人都会有一个印象,孔子为人十分谦和,他说话总是慢条斯理的,即使教训人也是斯斯文文的,他骨子里是贵族,一举手一投足自然而然有一种贵族的气质和派头。他不像孟子,孟子说话总是雄辩滔滔,即使与国君谈话也常常像训斥孙子一样。孔子虽然谦和,但也有例外的时候。一次,孔子与弟子在大树下讲习礼仪,宋国司马桓魋欲杀孔子,弟子都劝老师快点逃走,孔子却说:"天生德于予,桓魋其如予何?"②还有一次,孔子被围困在陈、蔡之间,并被拘禁了好几天,孔子说:"文王既没,文不在兹乎?天之将丧斯文也,后死者不得与于斯文也;天之未丧斯文也,匡人其如予何?"③这两番话,都是孔子在生死攸关的关键时刻讲的,都说出了孔子的心里话,都显示了孔子高度的文化自觉和文化自信。这种文化自觉和文化自信,孔子当早已有之,只是因为他为人谦和,平时不说,我们就无从知晓罢了。

在光辉灿烂而又十分悠久的中华文明史上,孔子处在一个关键的时代节点上。概括起来说,孔子是远古华夏文明的集大成者,他总结的尧、舜、夏、商、周、春秋文明,又对后世几千年的中华文明乃至整个东方文明产生了极其重大而又深远的影响。在这个关键的节点上,孔子起到了上承尧、舜、夏、商、周、春秋,下启后世几千年的特殊作用。

春秋文献言必称尧舜,类似于战国秦汉以来言必称炎黄。从学问上讲,春秋君子认为他们的学问都来自尧舜。《韩非子·显学篇》说,春秋显学,无非儒墨;儒墨二家,均称得尧舜之正宗。孔墨之后,儒分为八,墨离为三,于是战国"百家争鸣"。尧舜时代的学问,《尚书》上有记载。例如《尚书》上说,舜为尧守"三年之丧",这恐怕不仅仅是传闻,很可能确有依据,因为西周初

---

① 详见《孔子的道德学问不只一条主线》(吴天明,《求索》2017年第4期)。
② 见《论语·述而篇》7·23,《史记·孔子世家》。
③ 见《论语·子罕篇》9·5。

期制定周代的丧礼时,曾经参考了尧舜的这一礼制,然后制定了天子七月、诸侯五月、卿大夫三月、士二月的丧期,①孔子倡导"三年之丧"也受到尧舜影响。②孔子能讲"夏礼""殷礼",③周礼更加烂熟于心。我曾经认真学习《左传》,注意到《左传》常常引用君子的话,对当时发生的一些事情发表评论,谓之"君子曰"。孔子读鲁《春秋》,常常发表评论,而这些评论,常常被《左传》作者所采用。因此,《左传》中的"仲尼曰""孔丘曰""孔子曰"是很多的,其数量仅次于"君子曰"。《左传》成书很早,④大约孔子去世五六十年就成书了,开始写作的时间当然更早,因此作者有条件采用孔子的评论。《左传》解释鲁《春秋》,而孔子是鲁国的国老,孔门还有许多弟子如冉求、子贡等在鲁国长期做官,孔子教育弟子时,又常常就《春秋》所记录的历史发表评论,所以我认为,《左传》中的"仲尼曰""孔丘曰""孔子曰"是相当可靠的史料。这些评论有一个共同的主题,就是对当时的人和事是否合乎礼制做出评论。孔子通过终身学习这些记载了尧、舜、夏、商、周、春秋之礼的零零星星的简牍,⑤然后教育弟子。后来子夏到魏国传述孔子之四学,其中就包括了礼学。⑥据《礼记·杂记下》记载,鲁哀公曾经让孺悲⑦向孔子学士丧礼,孺悲然后就写作了《士丧礼》。这就是说,孔子在世时,尧、舜、夏、商、周、春秋完整的礼学著作虽然还没有写作出来,但是孔子已经通过他的讲学,对尧、舜、夏、商、周、春秋的礼学做了总结,并将这些总结传授给了授业弟子和社会弟子,弟子后学正是在孔子礼学的基础上写作礼学著作,并传之后世的。

鲁《春秋》是一部史书,也是一部礼书。按照上古的文化传统,按照周代的礼制,华夏诸国所有的重大事件都要如实记录,周王国和华夏诸国之间,所有重大事件都要互相通报,列国史书就以这些原始记录为基础连缀而成。我们今天看这类古史,总觉得像豆腐账本一样,就是因为这类古史仅仅将原始简牍连缀而成,没有做统一写作的工作。《春秋》本是诸国史书的通名,《墨子·明

---

① 参《左传·隐公元年》。
② 详见《孔孟倡导"三年之丧"的政治目的和文化考量》(吴天明,《湖北社会科学》2017年第8期)。
③ 参《论语·八佾篇》3·29。
④ 《左传》成书仅比《论语》晚二十年左右。
⑤ 孔子说他"十五而志于学""七十而从心所欲不逾矩",说明他终身学礼。
⑥ 参《史记·仲尼弟子列传》。
⑦ 孺悲曾与孔子打交道,见《论语·阳货篇》17·20。

鬼篇》说，周代诸国史书都叫《春秋》，还说见过"百国春秋"①，这个说法应该是可靠的。但是如今，除了鲁《春秋》以外，"百国春秋"我们基本上都看不到了。因为孔子特别看重鲁《春秋》，并且把它作为教育弟子的主要教材之一，所以它才传了下来，后人又为它作《传》。要是没有孔子，鲁《春秋》能否传下来就是一个未知数。鲁《春秋》传不下来，就不可能有"三传"，那么春秋时代几百年的历史，就可能成为空白了。

鲁昭公二年，晋国上卿韩宣子访问鲁国时，"见《易》《象》与鲁《春秋》，曰：'周礼尽在鲁矣，吾乃今知周公之德与周之所以王也。'"②从韩宣子的这番话来看，他很可能看到了鲁《春秋》的西周史部分，因为这个部分才更加能体现"周公之德与周之所以王"。后人常常说，《春秋》是专门写君不君、臣不臣、父不父、子不子的，这应该仅指鲁《春秋》的春秋史部分。鲁《春秋》的西周史部分，主题可能刚好相反，是专门写君君、臣臣、父父、子子的故事的。孔子或许读到过鲁《春秋》的西周史部分，但这一部分没有传下来。通过传授鲁《春秋》，孔子强化了君臣父子的礼制地位，包括宗教地位和政治地位，后世中国成为一个等级分明，而又彬彬有礼的国家，都与孔子传授周礼和《春秋》有些关系。中国最近几千年，造反战争是非常事态，时间都不长；君君、臣臣、父父、子子，这才是常态。从总体上看，中国最近几千年的发展，还是比较稳定的。近年很多研究西方文化的学者都常常说，中华民族是世界上唯一一个血缘和文化都没有中断的国家。如果真是这样，孔子应该是有些功劳的。

《诗经》虽然早在孔子童年时代即已基本定型，赋诗的风气虽然早在孔子之前即已出现，但是那些赋诗的都是国君和卿大夫，普通的士赋诗的很少，说明那时士的文化水平还很低。孔子的学生大多是普通的士，孔子教他们《诗经》，对文化普及的意义是很大的。孔子没有把乐整理成为典籍，但是他的乐教、诗教理论，都对后世产生了极其重大而又深远的影响。今天不仅大学课堂必学孔子的这些理论，用他的诗乐理论评价文艺作品，甚至已经成为社会生活常识。

---

① 参《墨子》逸文。
② 见《左传·昭公二年》。

《左传》中有许多引用《书》《易》的例子，说明周代君子普遍重视这两本古书。孔子将这两本书作为教材，教育弟子，对这些古书的传播具有重要意义。

孔子是中国历史上最伟大的教育家，他一生"学而不厌，诲人不倦"，培养了一批批政治家和教育家。冉求、子贡、子路等弟子，《左传》中常常记载有他们的故事，可见他们在政坛上十分活跃，是当时著名的政治家。还有些弟子，如曾参、子夏、子张、子游等，在孔子去世之后，都是开宗立派的大家。[①]这些弟子又有自己的徒子徒孙，后世孟子、荀子乃至法家、兵家、纵横家的诸多人物，都是孔子的徒子徒孙。要是没有孔子，晚周所谓"百花齐放，百家争鸣"的局面能否出现恐怕都是一个问题。孔子一代又一代的弟子后学，效法先师，设帐授徒，经过许多代人的奋斗，中华民族的文化水平得以提高。从这个意义上讲，我们说天不生仲尼，万古如长夜，这话是有道理的。

---

① 详见《荀子·非十二子篇》《韩非子·显学篇》。

《论语》简论

孔子当年讲学时,随侍弟子们各有所记;我曾经考证,孔子的授业弟子中,至少有十位弟子也效仿老师设帐授徒,[①]各有"门人",孔子的这些授业弟子讲学时,其各自的随侍弟子也各有所记。《论语》就是将这些零零星星的原始记录汇编起来的一本书。选编者要按照主要体现尧、舜、夏、商、周、春秋和先师孔子的道德学问这个标准,来一一筛选这些简牍,所以叫作"论","论"有评论的意思;[②]这些简牍主要记载了孔子及其部分设帐授徒的弟子的谈话,所以叫作"语";那么《论语》就是按照体现尧、舜、夏、商、周、春秋圣贤和先师孔子的道德学问这个标准,选编孔子及其部分设帐授徒弟子话语的一本书。

《论语》是孔子一生道德学问的总结,而且浓缩了尧舜夏商周春秋六代经典的精华,又开启了后世两千多年中华思想文化的大门,可以毫不夸张地说,它是经典中的经典,国粹中的国粹,在中华文明史上具有无与伦比的重要地位,在人类文明史上亦极其重要。

这本书在战国早期一编出来,就是很多学派很多学者的必读书,西汉至清末又一直是官方钦定的少儿启蒙书,同时又是人文学者、政府官员的必读书。近百年因为众所周知的原因,其地位似乎有所下降,但是民间和学校的学习一

[①] 我考证除了《论语》中被尊称为"某子"的四位弟子有若、闵子骞、冉求、曾参设帐授徒外,《子张篇》中曾参以外的四位弟子子贡、子游、子夏、子张也都设帐,颜回、子路也是设帐弟子。详见《孔子弟子称"子"现象研究》(吴天明,《湖北社会科学》2018年第12期)。

[②] 刘熙在《释名》中释"论"为"伦",则"论语"是有条理地说话。任何正常人说话都要有条理,何况圣人?故不取。

直不绝如缕。近年随着中华民族的伟大复兴正在逐渐变为现实,许多大学、中学、图书馆和广大民众都兴起了学习《论语》的热潮,中学教材开始编选《论语》的部分篇章,大学开始开设《论语》课程,学术界的儒学研究更是十分活跃,这说明我们伟大的中华民族,在历经一百多年的苦难之后,正在恢复几千年泱泱大国文化自觉和文化自信的常态。

由于《论语》这本书中的简牍大都记录于春秋末期,少部分记录于战国初期,成书于战国早期,与现代人自然有不小的文化隔膜。加上古人的记录方法、著述观念、编书方法,都与后世有一定的差别,许多本应交代清楚的事情都没有交代或没有交代清楚,给今天的读者带来许多不便。为了方便读者阅读学习,也为了方便学者的教学研究工作,这里简要介绍与这本书有关的几个具体问题。

(一)《论语》记录的时间跨度

《论语》主要记录了孔子的言论,也记录了孔子部分设帐授徒的弟子的言论。这些言论发表并被记录下来的时间,前后相距有八十年左右。下面简要分析一下几个关键的节点,以证实我的这一推测。

第一个关键节点,孔子最早的语录。《左传·昭公七年》探后言之,说鲁国世卿孟僖子于昭公二十四年去世时,遗命自己的两个儿子孟懿子和南容拜孔子为师,学习周礼。[①]孔子很可能就在这一年开始设帐授徒。此后不久他就到齐国高昭子的采邑做家臣去了。齐国是仅次于晋国的大国,高氏、国氏都是周天王亲自任命的世卿,在齐国地位很高,孔子想通过高昭子这个桥梁,多多接触齐景公,直接做齐国的大臣,从而实现治国平天下的人生理想。他在高昭子家臣的任上,拜见过齐景公,并与齐景公有过几次谈话:

齐景公问政于孔子。孔子对曰:"君君,臣臣,父父,子子。"公曰:"善

[①] 孟僖子没有嫡子,孟懿子和南容虽然都是庶子(有学者怀疑是双胞胎,可从),但孟懿子年长,所以直接嗣位为卿大夫;南容则成了"士",成了孔子的授业弟子,必须学有所成才能当官。所以《论语》中孔子与孟懿子谈话,弟子记作"对曰"云云;与南容谈话,孔子则直呼其名。孟懿子请教孔子,叫作"后进",叫作"仕而优则学",即先当官后学礼乐;南容请教孔子,叫作"先进",叫作"学而优则仕",即先学了道德学问再去当官。孟僖子的两个儿子虽然都谨遵父亲遗命,但跟着孔子学礼的方式却大为不同。《史记·仲尼弟子列传》说孔子昭公七年大约十七八岁即设帐授徒,太史公误。孔子设帐最早在昭公二十四年孔子大约三十四五时。

哉！信如君不君，臣不臣，父不父，子不子，虽有粟，吾得而食诸？"（《颜渊篇》12·11）

子在齐闻《韶》，三月不知肉味，曰："不图为乐之至于斯也。"（《述而篇》7·14）

齐景公待孔子，曰："若季氏，则吾不能；以季、孟之间待之。"曰："吾老矣，不能用也。"孔子行。（《微子篇》18·3）

记录这几个片段的，无疑就是孔子最早的随侍弟子，说明他在齐国时，已经有弟子随侍左右。《史记·仲尼弟子列传》推断孔子拜见齐景公之事，也就是这几章所记谈话发生的时间，在鲁昭公二十五年，应该大体说得过去。那么孔子与齐景公的这几次谈话，很可能就是《论语》保存得最早的孔子语录。

第二个关键节点，孔子在鲁国正式出仕前最后的语录。据《左传·定公十年》记载，这年孔子以鲁定公"相"的身份参加外交活动，那么孔子在鲁国正式出仕，应该就在鲁定公十年或定公九年的晚期，总之是在季氏家臣阳货被打败逃走之后。此前离这个时间节点最近的语录，应该是《阳货篇》17·1：

阳货欲见孔子，孔子不见。归孔子豚。

孔子时其亡也，而往拜之。遇诸途。

谓孔子曰："来，予与尔言。"曰："怀其宝而迷其邦，可谓仁乎？"曰："不可。好从事而亟失时，可谓知乎？"曰："不可。日月逝矣，岁不我与。"

孔子曰："诺，吾将仕矣。"

阳货（《左传》亦称"阳虎"）这时做鲁国正卿季桓子的家臣，通过控制季氏来控制整个鲁国，于是出现了所谓"陪臣执国命"的局面，因此当时鲁国的朝政非常糟糕，于是孔子不肯出仕，专心研究"六艺"。鲁定公九年，阳货被打败后，先被囚禁于齐国，后逃到宋国，又逃到晋国。鲁定公十年，鲁齐两君相会于祝其的时候，孔子以鲁定公"相"的身份参加这一活动，①这些《左传》上都有清清楚楚的记载。根据《左传》的记载可以推测，很可能阳货被打败出奔，鲁国"陪臣执国命"的格局一结束，孔子很快就正式出仕了，那么17·1很可能就是孔子在鲁国正式出仕前最后的一章语录。

---

①整个春秋时代，鲁国的"相"从来就是卿担任。

第三个关键节点，孔子一生最晚的语录，很可能就是下面这一章：

季康子问："弟子孰为好学？"孔子对曰："有颜回者好学，不幸短命死矣！今也则无。"（《先进篇》11·7）

《先进篇》还有几章记录颜回刚死时的事情，但是似乎都比这一章稍早。这一章应该是颜回去世有一段时间后，孔子心情稍稍平静一点时，他与季康子的谈话。据《仲尼弟子列传》，颜回比孔子小三十岁，后世学者考证小四十岁，其说可从。颜回三十二岁时去世，其时孔子七十二岁。孔子在鲁哀公十六年去世时，七十二三岁。由此看来，孔子与季康子这番谈话，就发生在他去世前不久，很可能就在鲁哀公十六年。

第四个关键节点，《子张篇》。这一篇记录了孔子五位设帐弟子教育各自弟子的语录。这些弟子早在孔子健在时，即已设帐授徒，那些语录大多收在前面的篇章中去了。孔子去世后他们继续教育弟子的语录，则大都收在《子张篇》中。

孔子鲁昭公二十四年设帐，《论语》中既有鲁昭公二十五年孔子的语录（《颜渊篇》12·11，《微子篇》18·3），也有鲁哀公十六年孔子去世前的语录（《先进篇》11·7），说明孔子设帐授徒的时间前后将近四十年，举其成数，就算四十年。孔子去世后，设帐弟子继续教育各自的弟子，如果以曾参卒年为下线（下文会论及），时间为四十多年，举其成数，也算四十年。这就是说，《论语》所收孔子师徒语录，他们发表谈话，随侍弟子记录这些谈话，其时间跨度大约为八十年。

前辈学者如杨伯峻先生、日本学者山下寅次先生，认为《论语》编辑时间约为八十年，[①]这就把编辑《论语》的时间与发表谈话记录谈话的时间这两个概念搞混淆了。其实，《论语》的编辑工作，除了在内容是否体现了尧、舜、夏、商、周、春秋圣贤和孔子的道德学问上，编者挑选简牍花了些功夫外，其他工作都非常粗糙，怎么可能需要八十年时间编辑呢？

---

① 详见杨伯峻先生的《论语译注·导言》（1980年版），山下寅次的《论语编纂年代考》（《史记编述年代考》附）。

(二)《论语》的记录者

《论语》是将记录孔子及其部分设帐弟子言语行事情况的简牍汇编而成的一本书,那么这些简牍的记录者都是一些什么人呢?

孔子的语录、记录者一般应为孔子的随侍弟子。为什么要加上"一般"两个字呢,就是有特殊情况。如:

牢曰:"子云:'吾不试,故艺。'"(《子罕篇》9·7)

"牢",《孔子家语》说他姓琴,字子开,那么"牢"就是他的名了。《史记·仲尼弟子列传》里没有"牢",看来他应该不是孔子的授业弟子。周人有自称其名的礼俗,不能自称其字,因为称字略含敬意,①没有自己尊敬自己的道理。那么这一章应该就是"牢"自己记载的。

按照周礼,华夏大国的公卿可以尊称为"某子","某"表示姓氏。少数道德崇高政治地位也很高的公卿,在一定范围里,在尊称为"子"不至于引起认知混乱的情况下,可以直接称"子",不再冠以姓氏。②孔丘当过鲁国的公卿,因此可以尊称为"孔子"。孔丘的道德学问又特别了不起,当时就有人称他为"圣""仁",③因此在孔门可以特别尊称为"子"。孔子早期弟子很少有既当官又设帐授徒的,但到了晚年时,孔子的学问大概已经很老到了,因此许多晚期弟子既当官,又设帐授徒,这样孔子在世时,就有许多的徒孙。徒孙们尊称自己的老师为"某子",如有若的弟子尊称有若为"有子",闵子骞的弟子尊称他为"闵子"等,称自己老师的同学则直接称字,略表敬意,以与自己的老师区别开来。徒子徒孙们形成了一个习惯,他们大都特别尊称孔子为"子"。如果"牢"是孔门以外的人,他特称孔子为"子",人家就不会知道这个"子"究竟是谁。由此看来,这个"牢"应该是孔门里头的人,应该就是孔子某位弟子的

---

①《春秋》如果称"某人"的字,《左传》常常就会解释说:"贵之也。"可见周代称他人的字含有敬意。
②参《学而篇》1·1分析文字。
③《左传·昭公七年》探后言之,引孟僖子昭公二十四年临终之语,称孔子是"达人"。《论语·述而篇》7·34:"子曰:'若圣与仁,则吾岂敢!'"说明当时即有许多人认为孔子是"圣"人、"仁"人。《左传》中常常引用君子对有关人物事情的评论,所引孔子的评论之多,仅仅次于所谓"君子",这说明,孔子在当时就是公认的仁德君子。孔子去世后,其弟子竟然按照东夷殷商之古礼为他守孝三年,而这一礼制礼法,早在西周初期就已经被丧期短得多的周礼代替了,至此已经被废止五百年之久,可见弟子们对他崇拜到了什么程度。

弟子。这一章记录孔子的谈话,就是徒孙"牢"自己所记。这就是特殊情况。

孔子对若干弟子的讲话,一般应为其中某一位随侍弟子所记录。例如:

子曰:"学而时习之,不亦说乎?有朋自远方来,不亦乐乎?人不知而不愠,不亦君子乎?"(《学而篇》1·1)

子曰:"弟子,入则孝,出则悌,谨而信,泛爱众,而亲仁。行有余力,则以学文。"(《学而篇》1·6)

这两章应该都是孔子对若干弟子讲的话,其记录者应该都是其中某一位随侍弟子。至于具体是谁,那就很难断定了。《论语》中这样的例子特别多,其特点是,没有出现任何一位弟子的名和字,记录者只是记下"子曰"云云就完了。

孔子对弟子的谈话,语录中如果出现了弟子的名字,其记录者大概是谁,可以根据对弟子的称呼推定个大概情况。例如:

颜渊、季路①侍。子曰:"盍各言尔志?"

子路曰:"愿车马衣〔轻〕裘与朋友共,敝之而无憾。"

颜渊曰:"愿无伐善,无施劳。"

子路曰:"愿闻子之志。"

子曰:"老者安之,朋友信之,少者怀之。"(《公冶长篇》5·26)

这一章的记录者,称颜回(字子渊)为"颜渊",称仲由(字子路,晚年亦字季路)为"季路""子路",尊称孔丘为"子"。那么,孔门什么人可以如此称呼他们三位呢?孔子的徒子徒孙大部分都可以。如果是孔子的徒子所记录,不包括颜回和子路两个人,因为周人礼制,自己称呼自己,称名不称字,他们两位的同学才可以称他们的字;如果是徒孙所记录,也不可能是颜回和子路的弟子所记录,因为按照周礼和孔门习惯,颜回的弟子必须尊称他为"颜子",子路的弟子必须尊称他为"仲子",颜回、子路的同学的弟子才可以直接称他们两位的字。子路仅小孔子九岁,他几乎终身追随孔子,本章称他为"季

---

① 季路即子路,本章既称季路,又称子路。古人有"五十而称行第"的礼俗,称子路为季路,说明他此时已年满五十了。子路年老后,长期在鲁国做官,战死前才到卫国做官。据《左传》记载,鲁人有尊称他为"季子"者。子路仅比孔子小九岁,与颜回父亲颜路同辈,都是孔子早期弟子。孔子早年所教弟子,几乎全部早早离开老师当官去了,只有子路几乎终身追随老师,侍奉老师,一直到死。

路",他至少已经五十岁,那么孔子应该在六十岁的样子。颜回的父亲颜路与子路一样,都是孔子的早期弟子,颜回则是孔子的晚期弟子,《仲尼弟子列传》说,颜回小孔子三十岁,学者考证小四十岁。颜回三十二岁就去世了,他去世时孔子七十二岁,也就是说,颜回去世不久,孔子也去世了。子路于鲁哀公十五年去世,孔子鲁哀公十六年去世,他们师徒三人在一起谈话的时间,可以算出个大概时间:孔子六十多岁,子路五十多岁,颜回二十多岁时。这时孔子的某位随侍弟子记录了本章这番谈话。孔子的许多徒孙虽然也可以称颜回、子路的字,但是徒孙不会随侍祖师爷,只会随侍自己的老师,因此徒孙记录本章的可能性不大。又如:

子谓颜渊曰:"用之则行,舍之则藏,惟我与尔有是夫!"

子路曰:"子行三军,则谁与?"子曰:"暴虎冯河,死而无悔者,吾不与也。必也临事而惧,好谋而成者也。"(《述而篇》7·11)

本章的记录者也称颜回和仲由的字,那么首先要排除颜回、仲由两个人,应该是孔子的某位徒子所记。如果是徒孙所记录,也一定不是颜回和仲由的弟子,弟子尊称业师,要称"某子",没有称字的道理。至于具体的记录者究竟是谁,那就难以推定了。

孔子与某个弟子单独的谈话,其记录者是谁,也要注意研究其称呼。如:

孟懿子问孝。子曰:"无违。"

樊迟御,子告之曰:"孟孙问孝于我,我对曰'无违'。"樊迟曰:"何谓也?"子曰:"生,事之以礼;死,葬之以礼,祭之以礼。"(《为政篇》2·5)

这一章中出现的三个人都不可能是记录者:孔子不会自己记录自己的谈话,何况孔子一生"述而不作";鲁国世卿孟懿子也不会记录,而且他也不可能知道孔子后来与弟子樊迟的谈话,因此也无法记录;樊迟名须,字子迟,按照周代礼俗,他应该自称其名"须",不能自称其字"子迟""樊迟"。孔门只有樊迟的同学或同学的弟子才能称他为"樊迟",那么这些人中的某一位,就是孔子的随侍弟子(徒孙不会随侍祖师爷),当时也坐在马车上的某位同学,就是本章的记录者。又如:

子游问孝,子曰:"今之孝者,是谓能养,至于犬马,皆能有养。不敬,

何以别乎?"(《为政篇》2·7)

子游姓言名偃,字子游。按照上述周礼,孔子随侍弟子,即子游的某位同学,才可以称他的字"子游",那么这一章无疑就是子游的某位同学,孔子的某位随侍弟子所记录。这类例子在《论语》中还有很多。

不过,孔子与单个弟子的谈话,并非都由其他随侍弟子所记录,也有特殊情况。如:

宪问耻。子曰:"邦有道,谷;邦无道,谷,耻也。"

"克、伐、怨、欲不行焉,可以为仁乎?"子曰:"可以为难矣,仁则吾不知也。"(《宪问篇》14·1)

"宪",即孔子弟子原宪,字子思。这一章的记录者称原宪为"宪",而不称"子思"或"原思"。那么,孔门谁能够称原宪为"宪"呢?只有两个人,一是孔子,周代父亲称儿子,老师称弟子,上级称下级,称名不称字;二是原宪自己,周代君子自称,称名不称字。那么本章的记录者,自然只会是原宪自己,他在随侍老师时,与老师有这番谈话,就自己记录下来了。那么"宪问"就应该翻译为"我问",而不能翻译为"原宪问"。又如:

季氏富于周公,而求也为之聚敛而附益之。子曰:"非吾徒也。小子鸣鼓而攻之,可也。"(《先进篇》11·17)

冉求曰:"非不说子之道,力不足也。"子曰:"力不足者,中道而废。今女画。"(《雍也篇》6·12)

"求"即孔子弟子冉求。孔门谁可以称他的名"求""冉求"呢?只有孔子和冉求自己。孔子不会记录自己的语录,那么这两章的记录者只能是冉求自己了,"冉"和"冉求"都应该翻译为"我"。通过这些记录,我们不仅知道谁是记录者,还知道冉求承认自己帮助季康子聚敛财富,承认自己在实行仁道的道路上还没有开步走,这些事都做错了。

孔子与孔门以外的人的谈话,或评价他人的话,其记录者也应为随侍弟子,至于具体是谁,也不得而知。如孔子与鲁哀公的谈话(《为政篇》2·19、《雍也篇》6·3),与鲁定公的谈话(《八佾篇》3·19),与季康子的谈话(《为政篇》2·20、《雍也篇》6·8、《先进篇》11·7),与孟武伯的谈话(《为政篇》2·6、《公冶长篇》5·8），与鲁太师的谈话（《八佾篇》3·23），与仪封人的谈话（《八佾篇》3·24）等，这些国君和卿大夫都不可能自己做记录，记录者应该都是孔子的随侍弟子。

《论语》中最多的是"子曰"云云的篇章，大多数应该是孔子教育弟子的谈话，其中可能也有孔子与孔门以外的人的谈话，其记录者应该都是孔子的随侍弟子。《论语》中有些重录的篇章，应该大都属于这一类情况。孔子讲学时，当时弟子各有所记，后来编《论语》时，不小心一并收录，如《学而篇》1·11与《里仁篇》4·20重录，《子罕篇》9·18与《卫灵公篇》15·13重录，《学而篇》1·8与《子罕篇》9·25重录，《子罕篇》9·29与《宪问篇》14·28重录，《学而篇》1·3与《阳货篇》17·17重录等。这些重录的例子，从现代编辑学的角度来说当然是明显的瑕疵，但从史料学的角度来说，却正好说明《论语》的记录十分可靠，《论语》所保存的都是非常宝贵的原始史料。

《论语》中还有一些篇章记叙孔子的行为，应该也都是随侍弟子所记，具体的记录者也不得而知。《乡党篇》集中记载孔子的生活情况，应该是孔子晚期弟子所记录。

《论语》除了主要记录孔子的言论以外，还有一些篇章记录了部分设帐授徒的弟子的言论，其中最值得关注的是，四位被尊称为"某子"的弟子的语录。《论语》中有四章写到有若，其中《学而篇》1·2、12、13共三章尊称他为"有子"，《颜渊篇》12·9则称"有若"。《论语》中有十三章写到冉求，只有《雍也篇》6·4、《子路篇》13·14两章尊称他为"冉子"，其余全部直接称"冉求""冉有"。《论语》中共有五章写到闵损，只有《先进篇》11·13尊称他为"闵子"，其余四章全部直接称"闵子骞"。《论语》中共有十五章写到曾参，其中《学而篇》1·4、9，《里仁篇》4·15，《泰伯篇》8·3、4、5、6、7，《颜渊篇》12·24，《宪问篇》14·26，《子张篇》19·16、17、18、19共十四章均为曾参语录，而且均尊称他为"曾子"，只有《先进篇》11·18称"参"，而且这一章还不是语录。

按照周人的礼制和语言习惯，"子"是尊称华夏大国之卿的，《左传》中只有华夏大国的卿才可以被尊称为"子"，如晋国的赵盾、齐国的晏婴、鲁国的"三桓"等。如果是国君而称为"子"，则含有贬义。孔子当过鲁国的卿，道德崇高，又"学而不厌，诲人不倦"，因此弟子们发自内心地尊敬孔子，而尊称他为"孔子"。孔子晚年，他的许多弟子也任华夏大国之卿，也设帐授徒。按照周礼，孔子的徒孙们尊称各自的老师为"某子"。为了避免辈分混乱，也为了表示对孔子道德学问特别的尊敬，孔门开始特称孔子为"子"。上述孔子的四位弟子，其所以也被称为"某子"，古人有许多猜测分析，但是都不圆通。我认为原因非常简单，就是这四位弟子在给孔子当学生时，在孔子去世以后，也任华夏大国之卿，也有自己的弟子，是他们自己的弟子尊称他们各自的老师为"某子"，而特称祖师爷孔子为"子"。举个例子：

子曰："参乎！吾道一以贯之。"曾子曰："唯。"

子出，门人问曰："何谓也?"曾子曰："夫子之道，忠恕而已矣。"(《里仁篇》4·15)

孔子教育曾参，曾参一听就明白，但是曾参的弟子不明白，所以孔子出去以后，曾参的弟子又请教曾子，曾子把孔子的话解释给自己的弟子听。这一章中，祖师爷"子"、老师"曾子"、徒孙"门人"三代人的关系十分清楚。《论语》中"门人"一词出现了七次，其中六次都是指孔子的徒孙。

孔子那些被尊称为"某子"的设帐弟子的言论，都是各自的弟子所记录。还有些没有被称为"某子"的弟子的语录，应该也是各自弟子所做的记录。例如《子张篇》诸章，应该都是孔子去世后设帐弟子教育各自弟子的语录，按照周礼和孔门的习惯，子张、子贡、子游、子夏、曾参都应该被尊称为"某子"，但《子张篇》中只有曾参一个人才被尊称为"曾子"，其他四位都直接称字。其中原因，就与《论语》的编辑者有关了。

（三）《论语》的编辑者

《论语》是谁编辑成书的，古人有许多推测。班固《汉书·艺文志》说："当时弟子各有所记，夫子既卒，门人相与辑而论纂，故谓之《论语》。"他推测《论语》是孔子去世后，孔子的弟子们编辑成书的。但是这在逻辑学上有问题。《论语》中有许多篇章，明显是孔子去世很久以后才可能有的，按照班固的推测，这些篇章就不可能编辑进去了。除非《论语》经过若干次的编辑，否则班固的意见就不能成立。但到现在，我们还没有发现任何《论语》经过多次编辑的证据，因此班固的意见我们不能采用。唐朝以来，柳宗元等学者就怀疑是曾参、曾参师徒或曾参弟子编辑了《论语》，这种推测有一定的道理。

其一，孔子去世后，曾参年龄很小，有可能受同学之托，编辑《论语》。《史记·仲尼弟子列传》说，曾参小孔子四十六岁，是年龄最小的孔子弟子之一。子张小孔子四十八岁，年龄最小。假设曾参二十岁成为孔子的弟子，孔子则已六十六岁。曾参二十六岁时，孔子七十二岁，就是孔子去世的年份。这样算来，曾参应该是二十几岁就有自己的弟子了，上面引用的孔门祖孙三代的对话，应该发生在孔子七十岁左右、曾参二十几岁时。孔子去世时，子路、颜回等弟子已经去世。在世的弟子年龄也都大了，其中很多弟子如子贡、冉求等还在做官，十分忙碌，都不大可能编辑《论语》。曾参的年龄很小，有可能完成这一任务。我推测，同学们为老师守孝三年后，互相揖别时，因为担心孔子之道失传，想必大家把平时所记简牍，一并交给曾参，嘱咐其汇编成书。如果这时不收起原简，几十年后再去找，很多同学就都已经去世了，绝大部分简牍都将不知所终，那就不可能有《论语》了。但是曾参似乎并没有马上动手编辑《论语》，大概到了晚年，才自己做，或与弟子一起做，或命弟子做这个工作。因此，《论语》很可能是由曾参、曾参师徒或曾参弟子编辑成书的。这虽说只是推测之辞，但并非没有道理。

其二，上引材料告诉我们，《论语》中所有曾参的语录，全部都尊称"曾子"。按照周礼和孔门的习惯，孔子再传弟子特称孔子为"子"，而称自己的老师为"某子"，老师的同学则直接称字。如果《论语》不是曾参师徒所编，唯独曾参所有的语录都尊称"曾子"，这一现象就无法解释。

其三，《论语》中原始记录发生时间最晚的一章，很可能就是下面这一章：

曾子有疾，孟敬子问之。曾子言曰："鸟之将死，其鸣也哀；人之将死，其言也善。君子所贵乎道者三：动容貌，斯远暴慢矣；正颜色，斯近信矣；出辞气，斯远鄙倍矣。笾豆之事，则有司存。"（《泰伯篇》8·4）

这一章很可能就是曾参临终时说的话。孟敬子是孟武伯[①]的儿子，孟武伯是孟懿子的儿子，孟懿子、南容兄弟二人都是孟僖子的儿子。孟僖子鲁昭公二十四年卒，《左传·昭公七年》曾经探后言之，说孟僖子昭公二十四年临终

[①] 孟武伯，见《论语·为政篇》2·6、《公冶长篇》5·8。

时，遗嘱两个儿子师事孔子。孟懿子大约以长子的身份直接继承了他父亲的爵位和官职，做了鲁国的世卿，没有正式拜师，所以《论语》中记载孔子与他的谈话，用了"对"字，①但南容②无疑是孔子正儿八经的授业弟子。孟敬子是孟懿子之嫡孙，南容之侄孙，他做鲁国的世卿，应该在孔子去世四十年以后。由此推测，曾参说这番话的时间，应该在孔子去世四十多年的时候，其时已经进入战国时代。《论语》中把这么晚记载的一章曾子语录收录进来，如果这本书是别人所编，恐怕不太可能。

从曾参年龄很小，很有可能受托编辑《论语》的情况来看，从《论语》收曾参语录最多，而且每章都尊称"曾子"的情况来看，从《论语》所收曾参语录时间又最晚的情况来看，古人的推想不是没有道理，《论语》应该成书于曾参、曾参师徒或曾参弟子之手。

《论语》编辑者故意不容许继续尊称子夏、子张、子游、子贡等为"某子"，可能是因为曾参师徒认为，这四位的思想和做派至少已经部分背叛了孔子。《论语》编辑者还可能故意不容许继续尊称颜回、子路为"某子"，则可能与颜回未出仕，子路虽出仕但未担任公卿有关，还可能与颜回、子路声望太高，令人忌惮有关。这是中国思想史上的一件大事，要放在战国时代"百花齐放，百家争鸣"的大背景下来考察，被学术界忽略了几千年。③

（四）《论语》的编辑工作

《论语》的编辑工作，用现代编辑学的眼光来看，确实不敢恭维。

其一，在简牍内容的选择上，有重大疏漏。

先看《阳货篇》17·5中的孔子语录：

公山弗扰以费畔，召，子欲往。

子路不说，曰："末之也，已，何必公山氏之之也？"

子曰："夫召我者，而岂徒哉？如有用我者，吾其为东周乎？"

公山弗扰，《左传·定公五年》《定公八年》《定公十二年》作"公山不

---

① 参《论语·为政篇》2·5。
② 南容，见《论语·公冶长篇》5·2、《先进篇》11·6、《宪问篇》14·5。
③ 详见《孔子弟子称"子"现象研究》（吴天明，《湖北社会科学》2018年第12期）。

扭"。他是鲁国正卿季氏的家臣，却占据季氏的采邑费邑谋反，叫孔子去，孔子居然准备去。因为弟子子路坚决反对，孔子才没有去。这事大约发生在定公十年（或九年晚期）孔子开始担任鲁卿之前。定公十二年，公山弗扰又反叛鲁国，孔子此时已经担任鲁国大司寇，于是下令将其打败。

人本有终身之志，也有一时一事之志。孔子五十多岁还没有做官，难免有些着急，孔子急于做官，并非不可理解。但是随侍弟子明确记载"公山弗扰以费畔"，说明当时鲁国官场对公山弗扰的行为，有一个基本的一致的判断。根据这个基本判断，孔子要去费邑，无论如何都是不妥当的。

佛肸召，子欲往。

子路曰："昔者由也闻诸夫子曰：'亲于其身为不善者，君子不入也。'佛肸以中牟畔，子之往也，如之何？"

子曰："然，有是言也。不曰坚乎，磨而不磷；不曰白乎，涅而不缁。吾岂匏瓜也哉？焉能系而不食？"（17·7）

佛肸是晋国世卿赵简子的家臣，占据赵氏采邑中牟谋反，召孔子，孔子竟然想去。这不管怎么说，都是不对的。

古代经师早就发现这两章的内容有损孔子的圣人形象，因此在解读分析时，常常说，孔子这么说，只是想看看门人的反应。这是为圣人讳，并非孔子原意。我们当然知道，圣人也是常人，也有常人的七情六欲，也会犯错误。但是，曾参师徒编辑《论语》时，在内容的选择上可是下了大功夫的，如此明显有损圣人的章节，本不当选入，却选入了，这样的错误是难以原谅的。

其二，在简牍内容的编排上，非常粗糙。

重复的多。孔子同一次讲学，弟子们各有所记，编辑《论语》时，常常重录。这虽然可以说明，这些记录很可靠，但是从编辑学上来讲，却是非常明显的瑕疵。

在弟子是否称"子"上，也有明显的问题。曾参师徒编辑《论语》的目的之一，是要借这本书确定曾参的历史地位，因此所有曾参语录，全部称"曾子"。有若、闵子骞、冉有的语录，有的称"子"，有的又不称"子"。其余六位弟子的语录，全部不称"子"。说明编辑者处理问题很不严密。

《子张篇》全部是孔子去世后五位弟子的语录，这一安排本来不错，但是，孔子去世后五位弟子的语录，也出现在其他篇章中。

《尧曰篇》三章，第一章很可能是孔门弟子的读书摘抄，也稀里糊涂地编进来了。

简牍零乱，内容庞杂，本难编辑。加上古人工具落后，也不可能有现代编辑学理论和技术，但是出现如此这般的问题，还是明显的瑕疵。

（五）《论语》的成书时间

孔子生于公元前551年或前550年（鲁襄公二十一年或二十二年），《史记·仲尼弟子列传》说曾参小孔子四十六岁，那么曾参应该生于公元前505年或前504年（鲁定公五年或六年）。《阙里文献考》[①]说曾子年七十而卒，如果这一记载可靠，那么曾参应卒于公元前435年或前434年（周考王六年或七年）。《论语》把曾参临终时的谈话都收了进去，估计其编辑工作就在曾参去世前后不久展开。考虑到《论语》的编辑工作很粗疏，所花时间不需太长，《论语》的成书时间也应该在曾参去世前后不久。为了便于记忆，我们不妨就把曾参去世的年份，推定为《论语》的成书时间。

《论语》战国初期编成后，应该首先在曾参及其同学的徒子徒孙中流传。到了战国中期，应该就流传甚广，这个时代的孟子师徒就把《论语》读得很熟了。下面举几个例子。

孔子曰："里仁为美。择不处仁，焉得智？"（《孟子·公孙丑上》3·7，此引《论语·里仁篇》4·1）

孟子去齐，充虞路问曰："夫子若有不豫色然。前日虞闻诸夫子曰：'君子不怨天，不尤人。'"（《孟子·公孙丑下》4·13，此用《论语·宪问篇》14·35）

孟子曰："不亦善乎！亲丧，固所自尽也。曾子曰：'生，事之以礼；死，葬之以礼，祭之以礼，可谓孝矣。'"（《孟子·滕文公上》5·2，引《论语·为政篇》2·5。本为孔子语，孟子误记为曾子语）

从孟子弟子充虞的话里我们知道，孟子把《论语》读得很熟，因为太熟

[①]《阙里文献考》卷四十二称曾子"年七十学名闻天下"，未记卒年，但依古人著述例，则曾子七十而卒。

了,甚至直接把孔子的话"不怨天,不尤人"当成自己的话说出来了。①《左传》成书,应该只比《论语》稍晚二十年左右,从《孟子》来看,《左传》也是孟子读得很熟的,《左传》中引用孔子的话,孟子也常常引用。孟子特别崇拜孔子,甚至说,孔子是自从有生人以来最伟大的人,这与他熟读《论语》《左传》,服膺孔子的道德学问,都有莫大的关系。西汉至清末,《论语》一直是官方钦定的必读书,世人因此就更加熟悉了。

(六)《论语》的两大主旨

西周春秋君子认为,华夏文明,从尧、舜、禹时代开始。孔子也认同这一观念。他一生教育弟子,就是教授尧、舜、夏、商、西周、春秋的思想文化成果。他把尧、舜、夏、商、西周、春秋的思想文化总结为"六艺",即《诗》《书》《礼》《乐》《易》《春秋》,他终身学习"六艺",也终身传授"六艺"。

孔子一生总共教育培养了七十多位弟子,可能分了好多期。最早的弟子如颜路、曾晳、公西华、子路、闵子骞、南容、等,最晚的弟子如曾晳之子曾参、颜路之子颜回、子张、子夏、子游、子贡等。每期弟子的学习时间,大约多在三年的样子。孔子说过,读书人跟着他读书三年,还不想去做官,这"不易得"②。所以我估计,大多数弟子跟着孔子学习三年,学有所成,有诸侯世卿赏识,就辞别老师当官去了。当然,子路几乎终身追随孔子,长期担任孔子侍卫,即使当官也侍奉孔子,则另当别论。

短短三年时间,要把尧、舜、夏、商、西周、春秋几代约两千年的思想文化成果教给学生,谈何容易。孔子是怎样让弟子们在很短的时间里,学有所成的呢?孔子主要做了两件事情:一是将尧、舜、禹以来的思想文化总结为"六艺",二是将"六艺"又进一步总结概括为"仁学"和"礼学"。

孔子虽然谦虚地说,他一生只是"述而不作",但是他把尧、舜、禹以来

---

① 我统计《孟子》至少直接引用《论语》二十余次:《孟子》3·2引《论语》11·3、7·34,3·7引4·1,4·2引10·20,4·9引19·21,4·13引14·35,5·2引2·5、14·40,5·4引8·18、8·19,6·7引17·1,7·10引4·1,7·14引11·17,8·11引13·20,8·29引8·21、6·11,10·7引10·20,14·18引15·12,11·2,14·37引5·2、13·21、17·13、18等。这还是十分明显引用《论语》的例子,还有许多引用孔子之意而不引用或不明显引用孔子之语的,那就太多了。这说明,孟子及其门徒对《论语》已经极其熟悉,用起来可谓得心应手,也说明《论语》在战国时代中期就已经开始经典化了。这一历史事实可以反证《论语》的成书时间,应该就在战国早期。
② 参《论语·泰伯篇》8·12。

的思想文化总结为"六艺",然后终身学习"六艺",终身传"述""六艺",这就是对尧、舜、禹以来思想文化的伟大创造。在终身学习、终身教授"六艺"的过程中,他又将"六艺"的主旨总结为"仁"和"礼",这越发是孔子的伟大创造。那么,"六艺"就是《论语》的主要内容,"仁"和"礼"就是《论语》的主旨。我们甚至可以说,"仁"和"礼"就是"国学"的主旨,就是中华民族思想文化的核心内涵,就是中华民族几千年思想文化的主题。

汉代至清末,《论语》一直既是少儿的启蒙读物,又是学者和政府官员的必读书。学者要进一步研究"六艺",进一步研究尧舜以来中华文明史上的思想文化,就必须先读《论语》。不读《论语》,就不知中华文明的核心内涵是"仁"和"礼",而不知中华文明的核心内涵是"仁"和"礼",纵使终身勤奋学习,仍然只会一无所见、一无所得,岂不可惜,岂不冤枉?

(七)《论语》的历史地位

在孔子以前,中国的文化经典有所谓"六艺",即《诗》《书》《礼》《乐》《易》《春秋》。这个"六艺",就是孔子总结出来的。孔子的前人只总结了"诗""书""礼""乐""四艺",孔子在此基础上总结为"六艺"。在孔子的时代,"诗""书""易""春秋"是有专门的著作的,但是"礼"和"乐"并没有后世意义上的专门著作。礼制礼法精神主要体现在华夏诸国的一些政府文告中,体现在天子、诸侯、卿大夫处理相关问题的案例中,体现在天子、诸侯、卿大夫的相关论述中。乐,主要就是所谓"周乐",它不仅是周代之乐,还包括周代以前许多古帝时代的音乐,但是直到周代还在流传使用。[1]乐,还包括周代关于使用这些周乐的礼制。孔子一生"学而不厌,诲人不倦",主要就是"学""六艺","诲""六艺"。总之孔子以前的经典,主要就是"六艺"。

孔子终身"学""六艺","诲""六艺","六艺"的精华,当然就在《论语》中了。

孔子去世后,其徒子徒孙在继承孔学的基础上,又创造了许多的门派学问,如子夏创造了法家,子贡与其他"行人"[2]创造了纵横家,子思、孟轲创

---

[1]详见《左传·襄公二十九年》。
[2]春秋时代称外交家为"行人"。

造了自认为继承孔子最好的思孟学派，子张、子游等弟子也全都开宗立派，荀子创造了杂家。即使是与儒学并称的墨家，也受到孔子和《论语》的莫大影响。这些历史事实说明，战国时代"百花齐放，百家争鸣"，孔子才是"百花"中的第一朵花，"百家"中的第一大家。没有孔子，有无"百花齐放，百家争鸣"，恐怕都是个很大的问题。

  我们如果要学习远古中华文明，就必须从《论语》开始；要学习春秋战国以来的中华文明，也必须从《论语》开始。中华文明光辉灿烂，历史悠久，关键的节点只有《论语》这本书，这就是《论语》在中华文明史上无与伦比的重要地位。

论语本意

学而篇第一①
（共十六章）

1·1 子曰："学而时习之，不亦说乎？有朋自远方来，不亦乐乎？人不知而不愠，不亦君子乎？"

【译文】孔子说："（你们）学了（学问）合适时讲习它，不也高兴吗？有同门的仁德君子从远方归来，（帮你们赏善匡过，救患革失，）不也快乐吗？人家诸侯、世卿一时不了解你们，（你们因此暂时做不了官，）但你们并不怨恨，不也是谦谦君子吗？"

【解析】本章为孔子语录，记录者是其随侍弟子。《论语》中孔子语录很多，没有特殊情况，以下不再一一注明。孔子设帐授徒弟子的语录较少，故会一一注明。

本章记录了孔子教育随侍弟子们的一番话，中心意思是，随侍弟子们有三件乐事：学问有长进；道德有提升；有这样的道德学问本可做官，暂时当不了官也无妨。

孔子说本章这番话，一定有个非常具体的背景：孔子的早期弟子要回或已

---

① 《论语》各篇均原无篇名，"学而"这类篇名，只是汉代经师为了方便教学研究，摘取每篇开头的几个字做篇名而已，并无特别的含义。《论语》的内容虽然无比重要，但其编辑工作却十分粗糙，因此，《论语》以"学而篇"为第一篇，以"学而章"为第一章，并无特别的含义，学者不必附会。

回师门，看望老师，已经或将要与随侍孔子的师弟们交流。师弟们看见师兄都当了官，很是风光，自然也想去当官，于是孔子对这些尚在师门还没有去当官的随侍弟子说，你们学好本事，提升道德，当官不是迟早的事吗？所谓"不亦说（悦）乎""不亦乐乎""不亦君子乎"，其实都是说"不也很高兴吗"，换个说法，可以避免重复。

孔子曾说："三年学，不至于谷，不易得也。"（《泰伯篇》8·12）可见众弟子先后投身师门，一般学习三年礼乐，学有所成，只要有诸侯、世卿赏识，他们就离开老师当官去了。"谷"，即当官拿俸禄，周代官员以谷米为俸禄。《史记·仲尼弟子列传》说他有七十七位弟子，应该都是分期分批招收的。孔子早期弟子如南容、公西华、颜路（颜回的父亲）、曾皙（曾参的父亲）等，只当官不做学问的多；晚期弟子如曾参、子夏、子贡、子张、子游、颜回等，既当官又做学问的多，这应该与孔子的学问到晚年才成熟老到有关。

"子"，春秋时代主要指代五种人：（一）贬称蛮夷戎狄之君，如"楚子""戎子""吴子""夷子"等，《礼记·曲礼下》"东夷、北狄、西戎、南蛮，虽大曰子"。（二）贬称华夏小国之君，如"邾子""杞子""滕子"等（华夏小国之君，西周铭文和春秋早期简牍亦有间或称"公""侯""伯"者，但春秋中后期简牍以称"子"居多，遂有贬义。如《左传·僖公二十七年》："春，杞桓公来朝，用夷礼，故曰'子'。"称杞侯为"子"，明显有贬义）。（三）尊称华夏大国之卿（按照周礼，华夏大国之卿比照小国之君，故以"子"称卿有尊敬之意，《昭公二十三年》，"列国之卿当小国之君，固周制也"。华夏大国之卿称"子"，始于《庄公十二年》卫国之"石祁子"，此从阎若璩说。参《日知录·集释四》），如"季子""孔子""赵武子"等。（四）将第三义再进一步引申，遂泛化为略含敬意的第二人称代词，相当于"您"或"你"，如《微子篇》18·6"子为谁"，战国时代这类用法变得很常见，《孟子·公孙丑上》3·1甚至称弟子"子诚齐人也"。（五）指子女，称子者如《子路篇》13·18"其父攘羊，而子证之"，称女者如《先进篇》11·6"孔子以其兄之子妻之"。

据《昭公七年》的记载可以推知，鲁昭公二十四年孔子约三十四岁时开始设帐授徒（《史记·孔子世家》定为昭公七年，误），定公十年约五十三岁时才出任"相"（鲁国的"相"从来由卿担任）。按照周礼，孔丘当了"相"，取得了卿的官位以后，才可被尊称为"孔子""子"，此前的语录（如《阳货篇》17·1、

《颜渊篇》12·11）则不可如此。但是曾参师徒编辑《论语》时，孔子已去世大约四十四年之久，考虑到孔子曾为鲁卿，这时将定公十年以前的孔子语录也一并改为尊称"孔子曰"云云或"子曰"云云，也符合礼制，不算僭越。孔子晚年有了徒孙之后，设帐授徒的弟子大多出任公卿，常被各自的弟子尊称为"某子"（"子"前面冠以姓氏），如果仍然尊称孔子为"孔子"，辈分就乱了，因此孔门常常特别尊称孔子为"子"，《论语》中的"子曰"，都是孔子说。

"时"，合适时。《春秋》七次写到冬天农闲时使民筑城，《左传》都评论说"时也"。《乡党篇》10·8："不时，不食。"不到吃饭时，不吃。《宪问篇》14·13："时然后言。"该说话时才说话。《阳货篇》17·1："孔子时其亡也，而往拜之。"孔子故意趁阳虎不在家时，而去拜谢他。《学而篇》1·5："使民以时。"合适时（农闲时）使唤民众。朱熹《论语集注》释"时"为"时常"，恐误。

"习"，实习、讲习。孔子教弟子的学问，许多都需要实习、讲习，如外交场合如何赋诗、朝廷之上如何行礼、"周乐"如何演奏等。把学到的本事真正用在当官的实践中，孔门不叫"习"，而叫"行"（实行）。

"学而……说（悦）"，子曰："知之者不如好之者，好之者不如乐之者。"（《雍也篇》6·20）此即"学而悦"也。

"朋友、朋、友"，周代"士"即读书人之间互称。《左传·襄公十四年》："是故天子有公，诸侯有卿，卿置侧室，大夫有二宗（'公、卿、侧室、二宗'皆官名，皆由宗室亲昵之人担任之），士有朋友。……皆有亲昵，以相辅佐也。善则赏之，过则匡之，患则救之，失则革之。"《孟子·离娄下》8·30："责善，朋友之道也。"可知周代读书人之间互称朋友，而且有互相帮助，以至于至善的义务。《泰伯篇》8·5曾参称颜回是朋友，《子张篇》19·15子游称子张是朋友。本章特指那些因为德才兼备，所以已去当官的早期弟子。他们回来看望老师时，自然会与尚在师门随侍孔子的师弟们交流，帮助师弟们提高道德水平，这当然让人高兴。古代经师说"同门曰朋""弟子曰朋"，恐不确切。

"人"，周代有广狭二义：广义指所有的人，与"鬼"相对而言；狭义指大人、君子、贵族，具体指天子、诸侯、卿大夫，与"民"相对而言。战国中后期"人""民"二字混用的情况才多了起来。大人手里才有官帽子，他们了解并且赏识读书人，读书人才能当官（给天子当臣叫"王臣"，给诸侯当臣叫"大臣"，给世卿当臣叫"家臣"）。本章用"人"的狭义。读书人如果德才兼备，不愁当不上官，所以孔子多次说过"不患人之不己知，患其不能也"之类的话（参《学而篇》1·16、《里仁篇》4·14、《宪问篇》14·30、《卫灵公篇》15·19诸章）。孟子也说："人知之，亦嚣嚣；人不知，亦嚣嚣。"（《孟子·尽心上》13·9）后世学者常将"人"译为"别人"或"人家"，误用了"人"的广义。

1·2　有子曰："其为人也孝弟，而好犯上者，鲜矣；不好犯上，而好作乱者，未之有也。君子务本，本立而道生。孝弟也者，其为仁之本与！"

【译文】有子说："他们为人孝敬父母恭敬兄长，却好犯上，那是很少的；不好犯上而好作乱，从来没有过。君子务必抓住依礼做人这个根本，学会了依礼做人那么仁政就自然产生了。孝顺父母，恭敬兄长，这就是仁政的根本吧！"

【解析】本章为有子语录，论孝悌是仁的根本。记录者是有若的随侍弟子。

孔门的学问主要是"仁学"和"礼学"。"仁学"的中心是平治天下国家，君臣父子各归其位，政治秩序和社会秩序井然，本章称为"道"。"礼学"虽然涉及人神关系、华夷关系、人与自然的关系、君子小人（贵族平民）的关系等，但最重要的还是贵族之间的君臣父子关系。所以"仁"与"礼"在逻辑上有少许重叠之处。有若之意是，"礼"是"仁"的根本，"孝悌"又是"礼"的根本，因此"孝悌"是"仁"的根本。

中国的贵族最晚从周初正式实行"宗法制"，即"嫡长子继承制，余子分封制"。那么，天子就是诸侯的大宗，诸侯就是大夫的大宗，大夫就是士的大宗。大宗与小宗之间，血缘上是大小宗的关系，政治上是君臣关系。小宗孝悌父兄，当然会效忠大宗，这就是"出则事公卿，入则事父兄"（《子罕篇》9·16）的意思，中国文化"家国同构""忠孝一体"的秘密就都在这里。

"有子"，尊称孔子晚期弟子有若。有若字子有，小孔子四十三岁（一说三十三岁）。根据《论语》所记，我考证孔子至少有十位弟子（曾参、有若、闵子骞、冉求、颜回、子路、子张、子游、子夏、子贡）设帐授徒。按照周礼，这些弟子的弟子，自然要尊称各自的老师为"某子"，例如有若的弟子尊称有若为"有子"。如果再尊称孔子为"孔子"，辈分就乱套了。此外，春秋礼俗，那些道德学问特别高的华夏大国之卿，在不引起认知混乱的情况下，可以特别尊称为"子"，不再冠以姓氏，如鲁国朝廷特称季孙氏、孟孙氏、叔孙氏为"三子"①，孔子当过鲁国之卿，道德学问又特别高，因此孔门特称孔子为"子"，有若等设帐授徒的弟子，则被各自的弟子尊称为"某子"。

西汉以来的学者都说，尊称有若为"有子"原因有二：（一）因为《礼记·檀弓上》《孟子·滕文公上》5·4和《史记·仲尼弟子列传》都记载，孔子去世后，众弟子思慕孔子，而有若长得很像孔子，同学们甚至一度让有若坐在老师的位子上，权当老师服侍，所以孔门尊称有若为"有子"。（二）《左传·哀公八年》记载，有若曾经被称为"国士"，因此尊称为"有子"。二说均误。孔子去世后，有若虽然曾经坐在老师的位置上，但同学们很快发现，他的学问完全不行，一问三不知，所以马上将其赶下师位，不可能因此而尊称他为"有子"。而且周代同学之间，从来互相称字，没有尊称同学为"子"的礼制。所谓"国士"，据《哀公八年》记载，只是鲁国的普通读书人而已，这样的读书人，当时鲁国国都有三百位之多，安得尽尊为"子"？有若自己也担任了公卿，也设帐授徒，其弟子便尊称他为"有子"，事情就这么简单。本章原简记录者，应该就是有若的弟子，所以尊称有若为"有子"。从来没有记录同学语录的道理，何况有若的学问并不为同学所倚重呢？

"其"，代指君子。君子才有仁不仁的问题，而小人和平民没有这个问题。

"鲜"是"无"的婉辞，实际上与"未之有"同义。换个说法，避免重复。这类案例《论语》中还有很多。

"本立"，《闵公元年》："周礼，所以本也。"《昭公七年》："礼，人之干也。无礼，无以立。"《季氏篇》16·13："不学礼，无以立。"可见周人认为，周礼既是立国之本，也是君子安身立命之本。

"与"，同"欤"。

---

① 见《论语·宪问篇》14·20，《左传·哀公十四年》。

1·3 子曰:"巧言令色,鲜矣仁!"

【译文】孔子说:"花巧的言辞,伪善的脸色,(这种人,)仁德是很少的了!"

【解析】"鲜"是"无"的婉辞,用法与《学而篇》1·2相同。

孔子认为,君子要实行仁道,十分艰难,殊非易事,因此要求君子尽可能少说多做,做了再说。他说"刚、毅、木、讷,近仁"(《子路篇》13·27),认为君子应该"讷于言而敏于行"(《里仁篇》4·24),"敏于事而慎于言"(《学而篇》1·14),"先行其言,而后从之"(《为政篇》2·13),意思都是一样的。

《尚书·皋陶谟》:"何畏于巧言令色孔壬?"看来,孔子的这一理念不仅来自对生活的观察总结,与《尚书》的直接启发也不无关系。

本章与《阳货篇》17·17完全相同。《论语》中前后重录的情况还有一些。这可能是因为孔子讲学时,弟子们各有所记,后来编《论语》时,看到甲竹简好,选了;看到乙竹简也好,也选了。从编辑学上讲,这是瑕疵;但从史料学上讲,说明《论语》的记录极其可靠。

1·4 曾子曰:"吾日三省吾身,为人谋而不忠乎?与朋友交而不信乎?传不习乎?"

【译文】曾子说:"我每天都多次反省我自己,我为别人做事尽心了吗?我和朋友交往诚实吗?老师传授的学业我讲习了吗?"

【解析】本章为曾子语录,论君子要诚实,记录者是曾参的随侍弟子。本章主旨是为人要诚实。曾参每天都多次反省的事,承诺为人办事却不尽力,与朋友打交道却言而无信,老师传授学业必嘱弟子合适时讲习,弟子必然允诺,却不讲习,这些都是不诚实的表现。孔子说"人而无信,不知其可也"(《为政篇》2·22),可见诚信很重要。

但是孔子又说"言必信,行必果,硁硁然小人哉"(《子路篇》13·20),

不管是否符合道义，说了就要兑现，这是小人所为；有若说"信近于义，言可复也"（《学而篇》1·13），"近于义"是符合道义的婉辞，"复言"即兑现诺言，都是周代俗语；孟子说"大人者，言不必信，行不必果，惟义所在"（《孟子·离娄下》8·11），认为大人君子不必兑现不符合"义"的诺言。他们的中心意思都是，合乎道义的话才兑现，不合道义的话就不能兑现。我们要把孔子、曾子、有子、孟子的话合并起来看，才能得到全面正确的认识。

"曾子"，孔子晚期弟子曾参尊称。曾参字子舆，鲁国人，小孔子四十六岁。其父曾皙是孔子早期弟子。《论语》中共收录曾参语录十四章，全部尊称"曾子"，说明这十四章语录全部是曾参教育自己弟子的语录，原简记录者都是曾参的弟子。其他九位设帐授徒弟子的语录，则或偶然尊称"某子"，或完全不尊称"某子"。其中原因虽然十分复杂，但有两点可以肯定：（一）《论语》是曾参、曾参师徒或曾参弟子所编，曾参得了方便。（二）曾参或曾参师徒认为，子张、子夏、子游、子贡等同学的学问和做派，都或多或少背叛了孔子，曾参一派人要借编辑《论语》的机会，维护孔子道德学问的纯洁性，所以把原简中尊称他们为"某子"的地方，统统改为直接称他们的字。因此，孔子弟子称"子"现象，实际上折射了孔子去世后，儒学发展变化的新现象，和战国早期"百花齐放，百家争鸣"的部分情况，这些史料弥足珍贵，不可轻易放过。①

"三"，古今文献中"三、五、七、九"及其倍数都常作"极数"用，表示很多、很大、很远、很重之类的意思，其例很多；也作"概数"用，表示大概的数目。本章即用此法。本章刚好说了三件事，纯属巧合而已。5·20"三思而后行"，6·7、7·14"三月"，7·8"举一反三"，7·22"三人行"，8·1"三以天下让"，5·19"三仕""三已"，诸"三"字用法均相同。

1·5 子曰："道千乘之国，敬事而信，节用而爱人，使民以时。"

【译文】孔子说："治理一个大国，要认真办事讲究信用，节约费用爱护官

---

①详见《孔子弟子称"子"现象研究》（吴天明，《湖北社会科学》2018年第12期）。

员,在农闲时使唤民众。"

【解析】本章孔子论治国之道。

"道",同"导",引导,引申为治理。用法与《为政篇》2·3"道之以政"相同。

"乘",音shèng,复合量词,一辆马车配四匹马,合起来谓之一"乘",也叫一"驷"。孔子那时打仗仍然只有车兵和徒兵(步兵)两个兵种(战国时代才因为"井田制"被完全破坏,马车使用不便,而开始逐步兼用骑兵打仗),因此天下习惯于用兵车数量判断国家大小国力强弱。"千乘之国"那时是大国,连齐国也只是个"千乘之国"(《季氏篇》16·12"齐景公有马千驷"),鲁国只有八百乘,邾国才六百乘,唯一的超级大国晋国才勉强有四千乘(《左传·昭公十三年》《哀公七年》)。《先进篇》11·26记载,子路说"千乘之国,摄乎大国之间",则把"千乘之国"当作中小国家,这不过是子路好为奢大之言而已。

"敬",严肃认真。

"信",治国者的信誉。孔子认为治国必须"足食,足兵,民信之矣"(《颜渊篇》12·7),其中民众对政府的信任最重要,"自古皆有死,民无信不立"(《颜渊篇》12·7),民众不信任政府,那就国将不国了。所以治国者必须取信于民,然后才能使唤民众。

"时",合适时,用法与《学而篇》1·1相同。农民秋冬农闲时才可使唤,否则就会扰民,影响民众生计。反面的例子如《春秋·隐公七年》:"夏,城中丘。"《左传》评论说:"书,不时也。"夏天农忙时使唤农民筑城,耽误农耕,影响农民生计和国家安全,就是"不时"。

"人",用其狭义,指当了官吏的上等人(大夫以下的小吏,周代文献一般称为"小人");"民",也用狭义,指平民。治理国家,自然会涉及用人和使民的问题。

1·6 子曰:"弟子,入则孝,出则悌,谨而信,泛爱众,而亲仁。行有余力,则以学文。"

【译文】孔子说:"后生小子,进了父母的房子,(在父母面前,)就要孝顺父母;出了自己的房子,(在兄长面前,)就要敬爱兄长;说话要谨慎,说了就要讲信用;博爱民众,而亲近仁人。这样躬行实践之后,如果还有余力,就去学习文献。"

【解析】本章教导年轻人要以"躬行君子"为主,兼学古代文献,体现了孔子"学""行"并重、"行"重于"学"的思想。

"文",尧、舜、夏、商、西周、春秋时代的重要文献,主要指《诗》《书》《礼》《乐》《易》《春秋》,即"六艺"。孔子一生主要用这"六艺"教育弟子。

孔子的弟子都是"士","士"在西周时代和春秋早期还是贵族。《左传·隐公元年》讲到贵族丧期礼制时说,天子七月,诸侯五月,大夫三月,士二月;《隐公五年》讲到贵族乐舞礼制时说,天子八佾,诸侯六佾,大夫四佾,士二佾,这些都是可靠的证据。但是到了春秋中后期,因为贵族过度繁衍和"井田制"被逐步破坏,"士"的经济地位、政治地位下降到几乎与平民无异的地步,以致后来的孟子常常说"士庶人",将士与庶民百姓并称。但是"士"毕竟有高贵的血统,受过一定的教育,家境也比一般平民殷实,心境更加高,随时准备当官,甚至以平治国家天下为己任。例如孔子早期弟子鲁国人南容,其同母兄长孟懿子就直接继承了父亲孟僖子的爵位和官职,当了鲁国的世卿,南容则只是"士",必须学好礼乐,将来才可能当官。孔子自己也一样,他兄长孟皮继承了父亲叔梁纥的鲁国鄹邑大夫的爵位和官职,孔子就只能当一个普通的"士",学了本事以后,在鲁定公十年,大约五十三岁时才当上官,做了君子。所以本章教育弟子努力学"行",即学做君子,有余力再去学"文",即学习尧舜以来的重要文献,这都是在为将来做大官干大事做准备。孔子教育弟子的话,一般都与平民没有什么关系。

古时地广人稀,土地便宜,稍有钱财者,就会建造一个大院子,几代人都住在同一个大院子不同的房子里,孔鲤就常常在自家院子里见到自己的父亲孔子(《季氏篇》16·13)。本章说"出""入",即与古人这种居住方式有关。其实到父母房中拜见父母,到兄长房中拜见兄长,都要"出"自己的房子,但即使儿子早已成家立业,与父母也永远都是一家人,所以儿子到父母房子中拜见父母,谓之"入",犹言回家,不可谓之"出";兄弟长大,已然分家,故弟弟到兄长房中，才谓之"出"，谓"出"了自己的房子，"出"了自己的小家。

"众"与"民、百姓、工、百工、鄙夫、老农、老圃、小人"一样，都指平民，主要是农民、手工业者、商人和小吏。孔子说"爱众"，即爱平民；说"爱人"，即爱君子，爱贵族。

"行"，实行、实践。《尚书·说命中》："非知之艰，行之惟艰。"强调"知"并不难，难在"行"，这是中国"知行说"的起源。但是历史发展到孔子的时代，先人积累的知识学问已经好生了得，因此孔子认为，"行"固不易，"知"亦甚难，必须发奋"学"之，方可有"知"，然后"行"之，如此才可望成为君子。孔子这一学说，我把它叫作"学行说"，明显比"知行说"更加科学，可惜后人竟然无人继承，世人甚至至今都只知"知行说"，岂非怪事？

孔子的时代，尧舜以来的重要文献，《诗经》《尚书》《周易》《春秋》都以专门著作的形式而存在了，可以直接拿来作教材。但是"礼"和"乐"并未以独立专门著作的形式而出现，而主要是以零零星星档案的形式出现。"礼"亦称"周礼"，其档案保存在周王国和各国诸侯的档案馆中，主要有三种档案：天子、诸侯、卿大夫处理礼制问题的记录，周王室和诸侯发布过的政府文告（名叫"象"），君子们就相关问题发表过的议论。可见那时的"礼"，还是"习惯法"与"成文法"的混合体。孔子去世后，他的徒子徒孙们才编写出专门的礼学著作《周礼》《礼记》《仪礼》之类。"乐"亦称"周乐"，包括远古圣王时代传下来的乐舞和周代创制的乐舞，主要由诸国乐官保存并常常演奏。孔子的诗歌音乐理论，就是通过总结"周乐"①而得出的。

1·7 子夏曰："贤贤，易色；事父母，能竭其力；事君，能致其身；与朋友交，言而有信。虽曰未学，吾必谓之学矣。"

【译文】子夏说："（对妻子，）重品德，不重容貌；侍奉父母，能竭尽心力；服事君上，能豁出身家性命；与朋友交往，说话讲信用。（这样的君子，）

---

① "周乐"详见《左传·襄公二十九年》。

虽说没学过，我肯定说他学过了。"

【解析】 本章为卜子语录，论学"行"。记录者是卜商的随侍弟子。

孔门师徒所说的"学"，包括学"行"和学"文"。学"文"即学习古代以"六艺"为主的文献，学"行"即学习古今圣贤的圣德善行。本章子夏所说的"学"，单指学"行"。

本章应为子夏教育自己弟子的语录。按照周礼，其弟子记录本章时，应该记作"卜子曰"云云，径称"子夏曰"者，当因曾参师徒编辑《论语》时改动所致。

子夏，姓卜，名商，字子夏。孔子晚期弟子，卫国人，小孔子四十四岁。孔子晚期弟子，许多都设帐授徒，子夏就是其中之一。《仲尼弟子列传·索隐》："按：子夏文学著于四科，序《诗》，传《易》。又，孔子以《春秋》属商。又传《礼》，著在《礼志》。"可见子夏学术贡献巨大，孔门无人可比。《吕氏春秋·当染篇》《尊师篇》都说，子夏有弟子段干木；《晋书·刑法志》说，著有《法经》的李悝也是子夏的弟子；《荀子·非十二子篇》说，子夏是孔门开宗立派的弟子之一。我的学习心得，早在孔子在世时，子夏即已设帐授徒，其教育弟子的语录，收在《论语·子张篇》以前的篇章中。孔子去世后，子夏继续教育自己弟子的语录，则收在《子张篇》中。《论语》中总共有十八章写到子夏，其中子夏语录十四章，包括《学而篇》1·7、《颜渊篇》12·5（12·22与本章稍特殊）和《子张篇》中的十一章，其记录者应该都是他的弟子，原简应该都尊称"卜子"，但在收进《论语》后，全都不再尊称"卜子"了。《论语》中像这样记录孔门弟子语录，而又不再尊称他为"某子"的例子还有一些。与此形成鲜明对照的是，曾参的十四章语录全都继续尊称"曾子"。因此我怀疑，曾参师徒认为，孔子去世后，子夏在魏文侯那里，实行的是法家的一套理论，[1]子夏的学问和做派，已经部分背叛了孔子，不能再继续尊称他为"卜子"。所以他们在编辑《论语》时，将原简中凡是尊称"卜子"的地方全部改称"子夏"。[2]

---

[1]详见《战国策·魏策》《史记·魏世家》。
[2]详见《孔子弟子称"子"现象研究》（吴天明，《湖北社会科学》2018年第12期）。

1·8 子曰:"君子不重,则不威,学则不固。主忠信。无友不如己者。过则勿惮改。"

【译文】孔子说:"君子不持重沉稳,就不威严,即使学了,知识也不会巩固。要以忠和信两种品德为主。不要与(仁德)不如自己的人交朋友。有了过错就不要怕改正。"

【解析】本章孔子用四句话,对君子为人处世提了四个要求。

本章应是孔子教育授业弟子的话,都是经验之谈。人不持重沉稳,心浮气躁,学习时没有沉下心来理解体会,即使勉强学了也会很快忘掉。"忠"并非单指忠于君上(国君善待民众以尽"君道"亦称"忠"①),而是泛指待人真诚、做事认真。孔子常教导学生"事其大夫之贤者,友其士之仁者"(《卫灵公篇》15·10),因为和仁者交朋友,才可以"以友辅仁"(《颜渊篇》12·24),使我们"就有道而正焉"(《学而篇》1·14),从而提高我们的道德水平,最终使我们自己也成为仁德君子。孔子认为"过而不改,是谓过矣"(《卫灵公篇》15·30),"过而改之,是不过也"(《韩诗外传》卷三引孔子语),"能补过者,君子也"(《左传·昭公七年》引孔子语)。

"主忠信"三句,《子罕篇》9·25重录。孔子讲学时,弟子们各有所记,有的只记录了后三句,有的则多记录了两句。这说明,这些记录是极其可靠的。

1·9 曾子曰:"慎终,追远,民德归厚矣。"

【译文】曾子说:"君子谨慎地为父母送终,追念远古祖先,那么平民的道德就会归于忠厚了。"

【解析】本章为曾子语录,论君子"慎终追远",讲究孝道,可以提高平民的道德水平。记录者是曾子的随侍弟子。

---

①详见《左传·桓公六年》。

孔子说,"生,事之以礼;死,葬之以礼,祭之以礼"(《为政篇》2·5);孟子说,"曾子曰:'生,事之以礼;死,葬之以礼,祭之以礼,可谓孝矣'"(《孟子·滕文公上》5·2,孟子可能误将孔子的话记作曾参的话),此所谓"慎终";《尚书》《诗经》常常追怀尧、舜、禹、汤、文、武、周公等古代祖先的丰功伟绩,周代各国均有自己的始祖庙,朝廷上常常演奏赞美远代先君的歌曲,周人遇到所有重大的事情都要祭祖,平民遇到先人忌日、重要节日也都祭祖,此所谓"追远"。"慎终""追远",都是"孝"。

"慎终""追远"的主语不是后面的"民",而是被省略了的"君子"。孔门一向认为,要通过教育上等人,提高上等人的道德水平,来提高下等人即平民百姓的道德水平,这样民风才会淳朴,平民才好使唤,国家才好治理。他们常说,"上好礼,则民莫敢不敬;上好义,则民莫敢不服;上好信,则民莫敢不用情"(《子路篇》13·4);"上好礼,则民易使也"(《宪问篇》14·41);"君子之德,风;小人之德,草。草上之风,必偃"(《颜渊篇》12·19)。君子讲孝道民风则纯朴,曾子的用意就在这里。①

本章尊称曾参为"曾子",自然是曾子教育自己弟子的话,记录者自然也是他的弟子。

1·10 子禽问于子贡曰:"夫子至于是邦也,必闻其政。求之与?抑与之与?"子贡曰:"夫子温、良、恭、俭、让以得之。夫子之求之也,其诸异乎人之求之与?"

【译文】陈子禽向子贡问道:"夫子到一个国家,必定知道那个国家的政务。这些信息,是他求来的呢,还是别人主动告诉他的呢?"子贡说:"夫子凭着温和、善良、严肃、节俭、谦让的人格魅力而得来的。夫子求来这些信息的办法,与别人求来的办法不同吧?"

【解析】本章为端木子语录,称赞其老师孔子靠"温、良、恭、俭、让"的人格魅力,让别人主动告诉他到访国的信息。记录者是端木赐的随侍弟子。

---

①详见《孔子没有平民文化教育思想》(吴天明,《长江学术》2017年第1期)。

"子禽"，姓陈，名亢，字子禽。《论语》中本章、《季氏篇》16·13、《子张篇》19·25共三章写到他，可知他是鲁国人，可能是大夫。郑玄注《论语》和《礼记·檀弓》都说他是孔子的学生。《子张篇》19·25记载，孔子去世后，子禽竟说子贡贤于孔子，授业弟子断无此理，《史记·仲尼弟子列传》不收子禽。但是16·13是陈亢自己的记录，他若不是孔子弟子，这一章被收进《论语》就无法解释。看来陈亢是孔子帐下一个很不像话的弟子，郑玄等学者的看法不无道理。

"子贡"，孔子晚年弟子，小孔子三十一岁，复姓端木（一作"沐"），名赐，字子贡。《左传·哀公十五年》《哀公二十六年》均称他"子赣"。子贡是卫国人，所以《哀公十一年》称他"卫赐"。子贡是春秋晚期著名的外交家、大商人，常仕鲁、卫，学问也好生了得。《吕氏春秋·当染篇》《史记·魏世家》都说子贡有个弟子名叫田子方，随子夏在魏国，当魏文侯的老师，可见子贡也是孔子设帐授徒的弟子之一。《论语》中本章、《公冶长篇》5·13、《子张篇》19·20—25共八章均为子贡语录，按照周礼和孔门习惯，这些语录的记录者应该都是子贡的弟子，不可能是别人，其原始记录应该都尊称子贡为"端木子"。春秋时代的外交家，名叫"行人"，是战国时代纵横家的老祖宗，而纵横家别是一派，不属于儒家学派。大约《论语》的编辑者认为，子贡那一套近乎纵横家的理论、办法和做派，违反了孔子之道，不是孔子道德学问的正宗，所以在将这些简牍收进《论语》时，将所有尊称"端木子"的地方，全部改称为"子贡"。这是学习《春秋》笔法，暗寓褒贬。

"夫子"，尊称世卿和大夫。孔子曾经做过鲁定公的"相"，做过鲁国的司寇，职位都位列鲁卿，故得此敬称。

"闻政"，《孟子·梁惠王下》2·2："臣始至于境，问国之大禁，然后敢入。"孔子辞去鲁国司寇之职，周游列国十四年期间，子贡常侍左右，所以陈亢问他孔子周游列国之事。古人入境问政，入乡问俗，此俗至今犹存。孔子周游列国，自然要了解到访国的基本情况。

子禽说的"求"与子贡说的"求"含义不同，前者是恳求，后者是自然获得。孔子在世时，即以博学、知礼而声名远播。他周游列国时，楚昭王欲封他土地七百里，卫出公欲请他主政。孔门弟子亦多有在鲁、卫两国为官者。子贡说别人主动告诉孔子到访国的政治信息，应该近乎事实。

1·11 子曰:"父在,观其志;父没,观其行,三年无改于父之道,可谓孝矣。"

【译文】孔子说:"君父在位时,观察储君他的志向;君父去世后,观察储君他的行为。守丧三年期间,储君不改变先父的政策,可以说是孝顺了。"

【解析】本章论储君之孝。

按照周礼,周代天子、诸侯、卿大夫均立有嫡长子,这就是储君。将来君父去世,丧期一满,储君就继位,成为新君。本章三个"父"字均指天子、诸侯、卿大夫这样的君父,不是一般意义上的父亲。两个"其"字均代指他们的嫡长子,礼制规定的接班人,不是一般意义上的儿子。君父在世时,他是储君;君父去世后,丧期届满,正式即位,他才是新君。

"三年",指周代人常讲的"三年之丧"。据《尚书·舜典》《伊训》《太甲上》《太甲中》《说命上》《无逸》等篇记载,舜为尧、殷太甲为祖父成汤、殷武丁为父王小乙,都守过"三年之丧",丧期为三个年头,至少二十五个月。另据《左传·隐公元年》记载,按照周礼,周代贵族丧期,天子七月、诸侯五月、卿大夫三月、士二月,也被称为"三年之丧"。西周尚能遵守周礼,春秋时代就很少有人遵守周礼了。孔子倡导恢复殷礼的"三年之丧"(《论语》本章、《里仁篇》4·20、《宪问篇》14·40、《阳货篇》17·21、《子张篇》19·18诸章),孟子倡导恢复周礼的"三年之丧"(《孟子·滕文公上》5·2),两位圣人的想法不尽相同。储君守孝期间,政事委托给国相、总管这类大管家来管理。守孝期满,丧期结束,储君才能正式亲政,成为新君。这是殷礼,也是周礼,丧期虽然不同,礼制精神却是一致的。

孔子曾经表扬鲁国世卿孟献子的嫡长子孟庄子,说:"孟庄子之孝也,其他可能也,其不改父之臣与父之政,是难能也。"(《子张篇》19·18)说孟庄子的孝顺,其他的别人都容易做到,他继续留用先父的臣下,继续沿用先父的治理之道,这些是难以做到的。(孟庄子"不改",很可能与他身体不好,很快就死了有关。孔子不知这一情况,故有这番表扬的话)"父之道"和"父之政"是一个意思,可与本章互证。

周代君子讲的两种"三年之丧",非常复杂,此不具论。①

本章与《里仁篇》4·20基本相同,应为孔子同一次讲话,随侍弟子各有所记,后来编辑《论语》时觉得都好,就都收了进来。

1·12 有子曰:"礼之用,和为贵。先王之道,斯为美,小大由之。有所不行,知和而和,不以礼节之,亦不可行也。"

【译文】有子说:"礼的作用,以做事恰当为贵。先王治理天下的办法,这一点最美,小事大事都恰当。如果行不通,就为恰当而恰当,但不以礼制来节制,也是不行的。"

【解析】本章为有子语录,用"先王之道"论证"礼"的作用为"和"。记录者为有若的随侍弟子。

"礼"的原始意义,是用酒肉谷物祭祀祖先,主要规范死去的祖先与活着的子孙之间在血统上、经济上、宗教信仰上的关系。后来祖先崇拜的信仰渐渐淡化,人与人的关系成为"礼"的主要规范对象。最晚到周初,"礼"已经主要规范贵族的君臣父子关系,形成了以"嫡长子继承制,余子分封制"为核心的一系列礼制。贵族必须遵守这些礼制,但同时又常常需要灵活调节,而调节的最终目的,还是要遵守这些礼制。如舜帝不告而娶,不告而娶是不孝,但娶妻生子又是大孝。再如,按照礼制吴王泰伯应该继承大统,但因周太王属意于幼子季历,泰伯和虞仲就"让"了继承权,更加优秀的季历才能继位,后来才有周文王、周武王的伟大事业和周家几百年的天下。武王伐纣后两年就去世了,按照礼制应由其九岁的嫡长子姬诵继位,但这样必然断送周家天下,所以周公权行天王事,姬诵成年后,周公将天王之位让于姬诵,是为成王。又如鲁惠公去世,嫡子桓公年幼,庶子隐公只得代行国君事,后来让位于桓公。古代圣王都是"礼之用,和为贵"的典范。有若讲的就是这个道理。为了说明这一道理,周人又发明了"和"的概念,从音乐、饮食均要和谐中节等许多方面论

---

①详见《孔孟倡导"三年之丧"的政治目的与文化考量》(吴天明,《湖北社会科学》2017年第8期)。

证，让"和"不仅具有政治意义、伦理意义，而且具有普遍意义即所谓哲学意义。

本章当为有若教育自己的弟子时所说的话，记录者为有若的弟子，故依据周礼和孔门习惯，尊称有若为"有子"。

1·13　有子曰："信近于义，言可复也；恭近于礼，远耻辱也；因不失其亲，亦可宗也。"

【译文】有子说："说话要符合道义，这样的话才可兑现；待人谦恭而又符合礼制，这样才能远离耻辱；亲近而不失去父母，这样就可以有依靠。"

【解析】本章为有子语录，讲怎么做人。一共三句话，前两句好懂，第三句争议很多。

第一句"信近于义，言可复也"，诺言只有符合道义，才可兑现。"复言"，兑现诺言。《左传·僖公九年》荀息即以"复言"为践诺。"近于义"是"符合义"的婉辞；同理，"近于礼"是"符合礼"的婉辞。孔孟之徒对待"信"有两个基本思想：（一）人要讲信用，说话要算数。如孔子说："人而无信，不知其可也。"（《为政篇》2·22）（二）并非所有的诺言都要兑现，只有那些符合道义的诺言才可兑现。如孔子所说，不管诺言是否符合道义，一律"言必信，行必果"的，并非君子，而是"小人"（《子路篇》13·20）。孟子讲得更明白："大人者，言不必信，行不必果，惟义所在。"（《孟子·离娄下》8·11）"大人"指君子。《哀公十六年》，叶公沈诸梁批评楚太子建之子白公胜"好复言"，"复言，非信也"。因为白公胜为人不仁不义，而言必信，行必果，故叶公认为这样的所谓"信"并不是仁德君子的信誉。

第二句"恭近于礼，远耻辱也"，待人接物，谦恭而又符合礼制，方可远离耻辱，即不被人侮辱。这实际上是说，对待他人，骄狂固不可，谦卑过头，超过了礼制的规定，也会招致侮辱。这与孔子讲的"忠告而善道之，不可则止，毋自辱焉"（《颜渊篇》12·23）是一个意思。

第三句话几千年来争议很多，解释差别也很大。我们可以从主旨、行文、语气上做综合分析，探究本意。按照前两句话的行文和语气，第三句应说：

"因近于亲，亦可宗也。""因"有依靠、凭借之意（《左传·定公八年》"五人因阳虎"，即其例），"亲"是父母。依靠父母，不可说"近于"，所以换了个说法，说"因不失其亲"，就是依靠父母。那么"亦可宗也"，就是可为依托之意，也就是后人所说"在家靠父母"的意思。孔子曾经称赞晋国上卿魏献子使用官员"近不失亲，远不失举"（《昭公二十八年》引），与有子"因不失其亲"之意相通。

那么有子是告诉我们：是否兑现诺言，要看是否符合"义"；怎样待人接物，要看是否符合"礼"；怎样对待父母亲人，要看是否符合"仁"——儒家认为，"亲亲"是"仁"的核心。

1·14 子曰："君子食无求饱，居无求安，敏于事而慎于言，就有道而正焉，可谓好学也已。"

【译文】孔子说："君子吃饭不要吃得太饱，居住不要太安逸，做事敏捷而说话谨慎，接近仁人而匡正自己。做到这些，可以说好学了。"

【解析】本章讲"君子"应该注意"学"三个方面的"行"，可与《宪问篇》14·2合读。

"食无求饱，居无求安"，据《左传·昭公十二年》记载，周穆王放纵自己，欲周行天下，周公的孙子祭公谋父作《祈招》之诗而讽谏之，曰"无醉饱之心"（逸诗），谓君子醉饱为纵欲。《闵公元年》，狄人入侵华夏之国邢国，管仲力劝齐桓公出兵救邢国，保护华夏文明圈，说"宴安鸩毒，不可怀也"，安逸如同毒药，不可怀恋。《僖公二十三年》，晋公子重耳（后之晋文公）流亡至齐国后，有妻子，有马车，于是不思进取，一心只想过小日子，其妻姜氏催促重耳出发，寻找返回晋国的机会，她说："行也！怀与安，实败名。"《宪问篇》14·2："子曰：'士而怀居，不足以为士矣。'"读书人应该有远大理想，以国家天下为己任，如果贪图安逸，就不配做读书人了。可见周代君子都认为，君子有崇高使命和历史责任，不能放纵私欲，不能贪图安逸，否则就会失去进取心，就不能实现人生理想、政治理想。

"敏于事而慎于言"，周代君子认为，要实行仁德善政，平治国家天下，十分艰难，因此君子应该尽量多做少说，先做后说。如《里仁篇》4·22："古者言之不出，耻躬之不逮也。"怕实际行动赶不上说的话。《里仁篇》4·24："君子欲讷于言而敏于行。"《子路篇》13·27："刚、毅、木、讷，近仁。"

"就有道而正"，接近仁德君子以匡正自己。（参《学而篇》1·1，《左传·襄公十四年》）

孔门讲"学"，包括学"文"，即学习以"六艺"为主的古代文献，还包括学"行"，即学习古今圣贤的美德善行。本章所谓"学"，特指学"行"。

1·15 子贡曰："贫而无谄，富而无骄，何如？"子曰："可也，未若贫而乐，富而好礼者也。"

子贡曰："《诗》云：'如切如磋，如琢如磨'，其斯之谓与？"子曰："赐也，始可与言《诗》已矣，告诸往而知来者。"

【译文】子贡请问老师："（君子如果）贫困而不谄媚（富人），富裕而谦恭好礼，怎么样？"孔子道："（做到这一步虽然）可以了，但还不如安贫而乐道，富裕而好礼。"

子贡道："《诗经》说：'开料，磋糙，雕刻，打磨'，那就是这个意思吧？"孔子说："赐啊，现在可以与你讨论《诗经》了，告诉你一件事，你知道没有告诉你的事。"

【解析】本章记录孔子教导学生子贡，要不断提高道德修养和思想境界，以臻于至善。记录者是可以称端木赐为"子贡"的同学，或是同学的弟子。

"如切"两句是《诗经·卫风·淇奥》中的诗句。这两句诗，是假借百工加工玉器精益求精的事，赞美卫武公不断提高道德修养以臻于至善。老师教育子贡"贫而乐，富而好礼"，让子贡灵光一现，联想到《淇奥》里的诗，领悟到了不断修炼以臻于至善的人生道理，这让老师十分高兴。

孔子称学生称名不称字，周代父亲称儿子、老师称学生、君上称臣下，均称名不称字；孔门同学之间互称，称字不称名；孔子的徒孙，尊称各自的老师为"某子",称老师的同学则直接称字。由此可以推知本章的记录者只可能是子贡的同学或同学的弟子。

1·16　子曰:"不患人之不己知,患不知人也。"

【译文】孔子说:"(读书人)不要担心人家大人不了解(不重用)自己,只需担心自己不了解人家大人(的需求)。"

【解析】本章中的两个"人"字均用"人"的狭义,均非泛指他人,而指诸侯、世卿等大人,他们手里才有官帽子。大人了解你、欣赏你,读书人才能当官。大人们治理国家,也需要人才,他们需要什么样的人才,这是读书人要知道的,否则不可能当官。孔子这话应该是说给那些还没有当官的随侍弟子听的。本章这个意思,孔子讲过多次。(参《学而篇》1·1、《宪问篇》14·30、《卫灵公篇》15·19诸章)

为政篇第二
（共二十四章）

2·1　子曰："为政以德，譬如北辰，居其所而众星共之。"

【译文】孔子说："以德治国，就像北极星，处在中心位置，别的星辰都拱卫着它。"

【解析】本章论治理国家当以德治为主，兼行他法。

"为政"，在周代含义比较复杂，国君治理国家，公卿主持国政，官员主持某一事务，以及从政为官，均可称"为政"，此指诸侯治理国家、卿大夫治理采邑。"共"同"拱"。

西周实行"家国同构"，天王分封本家兄弟子侄五十三国和周家亲戚、古老氏族约三百国，诸侯也用大体相同的办法分封卿大夫，卿大夫再这样分封士。①天子管诸侯，诸侯管大夫，大夫管士，既是治理天下、国家、采邑，也是管理本家兄弟子侄和姻亲。周代文献中，天子称周家诸侯为"伯父""叔父"，称异姓诸侯为"舅父"，道理就在这里。由于贵族总是过度繁衍，小贵族不断平民化，所以许多平民其实也是贵族的本家。这就形成了"家国同构"的

---

① 士在春秋中晚期才平民化，但在西周时代和春秋早期还是贵族，《左传·隐公元年》记载贵族丧期时，《隐公五年》记载贵族礼乐时，都有对士的规定。

格局。因为"家国同构",所以"忠孝一体",这是最近三千年中国社会政治结构和思想文化的重要特色之一。这样的社会政治结构,如果以法治为主,兼用德治,似乎有伤厚道,让人反感,治理成本也会很高,效果也不会太好,所以孔子主张以德治为主,兼用其他治理方式。

但是孔子的办法在西周时代可能管用,到春秋时代晚期就不灵了,因为社会政治结构已经发生了很大的变化。周初分封的周家兄弟之国,经过了约五百年,其血缘已经远到可以互相通婚了,例如晋文公父母、鲁昭公与吴孟子,都是同姓通婚,而且他们生育的子孙质量很高。为了各自的利益,同姓诸侯之间已经常常互相灭其国而绝其祀了(《春秋》多有记载)。孔子去世不久,他的学生曾参、子夏、子贡等人的弟子,许多都成了战国早期法家、纵横家、兵家、道家等许多学派的始祖和代表性人物,①说明周代的社会政治结构已经大大改变,国家的治理方式不得不随之变化,所以从孔子去世直到如今,中国实际上一直以法治为主,而以德治为辅。

2·2 子曰:"《诗》三百,一言以蔽之,曰'思无邪'。"

【译文】孔子说:"《诗经》三百篇,用一句话来概括它,就是'思想纯正'。"

【解析】本章论《诗经》的思想内容非常纯正。

《诗经》是周代的诗歌选集,经过周天子和各国诸侯很多代乐官的不断采集,不断筛选,后来又经过孔夫子的祖先正考父的筛选(仅筛选《商颂》),鲁襄公时代的晚期定型为有三百零五篇的《诗》,汉武帝之后称为《诗经》。②

"思无邪"本是《诗经·鲁颂·駉》中的一句诗,"思"字在原诗里本是有音无意的语首词,孔子却把它当作名词,指思想内容。这种做法,周人叫作"赋诗断章"。春秋中晚期的君子,借用《诗经》中的某些诗句表达别的意思,

---

① 详见《荀子·非十二子篇》《韩非子·显学篇》。
② 详见《春秋〈诗〉义三变》(吴天明,《长江学术》2008年第1期)。

是很普遍的风气。

《左传·僖公二十七年》记载,晋国大夫狐偃说:"《诗》《书》,义之府也;礼乐,德之则也。"二句互文见义,已经含有称赞《诗》《书》礼乐都讲"德义",都"无邪"的意思。但是在鲁僖公时代,《国风》中的许多诗歌甚至都还没有创作出来,连《商颂》(实际上是"宋颂")《鲁颂》中的许多诗歌也都还没有创作出来,《周颂》也还没有编入《诗》中,狐偃所说的《诗》,应该仅仅指《大雅》《小雅》,即《周诗》。《左传》引"诗",最开始仅仅指二雅,而且明确地说是《周诗》。周人认为二雅"无邪",恐系共识①。但说《诗经》三百篇全都"思无邪",则是孔子的一家之言。

2·3 子曰:"道之以政,齐之以刑,民免而无耻;道之以德,齐之以礼,有耻且格。"

【译文】孔子说:"用政法来治理他们,用刑法来整肃他们,平民会(因为恐惧而)免罪,但会没有廉耻;用德治来治理他们,用礼教来整肃他们,(平民会)有廉耻而且懂规矩。"

【解析】本章与2·1一样,仍然是论述德治要处在治国方略的中心地位。但是2·1所论更加宏观,兼论治理贵族和平民,本章则仅仅具体论述如何治理平民。

两个"道"字都同"导",本义是引导,引申为治理,用法与《学而篇》1·5相同。两个"齐"字都有整肃的意思。"格",规矩。四个"之"字,均代指平民。

鲁国正卿季康子想多杀刁民,孔子坚决反对,并说,是贵族的风气坏了,才让平民变坏,要求季康子多想想贵族自己的问题(《颜渊篇》12·19)。孔子说:"听讼,吾犹人也。必也使无讼乎!"(《颜渊篇》12·13)孔子当过鲁国的大司寇,管刑事,自然常常审理平民的案件。孔子认为要以德治为主,辅之以礼教,让平民知道廉耻而且懂得规矩,以尽可能减少犯罪,达到"无讼"

---

①详见《左传·襄公二十九年》吴公子季札"观周乐"时评"二雅"语。

的目的。这应是他治理国家的心得,而并非仅仅出于书生的悬想。曾参的学生阳肤要去当法官,曾子叮嘱弟子道:"上失其道,民散久矣。如得其情,则哀矜而勿喜。"(《子张篇》19·19)嘱咐弟子要明白平民犯罪,是因为"上"即国家治理者无"道",问题出在贵族那里,要弟子怜悯平民百姓。看来孔门都认为,平民犯罪,病根在贵族那里,贵族的风气坏了,才搞坏了民风,平民才犯罪。治理平民,要尽量不用严酷的法律。

2·4 子曰:"吾十有五而志于学,三十而立,四十而不惑,五十而知天命,六十而耳顺,七十而从心所欲不逾矩。"

【译文】孔子说:"我十五岁有志于读书做学问,学习先代圣贤,三十岁知礼明礼能够安身立命,四十岁遇事不迷惑,五十岁得知天命,六十岁听到什么都明白,七十岁随心所欲但不会逾越礼制。"

【解析】本章孔子总结自己一生读书学礼安身立命的经历,应该是孔子去世前不久说的话。

孔子及其高徒常说的"学",包括学"文"和学"行"。"文"指古代文献,"行"指古今圣贤的善行。本章的"学"字,兼指学文献和学善行。

孔子认为,尧、舜、夏、商、周、春秋的学问和仁德君子的善行,核心精神都是"礼",这是孔子长期学习,到三十岁才悟到的。明白了"礼"的真谛,才能"立""不惑""知天命""耳顺",甚至"从心所欲不逾矩"。《左传·昭公十年》引《尚书》逸文:"欲败度,纵败礼。"可知"从心所欲不逾矩","从"即"纵","从心所欲"即放纵自己的欲望,"不逾矩"即不僭越礼制。

周代有识之士常常将君子学礼、尊礼、守礼的情况,划分为几个境界。秦穆公大夫公孙枝说:"'不识不知,顺帝之则'(不需后天习得,自然符合上帝之法则),文王之谓也";"'不僭不贼,鲜不为则'(诚信待人,不做坏事,成为他人的准则模范),无好无恶,不忌不克之谓也。"(《僖公九年》)将守礼者分为先天自得和后天习得两个境界。《成公十五年》引《前志》曰:"圣达节,次守节,下失节。"将守礼者分为三个境界:圣人出自天性,无论怎么做都自然合礼;次一等的经过努力得以守礼;最下等的经过努力还是没有守住礼的底线。孟子说:"尧舜,性者也;汤武,反之也;动容周旋中礼者,盛德之至也。"(《孟子·尽心下》14·33)将守礼者分为三个境界:圣人尧舜一举手一投足都自然合礼;汤武经过努力也能合礼;虽然并非天生的圣人,但经过长期努力,达到了"从心所欲不逾矩",就是"达节",就是"动容周旋中礼"的境界,这才是最高的境界。孟子"动容"两句话,虽然没有点孔子的名,其实就是赞美孔子,只有孔子才达到了如此崇高的境界,这在孔子徒子徒孙中人所共知。

"立",君子知礼明礼,才可安身立命。《昭公七年》探后言之,说鲁国世卿孟僖子在昭公二十四年将死时,遗命二子向孔子学礼,并说:"使事之,而学礼焉,以定其位。"杜预注:"知礼则位安。""位安"即"立"也。孔子说"兴于诗,立于礼,成于乐"(《泰伯篇》8·8),又说"不学礼,无以立"(《季氏篇》16·13),还说"可与共学,未可与适道;可与适道,未可与立;可与立,未可与权"(《子罕篇》9·30),"权"变而不失"礼"才可谓之"权"。这几个"立"字,都是依据礼制安身立命的意思。可见孔子认为,君子既要知礼明礼立于礼,还要知道权变,而权变又不违反礼制的基本精神,这就是"从心所欲不逾矩","动容周旋中礼"。

本章是孔子对自己一生的总结,十分重要。①

2·5 孟懿子问孝,子曰:"无违。"

樊迟御,子告之曰:"孟孙问孝于我,我对曰'无违'。"樊迟曰:"何谓也?"子曰:"生,事之以礼;死,葬之以礼,祭之以礼。"

【译文】孟懿子向孔子问孝道,孔子说:"不要违背礼制。"

樊迟给孔子驾马车,孔子告诉他说:"孟孙向我问孝道,我回答说'不要

---

① 参《孔子的道德学问不只一条主线》(吴天明,《求索》2017年第4期)。

违背礼制'。"樊迟问："这是什么意思？"孔子说："父母在世，按照礼制侍奉他们；父母去世，按照礼制安葬他们，按照礼制祭祀他们。"

【解析】 2·5—8 四章均记录孔子论孝。

孟懿子即"孟孙"，姓仲孙，名何忌，谥懿，鲁国世卿。其双胞胎弟弟名说，说亦作"悦"（"说""悦"二字古通）、阅，氏南宫，即孔子早期弟子南宫敬叔，字子容，故称"南容"。据《左传·昭公十一年》记载，"泉丘人之女"（盖泉丘乡邑大夫之女）及其女伴"僚"，曾短暂私奔鲁国世卿孟僖子，泉丘女生孟懿子和南容，而僚无子。孟僖子嫡妻无子，于是自养何忌，后嗣位为鲁卿，即孟懿子。而将次子说送给僚养大。南容以"南宫"为氏，或与养大他的僚有关，或与居住地有关。古人对"南宫"这个氏的来源有许多猜测（参《史记·仲尼弟子列传》），均难以确证。《庄公十一年》有"南宫长万"，可见春秋早期即有"南宫"之氏。此从王引之《春秋名字解诂》。《昭公七年》载，孟僖子遗命（探后言之，孟僖子卒于昭公二十四年）二子悦与何忌（"悦"即《公冶长篇》5·2 之南容）向孔子学礼，故兄弟二人"师事仲尼"。但《史记·仲尼弟子列传》只收南容，未收孟懿子，或因南容才是授业弟子，而孟懿子以庶长子身份直接继承了父亲孟僖子的爵位和官职（故本章孔子答话用"对"），并未正式拜师。依据《论语》惯例，孔子称弟子，称名不称字。若孟懿子正式拜师，孔子应称他"何忌"。

樊迟是孔子的学生，姓樊，名须，字子迟，小孔子三十六岁，是孔子晚期弟子之一。本章既称"樊迟"，则记录者为樊迟以外的孔子随侍弟子。周代礼俗，自称名，不自称字。如果樊迟自己记录，则应自称"须"。《宪问篇》14·1 自称"宪"，是原宪自己记录；《雍也篇》6·12 和《先进篇》11·17 都自称"求"，都是冉求自己记录。

原简记录此事时，仲孙何忌尚健在，必不称谥。后改称其谥"懿"者，盖曾参师徒编《论语》时编辑所致。

本章有"无违"，《左传·桓公二年》有"君违"，《襄公二十六年》有"正其违"，《昭公十三年》有"不违"，可见"违"即"违礼"，这是周人的习惯用语。人所共知的宾语直接省掉，今犹如此。

《哀公十五年》："且臣闻之曰：'事死如事生，礼也。'"《孟子·滕文公上》5·2："曾子曰：'生，事之以礼；死，葬之以礼，祭之以礼，可谓孝矣。'"可能将孔子的话误记为曾子的话。孔子、孟子的相关思想和说辞，恐怕都来自于古老的周礼。

另外，据《襄公十年》，孟僖子之父孟献子，有车右名叫秦堇父，生秦丕兹，丕兹师事孔子。这年孔子师徒均未出生，传文当探后言之。秦丕兹见《史记·仲尼弟子列传》，郑玄说是楚人，误。《孔子家语》引《左传》史料，是。《昭公七年》，孟僖子讲了许多孔子应运而生的话，估计当时周人商人都认为孔子是应运而生的"达人"，所以要儿子师事孔子。

2·6 孟武伯问孝，子曰："父母，唯其疾之忧！"

【译文】孟武伯向孔子讨教孝道，孔子说："父母啊，（做儿子的）要担忧他们的疾病啊！"

【解析】孟武伯，孟懿子之嫡长子仲孙彘，字洩，谥武伯。《左传·哀公十一年》《哀公十四年》均称他为"孟孺子洩"。其祖父孟僖子鲁昭公二十四年卒，同年其父孟懿子嗣位为卿，其叔父南容为孔子授业弟子，至此已三十三年。孟懿子鲁哀公十四年卒，按照周礼和春秋惯例，孟懿子老了才立嫡子，去世三月洩才能嗣位为卿。但哀公十一年鲁齐大战时，"孟孺子洩"就已经担任鲁军主帅（孔子弟子冉求做副帅），说明他很早就被正式立为嫡子，故称"孺子"（天子诸侯卿大夫之幼子均称"孺子"）。可见孟懿子晚年身体相当不好，这才破例早立嫡子，破例自己不统兵，而让幼子代替自己统兵。这可以说明，孔子为什么教导孟武伯特别注意父母的健康。

本章故事应该发生在哀公十四年孟懿子去世前，原简应该记作"孟孺子洩问孝"，盖曾参师徒编辑《论语》时改为"孟武伯问孝"。

孟武伯之子孟敬子，曾向曾参讨教（《泰伯篇》8·4），事情当发生在曾参晚年，这时孔子已经去世四十多年，历史已经进入战国时代了。

2·7 子游问孝，子曰："今之孝者，是谓能养。至于犬马，皆能有养。不敬，何以别乎？"

【译文】子游问孝道，孔子说："如今所谓的孝，就是说能养活父母。至于犬马，都能得到饲养。不敬爱父母，怎么区别二者呢？"

【解析】子游是孔子晚期的学生，吴国人，姓言，名偃，字子游，《史记·仲尼弟子列传》说他小孔子四十五岁。周代华夏诸国名偃者，多以游为字，如晋国籍偃字子游（《国语·晋语七》注），荀偃字伯游（《左传·襄公十三年》），郑国驷偃字子游（《昭公十六年》注）等。言偃的命名方式与华夏相同，他又师从孔子，学有所成后，他又在鲁国武城当官（《雍也篇》6·14），说明当时吴国华夏化的程度已经很高，所以到了春秋晚期华夏诸国就不再视吴国为蛮夷了。

子游是孔子设帐授徒的弟子之一。《里仁篇》4·26，《子张篇》19·14、15三章是子游语录，其原简记录者应是子游的弟子，按照周礼，原简理应记作"言子曰"云云，而不应记作"子游曰"云云。可能是曾参师徒编辑《论语》时做了改动，而改动的原因，可能是因为曾参师徒认为，言偃的学说没有真正继承孔子的衣钵。

孔子认为，只是养活父母，而不恭敬孝顺父母，就跟养犬马一样，不是真正的孝。那就是说，子女不仅要"养"父母，还要"敬"父母，这才是孝道。

曾参对父亲曾晳既养又敬，曾元对父亲曾参只养不敬（曾晳、曾参父子都是孔子的学生）。孟子因此认为，曾参才是真正的孝子，而曾元并不是真正的孝子。（《孟子·离娄上》7·19）孟子的观点与孔子完全相同。曾氏三代的故事和孟子的评论，正好可以拿来做本章的注脚。

2·8 子夏问孝，子曰："色难。有事，弟子服其劳；有酒食，先生馔，曾是以为孝乎？"

【译文】子夏问孝道，孔子说："儿子在父母面前总是和颜悦色，这很难。

有事情，年轻人效劳；有酒食，年长者吃喝，竟然以为这是孝道吗？"

【解析】人之天性，贵少壮而贱老弱，故《史记·匈奴列传》说匈奴人"少壮食肥美，老者食其余"。文明人才知道克服野蛮人的天性，年长者（先生）先吃先喝，年轻人（弟子）才可吃喝；如果有打仗、耕种等事，则无论野蛮人还是文明人，都是"弟子服其劳"①。但即使做到这一步，孔子认为还不是真正的孝。他认为，"生，事之以礼；死，葬之以礼，祭之以礼"（《为政篇》2·5），对父母总是和颜悦色，才是真正的孝。

2·9 子曰："吾与回言终日，不违，如愚。退而省其私，亦足以发。回也不愚。"

【译文】孔子说："我整天给颜回讲学，（他）从不反对（我的意见），好像很愚笨。（但他）退下省察他的研究，又能有所发挥。颜回不愚笨。"

【解析】本章夸奖弟子颜回善于学习。颜回听老师讲学时，只是静静地听，默默地想。退下去再细细琢磨老师所讲的内容，有所接受，有所反诘，最终形成自己的知识体系，并对老师的学问有所发挥。子贡说自己读书学习能"闻一以知二"，而颜回能"闻一以知十"，认为自己的学问远不如颜回。孔子也认为子贡不如颜回（《公冶长篇》5·9）。颜回跟着老师学习尧舜三代文献，悟到了尧、舜、夏、商、周、春秋文献、孔子学问的主线是"礼"（《子罕篇》9·11），这是极其了不起的学术见解，得到了孔子的认可。（《述而篇》7·25）颜回的这一见解，对后世几千年的学者研究尧、舜、夏、商、周、春秋文献和孔子学问，都具有十分重要的指导意义。②

"不违"，不违反礼制。（参《为政篇》2·5）臣事君，子事父，弟子事老师，顺从是最大的礼。颜回"不违"，即听老师讲学时从不反诘。孔子教育弟子，其实希望弟子反诘、讨论，师生共同进步。子贡、子夏与孔子讨论《诗经》，常常启发老师（如《学而篇》1·15、《八佾篇》3·8）；子路甚至常常当

---

①详见《原始文化的生存竞争与生殖竞争主题》（吴天明，《中国文化》2002年合刊）。
②详见《孔子的道德学问不只一条主线》（吴天明，《求索》2017年第4期）。

面"犯"孔子（如《雍也篇》6·28，《先进篇》11·25，《卫灵公篇》15·2，《子路篇》13·3，《阳货篇》17·5、7）。按周礼来讲，后三子都有所"违"。

2·10　子曰："视其所以，观其所由，察其所安，人焉廋哉？人焉廋哉？"

【译文】孔子说："（考察一个人，）看看他所交往的朋友，看看他为达到目的所采用的方法，看看他以什么为心安，这个人怎么隐藏得住呢？这个人怎么隐藏得住呢？"

【解析】本章讲考察人的方法。

本章所要考察的人，不是广义的人，而是上等人。周代君子普遍认为，平民道德水平都一样低下，当然没有考察的必要。

孔子讲了三种考察方法。一是看他结交什么人。孔子认为："益者三友，损者三友。友直，友谅，友多闻，益矣；友便辟，友善柔，友便佞，损矣。"（《季氏篇》16·4）所谓物以类聚，人以群分，看他结交的朋友是否高尚，就可以看出他是否高尚了。所以孔子总是教导弟子们"无友不如己者"（《学而篇》1·8，《子罕篇》9·25），而要"事其大夫之贤者，友其士之仁者"（《卫灵公篇》15·10），要"以文会友，以友辅仁"（《颜渊篇》12·24），要"就有道而正焉"（《学而篇》1·14）。

二要看他"所由"，即（为达到目的）所采用的方式方法，如果不择手段，定非善类。

三是看看他"所安"，即心里安于什么，不安于什么。孔子认为"仁者安仁，知者利仁"（《里仁篇》4·2）。真正的仁者，行仁就是目的而不是获利的手段，他们行仁才心安，不行仁心中就不安。即使无法行仁，也能安贫乐道（《雍也篇》6·11、《述而篇》7·16），否则就不是真正的仁者。

如果从这三个方面去考察一个人，"人焉廋哉"，这个人怎么隐藏得住呢？

"视""观""察"都是观察、考察之意。这种互文见义之法，《论语》中比比皆是。

2·11 子曰:"温故而知新,可以为师矣。"

【译文】孔子说:"温习旧知识时,能有新的发现,这样的人就可以做别人的老师了。"

【解析】孔子将尧、舜、夏、商、西周、春秋的学问,总结为《诗》《书》《礼》《乐》《易》《春秋》即"六艺",这就是"温故";他又将"六艺"的主旨,和古今圣贤的善行美德,总结为"仁"和"礼",这就是"知新"。可见"温故"和"知新"都不是容易的事情,"温故"其实是在前人基础上的总结和创造,"知新"则更加是创造。

2·12 子曰:"君子不器。"

【译文】孔子说:"君子不能像器皿,(只有一点小用途。)"

【解析】器皿的用途,大多是一定的。如鼎,有的煮肉,有的装酒,有的装水,如此而已。孔子说,君子不应该像器皿一样只有一点小用途。他认为,君子应该博学多能,应该平治天下国家。孔子之意,是要君子有经天纬地之才,治国平天下之能,不要"泥"于"小道"(《子张篇》19·4)。他要"君子谋道不谋食""忧道不忧贫"(《卫灵公篇》15·32),嘲笑子贡只是个"器"(《公冶长篇》5·4),都是这个意思。

2·13 子贡问君子,子曰:"先行其言,而后从之。"

【译文】子贡问怎样才能做一个君子,孔子说:"先实行了你将要讲的话,而后再说出来,(这就是君子了。)"

【解析】孔子说,"巧言令色,鲜矣仁"(《学而篇》1·3,《阳货篇》17·17),"讷于言而敏于行"(《里仁篇》4·24),"敏于事而慎于言"(《学而篇》1·14),"古者(君子)言之不出,耻躬之不逮也"(《里仁篇》4·22），"君子耻其言而过其行"（《宪问篇》14·27），都与本章意思相同。

《论语》中批评"巧言令色"，肯定"刚毅木讷"（《子路篇》13·27）的话，大约有近三十章，而且基本上都是孔子对弟子们说的。这说明那时读书人的风气已经很不好，"巧言令色"的小人很多，"讷于言而敏于行"的君子很少；也说明"行"难而"言"易，做一个真正的君子，绝非易事；还说明孔子非常重视弟子们的这一问题，所以他才反复论及，弟子们才反复记录，曾参编《论语》时才反复收录。

2·14 子曰："君子周而不比，小人比而不周。"

【译文】孔子说："君子（为了道义）团结在一起，而不会（为了私利）勾结在一起；小人（为了私利）勾结在一起，而不会（为了道义）团结在一起。"

【解析】"周"和"比"都有若干个人聚在一起的意思，但是"周"是为了道义而聚在一起，"比"是为了私利而勾结、朋比，两者自有高下之别。《左传·哀公十六年》："周仁之谓信。"《襄公三年》记载，晋国大夫祁奚告老退休，晋侯问何人可接替其职务。祁奚先推荐仇人解狐，但解狐不久死了；又推荐自己的儿子祁午。君子即称赞祁奚"不谄""不党""不比"。《昭公三年》："燕大夫比以杀公之外嬖。"《昭公二十七年》："与费无极比而恶之。"《国语·晋语》谓尧舜三代皆因小人"比而亡"，几个"比"字都是朋比为奸的意思。

北宋欧阳修深受孔子这番话启发，写有《朋党论》，可以做本章的注脚。

2·15 子曰："学而不思则罔，思而不学则殆。"

【译文】孔子说："只读书而不思考就会被人蒙骗，只冥思苦想而不读书就会有很多疑惑（而得不到解决）。"

【解析】本章论学与思的关系，要求学了还要思考分析所学的知识，思考分析了还要再去读书学习，如此循环往复。孔子是饱学之士，这是他一生的读书心得，值得借鉴。后来《孟子·尽心下》14·3论"尽信《书》，不如无《书》"，《荀子·劝学篇》分析学与思的关系，都与孔子这番话有些关系。

2·16 子曰："攻乎异端，斯害也已。"

【译文】孔子说："攻击那些异端邪说，祸害就没了。"

【解析】孔子所说的"异端"是指哪些异端邪说呢？孔子刚去世，就有人攻击他（见《子张篇》），这些"异端"早在孔子在世时，就应该有苗头了。孟子说："世衰道微，邪说暴行有作，臣弑其君者有之，子弑其父者有之。孔子惧，作《春秋》。"他还说："圣王不作，诸侯放恣，处士横议，杨朱、墨翟之言盈天下。天下之言，不归杨则归墨。杨氏为我，是无君也；墨氏兼爱，是无父也。无君无父，是禽兽也。"（《孟子·滕文公下》6·9）孟子描述的这类"邪说"，孔子那个时代恐怕就已经有了，至少已有为弑君弑父张目的情况出现。例如，"田氏代齐""陪臣执国命"，皆孔子所亲历，如无"异端""邪说"为其张目，难以想象。

2·17 子曰："由，诲女知之乎！知之为知之，不知为不知，是知也。"

【译文】孔子说："由啊，我来教诲你什么叫'知'（智）吧！知道就是知道，不知道就是不知道，这才是聪明智慧啊！"

【解析】"由"即仲由，字子路，晚年亦字季路。"季"是行第，古人有年满五十而称行第的礼俗，即《礼记·檀弓上》"五十以伯仲"，此俗至今犹存，可见当称他是"季路"时，他已年满五十了。《左传·哀公十五年》尊称他为"季子"。小孔子九岁，孔子早期弟子之一。孔子早期弟子，大都很早就离开老师当官去了，只有子路几乎终身追随老师，即使当官，他也常常随侍老师左右。子路为人诚实，性格直爽，崇尚武力，没有城府，还爱面子，后来死于卫国内乱（《哀公十五年》）。《史记·仲尼弟子列传》说他"性鄙好勇"，可谓得之。孔子曾经批评他说:"野哉,由也!君子于其所不知,盖阙如也。"(《子路篇》13·3)批评子路对周礼无知,还不懂装懂,乱发议论,可与本章互证。

周代礼制,父亲称儿子,老师称学生,上级称下级,都称名不称字。故《论语》中孔子称学生,一律称名不称字。

承认无知才可能发奋学习,让自己变得有知,所以孔夫子说,这就是智慧。《论语》记录弟子言行,子路有三十一章之多;挨孔子的骂,子路也最多。其实孔子是很喜欢这个学生的。

根据《子罕篇》9·12、《先进篇》11·15两章可以推定,子路也是孔门设帐授徒的弟子之一,《孟子·滕文公下》6·7引有子路语录,但是《论语》中竟无一章子路语录(只有《宪问篇》14·38、《微子篇》18·7可能是其语录),也无一处尊称他为"仲子"。看来编辑《论语》的曾参师徒对子路相当不以为然。

2·18 子张学干禄,子曰:"多闻阙疑,慎言其余,则寡尤。多见阙殆,慎行其余,则寡悔。言寡尤,行寡悔,禄在其中矣。"

【译文】子张向孔子学习求官职得俸禄的方法,孔子说:"要多听(人家说什么),保留有疑问的地方,谨慎地说出其余(有把握的),(这样)就少出错。要多看(别人怎么做),保留有疑问的地方,谨慎地实行其余(有把握的),(这样)就少懊悔。说话少出错,行动少懊悔,官职和俸禄就在其中了。"

【解析】本章记载孔子教导弟子子张当官的方法。

子张,陈国人,复姓颛孙,名师,字子张,孔子晚年弟子,《史记·仲尼弟子列传》说他小孔子四十八岁,是年龄最小的孔门弟子。子张是孔子设帐授徒而且开宗立派的弟子之一,《荀子·非十二子篇》有"子张氏之贱儒"。《子张篇》19·1、2、3有其教育弟子的语录,应该都是他的弟子所记,本来都应记作"颛孙子曰"云云。子张刻意模仿圣人舜帝大禹的外貌和步态,显得高不可攀，即所谓"堂堂乎张也"（《子张篇》19·15），似乎并没有真正继承夫子之道。这可能让编辑《论语》的曾参师徒反感，所以将原简中的"颛孙子曰"一律改为"子张曰"。

春秋时代的读书人一定要做官，主要原因有二：（一）经济原因。当官挣俸禄才可以生活，所以读书人的"士"变成了当官的"仕"。子夏说："学而优则仕。"（《子张篇》19·13）孟子说，士只要三个月不当官，连祭祀祖先的东西都拿不出来，所以别人就要去安慰他（《孟子·滕文公下》6·3）。（二）政治原因。子路说："不仕无义……君臣之义，如之何其废之？"（《微子篇》18·7）读书人不当官，不仅废弃了"君臣之义"，其治国平天下的理想也会落空。孔子授业弟子七十余人，没有当官的只有颜回、闵子骞和原宪。中国读书人出路多样化，只是最近几十年的事。

2·19 哀公问曰："何为则民服？"孔子对曰："举直错诸枉，则民服；举枉错诸直，则民不服。"

【译文】鲁哀公问孔子："怎么做才能让民众服从？"孔子答道："推举起用正直的人，放置在邪曲小人的上头，那么民众就服从；推举起用邪曲小人，放在正直的人的上头，那么民众就不服从。"

【解析】本章论治国理民要用对人。

"民"，平民，与"人"相对而言。"错"同"措"，放置。"诸"，"之于、之乎"的合音字。"直"是正直的君子，"枉"是邪曲的小人。孔子常常将"使小人"与"使民"混用，说明"小人"也是平民。

哀公怎么可能将"枉"的"小人"提拔到"直"的正人君子上头呢？主要原因有二：（一）"君子而不仁者有矣夫"（《宪问篇》14·6），有人从爵位官职上看是"君子"，但是人品道德却是"小人"。（二）春秋时代有经商致富的小人买官。

2·20　季康子问："使民敬、忠以劝，如之何？"子曰："临之以庄，则敬；孝慈，则忠；举善而教不能，则劝。"

【译文】季康子问孔子："要使民众严肃认真（地对待政令），（服事官府）尽心尽力，互相劝勉积极向上，应该怎么办呢？"孔子道："（君子）对待民众的事严肃认真，那么（民众）对待官府就会严肃认真；（君子）孝顺（父母）慈爱（子女），那么（民众为官府办事）就会尽心尽力；（君子）推举任用好人而教育帮助那些不好的人，那么（民众）就会相互劝勉而奋发向上。"

【解析】本章孔子论驭民术，认为民风好坏由官风决定。

"不能"与"善"相对，因此"不能"就是不善的意思。

季康子，名肥，鲁国正卿季桓子之子。《左传·哀公三年》记载，这年季桓子卒，季康子嗣位为正卿，执掌国政。

孔子一向认为，平民的道德水平如何，是由贵族的道德水平决定的。《论语》中这类论述非常多。

季康子是正卿。孔子曾为司寇（《定公二年》探后言之。孔子正式出仕当为定公十年），鲁定公会齐侯，孔子为相（《定公十年》）。"司寇"与"相"均位列于卿，孔子地位与季康子相当，且孔子年长，故其弟子记录孔子答话时用"子曰"，而不用"子对曰"。

2·21　或谓孔子曰："子奚不为政？"子曰："《书》云：'孝乎！惟孝，友于兄弟，施于有政。'是亦为政，奚其为为政？"

【译文】有人对孔子道："您为什么不从政为官呀？"孔子说："《尚书》道：'讲孝道呀！孝顺父母，友爱兄弟，（把这种风气）施加到政治上去。'这也是从政呀，为什么一定要做官才算从政呢？"

【解析】本章论用孝悌的风气影响政坛，也是参与政治。

《尚书》上的这几句话，今本《尚书》无，当系秦朝"焚书"前的逸文。

提倡"孝悌"就会影响民风甚至政风（《为政篇》2·20"孝慈，则忠"，《左传·文公十八年》"孝敬忠信为吉德"），其作用类似于"从政"。这一观念并非孔子所独有，周代君子多有之，这与周代的社会政治结构，以及由此所确立的国家治理方式密切相关。可与《为政篇》2·1、20诸章合读。

"为政"，当官从政，与《雍也篇》6·8"从政"之意相同，但与《为政篇》2·1之"为政"之意不同。

2·22 子曰："人而无信，不知其可也。大车无輗，小车无軏，其何以行之哉？"

【译文】孔子说："身为君子却没有信誉，不知那怎么可以。好比大车没有輗，小车没有軏，这车怎么行走呢？"

【解析】本章论君子要讲信誉。

牛拉的车叫大车，马拉的车叫小车。大车的横木叫輗，小车的横木叫軏。没有横木就没办法套上牛马，车就行走不了。

"人"，孔子所说的"人"，一指广义的人，与"鬼"相对而言，包括所有的人；二指狭义的人，与"民"相对而言，指大人、君子，即诸侯、卿大夫等上等人。周代君子普遍认为，平民道德水平极低，不存在讲不讲信誉的问题。因此，本章所讲的"人"，应该用其狭义，仅指君子。

孔子并不要求君子"言必信，行必果"（《子路篇》13·20），孟子则明确指出君子应该"言不必信，行不必果，惟义所在"（《孟子·离娄下》8·11）。但是君子该讲信誉时而不讲信誉，那也是不行的。

2·23 子张问："十世可知也?"子曰："殷因于夏礼，所损益，可知也；周因于殷礼，所损益，可知也。其或继周者，虽百世，可知也。"

【译文】子张问老师："未来十代的礼制（大约如何），可以预先知道吗?"孔子说："殷人（整体上）沿袭夏朝的礼制，有所废除，有所增加，是可以知道的；周朝（整体上）沿袭殷人的礼制，有所废除，有所增加，是可以知道的。假使有人继承周朝而当政，（别说十代，）即使过一百代，（其礼制如何，）也是可以预知的。"

【解析】本章论历史发展规律，总是后代对上代的礼制有所继承，有所改正，有所发展。

我们今天讲的"周"，一般包括西周、春秋、战国三个时代共约八百年。但春秋战国时代的人讲的"周"，一般仅指三百年的西周。西周时代周天子掌实权，政治地位和宗教地位都很高，礼乐征伐出自天子，"君君，臣臣，父父，子子"，政治关系是顺的。春秋时代诸侯掌实权，战国时代很多世卿掌实权，礼乐征伐都不出自天子，君不君，臣不臣，父不父，子不子，政治关系都是乱的，所以那时春秋、战国不称为"周"。

大概孔子与弟子们谈话时，谈到古今礼制的沿革，进而谈到未来历史的走向，于是有了本章记录的这番话。

孔子之意，后人必然整体上继承上代的礼制，并有所损益。孔子总结的这一历史规律，被后世几千年无数的历史事实所证明，具有重要意义。

周人自称名，不自称字；孔门同学之间互相称字，不互相称名。从本章称颛孙师的字而不称他的名来看，应是子张的同学记录了本章。如果是子张记录，应该记作"师问"，不应记作"子张问"。

2·24　子曰："非其鬼而祭之，谄也。""见义不为，无勇也。"

【译文】孔子说："不是本族的鬼神而去祭祀他，这是谄媚。"（又说：）"看见应该做的事却不敢做，这是没有勇气。"

【解析】《论语》中"鬼"均指死去的祖先，与"人"（活人，活着的子孙）相对而言。这种用法至今犹存。

中国人的信仰，祖先只享受自己子孙的祭祀，也只保佑自己的子孙；子孙只祭祀并感谢自己的祖先。例如周朝时的鲁国，统治者是周人，故有祭祀鲁国始祖周公的"太庙"；国民大多是殷人，故有祭祀殷人祖先的"亳庙"。周人殷人各自祭祀自己的祖先。《左传·僖公十年》："神不歆非类，民不祀非族。"《僖公三十一年》："鬼神非其族类，不歆其祀。"道理与本章相同。"歆"，鬼神吸食享用祭品之香气。

本章两句话之间并无逻辑联系，可能是随侍弟子为了节省简牍而将孔夫子的两句短语记录在同一简牍上，那么第二句话前面应该亡佚了一个"曰"字。如果编辑失误，将两章并为一章，那么第二句话前面应该本有"子曰"二字。

八佾篇第三
（共二十六章）

3·1　孔子谓季氏，"八佾舞于庭，是可忍也，孰不可忍也？"

【译文】 孔子谈到季氏，说："他竟然在自家庭院中用天子乐舞，这都可以容忍，什么不能容忍？"

【解析】 本章批评鲁国权臣季氏僭越礼制，竟然用天子礼乐。

本篇做了初步的编辑工作，主题是论礼。"礼"之本义，是用酒肉谷物祭祀祖先，其原始的作用，主要是规定子孙与祖先（人与神）之间在血缘上、经济上、宗教上的相互关系。随着文明的发展，到了周代，人们的宗教信仰和宗教感情日趋淡漠，"礼"在规定祖先与子孙关系方面的作用亦日渐弱化，但在规定人际关系方面的作用则日渐强化，这就是周礼的意义所在。周礼虽然无比复杂，但其核心是规定君臣父子的伦理关系和政治关系。周天子在伦理上是天下的大宗，在政治上是华夏的领袖，西周时代，礼乐征伐出自天子；春秋时代，天子衰微，礼乐征伐先后由"春秋五霸"来决定。到了春秋晚期，天下的命运甚至常常由大国的公卿来决定，诸侯、公卿僭越礼制的情况比比皆是。本篇论礼，就是在这样的大背景下展开的，因此，孔子对诸侯公卿无礼的现象多有抨击。

季氏是鲁国正卿。这个"季氏"具体是谁，古来经师或以为是季平子（《左传·昭公二十五年》），或以为是季康子（《韩诗外传》），或以为是季桓子（《韩诗外传》马融注），证据均不充分。但不管具体是哪个季氏，这个氏族从季友开始专权，历季文子、季武子（季悼子可能来不及正式嗣位为卿即已死去）、季平子、季桓子、季康子，季氏几代人一直实际上掌控着鲁国朝政，而且目无礼法，却是事实，因此任何一个季氏都可能僭越礼制。其中季平子在赶走鲁昭公之后，还曾代理过一段时间的鲁君事务（《昭公三十一年》）。孔子与季平子、季桓子、季康子同时代，如果是这三位季氏，其舞八佾当为孔子亲见或亲闻；如是前几代季氏，其舞八佾之事，当系孔子读鲁史而知之。至于具体是哪个季氏，则并无考证的必要。

周代乐舞八个能歌善舞的美女为一行，一行谓之一佾（一个行列），也叫一羽（执羽，《春秋·隐公五年》有"六羽"说），或叫一八（《楚辞·招魂》"二八接舞"，《左传·襄公十一年》"女乐二八"，"二八"为两列）。《隐公五年》："天子用八，诸侯用六，大夫四，士二。"《公羊传·昭公二十五年》："设两观，乘大路，朱干玉戚以舞《大夏》，八佾以舞《大武》，此皆天子之礼也。"鲁为诸侯，本不当用天子礼，但据《礼记·祭统》《明堂位》记载，周成王、周康王特命鲁公用天子礼乐世世代代祭祀周公，故鲁君祭祀周公才能用八佾《大武》，祭祀鲁侯及其夫人，均只能用六佾。季氏只是鲁国的世卿，按照周礼，其有大功，诸侯才能赐他女乐（参《左传·襄公十一年》晋悼公赐魏绛一八女乐故事），而且最多只能赐四佾（四羽、四八），但他竟敢僭越礼制，用天子礼乐，让八佾（八羽、八八）为他奏乐舞蹈，简直是毫无人臣之礼。

3·2 三家者以《雍》彻。子曰："'相维辟公，天子穆穆'，奚取于三家之堂？"

【译文】"三家"（竟敢在自家祭祖的厅堂上用天王的礼乐，也）唱着《雍》来撤除祭品。孔子说："'助祭的是诸侯，主祭的天子庄严肃穆'，三家祭祖的厅堂上取这首诗意义的哪一点呢？"

【解析】本章批评鲁国当政的三卿祭祖时竟敢僭越礼制，用天子礼乐，无礼至极。

《诗经·周颂·雍》,是周天子祭祀宗庙后,撤除祭品时所唱的乐歌。其中有两句:"相维辟公,天子穆穆","相"指助祭的人,"辟公"指诸侯。两句诗大意是说,(给天子)助祭的都是诸侯,(主祭的)天子庄严肃穆。

"三家",鲁史亦称"三桓""三子",《论语》14·21称"三子",16·3称"三恒之子",都是指鲁桓公的三房子孙季孙氏、叔孙氏、孟孙氏,他们长期把持鲁国朝政。

3·3 子曰:"人而不仁,如礼何?人而不仁,如乐何?"

【译文】孔子说:"身为君子却不仁,(那)怎么对待礼制呢?身为君子却不仁,(那)怎么对待音乐呢?"

【解析】"人",《论语》中"人"主要有广狭二义,广义泛指所有的人,与"鬼"相对而言;狭义仅指上等人、君子、贵族,就是诸侯卿大夫,与"民"相对而言。本章用狭义。在周代君子看来,"仁""礼""乐"都不可能与平民有什么关系,都只是上等人的事情。孔子认为,君子理当是仁者,但他发现,君子中居然也有不仁者,因此他说:"君子而不仁者有矣夫,未有小人而仁者也。"(《宪问篇》14·6)"小人"与"民"同义,都是平民。平民不仁是正常的,孔夫子不会惊讶地说"民而不仁"。因此本章不是泛泛批评世人不仁,而是批评"君子而不仁者"。礼乐的本质是确定贵族之间的君臣父子关系,不仁者必然搅乱纲常,所以孔子说了上面的话。

本章孔子本可以这样说:"人而不仁,如礼乐何?"这样说更加简洁。他把"礼"与"乐"分开来说,是一种铺排的做法,目的是起到反复强调的作用。铺排在战国时期是很普遍的现象,这个苗头在春秋晚期就已经出现了。

3·4 林放问礼之本。子曰:"大哉问!礼,与其奢也,宁俭;丧,与其易也,宁戚。"

【译文】鲁国人林放请问孔子,礼的根本是什么。孔子说:"你的这个问题非常重要啊!一般的礼仪,与其奢侈,宁可节俭;丧礼,与其事事妥帖,宁可真心悲哀。"

【解析】本章论礼的根本是孝。
"易"有把事办妥的意思。

孔子把十分复杂的"礼"一分为二,分为一般的礼和丧礼,而其重点则在丧礼上。父母去世,孝子痛彻心扉,"戚"是正常的反应。孝子对父母,"生,事之以礼;死,葬之以礼,祭之以礼"(《为政篇》2·5)。这样的孝子,自然是忠臣,自然可以为天下国家"当大事"(《孟子·离娄下》8·13)。可见丧礼是最能体现孝道乃至忠道的礼,是礼的根本。至于其他十分复杂的礼,孔子就用一句话概括了。

3·5 子曰:"夷狄之有君,不如诸夏之亡也。"

【译文】孔子说:"(连)那些野蛮人都有君上,不像华夏各国没有国君。"

【解析】本章为愤激之辞,批评华夏诸国实际上都无君无父。
"诸夏"也叫"诸华""华夏""华""夏""中国""上国"等,泛指当时遵守周礼文化先进的一些国家,与文化落后的蛮、夷、戎、狄相对而言。周代君子所讲的"华夏",往往有两个基本意思,一指周家兄弟甥舅之国,我称之为"种族华夏";二指实行周礼,经济文化发达的国家,我称之为"文明华夏"。"种族华夏"大多数也是"文明华夏",但是也有不少例外,如吴国是周人兄弟之国,但是长期被视为蛮夷;杞国为夏人之后,但因礼制文化长期蛮夷化,也被视作蛮夷;楚人当然是蛮夷,但因较早学习华夏文明,在春秋中后期,他们甚至在吴国人之前被视作华夏;齐国是周人甥舅之国,自然是华夏,但与齐人同姓的莱夷(今山东莱芜)却被一直视作蛮、夷、戎、狄。看来春秋时代说谁是"华夏",谁是"蛮、夷、戎、狄",兼用了种族和文明两个标准,而以文明标准为主。春秋时代的这种民族观十分先进科学,直接催生了战国秦汉的"三代同源说"(参《史记·五帝本纪》)和后世的汉族观,也间接催生了近代中国的中华民族观,对中华民族的大团结和中国社会的和谐发展具有极其重大而深远的意义。

华夏诸国都由周天王所封,都本奉行周礼。但在西周灭亡,进入春秋时代后,不仅周天子只是名义上的天子,很多诸侯也慢慢成为名义上的国君,国家的实权逐步落到世卿手上去了。所以"诸夏"的有些国家,名义上是有国君的,实际上是"亡(无)"国君的。

"夷狄",蛮、夷、戎、狄,与"诸夏"相对而言,泛指野蛮落后的国家和氏族部落。有学者认为应该指吴国、越国、楚国这些国家,恐不确。楚、吴、越诸国到春秋后期孔子的时代,早已大量吸收先进的华夏文明并开始融入华夏,华夏诸国常常已不再把他们视为"夷狄"了,这只要看看《春秋》就会明白。所以我认为,"夷狄"应该泛指野蛮人的氏族部落。

孔子这番话,看作对华夏的激愤之辞则可,看作历史规律则不可。"夷狄"才是强者为王,才不搞"君君,臣臣,父父,子子"(《颜渊篇》12·11)这一套。西周的君臣父子之礼,才是文明国家的宗教伦理政治规矩。因为周天王实力下降,春秋时代华夏诸国只不过是恢复了"夷狄"习性,重拾强者为王的"丛林法则"而已。

3·6 季氏旅于泰山。子谓冉有曰:"女弗能救与?"对曰:"不能。"子曰:"呜呼!曾谓泰山不如林放乎?"

【译文】季康子将要去祭祀泰山。孔子对(季氏家臣)冉有说:"这事你不能补救,(阻止季氏的无礼举动)吗?"冉有说:"不能。"孔子道:"哎呀,竟可以说泰山之神还不如(鲁国人)林放(懂礼,接受你季氏的祭祀,从而保佑你季氏)吗?"

【解析】本章批评鲁国权臣季康子竟用天子、诸侯之礼,祭祀泰山,无礼至极。

按周礼规定，天子祭祀天下名山大川，诸侯祭祀本国境内的名山大川，卿大夫无此资格。泰山在鲁国境内，只有周天子和鲁国国君才有资格祭祀。季康子只是鲁国世卿，公然"旅"即祭祀泰山，这是公开犯上作乱。

《左传·哀公三年》记载，这年季康子嗣位为鲁国正卿。孔子弟子冉求，字子有，在哀公中晚期做季氏家臣，这个"季氏"应该就是季康子，所以译文直接将"季氏"译为季康子。《哀公十一年》，齐鲁大战，冉求当过鲁军副统帅，因此冉求还应同时担任朝廷大臣。季氏将去泰山祭祀的事，应是他告诉孔子的。

冉求给季康子做家臣很久，其间季康子还成倍地增加了农民的税收，将十分之一提高到十分之二；季氏伐颛臾，冉求也都没有阻止。因此孔子对季康子和弟子冉求都多有严词抨击。（参《先进篇》11·17、《季氏篇》16·1、《孟子·离娄上》7·14）

3·7 子曰："君子无所争。必也射乎！揖让而升，下而饮。其争也君子。"

【译文】孔子说："君子之间没有什么可以竞争的。如果有所竞争，那一定是射箭吧！（射箭比赛的时候，大家）互相作揖然后登堂，（射箭完毕，然后）下堂来（作揖）喝酒。那是一种君子之间的竞争。"

【解析】本章以射箭比赛为例，论述"君子之争"要讲礼。

古代贵族有射箭比赛礼仪，选手们互相作揖然后登堂射箭，根据中靶多少，中靶少者被罚饮酒，相互之间都彬彬有礼。这是"文射"，与军队的"武射"不同。（详见《仪礼·乡射礼》和《大射仪》）

3·8 子夏问曰:"'巧笑倩兮,美目盼兮,素以为绚兮。'何谓也?"子曰:"绘事后素。"

曰:"礼后乎?"子曰:"起予者商也!始可与言《诗》已矣。"

【译文】子夏问道:"'有酒窝的脸颊笑得美啊,黑白分明的眼睛顾盼妙啊,洁白的底子上画着花啊。'这几句诗是什么意思啊?"孔子说:"先有白色的底子,然后画花。"

子夏道:"礼乐产生在(仁义)之后吗?"孔子说:"启发我的就是商啊!现在可以与你讨论《诗经》了。"

【解析】本章假借《硕人》中的诗句,论述先有仁义,后有礼乐。

《左传·隐公三年》记载,卫庄公娶齐国太子得臣的妹妹庄姜为妻,卫国人唱《硕人》赞美庄姜的美丽和华贵。该诗第二章唱道:"手如柔荑,肤如凝脂,领如蝤蛴,齿如瓠犀,螓首蛾眉,巧笑倩兮,美目盼兮。"今本《诗经》里没有"素以为绚兮"一句,这句诗的意思是,白色的底子上显现灿烂的文采,比喻庄姜皮肤白皙而又光彩照人,亦可理解为赞美庄姜质朴而又高雅。

原诗的意思只是赞美庄姜。但当子夏请教孔子这三句诗是何意时,老夫子却解释为"绘事后素",先有白色的底子"素",再有"绘事",再在底子上画花。很显然,老夫子只是从字面上解释了"素以为绚兮"这句话,这与原诗主旨已经没有关系了。

学生卜商的联想则颇为奇特,他由"绘事后素",先有白色的底子,后有在上头画的花,联想到先有仁义,后有礼乐,所以他问老师:"礼后乎?"

孔子师徒这种联想的方式,是一种典型的"意识流"。但是,卜商这一"意识流"式的联想,却大大地启发了他的老师。大概孔子以前很少思考仁义与礼乐孰先孰后的问题,学生这么一说,让孔子恍然大悟,所以孔子很高兴地说:"能启发我的,就是你卜商啊!现在我可以和你讨论《诗经》了。"

3·9 子曰："夏礼吾能言之，杞不足征也。殷礼吾能言之，宋不足征也。文献不足故也。足，则吾能征之矣。"

【译文】孔子说："夏代的礼制我能说出来，（大禹的子孙）杞国不足以征引。殷人的礼制我能说出来，（商汤的子孙）宋国不足以征引。（这是因为两国保存的）文献不足的缘故。（如果文献）充足，我就可以征引了。"

【解析】本章叹息夏殷二代子孙杞国和宋国保存先代文献太少。

"礼"字有广狭二义，广义的"礼"泛指包括礼制礼法在内的文化，狭义的"礼"则仅指礼制礼法。本章似用广义。孔子和弟子颜回都将夏商周文化的主旨笼统地称为"礼"，即用"礼"的广义。①

"杞"，亦称"夏"，大禹之后。夏亡后，商汤、周武王先后封大禹子孙于杞。大国欺负杞国弱小，杞人被迫在今河南、山东、安徽境内到处迁徙，春秋时代迁到鲁国附近，成为鲁国的附庸国，因此杞国国君每年都要朝觐宗主国鲁国的国君。但是每次朝觐鲁君，《左传》都记载杞君"不敬"，就是杞君都不用周礼，而用东夷之礼，惹得鲁国常常因此而讨伐他。商周两代，杞人生活的这些地方都是东夷故地，杞人没有很好地保存夏代的礼制文化，反而被东夷同化了。（参《左传·桓公二年》《僖公二十七年》《襄公二十九年》《春秋·僖公二十三年》）孔子到杞国去考察夏文化时，发现杞人早已被东夷同化了，只保存了"夏时"等很少的夏文化。"夏时"，即今农民还在使用的夏历，也叫古历、阴历、农历。（参《大戴礼记·夏小正》）

"宋"，亦称"殷""商"，商汤之后。周武王灭商纣，封纣子武庚。后来武庚谋反，为周公所杀，周公又改封纣王之庶兄、帝乙之长子微子启为宋公，都商丘（今河南东部），后多次迁徙。孔子即为微子之后。殷商文化先进，文字完备成熟，周公曾说"惟殷先人有典有册"，想必传世文献不少，大概因为战乱等原因，孔子当时在宋国所能见到的文献也很少。宋本东夷，本应以东为至尊，以南为次尊，上左，但《左传》中有许多宋人上右（以北为至尊，以西为

---

①详见《孔子的道德学问不只一条主线》（吴天明，《求索》2017年第4期）。

次尊）的记载，①这说明宋人的礼制文化许多都已被华夏所同化，所以孔子说从宋国不足以考察殷礼。

有学者认为，"文"指文献，"献"同"贤"，指贤人，那么"文献不足"指文献和贤者不够。周为夏人之后，文武周公，多少贤者！商汤之后，圣贤之君代出（《孟子·公孙丑上》3·1），怎能说贤者不够！所以我以为，"文献"指历史文献。

3·10 子曰："禘自既灌而往者，吾不欲观之矣。"

【译文】孔子说："禘祭之礼，从第一次献酒之后，我就不想看了。"

【解析】本章和下一章都批评鲁国国君僭越礼制，而用周天子的禘祭之礼。"禘"之本意是大祭。周代有三种"禘礼"：一是每年一次的"春禘秋尝"的禘礼，春天禘祭祖先，祈祷丰收，秋收后用新年的酒肉谷物祭祀祖先，报答先人。《左传·昭公十五年》之"春禘"武公是也。二是先君去世三个年头时，要举行"禘礼"以"除丧"（如今民间仍然保存此礼，称为"除灵"），表示丧礼至此才算全部结束，生活从此步入常态。殷商贵族丧期为三年，称为"三年之丧"，见《尚书·舜典》《伊训》《说命上》；西周改革为天子七月、诸侯五月、大夫三月、士二月，也称"三年之丧"（见《左传·隐公元年》《孟子·滕文公上》5·2）。但周人在先君去世三年时，补行"禘礼"，应该是周礼调和殷礼的产物。三是"五年之禘"，《襄公二十五年》禘祭襄公，《定公八年》禘祭僖公是也。古代经师解释说，"禘"是为了"归昭穆"，我不从此说。先君去世，丧期一满，木主（或称"灵主"，今民间称"灵牌"）就要送入祖庙，就要"归昭穆"，"昭穆"顺序岂可五年一次重新再安排？周礼规定，天子七庙（祖庙加三昭三穆）、诸侯五庙（祖庙加二昭二穆）、大夫三庙（祖庙加一昭一穆）、士一庙，祖庙以上祖先的庙则要毁掉。只有祖先去世，丧期结束，木主送入祖庙，才能重新调整昭穆，怎么可能五年调整一次？华夏文明圈有逢五逢十安排重大活动的习惯，我认为"五年之禘"，就是每逢五年大祭一次所

---

①详见《上左上右礼制对中华民族的深远影响》（吴天明，《理论月刊》2017年第12期）。

有的祖先，如此而已。这三种"禘礼"，天子、诸侯都可举行，周代文献有许多记载，没有违反礼制的问题，孔子不会批判。

《襄公十年》将宋国的《桑林》之乐与鲁国的"禘乐"并称，因此本章所说的"禘礼"，很可能是类似于殷之《桑林》的特"禘"，大概只有天王才可以在始祖庙"太庙"举行。宋于周为客，可行天子之礼。鲁为周公之国，因为周公为周朝建有莫大的功勋，而且事实上担任过周天子，所以周成王、周康王都特许鲁侯用天子礼乐世世代代祭祀周公，因此鲁国也建有"太庙"（周公之庙），历代鲁君均可在"太庙"举行"禘礼"。但孔子在礼制问题上是严谨到有些刻板的人，他仍然认为，鲁侯毕竟是诸侯，用天子的禘祭礼仪祭祀周公是僭越礼制，所以要批评。

"灌"是禘祭开始时的一个环节。古人祭祖时，要让儿童代替受祭者，叫作"尸"，"尸"要代表祖先接受祭祀者所献的"礼"，当然要喝酒了。禘祭者第一次献酒给"尸"，叫作"灌"，也叫"祼"。这个环节之后，还有很多复杂的礼仪。

3·11 或问禘之说。子曰："不知也。知其说者之于天下也，其如示诸斯乎！"指其掌。

【译文】有人问孔子关于禘祭的礼制。孔子说："我不知道。知道这个礼制的人，对治理天下，会像看这（指手掌）一样容易吧！"（一边说，一边）指着自己的手掌。

【解析】本章和上一章，也是批评鲁国国君僭越礼制，而用周天子的禘祭之礼。

"不知也"，气话。本章暗含后世"了如指掌"的成语。

"礼"虽然无比复杂，但其主要作用，是调节如下关系：人神关系、华夷关系、人际关系。人际关系又主要是君子小人关系、君子内部的君臣父子关系等。其中最难调节也最重要的是君子内部的君臣父子关系。说最难调节，是因为所有的贵族都有僭越礼制的冲动；说最重要，是因为天下国家的治理，主要是对贵族的治理。"禘礼"表面上仅仅涉及人神关系，但是什么贵族用什么礼，这实际上涉及贵族内部的君臣父子关系。如果贵族内部君臣父子遵守周礼，"君君，臣臣，父父，子子"（《颜渊篇》12·11），贵族之间的关系就顺了，天下国家就安宁了。所以孔子说，知道周礼、遵守周礼的君子，对治理天下国家这类事情，会了如指掌。

3·12 祭如在，祭神如神在。子曰："吾不与祭，如不祭。"

【译文】孔子祭祀祖先时，如同祖先真在那里受祭。孔子祭祀鬼神时，如同鬼神真在那里受祭。孔子说："我如果不参与祭祀，（而由别人代我祭祀，）那跟我不祭祀一样。"

【解析】本章论祭祀必须诚心诚意。

祭祀是最为重要的宗教活动，而宗教的核心是信仰，是感情，不是仪式。中国至今仍然如此：祭祀祖先要自己亲自祭祀，不能别人代祭；祭品要亲自准备，不能别人代为准备；祭祖要花自己的钱，不能花别人的钱。

3·13 王孙贾问曰："'与其媚于奥，宁媚于灶'，何谓也？"子曰："不然。获罪于天，无所祷也。"

【译文】王孙贾问："（有人说，）'与其巴结奥神，不如巴结灶神'，这话是什么意思？"孔子道："不对。要是得罪了天神，祈祷都没有用。"

【解析】本章何意，古来颇多议论。

王孙贾是卫国国君卫灵公的大臣，负责军旅。（参《宪问篇》14·19，《左传·定公八年》）孔子在周游列国的十几年中，曾不止一次到访卫国，与卫灵公、卫国许多大臣、卫灵公夫人南子均有来往，孔子还有许多学生在卫国做官，《论语》中多有记载。

"奥、灶、天"都是神。"奥"是屋内西南角的神，"灶"是灶神，"天"是至上神。殷商时代一般以"上帝"为至上神，周代一般以"天"为至上神。

古人一般认为，孔子与王孙贾的这番话，是话中有话。主要有两种见解：（一）奥神喻卫君，或喻南子，灶神为王孙贾自比。那么本章意思应是，王孙贾暗中告诉孔子，你到我们卫国来，与其巴结国君、夫人，还不如讨好我这个实权派。孔子则回敬他说，我谁都不讨好，我不做坏事，做了坏事，得罪了老天爷，连祷告都没有用。但《宪问篇》14·19及《定公八年》均将王孙贾视作维持卫国稳定、保护卫国利益的贤者，因此这一见解恐难采用。（二）奥神指卫君，灶神指南子等实权人物，那么本章大意则是，王孙贾请教孔子，有人教我，与其讨好国君，还不如讨好夫人等实权派。你认为怎样？孔子告诉他，不可。（你别做坏事，要是做了坏事，）得罪了上天，你就连祈祷都没有用。此说亦与上引史料有些矛盾，恐亦难从。

假如我们考虑到曾参师徒把本章编入本篇，而本篇主旨是论礼，从本章字面上看，也的确是在讨论侍奉鬼神之礼，那么，本章的意思或许就是字面意思，并无暗喻。

3·14　子曰："周监于二代，郁郁乎文哉，吾从周。"

【译文】孔子说："周朝借鉴了夏商二代（的礼制文化），多么丰富多彩啊！我主张周朝的（礼制文化）。"

【解析】本章肯定周朝的文化更加先进。
"监"，同"鉴"，借鉴。
"二代"后面应该有个中心词，但孔子省略了。那么周人借鉴了二代什么呢？如果理解为仅仅借鉴了二代的礼制，则似乎还谈不上"文"不"文"的问题。所以我想，应该是借鉴并发展了二代包括礼制在内的文化。如，夏人把一年分为夏冬二季，殷人分为春秋二季，周人则分为春夏秋冬四季；再如嫡长子继承制，余子分封制，发端于殷商（不然帝辛即商纣王不可能继位），周初成为正式的礼制；又如殷商的青铜器十分精美，周人的青铜器则更加精美；孔子终身学习并传授弟子的"六艺"，也大多是周人借鉴二代文化以后的创造。孔子多次论述尧舜三代文化的传承和创新，他说"殷因于夏礼，所损益，可知也。周因于殷礼，所损益，可知也"（《为政篇》2·23），还说"夏礼，吾能言之……殷礼，吾能言之"（《八佾篇》3·9），他说的这几个"礼"字，应该均指包括礼制在内的文化，而不仅仅指礼制。二代的礼制文化，周代的礼制文化，才能谈得上"文"不"文"的问题，所以我做了如上的翻译。

"周"，汉代至今指包括西周、春秋、战国三个时期共约八百年的周代；春秋、战国时期则仅指约三百年的西周。孔子要恢复的"周礼"，就是西周"君君，臣臣，父父，子子"的礼制。

3·15 子入太庙，每事问。或曰："孰谓鄹人之子知礼乎？入太庙，每事问。"子闻之，曰："是礼也。"

【译文】孔子到太庙（观礼），每件事都请教别人。有人说："谁说鄹人的儿子知礼呀？他到太庙里来，每件事都问别人。"孔子听到这话，说："（不懂就问，）这就是礼呀！"

【解析】本章论不懂就问，这本身就是礼。

孔子是春秋晚期大名鼎鼎的礼制专家，鲁国世卿孟僖子、齐国国相晏婴、楚国令尹子西，全都承认孔子是礼制专家（《史记·孔子世家》引《左传》史料，《左传·昭公七年》）。这当然是就一般的礼制文化而论。有些特殊的礼仪制度，孔子就未必是专家了。鲁国的统治者是周人，因此有祭祀鲁国始祖周公的"太庙"（《春秋》例，鲁国只有周公之庙才称太庙，其他鲁侯及其夫人之庙均不称庙，而称宫）；鲁国的民众大多是殷人，因此还有祭祀殷人祖先的"亳庙"。孔子是殷人子孙，"亳庙"祭祖的具体礼仪应十分熟悉，"太庙"祭周公的具体礼仪就不一定十分熟悉了。

孔子的父亲叔梁纥曾当过鲁国的鄹邑大夫，按当时的习惯，叔梁纥可称为"鄹人"，如《左传·襄公十年》即称孔子的父亲为"郰（同"鄹"）人纥"。"人"在此特指大夫。周代文献中，常有"晋人""鲁人""楚人""郑人"这类说法，多指有关国家的公卿大夫。叔梁纥嫡妻无子，庶妻生有孟皮、仲尼两个儿子，都可称为"鄹人之子"，本章仅指孔子。

本章中的两个"礼"字，含义不同。前一个"礼"仅指宗教礼仪，后一个"礼"则泛指礼俗。古时大凡有学问者，都有勤学好问的习惯。孔子每到一国,"必闻其政"(《学而篇》1·10);孟子每到一地,必问其禁(《孟子·梁惠王下》2·2);孔子的祖先正考父,曾请教周天王的乐师,以校订《商颂》(见《国语·鲁语下》),这些都是名例。子贡曾说:"夫子焉不学?而亦何常师之有?"(《子张篇》19·22)无"常师"类似后世的"能者为师""转益多师",子贡说孔子广泛地向所有有学问的人学习,所以才有伟大的学问。孔子认为,不懂就问,能者为师,这本身就是"礼"。

3·16 子曰:"射不主皮,为力不同科,古之道也。"

【译文】孔子说:"射箭主要不是射穿靶子,因为气力(有大有小)不相等同,(关键是看是否射中,)这是古时的规矩。"

【解析】本章讲贵族"礼射"(文射)的规矩。

古时贵族平日练习礼乐时,有一个节目是"礼射"(不是军中的武射)。射箭的靶子"皮",内用填充物,外用布或兽皮包起来,上面画着猛兽之类,然后大家依次射箭。

3·17 子贡欲去告朔之饩羊。子曰:"赐也!尔爱其羊,我爱其礼。"

【译文】子贡想(干脆)把每月初一用来祭祖庙的那只活羊也去掉不用了。孔子说:"赐啊,你可惜那只羊,我可惜那种礼啊!"

【解析】本章论"告朔"之礼应该坚持。

"告朔",也叫"告月"(见《春秋·文公六年》)。"朔",每月的第一天。周天子每年秋冬之交都会把下一年的历法颁给诸侯,告诉诸侯下一年哪天是哪月的初一,因此叫"颁告朔"。诸侯把天王赐的历法藏到祖庙里,每月初一杀一只羊祭祀太庙,这叫"告朔""视朔""听朔"。祭祀太庙后,诸侯上朝听本月之政,这叫"朝庙""朝享""朝正"。"视朔"是治理国家的大事,鲁文公因病而"四不视朔",连《春秋·文公十六年》都要记载。《春秋·襄公二十九年》："二十九年春王正月，公在楚。"《左传》："公在楚，释不朝正于庙也。"说明到襄公时代"告朔""朝正"之礼，仍然大体正常举行，鲁襄公因为特殊情况不能"朝正"，《春秋》都要特别记载并说明原因。大概到了鲁定公、鲁哀公的时代，朝廷执行周礼已经十分懈怠，只是叫人每月初一杀只羊祭祭祖庙，摆摆样子，虚应故事而已，哀公甚至都常常不"朝正"。子贡觉得，鲁君既然根本不"朝正"，每月初一白白杀只羊，不如干脆也免了。

孔子的意思是，即使国君不"朝正"了，"告朔"还可以正时，而正时是为了方便农事，为了民生。"闰月不告朔，非礼也。闰以正时，时以作事，事以厚生，生民之道于是乎在矣。不告闰朔，弃时政也，何以为民？"（《左传·文公六年》）虽然鲁国每月初一杀只羊祭太庙只是摆摆样子，那也总比不摆样子好。要是连样子都不摆一下，朝廷为民众授时的工作都不做，民众就不知道什么时候做什么事情，就会耽误农时，民生就会大受影响，"礼"的影子就都没了。

鲁哀公晚期，子贡在鲁国做官。（见《左传·哀公十一年》《哀公十五年》《哀公二十六年》）大约孔子去世若干年后，他才到卫国做官。

3·18 子曰："事君尽礼，人以为谄也。"

【译文】孔子说："服事君上尽人臣之礼，别人却以为他谄媚。"

3·19 定公问："君使臣，臣事君，如之何？"孔子对曰："君使臣以礼，臣事君以忠。"

【译文】鲁定公问孔子："国君使唤臣下，臣下服事国君，都应该怎么做？"孔子回答道："国君使唤臣下要依礼行事，臣下服事国君要忠心耿耿。"

【解析】本章论君臣都要遵守周礼。

"臣事君以忠"，也是依礼行事。周礼对君臣关系有十分详细的规定，鲁君问得笼统，孔子也只能笼统回答。这如同齐景公笼统问治国之道，孔子则笼统回答"君君，臣臣，父父，子子"（《颜渊篇》12·11）。尽管孔子答得笼统，但仍然切中要害。孔门弟子子夏说："《春秋》，记君不君、臣不臣、父不父、子不子者也。"（《说苑·复恩篇》引）子夏从反面总结了春秋时代的特点，孔子从正面提出了恢复周礼的要求。

鲁定公的"定"是他死后的谥号。他与孔子对话时，随侍弟子做记录，只会称他为"公"，记作"公问"云云。曾参师徒整理竹简、编辑《论语》时，这位鲁君早已去世，谥号为"定"，才会改称他为"定公"。如果不改，后人就不知道"公"是谁了。这是古代文献的通例。

3·20　子曰："《关雎》，乐而不淫，哀而不伤。"

【译文】孔子说："《关雎》，快乐而不放纵，忧郁而不悲伤。"

【解析】《诗经·周南·关雎》本是一首情歌，写一贵族爱上一女子，并想象如何追求她，婚后生活又将如何美妙，追求不到又如何忧郁。该诗抒发感情很节制，不像"郑卫之音"那样"淫"，那样过分而没有节制，一泻千里。《左传·襄公二十九年》，吴公子季札评《诗经·豳风》曰："美哉，荡乎！乐而不淫，其周公之东乎？"杜预注："乐而不淫，言有节也。""淫""伤"均为过分而不节。《昭公元年》："先王之乐，所以节百事也。"《襄公二十七年》："乐而不荒。"《诗经·唐风·蟋蟀》："好乐无荒，良士休休。"可知春秋君子认为，君子应该用礼乐来节制自己，应该乐而有节。孔子赞美《关雎》，当因该诗节制感情而不放任感情。

孔子还说："师挚之始，《关雎》之乱，洋洋乎盈耳哉！"（《泰伯篇》8·15）可知《关雎》还是在朝廷上演奏的音乐。《襄公二十九年》载，吴公子季札"观周乐"时曾经这样称赞《周南》《召南》："美哉！始基之也，犹未也，然勤而不怨矣。"《关雎》为《周南》之首，看来周人在朝廷上演奏《关雎》，除与该诗表达感情很有分寸有关以外，还应与该诗体现了"始基"的周道王业有关。

古今中外，所有真正的艺术作品，都不作兴一泻千里，把话说完。孔子的这番话，除了具有政治、礼制意义外，同时还揭示了艺术创作和鉴赏的规律。

3·21　哀公问社于宰我。宰我对曰:"夏后氏以松,殷人以柏,周人以栗,曰,使民战栗。"子闻之,曰:"成事不说,遂事不谏,既往不咎。"

【译文】鲁哀公就为社神做牌位应该用什么木头一事问宰我。宰我回答道:"夏人用松木,殷人用柏木,周人用栗木,(周人)说,(用栗木)是想让民众战战栗栗,(知道敬畏神灵。)"孔子听到这事,(责备宰我)道:"已经做了的事不用再解说了,已经完成的事不用再劝谏了,已经过去的事不用再追究了。"

【解析】本章很可能暗示鲁哀公有违社礼。

鲁哀公是春秋时代鲁国的最后一位国君。宰我是孔门弟子,名予,字子我。"社"本为土地神,本章应指"社主",即用木头为社神做的牌位。古人祭神,要用木头给神做一个牌位,这就是"主"。此俗至今尚存。

三代社神牌位(即社主)用什么木头,宰我的说法不知有何依据。孔子并未反驳,想必符合史实。孔子说的三句话,用了"互文"之法,"成事""遂事""既往"(之事),都是指过去的事;"不说""不谏""不咎",都有不评论、不指责之类的意思。从孔子说话的口气来看,估计宰我的话可能暗含批评鲁国制作社神牌位所用木头"非礼"的意思,而孔子的意思可能是,宰予你说那些干什么呢?有什么用呢?孔子可能有对鲁哀公失礼表示不满、无奈,甚至懒得批评之类的意思。

3·22　子曰:"管仲之器小哉!"

或曰:"管仲俭乎?"曰:"管氏有三归,官事不摄,焉得俭?"

"然则管仲知礼乎?"曰:"邦君树塞门,管氏亦树塞门;邦君为两君之好,有反坫,管氏亦有反坫。管氏而知礼,孰不知礼?"

【译文】孔子说:"管仲的器量真小啊!"

有人问:"管仲节俭吗?"孔子说:"他收取了民众三成的市租,部下为官也不兼差,怎能说节俭?"

人家又问:"那么管仲知晓礼制吗?"孔子道:"国君立了个塞门,管仲也立了个塞门;国君为招待外国君主筑有放酒具的反坫,管仲也有反坫。连管仲都知晓礼制,那谁不知晓礼制?"

【解析】管仲是春秋早期霸主齐桓公的国相,他帮助齐桓公制定了一系列政策,使齐国强大起来。然后假借周天王之命,东征西讨,使齐国称霸天下。

孔子、孟子、司马迁对管仲的评价,要点有二:(一)充分肯定他帮助齐国联合华夏诸国打败蛮、夷、戎、狄,保卫并扩大了先进的华夏文明圈,孔子甚至因此称赞他"仁",这是很高的评价。(《宪问篇》14·16、17)(二)在谈到管仲处理内政特别是他的私德时,对他又多有批评(如本章)。后世几千年研究管子,始终没有超越孔子、孟子、司马迁定的这个基调。

本章从三个方面批评管仲:

一是批评管仲"器小",即器量狭小。孔子认为"君子不器"(《为政篇》2·12),这话很抽象,不好理解,我们拿后儒的话来做解释。孟子也非常看不起管仲、晏婴,认为齐国那么大,国力那么强,齐王又那么信任他们,他们却不利用有利条件帮助齐王实行仁政,安定天下,反而帮齐王称霸,而称霸是不可能安定天下的(《孟子·公孙丑上》3·1)。可见孔子批评管仲"器小",是批评他仅仅为了一国之私而实行霸道,没有真正实行王道仁政,从而安定天下。

二是批评管仲"不俭"。根据《管子·山至数》记载，按照管仲制定的经济政策，市租之利若为十，三分归于公室。后来齐桓公把这"三归"之利赏给管仲，管仲竟坦然接受了。古代文献上说，三代圣王治理天下时，农业都实行"十一之税"（《孟子·滕文公上》5·3），集市不收税（《孟子·公孙丑上》3·5）。管仲要齐国征收集市"十三之税"，赋税太重，后来又成了管仲的私利，其生活之奢侈可知。所以孔子说，管仲有市租三成的利益，（他手下的人）做官从不兼职，怎么能说他节俭呢？

关于"三归"，周汉文献记录者很多，《论语》本章最早，此外主要者还有《晏子春秋·杂下·晏子老辞邑章》《战国策·东周策》第十一章、《韩非子·外储说左下》《难一》《史记·管晏列传》《货殖列传》《礼书》《管子·山至数篇》（《管子》成书甚晚，前贤已有论证）《汉书·礼乐志》《地理志下二》《说苑·尊贤篇》《善说篇》《论衡·感类篇》等。古来经师对"三归"的解释也十分复杂，大约有十几种解释，主要者有包咸的"娶三姓女说"，俞樾的"有府邸三处说"，毛奇龄的"三娶而筑台说"，陶方琦的"采邑之名说"，王充的"僭越诸侯之礼说"，武亿的"收藏泉布说"，郭嵩焘的"市租常例归公者说"。杨伯峻先生《论语译注》采用郭氏说，今从之，上文即按此翻译。《东周策》第十一章："管仲故为三归之家，以掩桓公非，自伤于民也。"此乃辩士之论，不足为凭。

三是批评管仲全无人臣之礼。孔子说，国君有"塞门"（应该是屏风的前身），管仲居然也有"塞门"。国君招待外国君主时堂上设有放置酒杯的"反坫"，管仲竟然也有"反坫"。如果说管仲知道人臣之礼，那么谁不知道人臣之礼呢？

"塞门"，建在朝廷正大门处，用来屏蔽大风的矮墙。鲁国称为"萧墙"（见《季氏篇》16·1）；越国称为"檐"（见《国语·吴语》第九章）。大约各国名称多有不同。《荀子·大略篇》："天子外屏，诸侯内屏。""屏"即屏蔽大风的矮墙，"屏"很可能是春秋时代对这一矮墙的通称，而且天子的"屏"设置在朝廷正大门的外侧，诸侯的"屏"则设置在朝廷正大门的内侧。大概按照周礼，卿大夫不可以设置这种屏蔽大风的矮墙，而管子竟然设置之，所以孔子认为他僭越礼制。近代这种矮墙，用砖瓦建在室外而不可移动者，称为"照壁"；材质改为轻便的木料、布料并且逐步美化，放在室内，可以随意移动者，称为"屏风"。

3·23 子语鲁大师乐，曰："乐其可知也：始作，翕如也；从之，纯如也，皦如也，绎如也，以成。"

【译文】孔子跟鲁国太师谈论音乐，说："音乐（怎么演奏），那是可以知道的：刚开始演奏，翕翕的样子；继续演奏，纯纯的样子，皦皦的样子，绎绎的样子，然后完成。"

【解析】本章谈论音乐的演奏过程。

语，音yù，谈论；翕，音xī；从，音zòng；皦，音jiǎo。

音乐在上古是"礼"的重要内容之一。《左传·襄公二十九年》，吴公子季札访问鲁国，"请观周乐"，所"观"的"周乐"有《风》《雅》《颂》，还有虞、夏、商、周四代的古乐。这些音乐既在朝廷上演奏，也在外交场合演奏，说明音乐在周代是君子治国理政、陶冶性情的重要工具之一。孔子在回答颜回怎么治理国家的问题时，曾说："行夏之时，乘殷之辂，服周之冕，乐则《韶》《舞》。放郑声，远佞人。郑声淫，佞人殆。"（《卫灵公篇》15·11）孔子教育弟子学习诗歌，说诗歌可以"兴观群怨""事父事君"（《阳货篇》17·9）。弟子子游当武城县长时，就把音乐作为治理人民的工具之一。子游明白，"君子学道则爱人，小人学道则易使也"（《阳货篇》17·4）。这些都是很好的佐证。

"大（太）师"，乐官之长。孔子曾与鲁国乐官师挚（《泰伯篇》8·15）、师冕（《卫灵公篇》15·42）多有交往，本章所述，不知是否为其中一人。

3·24 仪封人请见，曰："君子之至于斯也，吾未尝不得见也。"从者见之。出，曰："二三子何患于丧乎？天下之无道也久矣，天将以夫子为木铎。"

【译文】仪大夫请求孔子见他，他说："凡是高尚的君子来到这个地方，我没有不和他见面的。"随侍弟子让他见了孔子。他出来后，（对孔子的随侍弟子们）说："你们为什么要患得患失，担心当不成官呢？天下乱纷纷已经很久了,老天爷将以他老人家做(天下人的)导师,(让他唤醒天下人,从而拯救天下。)"

【解析】本章借封人之口,谓孔子将成为天下人的导师,拯救天下。

"封人",镇守边邑的大夫。郑庄公有"颍谷封人"(《左传·隐公元年》),宋国有"萧封人",后晋升为卿(《文公十四年》),楚国有郧阳封人(《昭公十九年》),皆其例。"仪"应与"颍谷""萧""郧阳"一样,均为边邑之名。"二三子",春秋时代口语,与"你们""各位"相当。7·24、9·12、11·11、17·4均有此用法。"夫子",卿大夫敬称,此指孔子。孔子曾当过鲁国的"相"和"司寇",均位列于卿,故可敬称夫子。"木铎",铜质木舌的铃子。《左传·襄公十四年》引《尚书·夏书》曰:"遒人以木铎徇于路。"上古官员用木铎(或用金口金舌的金铎)摇铃,召集众人,宣布官府政令。这里以"木铎"喻孔子,是说孔子将唤醒天下人。

上文我在翻译时,特意只用"人"字,不用"人民"这类含有"民""众"字眼的词,因为孔子一生只是"人"即上层人的导师,而从来不是"民""众""百姓""小人"这些下层人的导师。①

据周代文献《左传》(如《昭公七年》)《孟子》(如《公孙丑下》4·13、《尽心下》14·38)等记载,当年殷商人被周武王打败时,曾留下"五百年必有王者兴"的预言,预测殷亡后五百年左右,又会出现一个像商汤那样的"王者",以拯救天下。孔子在世时,许多殷人甚至周人都相信孔子就是这位应运而生的"圣人""达人"。"封人"未见孔子就断定他是"君子",而且只跟孔子谈了一番话就断定老天爷要孔子拯救天下,应与春秋时代末期的上述社会环境有关。

3·25 子谓《韶》,"尽美矣,又尽善也";谓《武》,"尽美矣,未尽善也"。

【译文】孔子评价《韶》,说"美极了,而且好极了";评价《武》,说"美

---

①详见《孔子没有平民文化教育思想》(吴天明,《长江学术》2017年第1期)。

极了,只是不够好"。

【解析】 本章假借评价古乐,评价虞舜和周武王,暗讽周武王伐商纣王是以臣弑君。

周国和鲁国都保存有虞、夏、商、周四代的古乐(《左传·襄公二十九年》)。《韶》是虞舜时代的音乐,周人演奏,有赞美怀念舜帝的意思。周代很多文献都说,尧把天下禅让给舜,舜又把天下禅让给禹。舜的生父、继母、同父异母弟弟象多次想害死舜,可是舜始终不失儿子、兄长之道。《孟子·万章篇》系统评论圣贤,而以舜帝为首,可见在周代,舜帝是人臣、人君、人子、人兄、人夫的典范。

《武》是周武王时代的音乐。唐代有《秦王破阵舞》,今有《东方红》,都是音乐史诗。武王伐纣前后总共只当了四年王便去世了,伐纣是他一生几乎唯一的功绩,估计《武》也当以音乐史诗的形式演绎武王伐纣故事。周代君子一方面认为武王是圣君,另一方面又认为商纣王是君,周武王是臣,所以对武王伐纣颇有微词。本章说,《武》音乐虽美,但内容不好,即暗含微词。周代只有孟子解决好了这个问题,他认为纣王只是"一夫",根本不是什么"君",武王伐"一夫",没有"以臣弑君"的问题,只是"诛一夫纣"(《孟子·梁惠王下》2·8)。清初黄宗羲《原君》一文对孟子此说极为赞赏,对孔子本章因拘泥于君臣之道而暗讽武王之意颇不以为然。

3·26 子曰:"居上不宽,为礼不敬,临丧不哀,吾何以观之哉?"

【译文】 孔子说:"(一些君子)身居上位而不宽待下人,行礼也不严肃认真,参加丧礼竟不悲哀,(这个样子)我怎么看得下去呢?"

【解析】 本章十分直白地批评君子无礼。

"上",泛指君上,包括天子、诸侯、卿大夫。丧礼也是礼,孔子之所以抽出来单说,是因为世界上没有比"亲丧"(父母去世)更加重要的事了。丧礼的核心不是仪式,而是心中的哀戚。一个人遭遇"亲丧",如果只是行礼如仪，而心无哀戚，则无礼至极，不仁至极。《左传·哀公二十年》："三年之丧，亲昵之极也。"君父、嫡母、嫡妻、嫡子之丧，才称"三年之丧"。根据《左传》记载，春秋时代，周天王、诸侯、卿大夫，遭遇"三年之丧"而"无一日之哀"者，比比皆是，完全没有君子的样子，所以孔子实在看不下去。①

---

①详见《孔孟倡导"三年之丧"的政治目的和文化考量》（吴天明，《湖北社会科学》2017年第8期）。

里仁篇第四
（共二十六章）

4·1 子曰："里仁为美。择不处仁，焉得知？"

【译文】孔子说："（君子）住的地方要有仁人才好。选择住处却不与仁人相处，怎能算得上聪明智慧呢？"

【解析】本篇做了初步的编辑工作，主旨是论"仁"。周代君子所谓的"仁"，主要含义有二：一指君子的人生理想、政治理想，二指君子的道德修养，二者都与平民无关。后世经师常常以为"仁"关系到所有的人，这是误解。

本章有两种解释，一就字面而言，"里"，名词用作动词，居住意。"择"即择里、择居之意，宾语（里、居）承前省。"知"同"智"，《孟子·公孙丑上》3·7引用本章，即作"智"。那么孔子是说，选择住处要以仁人为邻，借以提高自己的道德水平，使自己最终也能成为仁德君子。孔子曾说："德不孤，必有邻。"（《里仁篇》4·25）仁人无论住在哪里，都必定有许多人争相与之为邻，正可与本章互相印证。孔子又曾评价弟子宓子贱："君子哉若人！鲁无君子者，斯焉取斯？"（《公冶长篇》5·3）认为子贱其所以能成为君子，是因为鲁国多有君子，子贱常有机会学习这些君子，所以自己最终也成为君子。那么，鲁国那些君子就是子贱广义的高邻，鲁国多君子的社会政治环境就是子贱广义的"里"。

另一种是孟子的解释，他在引用了孔子这番话之后，说："夫仁，天下之尊爵也，人之安宅也。莫之御而不仁，是不智也。不仁，不智；无礼，无义：人役也。"（《孟子·公孙丑上》3·7）孟子还说："仁，人之安宅也；义，人之正路也。"（《离娄上》7·10）"居恶在？仁是也；路恶在？义是也。"（《尽心上》13·33）按孟子的理解，孔子并不是具体讲选择住处要与仁人相伴，而是以选择住处为比喻，泛指人生所有的重要选择，都要与仁德相伴。孟子还说，真正的男子汉"大丈夫"，都应该"居天下之广居，立天下之正位，行天下之大道"（《滕文公下》6·2），这也是对孔子本章这番话的进一步申发，而且用的修辞方法都一样，都是用具体的东西比喻抽象的道理，都是教导人们，人生所有重要的选择，都一定要选择仁德。

以上两种解释虽然都说得通，但前一种解释应该更加符合孔子的本意，所以我的译文按此翻译。孟子的解释虽然也讲得通，但应该是对孔子本意的进一步抽象和申发。

4·2 子曰："不仁者不可以久处约，不可以长处乐。仁者安仁，知者利仁。"

【译文】孔子说："不仁的君子不可以长久地处在贫困之中，也不可以长久地处在安乐之中。仁德的君子以实行仁德为心安，聪明的君子利用行仁来谋利。"

【解析】本章分别评价"不仁者""仁者""智者"这三种君子的人生态度。这三种人，我以为都是君子，不是平民。孔子认为，"君子而不仁者有矣夫，未有小人而仁者也"（《宪问篇》14·6）。"小人"与"民""众""百姓""鄙夫"一样，都是平民，而平民百姓不涉及"仁不仁"的问题。所以《论语》《左传》中孔子凡是讲"仁不仁"的问题，都与平民无关。《左传》中引了许多孔子的话，应该也是可靠的史料。

第一种君子是"不仁者"，即"君子而不仁者"，他们不可以长久地处在贫困之中，也不可能长久地处在安乐之中。《论语》中的"约"字只有二义：一是贫困，二是节制，本章是贫困之义。孔子曾赞扬弟子颜回"一箪食，一瓢饮,在陋巷,人不堪其忧,回也不改其乐"(《雍也篇》6·11),这便是仁者的贫困和快乐。孔子也曾说自己"饭疏食,饮水,曲肱而枕之,乐亦在其中矣。不义而富且贵,于我如浮云"(《述而篇》7·16),这也是仁者的贫困和快乐。"不仁者"为了达到个人目的,满足一己私欲,虽可忍耐一时的贫困,但一旦发现私利无望,必不能长久坚持,所以说他们"不可以久处约"。他们满足私欲之后,虽可快乐一时,但因欲壑难平,其快乐亦难长久,所以说他们"不可以长处乐"。

第二种君子是"仁者",即真正的仁德君子。孔子说"仁者安仁",真正的仁德君子安于仁。"安"有安心、安居之义。孟子说,仁是"人之安宅"(《孟子·公孙丑上》3·7),又说仁是"天下之广居"(《滕文公下》6·2),都可以拿来解释"安仁"。孔子曾说自己一生的目标是"老者安之,朋友信之,少者怀之"(《公冶长篇》5·26)。真正的仁人,行仁德,便心安;不行仁德,心里便不安。行仁就是他们的目的,不是他们谋利的手段。

第三种君子是"知(智)者",即聪明的君子。如,晋文公之大夫狐偃说:"《诗》《书》,义之府也;礼乐,德之则也;德义,利之本也。"(《左传·僖公二十七年》)他们并不是真正的"仁者",但因其聪明智慧,他们知道讲究仁德实行仁德会给自己带来巨大而长远的"利",所以他们"利仁"即利用仁,也就是先行仁德之事,然后获得巨大而长远的收益。孔子曾说这样的"仁者"是"先难而后获"(《雍也篇》6·22),先为实行仁德出力,而后得到巨大的收益。他们虽不是真正意义上的"仁者",其真正的人生目标也并不是为了天下人,只是为了他们自己获得利益,但因为他们的所作所为客观上对天下人有利,所以孔子对他们的评价并不太低。

三种君子对"仁"的态度不同,人生境界的高下也大为不同,孔子分得很清楚。

4·3 子曰:"唯仁者能好人,能恶人。"

【译文】孔子说:"只有真正的仁人才能喜欢(仁)人,厌恶(不仁的)人。"

【解析】孔子说:"见善如不及,见不善如探汤。"(《季氏篇》16·11)仁德君子看见善人,努力追赶,好像总赶不上似的;看见不善的人,尽量避开,好像害怕手伸到开水里烫伤一样。这就是"能好人""能恶人"。孔子又说:"我未见好仁者,恶不仁者。"(《里仁篇》4·6)可见本章中的"好人"即"好仁","恶人"即"恶不仁"。"好仁","恶不仁",这样的人才是真正的"仁者",做人有原则,看人有标准,待人有分寸。

有一种貌似"仁者"的人,今称"好好先生",孟子称之为"乡原"(《孟子·尽心下》14·37),孔子称之为"乡愿":"乡愿,德之贼也。"(《阳货篇》17·13)这样的人并没有真正的是非标准,他们谁都不得罪,评价谁都说"好",看上去像"仁者",其实是败坏仁德的小人。这样的"乡愿",当然不能"好人",也不能"恶人",他们自己就是不仁不义的小人。

4·4 子曰:"苟志于仁矣,无恶也。"

【译文】孔子说:"(君子)如果有志于实行仁政,(不管成不成,)都没什么不好。"

【解析】"志于仁","仁"在此不指道德修养,而指人生理想、社会理想、政治理想。孔子的人生理想是"己欲立而立人,己欲达而达人"(《雍也篇》6·30),虽然其理想最终都没有实现,但他为了实现这一伟大理想奋斗了一辈子,所以孔门弟子乃至后世子孙对他仍然充满了无限敬意。子贡对此有十分精彩的议论(《子张篇》19·25),可以作为本章的注脚。

4·5 子曰:"富与贵,是人之所欲也,不以其道得之,不处也。贫与贱,是人之所恶也,不以其道得(去)之,不去也。君子去仁,恶乎成名?君子无终食之间违仁,造次必于是,颠沛必于是。"

【译文】孔子说:"发财和升官,这是人人都想要的,但不用正当的方法得到它,(君子)不会要。贫困和下贱,这是人人都厌恶的,但不用正当的方法除去它,(君子)不会除去。君子离开了仁,怎么会成名?君子不会在吃完一餐饭这么短的时间里离开仁,(即使)在仓促匆忙的时候也一定与仁德同在,(即使)在颠沛流离的时候也一定与仁德同在。"

【解析】本章说君子无论如何都不会离开仁德,这个仁德,究竟是指道德修养,还是指人生理想,还是兼而有之呢?我认为,应指人生理想。君子终身都以治国平天下为己任,"以道事君,不可则止"(《先进篇》11·24);"用之则行,舍之则藏"(《述而篇》7·11)。真正的仁德君子和志士仁人,平治国家天下的理想无论如何都不会忘怀。

"不以其道得之","得"可能为"去"之误,应为古人刊刻致误。

4·6 子曰:"我未见好仁者,恶不仁者。好仁者,无以尚之;恶不仁者,其为仁矣,不使不仁者加乎其身。有能一日用其力于仁矣乎?我未见力不足者,盖有之矣,我未之见也。"

【译文】孔子说:"我不曾见过喜欢仁德而厌恶不仁的人。喜欢仁德的人,再好不过;厌恶不仁的人,就是仁人了,他们不让不仁的东西影响自己。有谁哪怕在某一天将其力量用在仁德上吗?我不曾见过(行仁)力量不够的人,或许有这样的人,只是我不曾见过。"

【解析】本章感叹行仁极易而仁人极少,实为抨击当权者故意不行仁政。

"好仁者"是从正面说,"恶不仁者"是从反面说,其实是一种人,其表达方式与《里仁篇》4·3"唯仁者能好人,能恶人"相同。

《雍也篇》6·12孔子批评冉求还没有开始实行仁,就说自己力不足,冉求就是未曾一日行仁者,而非"力不足者"。孔子认为,当个"仁人"很容易,他说:"仁远乎哉?我欲仁,斯仁至矣。"(《述而篇》7·30)孟子说得更明白:"道在迩而求诸远,事在易而求诸难——人人亲其亲、长其长,而天下平。"(《孟子·离娄上》7·11)孔子感叹行仁极易而仁人难觅,显然是在暗批统治者故意不行仁政。孟子也曾用完全相同的方法直斥齐宣王本可行仁政,当仁人,却故意不行仁政,偏偏要当霸主。孟子说,你齐王行仁政,就像"为长者折枝"一样容易。你齐王不行仁政,"是不为也,非不能也"(《梁惠王上》1·7)。两位圣人的观点完全一致,斥责的对象也应该都是统治者。所不同的是,孔子说得比较委婉,孟子说得十分直白。

4·7 子曰:"人之过也,各于其党。观过,斯知仁矣。"

【译文】孔子说:"人的过错,是由不同的人所犯的。观察这些过错,就知道他是什么样的人了。"

【解析】孔子这话很抽象,但并不难理解。主要意思有三:其一,君子的过错与小人的过错不同。《论语》中这类论述很多。其二,不同年龄的人所犯的过错也往往不同。孔子说,少戒色,壮戒斗,老戒贪(《季氏篇》16·7),说明年龄不同所犯过错往往也不相同。其三,君子、小人对待过错的态度不同。孔子说,"过则勿惮改"(《学而篇》1·8、《子罕篇》9·25),"过而不改,是谓过矣"(《卫灵公篇》15·30),"过而改之,是不过也"(《韩诗外传》卷三引)。子贡说:"君子之过也,如日月之食焉:过也,人皆见之;更也,人皆仰之。"(《子张篇》19·21)子夏说:"小人之过也,必文。"(《子张篇》19·8)总之,君子有过,不文过饰非,且一定改过;小人有过,必文过饰非,且不改过。

本章中的"人"字,用其广义,泛指所有的人。"仁",同"人"。《孟子·尽心下》14·16:"仁也者,人也。"

4·8 子曰:"朝闻道,夕死可矣。"

【译文】孔子说:"早上得知治国平天下的'道',(哪怕)晚上要我去死,都可以了。"

【解析】《论语》中的"道"主要有三义:一指真理。二指理想,如曾参说:"夫子之道,忠恕而已矣。"(《里仁篇》4·15)三指实现这种理想的办法和途径。本章即用第三义。

孔子一生都想让天下重新安定下来,但一直到死都没有找到这个办法。孔子晚年经常感叹:"吾道穷矣!"(《公羊传·哀公十四年》引)孟子也有与孔子完全相同的政治理想,最后也郁郁而终,晚年也常感叹:"夫天未欲平治天下也,如欲平治天下,当今之世,舍我其谁也?"(《孟子·公孙丑下》4·13)两位圣人的理想都很好,但都没有找到实现理想的"道"。

4·9 子曰:"士志于道,而耻恶衣恶食者,未足与议也。"

【译文】孔子说:"读书人(如果)有志于治国平天下的伟大理想,但又以穿破衣吃粗粮为耻,(这种人)不值得与他商议。"

【解析】本章与4·2"不仁者不可以久处约"含义相同。

"道",指理想,就是"立人达人"(《雍也篇》6·30),"近者说(悦),远者来"(《子路篇》13·16)的政治理想。为这个崇高理想奋斗的人,难免会"久处约",长久地处在贫困之中。真正的仁人志士不会在意"恶衣恶食"。而以"久处约"为耻的人不可能是真正的仁人志士,当然不值得同他商量国家天下的大事。

4·10 子曰:"君子之于天下也,无适也,无莫也,义之与比。"

【译文】孔子说:"君子对天下大事,没规定只能怎么干,也没规定不能怎么干,只要与义为邻,(就可以干。)"

【解析】本章论君子对待天下事可相机从事，只要符合"义"就行。

"比"，比邻。"义之与比"，是符合道义的婉辞。

本章讨论的问题，涉及今人所谓"原则性与灵活性"的问题。孔子在一些重大问题上，常常既讲原则性，又讲灵活性。例如，丧礼在周礼中极其重要，孔子明确要求"生，事之以礼；死，葬之以礼，祭之以礼"（《为政篇》2·5），还说"丧事不敢不勉"（《子罕篇》9·16），这是原则性；同时，他又主张丧事从简，反对厚葬（《先进篇》11·8、11），他说"礼，与其奢也，宁俭；丧，与其易也，宁戚"（《八佾篇》3·4），这是灵活性。又如，孔子等周代君子无不讨厌不仁不义的小人，《论语》中就有很多批评小人的话，但孔子同时指出："人而不仁，疾之已甚，乱也。"（《泰伯篇》8·10）对不仁者痛恨太过，也不对。这也是将原则性与灵活性结合在一起的名例。这些都可以与本章合读。

《孟子·尽心上》13·26："杨子取为我，拔一毛而利天下，不为也。墨子兼爱，摩顶放踵利天下，为之。子莫执中，执中为近之。执中无权，犹执一也。"鲁国贤人子莫"执中"即行中道，但如不知权变，缺乏灵活性，就是偏执的"执一"了。孟子这番话，可以拿来作为本章的注脚。

4·11 子曰："君子怀德，小人怀土；君子怀刑，小人怀惠。"

【译文】孔子说："君子关注理想，小人关注田土；君子关注法度，小人关注实惠。"

【解析】本章论君子、小人之别。

"君子"是上等人、贵族，其使命是治国平天下；"小人"与"民""众""百姓"同列，都是平民，生计就是个大问题，所以只能操心实实在在的小利益，只想过平平安安的小日子。

本章之"土"可有二解：一指土地。从夏代直到春秋早期一千多年一直实行"井田制"（《孟子·滕文公上》5·3），名义上土地归天王所有，实际上由各级贵族掌控。但从春秋中晚期鲁国实行"初税亩"开始，一直到公元1953

年，天下土地都主要实行私有制。而土地一旦私有化，兼并就会开始，这是经济规律，无可逃避。大贵族土地多，如鲁国"三桓"先后两次瓜分鲁国土地，"小人"土地少，生存困难，当然盼望多有土地。孟子一生都梦想让每户农民都有"五亩之宅""百亩之田"，就是做不到。二指本乡本土。君子心里装着国家天下，志在四方（参《学而篇》1·14），小人只想守着乡土过小日子。

二说皆通，侧重点略有不同而已。上面的译文采用第一说。

"德""仁""道"三字，孔门常常表示人生理想、政治理想。

周代君子常常将"君子""小人"放在一起做对比分析，没有一句话是说"小人"好的。

4·12 子曰："放于利而行，多怨。"

【译文】孔子说："按私利行事，会招致很多怨恨。"

【解析】"放"，依据、根据。

4·13 子曰："能以礼让为国乎？何有？不能以礼让为国，如礼何？"

【译文】孔子说："能够用礼让来治理国家吗？这有什么困难呢？（如果）不能用礼让来治理国家，又怎么对待礼制呢？"

【解析】本章论当以礼让治国，可与《里仁篇》4·10合读。

"何有"，春秋时代俗语，一作不顾之辞，《左传·僖公二十二年》《昭公元年》《昭公九年》均有其例；二作不难之辞，犹"何难之有"，《论语》中本章、《雍也篇》6·8、《述而篇》7·2三章均为其例。

周礼的核心是"君君，臣臣，父父，子子"（《颜渊篇》12·11），要君臣父子各归其位，天下国家井然有序，人人都可休养生息，必须实行以"嫡长子继承制，余子分封制"为核心的一系列制度，这就是"礼"。但在执行这个"礼"的过程中，情况又十分复杂，不可刻板行事，常常需要用"让"来调节，从而达到"中礼"的目的。例如卫灵公立太子蒯聩，死后却直接传位于太子之子、太孙卫出公，出公不"让"其父，父子兵戎相见，天下各国均以为错在卫出公。卫国内乱，子路死之（《哀公十五年》）。这些都是孔子所亲身经历的事。又如，周人祖先古公亶父本当传位于嫡长子吴王太伯，但却因嫡三子季历贤明而属意于季历，于是太伯、虞仲兄弟出奔勾吴，季历得以嗣位，季历又传位于嫡长子昌，是为周文王。由于太伯、虞仲"让"，周家后来才有几百年的天下，所以周代君子反复说，太伯、虞仲因"让"而"有令名"（《闵公元年》）。这是周代文献有记录，而且人人传颂的故事。这两个故事，《论语》中都讲过，卫出公故事见《述而篇》7·15、《子路篇》13·3，吴王泰伯故事见《泰伯篇》8·1。《论语》中几次赞美伯夷、叔齐，说他们"仁"，也主要是因为他们"让"（《公冶长篇》5·23，《述而篇》7·15）。孔子常常打压子路，就是因为"为国以礼，其言不让"（《先进篇》11·26）。周代历史上既讲"礼"又讲"让"的，权力过渡就相安无事，国家就兴旺发达；既不讲"礼"又不相"让"的，权力过度就出大问题，国家就会长期混乱。本章孔子讲要"以礼让为国"，就是对这类历史经验的总结。

4·14 子曰："不患无位，患所以立。不患莫己知，求为可知也。"

【译文】孔子说："（读书人）不用担心没官位，只担心你没当官的本事。不用担心大人不了解自己，（只要）追求让大人知道自己的本事就行了。"

【解析】"立"，有学者解释为同"位"，可从。如理解为本字"立"，则是孔子一向主张的"立于礼"的意思，反而与本章文意不合。

本章应该是孔子对随侍弟子们说的。孔子一生有七十多位弟子，他们先后投身师门，跟随老师学习三年，学有所成，有诸侯卿大夫赏识，就离开老师当官去了。孔子说："三年学，不至于谷，不易得也。"（《泰伯篇》8·12）可见春秋时代的读书人，既要生存，又想干点事业，大都想早早做官拿俸禄。弟子漆雕开不急于做官，孔子很高兴，因为漆雕开这种情况很少见（《公冶长篇》5·6）。孔子多次劝告弟子，不要太着急当官，先学点治国安邦的本事再说，

《学而篇》1·1、1·16，《宪问篇》14·30，《卫灵公篇》15·19等章中都表达了这一意思。

本章孔子所说的两个"知"字的主语，都指了解赏识使用读书人的人，他们可不是一般人，而是诸侯卿大夫这样的"大人"（参《学而篇》1·1）。

4·15 子曰："参乎！吾道一以贯之。"曾子曰："唯。"

子出，门人问曰："何谓也？"曾子曰："夫子之道，忠恕而已矣。"

【译文】孔子说："参啊！我的道德贯穿着一个基本理念。"曾子说："是。"

孔子出去后，我们问曾子道："（他老人家说的）是什么意思啊？"曾子道："他老人家的道德，只是忠道和恕道而已。"

【解析】本章为曾子语录，论孔子的道德即人生理想政治理想的核心是"忠恕"。记录者是曾子的随侍弟子。

"道"，也叫"德""仁"，是孔子的人生理想政治理想。

"门人"，"门"即师门，"门人"即投身师门的弟子，那么孔子的弟子和他弟子的弟子都可以称为"门人"，但是本章不指孔子之弟子，而指曾子之弟子。《论语》中的"门人"共出现七次，除7·29指孔子弟子外，其余都特指孔子授业弟子的门徒，本章指曾参的门徒，11·11指颜回的门徒，9·12、11·15指子路的门徒，19·3、19·12指子夏的门徒，六个"门人"都特指孔子的徒孙。本章是曾参之弟子所做的记录，所以尊称他为"曾子"，而特称祖师爷孔子为"子"（参阅《泰伯篇》8·3）。孔子的话，曾参一听就懂了，但曾参的弟子却没有听懂，所以请教老师曾参。《仲尼弟子列传》说，曾参小孔子四十六岁。那么孔子七十二岁去世时，曾参才二十六岁。因此可以计算出，曾参早在二十六岁以前就已经设帐授徒，如果再晚了，孔子就去世了，他们师徒祖孙三代就不可能一起谈本章这番话了。

孔门曾参、闵子骞、有若、冉求四位弟子，在给孔子做学生的同时，以及在孔子去世以后，也设帐授徒，各有自己的弟子。自己的弟子记录各自老师的言论时，特称祖师爷孔子为"子"；而称各自的老师为"某子"，如本章称曾参为"曾子"；称老师的同学则直接称字。这是孔门的基本习惯之一。《论语》中收了尊称他们四位为"某子"的语录。

另外子张、子贡、子游、子夏四位弟子，也都设帐授徒，也各有自己的弟子，《论语》中也有他们的语录，这些语录的原始记录者，也都是他们各自的弟子，原本也应该尊称他们为"某子"。但曾参师徒认为这四位没有真正继承孔子的衣钵，所以在编辑《论语》时，把凡是尊称他们四位为"某子"的地方，全部改称他们的字。子路和颜回很可能也有自己的弟子，也可能遭遇到了与子张四位相同的命运。

"忠"，即"己欲立而立人，己欲达而达人"（《雍也篇》6·30）；"恕"，即"己所不欲，勿施于人"（《卫灵公篇》15·24）。"忠""恕"合而言之，谓之"道""德""仁"，亦可称之为道德。孟子说："得志，泽加于民；不得志，修身见于世。穷则独善其身，达则兼善天下。"（《孟子·尽心上》13·9）这是对孔子"忠恕"之道很好的解释，也是后世几千年中国读书人的座右铭。

西汉以来的所有经师学者都以为，孔子的道德和学问都以"忠恕""一以贯之"。这是误解。孔子的人生理想、政治理想才叫"道""道德"，才以"忠恕"即"仁""一以贯之"；孔子的学问则以"礼""一以贯之"。道德主要是人生理想，学问则主要是知识体系，二者虽有联系，但毕竟本非一事，不可能用同一条主线贯穿。①

本章译文，"子"可译为"祖师"；"曾子"可译为"老师"。

4·16 子曰："君子喻于义，小人喻于利。"

【译文】孔子说："君子懂得仁义，小人懂得利益。"

【解析】本章论义利关系。

"喻"，知晓。

---

①详见《孔子的道德学问不只一条主线》（吴天明，《求索》2017年第4期）。

孔子所说的"利",是眼前微不足道的小利;他说的"义",则是天下安宁、称王四海、人民休养生息的大利。孟子曾多次阐发孔子的这一义利观,他说:"为人臣者怀利以事其君,为人子者怀利以事其父,为人弟者怀利以事其兄,是君臣、父子、兄弟终去仁义,怀利以相接,然而不亡者,未之有也……为人臣者怀仁义以事其君,为人子者怀仁义以事其父,为人弟者怀仁义以事其兄,是君臣、父子、兄弟去利,怀仁义以相接也,然而不王者,未之有也。"(《孟子·告子下》12·4)可见孔孟并非不食人间烟火,一概拒绝"利"。恰好相反,他们鄙视"小人"为蝇头小利而纷争不已,最终身死国灭,为天下笑;他们认为"君子"应讲仁义、行仁政、守周礼,最终安定天下,造福苍生,"君子"自己亦青史留名,这才是长远的根本的重大的利益。

4·17 子曰:"见贤思齐焉,见不贤而内自省也。"

【译文】孔子说:"看见贤人,就想向他们看齐;看见不贤的人,就自我反省,(想想自己有没有类似的毛病。)"

【解析】孔子及其高徒讲"学",包括学"文",即学习古代文献;也包括学"行",即学习古今圣贤的善行。具体到某章,则各有侧重。本章仅论学"行"。《述而篇》7·22:"三人行,必有我师焉,择其善者而从之,其不善者而改之。""善者"(贤)"不善者"(不贤)都是"我师"。两章可合读,以互相印证。

4·18 子曰:"事父母几谏,见志不从,又敬不违,劳而不怨。"

【译文】孔子说:"侍奉父母,(如果他们有不对的地方,)要轻微婉转地劝谏。看见自己的心志没被父母听从,仍然恭敬(父母)而不忤逆他们,辛勤劳作而不怨恨他们。"

【解析】本章论孝道。

"劳",有学者解释为忧愁,亦可,但不圆通。孟子在分析大孝子舜帝时说,儿子"竭力耕田,共(恭)为子职"(《孟子·万章上》9·1)。在农业文明时代,儿子孝敬父母的第一要务,是辛勤劳作,以让父母免于饥寒,所以将"劳"释为劳作,更加圆通。

"怨",孟子认为:"亲之过大而不怨,是愈疏也。"(《告子下》12·3)可见,父母有大过,儿子可以抱怨,可以劝谏,但不应怨恨。

4·19 子曰:"父母在,不远游,游必有方。"

【译文】孔子说:"父母在世,(儿子)不能出远门,(如果不得已)出远门,必须有明确的去处,(以便父母需要时好召唤儿子。)"

【解析】本章仍论孝道。

4·20 子曰:"三年无改于父之道,可谓孝矣。"

【解析】本章与《学而篇》1·11所记相同,而文字有多少之别。这说明,孔子论及这一问题时,随侍弟子各有所记,后编《论语》时因其内容重要又都被收入。这类重复的例子还不少。这说明《论语》的编辑工作从技术上讲很粗糙。

4·21 子曰:"父母之年,不可不知也。一则以喜,一则以惧。"

【译文】孔子说:"父母的年龄,不可不牢记,一则(因其高寿而)高兴,一则(因其高寿而)忧惧。"

【解析】本章继续论孝道。

4·22 子曰："古者言之不出，耻躬之不逮也。"

【译文】孔子说："古时候（的君子）不轻易说话，以行动赶不上（说的话）为耻。"

【解析】"躬"，亲历亲为。本章论君子说话要谨慎，可与《学而篇》1·6、14，《里仁篇》4·24，《子路篇》13·27诸章合读。

4·23 子曰："以约失之者，鲜矣。"

【译文】孔子说："因为约束（自己的言行）而犯过失的（情况），是很少的。"

【解析】本章论君子要约束自己的言行。

如以"约"为简约之约，则"约"有《学而篇》4·24"讷于言"之义。全章大意则是，因为说话谨慎而出错的，是很少的。此说亦通。

4·24 子曰："君子欲讷于言而敏于行。"

【译文】孔子说："君子说话要木讷谨慎，工作要敏捷勤勉。"

【解析】本章论君子说话要谨慎，工作要勤勉。

《论语》中所收孔子这类话很多，可与《学而篇》1·3、14，《卫灵公篇》15·27，《公冶长篇》5·25，《子路篇》13·27，《为政篇》2·13，《宪问篇》14·27、20，《里仁篇》4·22，《颜渊篇》12·3等章合读。这可能是因为，人之天性好说大话，而懒得实干，尤以读书人为甚。还可能是因为，说大话很容易，而真正实行仁道很艰难。即以孔子自己而论，他奋斗到死，都没能实现"立人安人"的人生理想，可见"行"之难。孔子反复告诫弟子，就是要弟子们十分注意克服人性的这一弱点。

4·25　子曰："德不孤，必有邻。"

【译文】孔子说："真正的仁德君子不会孤单，一定会有（志同道合者来）相伴。"

【解析】本章鼓励君子讲仁义道德。

孔子讲交友，说："居是邦也，事其大夫之贤者，友其士之仁者。"（《卫灵公篇》15·10）他反复告诫弟子，要"就有道而正焉"（《学而篇》1·14），"无友不如己者"（《学而篇》1·8、《子罕篇》9·25），要"里仁"（《里仁篇》4·1）。看来，真正的仁人，会有许多君子与之为伍。

4·26　子游曰："事君数，斯辱矣；朋友数，斯疏矣。"

【译文】子游说："侍奉君上太过频密，这就会招致侮辱；交往朋友太过频密，这就会被人疏远。"

【解析】本章为言子（名偃，字子游）语录，论待人之道，即使君臣之间、朋友之间，也应该保持一定的距离。本章记录者应为子游之弟子，原简应该记作"言子曰"云云。

关于交友之道，孔子曾说："忠告而善道之，不可则止，毋自辱焉。"（《颜渊篇》12·23）与子游本章所说的交友之道相同。

本章用了"互文"之法，按其原意应为："事君数，斯辱矣，斯疏矣；朋友数，斯辱矣，斯疏矣。"《论语》中常用互文法，以求语言简洁，而又意义丰富。

本章应是子游教育自己的弟子的话，与《学而篇》1·7有相同之处。1·7记录子夏语录，但不尊称"卜子曰"云云；本章记录子游语录，亦不尊称"言子曰"云云。孔子在世时和去世后，子游、子夏也各有自己的弟子，他们的弟子也记录了他们的语录。按照周礼和孔门习惯，这些弟子应该特称祖师孔子为"子"，而尊称自己的老师为"某子"，老师的同学则直接称字。

我认为，这些语录在收进《论语》时，编辑者把原简中尊称"卜子""言子"的地方，统统改成了直称其字。改动的主要原因，是因为《论语》的编辑者认为，子夏、子游他们并没有真正继承孔子的衣钵，不能再尊称他们为"某子"。①

---

①详见《孔子弟子称"子"现象研究》（吴天明，《湖北社会科学》2018年第12期）。

公冶长篇第五
（共二十八章）

5·1　子谓公冶长："可妻也。虽在缧绁之中，非其罪也。"以其子妻之。

【译文】孔子评价公冶长："可以把女儿嫁给他。（他）虽曾被关在监狱之中，但不是他的罪过。"把自己的女儿嫁给他。

【解析】本章评论学生公冶长，认为他是个曾经蒙冤的好人。

本篇做了初步的编辑工作，主旨是评价贤人，包括孔子的一部分学生和郑国的子产、齐国的晏婴、卫国的宁武子等前贤、时贤，最后评价了孔子自己。本篇有三点值得注意：

（一）曾参师徒编《论语》时，把孔子评价弟子的语录与评价前贤、时贤的语录汇编在一起，说明在这些编者心中，孔门弟子地位很高，可以与前贤、时贤相提并论。这与《左传》作者的看法一致，《左传》在叙述孔门的许多弟子时，就是把他们当作贤人看待的。

（二）无论评价谁，孔子都不轻许"仁"，不轻易认为被评价者为"仁人"。这并不能说明，孔子对"仁人"的要求有多么高，以致无法企及。孔子一生都认为，任何人，只要真正想做仁人，那就可以做仁人。做仁人很容易，而仁人却很难得，非不能也，是不为也，说明真想做仁人的君子太少了。

（三）最后四章评论孔子自己。曾参师徒这样编排，说明他们把孔子也当作时贤看待，这与《左传》作者把孔子当作时贤中的翘楚看待，与《史记》作者把孔子写入"世家"的考虑，都有相同之处。《左传·昭公七年》，鲁国世卿孟僖子称孔子为圣人之后，将为"达人"，遗令其二子师事孔子。西汉以后，中国历史进入经学时代，孔子的形象多了许多崇高感，少了几分亲近感。但《论语》的编辑者，只是把孔子当作与子产、晏子、宁武子一样的贤人看待，如此而已。后面这一点，需要我们仔细体会。

"谓"，"子谓某人"（后无"曰"字），这个"谓"，都是评论、评价的意思。"缧绁"，捆绑罪人的绳索，在此代指监狱。凡系人与动物之绳索均称"绁"，故"缧绁"周人亦称"羁绁"，含义相同。"子"，古代兼指男女，此指女儿。

据《史记·仲尼弟子列传》，公冶长，孔门弟子，齐国人，复姓公冶，名苌，字子长，或曰字子芝。古人名与字常常同义，似应作"子长"，"芝"当为"长""苌"之误。

5·2 子谓南容："邦有道，不废；邦无道，免于刑戮。"以其兄之子妻之。

【译文】孔子评价南容："国家政治清明，（他会有官做，）不会被废弃；国家政治黑暗，（他）可免于刑罚。"于是把兄长的女儿嫁给他。

【解析】本章评论学生南容，认为他是个君子。

南容为鲁国世卿孟僖子之庶次子，其姓氏、名、字极其繁杂，叫人发蒙。综合《左传·昭公七年》《昭公十一年》《史记·仲尼弟子列传·索隐》的记载可知，南容本姓仲孙，名"说"（音"悦"同），亦作"阅"。因居南宫，故后以"南宫"为氏，改名为"适"（《宪问篇》14·5即自称"南宫适"。"适"亦作"括""绦"），字"敬叔"，亦字"子容"，故本章简称"南容"。据《昭公十一年》记载，孟僖子当无嫡子，"泉丘人之女"（当为泉丘乡邑大夫之女）及其"僚"（女伴）曾经短暂私奔于他，"泉丘女"生孟懿子和南容（学者以为是双胞胎，不无道理），而"僚"未生子。孟僖子自养孟懿子，而让"僚"把南容养大，大约南容长大后才回到父亲身边。孟僖子昭公二十四年将死时，遗命二子向孔子学礼，云："我若获没，必属说与何忌于夫子，使事之，而学礼焉，以定其位。""故孟懿子与南容师事仲尼。""何忌"即"孟懿子"，即《为政篇》2·5之仲孙何忌；"说"即"南容"。《仲尼弟子列传》只收南容，而未收孟懿子，盖孟僖子无嫡子，故孟懿子以庶长子身份直接继承了父亲孟僖子的爵位官职，他虽以孔子为师，但并未行拜师之礼，不能算正儿八经的授业弟子。故《为政篇》2·5孔子称孟懿子不称名，回答孟懿子的话称"对"。孔子称授业弟子，一概称名。

关于《左传·昭公七年》孟僖子称孔子为"夫子"事，"夫子"是对公卿和大夫的敬称，孔子于鲁定公九年至十年，阳虎倒台后，才正式出仕，担任鲁国的"相"，这才真正做卿，才有资格被尊称为"夫子"。而鲁昭公二十四年，孔子尚未正式出仕，没有做卿大夫，按照周礼不应该被尊称为"夫子"。《左传》作者在追述此事，引用孟僖子临终遗言时，无意中将当时尚未做官，尚不能尊称为"夫子"的孔丘尊称为"夫子"，这与《论语》将孔子正式出仕前的早期语录（如《阳货篇》17·1），也将孔丘尊称为"孔子"或"子"一样，说明这类做法在当时并不违反礼制，《论语》《左传》正可互证。

据《史记·孔子世家·索隐》引《孔子家语》，孔子有异母庶兄，名叫孟皮。"兄之子"，应为孟皮之女。"子"，古时兼指男女。此时孟皮或已死，故孔子做主，将侄女嫁给南宫适。

与评价公冶长相比，孔子对南宫适的评价更高：政治清明时有官做，说明很有才；政治黑暗时能自保，说明很智慧。孔子曾赞美卫国君子宁武子说："宁武子，邦有道，则知；邦无道，则愚。其知可及也，其愚不可及也。"（《公冶长篇》5·21）装作"愚"，才可自保，才可"免于刑戮"，"愚不可及"，这是很高的智慧。后世郑板桥所谓"难得糊涂"，即取其意。由此看来，孔子对南宫适的评价很高。孔子曾经直接赞美南宫适："君子哉若人！尚德哉若人！"（《宪问篇》14·5）可与本章合读。

5·3　子谓子贱："君子哉若人！鲁无君子者，斯焉取斯？"

【译文】孔子评价子贱："这个人是位君子！假若鲁国没有君子，这个人从哪里学得这样的好品德呢？"

【解析】本章称赞学生宓不齐（字子贱，鲁国人）为君子，更称赞了鲁国多君子的社会环境，认为正是这样的环境造就了子贱，使其也成为君子。

鲁为东夷故地，东夷自古多礼，史不绝书。鲁国又是周公之国，遵守周礼最严，颇有君子之风。《左传》记载，春秋时代人们评价鲁国的政治风气和社会风气时说："周礼尽在鲁矣。"（《昭公二年》）鲁在"礼崩乐坏"的春秋末期"犹秉周礼"。（《闵公元年》）孔子自己也说："齐一变，至于鲁；鲁一变，至于道。"（《雍也篇》6·24）说明当时鲁国的政治风气和社会风气是最接近周道的。孔子周游列国时，在鲁国、卫国待的时间最长，孔门弟子在鲁国、卫国当官的也最多。这是因为，"鲁卫之政，兄弟也。"（《子路篇》13·7）可见卫国的政治风气和社会风气也是很不错的，也有很多君子，如《论语》中赞美的宁武子、孔文子、公子荆、公叔文子、史鱼、蘧伯玉（《公冶长篇》5·21、15，《子路篇》13·8，《宪问篇》14·18，《卫灵公篇》15·7），就都是卫国的君子，而且这些君子也曾得到吴公子季札的赞美（《襄公二十九年》）。这些史料全都说明，孔子认为鲁国多君子的环境造就了子贱，这样的判断很有道理。

《史记·仲尼弟子列传》说，子贱治理单父（鲁国境内）这个地方，得到当地五位贤人的帮助，孔子曾经大加赞赏。子贱生在鲁国，在鲁国接受教育，又在鲁国做官，正是鲁国多君子的环境让他也成为君子。

孔子一向认为，亲近仁人（《学而篇》1·5），以仁人为友（《学而篇》1·8，《季氏篇》16·4、5），与仁人为邻（《里仁篇》4·1），"就有道而正焉"（《学而篇》1·14），"见贤思齐"（《里仁篇》4·17），总之，经常与仁人在一起，受到仁人的良好影响，久而久之，可望让我们自己也成为仁德君子。本章指出了对子贱成长为君子十分有利的社会政治环境，意在说明环境对人成长的重要作用。

《仲尼弟子列传》《论语正义》引《颜氏家训》称，汉初著名学者伏生，即为子贱之后。"宓""伏"二字古通，"宓"（音 fú）后又误作"宓"（音 mí），则"宓不齐"当为"宓（伏）不齐"之误。

5·4 子贡问曰："赐也何如？"子曰："女，器也。"曰："何器也？"曰："瑚琏也。"

【译文】子贡问老师道："我怎么样？"孔子说："你呀，就是个器皿。"子贡问："（我是个）什么器皿呢？"孔子说："就是个瑚琏。"

【解析】本章孔子评价弟子端木赐（字子贡）是个大器，但毕竟只是个"器"，似乎评价并不高。

孔子常常叫随侍弟子谈论自己的志向，也常常借此评论弟子。从本章所记来看，应是孔子在与众弟子谈话、评论众弟子时，子贡与孔子的一小段对话。古人书写艰难，行文简洁，所以不得不掐头去尾，本章只截取了师生对话中涉及子贡的几句话。

本章的记录者，很可能是子贡的同学。同学之间互相称字以示尊敬，而不互相称名，这是孔门惯例。如果是子贡自己所记录，他应该自称名而不应该自称字，曾参等人编辑《论语》时，也毫无必要将"赐问曰"改为"子贡问曰"。子贡也曾经设帐授徒，有自己的弟子，如果是子贡自己的弟子所记录，原简应该尊称"端木子问曰"云云，那么就是曾参师徒编辑《论语》时，将"端木子问曰"改为"子贡问曰"。但孔子极少在徒孙面前说徒子的不是，因此本章是子贡的弟子所记录的可能性很小。

瑚琏是宗庙里祭祀时盛粮食的器皿，相当尊贵，但毕竟只是个"器"。孔子一向主张"君子谋道不谋食……忧道不忧贫"（《卫灵公篇》15·32），要求"士志于道"（《里仁篇》4·9、《述而篇》7·6），总之要求君子谋划安定天下国家的大事，不为小事分心。因此，孔子曾说："君子不器。"（《为政篇》2·12）君子不能像器物一样，只有某一种用途。本章说子贡只是个礼器，说明孔子对子贡的评价并不高。

还有一个佐证。《史记·孔子世家》记载，孔子师徒被围困在陈蔡之间时，"绝粮，从者病，莫能兴。孔子讲诵弦歌不衰。……弟子有愠心"，子贡入见，劝孔子将理想目标稍稍降低一点，孔子批评子贡："今尔不修尔道而求为容。赐，而志不远矣！"批评子贡意志不坚定，为见容于世而放弃远大的人生理想。这与本章评价子贡只是一个"器"，含义十分接近。

子贡不仅善于经商，以致巨富，而且利口巧辞，颇善外交，是春秋末期著名的大商人和外交家。春秋时代的外交家，当时称为"行人"，是战国时代纵横家的老祖宗。《史记·仲尼弟子列传》称赞子贡的外交才能，道："子贡一出，存鲁，乱齐，破吴，疆晋而霸越。"可见子贡的才能和做派，颇似战国纵横家。孔子虽也认为子贡有才，却并不认为他有安邦济世的伟大抱负和杰出才能，所以说子贡只是个"器"。

5·5 或曰："雍也仁而不佞。"子曰："焉用佞？御人以口给，屡憎于人。不知其仁，焉用佞？"

【译文】有人说："冉雍这个人有仁德，但没口才。"孔子说："何必要有口才呢？用滔滔雄辩去对付人，常常被人讨厌。（我）不知道他是否有仁德，但为什么要有口才呢？"

【解析】本章孔子评论弟子冉雍（字仲弓，鲁国人，贱人之子），表达了孔夫子"讷于言而敏于行"（《里仁篇》4·24）的思想。

"口给"，口才极好，雄辩滔滔之义。

孔子一直不主张君子口若悬河而行动迟缓，他多次讲："刚、毅、木、讷，近仁。"（《子路篇》13·27）"古者言之不出，耻躬之不逮也。"（《里仁篇》4·22）"敏于事而慎于言。"（《学而篇》1·14）孔子一直认为："巧言令色，鲜矣仁。"（《学而篇》1·3）弟子冉雍口才不好，有人认为这是缺点，孔子却不认为是缺点。孔子曾说："雍也可使南面。"（《雍也篇》6·1）"南面"，上古西北华夏诸族的官员，当他作为最高级别的官员出现时，坐北朝南。这是以祖先崇拜为核心信仰而设计的礼制。这说明孔子认为冉雍有治国安邦之才。《仲尼弟子列传·集解》引包咸语"可使南面，言任诸侯之治"。包说太拘泥，上古华夏并非只有诸侯才"南面"。①

孔子认为，冉雍虽然不能雄辩滔滔，但有"南面"之才。至于冉雍是否有仁德，有人认为他有仁德，孔子说"不知其仁"。孔子评价子路、冉求、公西赤时，也都说"不知其仁也"（5·8）；评价楚国令尹子文、齐国陈文子，也说"未知"其仁（5·19）；评价"克、伐、怨、欲不行"者，说"仁则不吾知"（《宪问篇》14·1），应该都是否定其"仁"的婉辞。孔子实际上认为，他们都还没有达到"仁"的境界。

按照周礼，父称子，贵称贱，老师称学生，自己称自己，方可称名，则本章称"雍"者，当为仲弓之上级。

5·6　子使漆雕开仕，对曰："吾斯之未能信。"子说。

【译文】老师让我去做官，我回答道："我对这事还没有信心。"老师很高兴。

【解析】本章评价弟子漆雕开（字子开，一说字子若），认为他老老实实，是个君子。

孔子的学生都是文士，无论是为了解决生计问题，还是为了干一番事业，平治国家天下，将来青史留名，很少有不想早点当官的，所以孔子说："三年学，不至于谷，不易得也。"（《泰伯篇》8·12）孔子让弟子漆雕开去做官，弟子实实在在地说，我的本事还没有学到家，对当官还没有信心。孔子认为这个弟子很诚实，"不易得"，所以很高兴。

楚国的令尹子西曾对楚昭王说，孔门弟子子贡、颜回、子路、宰予等，皆有王佐之才（《史记·孔子世家》）。当然也有很普通的学生，漆雕开恐怕就是其中之一。孔子在世时，名声就很大，他推荐弟子做个小官，应该问题不大。难能可贵的是，漆雕开老老实实地告诉老师："我对这事没有信心。"孔子认为："君子于其所不知，盖阙如也。"（《子路篇》13·3）"知之为知之，不

---

① 详见《上左上右礼制及其对中华民族的深远影响》（吴天明，《理论月刊》2017年第12期）。

知为不知,是知也。"(《为政篇》2·17)漆雕开虽然暂时还没本事做好官,但他很自然地坦承自己目前还不行,孔子认为,这个弟子有君子之风。

《史记·仲尼弟子列传》还有漆雕哆、漆雕徒父,可知漆雕是复姓。《索隐》引《孔子家语》,谓漆雕开"习《尚书》,不乐仕"。则"未能信"只是"不乐仕"之托词。那么孔子高兴的原因就是弟子"不乐仕"。颜回、原宪、闵子骞三位弟子都"不乐仕",孔子也给予他们很高评价,尤其是称赞颜回"仁"。此说亦通。

本章若为孔门他人所记,则当称其字,不应称其名。只有漆雕开自己才可如此记录,故翻译如上。

漆雕开,应字子开,不大可能字子若。华夏君子名"某",常字"子某"。

5·7 子曰:"道不行,乘桴浮于海。从我者,其由与?"子路闻之喜。子曰:"由也好勇过我,无所取材。"

【译文】孔子说:"(假使我的)理想实行不了,(我想)乘个木排漂浮出海。(到那时)跟着我的,恐怕只有由吧?"子路听了很高兴。孔子说:"由啊太好勇敢,大大超过了我,(你)没什么可取的呀!"

【解析】本章主旨,后人大多集中在"道不行,乘桴浮于海"上。而孔门徒子徒孙将本章编入《公冶长篇》的本意,是放在孔子评论子路"好勇过我,无所取材(同'哉')"上。我采用后说,用《论语》本意。

"道",就是孔子与子贡谈话时所说的"吾道一以贯之"的"道"(《里仁篇》4·15),是孔子的人生理想、政治理想,是他终身奋斗的目标。

子路姓仲名由,是孔子的得意门生之一,《论语》所收录与子路有关的语录多达三十一章,在孔门弟子中仅次于子贡。孔子对子路的评价,主要集中在两个方面:(一)孔子多次肯定他有治国安邦的才能,这与《左传》《史记·仲尼弟子列传》的意见一致。(二)反复批评子路勇而无礼的毛病。最为典型的是,孔子有一次居然直截了当地说:"若由也,不得其死然。"(《先进篇》11·13)"不得其死",春秋时代俗语,指人不得好死,不得善终,《左传》中有许多这样的案例(如《襄公二十三年》,陈文子谓崔武子"不得其死")。

《左传·哀公十五年》记载，子路参与卫国内乱，孔子闻之，叹曰："由也死矣！"子路果然战死，可谓一语成谶。这说明，孔子对子路相当了解，评价也很客观。

本章中子路的心态颇似小儿，老师一表扬，他便飘飘然而"喜"。孔子的心态则是老师的心态，他见子路飘飘然，就立即指出其"好勇"的毛病。孔子不仅不反对"勇"，还主张君子要有大"勇"（《宪问篇》14·4、28，《子罕篇》9·29），只是觉得子路勇而无谋（《述而篇》7·11），担心他"勇而无义"（《阳货篇》17·23）而已。《仲尼弟子列传》说子路"性鄙好勇"，可谓得之。"好勇"，特指好逞匹夫之勇，本是贬词，如《孟子·梁惠王下》2·3："寡人有疾，寡人好勇。"2·5："寡人有疾，寡人好货。""寡人有疾，寡人好色。"而圣人一怒而安天下之民，则是大勇。"材"，同"哉"。

关于"道不行"二句，恐怕为孔子一时一事之念，不可当真的。人有终身之志，也有一时一事之志。孔子的终身之志，是"立人达人"（《雍也篇》6·30）。即使无人用他，孔子大不了把本事"藏"起来，即所谓"用之则行，舍之则藏"，不可能真"乘桴浮于海"。宋人苏东坡贬居黄州，曾化用孔子此语，赋小词曰："小舟从此逝，沧海度余生。"此乃酒醉一时之念，故挥毫题词毕，便回家呼呼大睡。所以东坡此志，也是酒后一时之念而已。

5·8 孟武伯问："子路仁乎？"子曰："不知也。"又问，子曰："由也，千乘之国，可使治其赋也，不知其仁也。"

"求也何如？"子曰："求也，千室之邑，百乘之家，可使为之宰也，不知其仁也。"

"赤也何如？"子曰："赤也，束带立于朝，可使与宾客言也，不知其仁也。"

【译文】孟武伯问（孔子）："子路有仁德吗？"孔子说："（我）不知道。"他又问，孔子说："由呀，千乘大国，可以让他负责兵赋，（但我）不知道他有没有仁德。"

（孟武伯又问:）"求怎么样?"孔子说:"求呀,千户人口的私邑,（或者可出）百辆兵车的采邑,都可以让他去当总管,（但我）不知道他有没有仁德。"

（孟武伯又问:）"赤怎么样?"孔子说:"赤呀,（他）穿着礼服,立于朝廷之中,可以让他接待宾客,（但我）不知道他有没有仁德。"

【解析】本章借与孟武伯的谈话,评价弟子仲由（字子路）、冉求（字子有）、公西赤（字子华,小孔子四十二岁,鲁国人）三位弟子。孔子认为,仲由之才胜过冉求,冉求之才胜过公西赤。三个弟子都有治国安邦之才,但都还没有达到仁德之境。

孟武伯,姓仲孙,名彘,孟懿子之子,孟僖子之孙,"武"是其谥。孟懿子哀公十四年卒,三月丧期一满,孟武伯应即嗣位为卿,一直到哀公逊位,鲁悼公时代,他都是鲁国的卿。他请孔子评价弟子,或有选择家臣、朝廷大臣之意,或仅仅是出于好奇。

《成公十三年》:"国之大事,在祀与戎。"孔子说子路可以负责一个千乘之国的兵赋,实际上是说他可以治理一个大国。那时齐国才是千乘之国,鲁国都出不起千乘的兵赋,《哀公七年》说鲁赋八百乘,邾赋六百乘。孔子说子路治理大国没有问题,可见孔子对子路的才能评价很高。楚国令尹子西也曾经说,子路有王佐之才（《史记·孔子世家》引）,与孔子的判断一致。孔子说冉求可以治理一个千户人口聚居的私邑,或治理一个可出百辆兵车的卿大夫的封地,是说他具有治理一个县的能力。显然,子路之才胜过冉求。孔子认为公西赤熟悉朝廷外交礼仪,接待外宾等没问题,但没明说他有治国安邦之才。其实,外交当然是治国理政的重要方面,公西赤当然也具有治国才能。

孔子对三个学生才能的评价都比较高。但对三个学生,孔子都说"不知其仁",可见孔子认为,三个学生都还没有达到"仁人"的境界。"不知其仁",与《公冶长篇》5·5"不知其仁"、5·19"未知"其仁、《宪问篇》14·1"仁则吾不知也"一样,都是"不仁"或尚未达到"仁"的境界的婉辞。

孟武伯称冉求、公西赤,均称名而不称字,符合周人上称下（父称子、师称生、君称臣等）称名不称字的礼制;称仲由则不称"由",而称其字"子路",有尊敬子路之意。《春秋·文公十四年》:"宋子哀来奔。"哀,字子哀。大夫来奔,常礼称名。此不称其名"哀"而称其字"子哀"者,《左传》解释道:"贵之也。"可见不称名而称字以贵之,乃周代礼制。孔门三弟子,孟武伯为何独尊子路,可能与子路年长有关,可能与子路长期做孔子的侍卫有关,更与子路有才相关。子路年龄仅小孔子九岁,是孔子的早期弟子之一,与孟武伯的亲叔父南容年龄相当,而南容也是孔子的早期弟子之一。孔子的早期弟子,大多当官去了,只有子路几乎终身追随孔子,侍奉孔子,因此孟武伯特别尊敬他,尊称其字而不称其名。

孟武伯哀公十四年嗣位,孔子哀公十六年去世,本次谈话就发生在这段时间里。如果孟武伯未嗣位时发生这次谈话,则应将他记作"孟孺子彘"。

5·9 子谓子贡曰:"女与回也孰愈?"对曰:"赐也何敢望回?回也闻一以知十,赐也闻一以知二。"子曰:"弗如也;吾与女,弗如也。"

【译文】孔子问子贡道:"你和(颜)回哪个强些?"(子贡)回答说:"我怎么敢跟(颜)回相比?(颜)回呀,听到一件事就可以推知十件事,我呀听到一件事只能推知两件事。"孔子说:"你不如他,我同意你的话,你不如他。"

【解析】本章评论弟子端木(一作"沐")赐(字子贡)和颜回(字子渊),孔子认为,颜回之才,远胜子贡。

"女与回"的"与",连词。"吾与女"的"与",动词,赞同之义。《先进篇》11·26:"吾与点也。""与",亦赞同之义。

孔子教育弟子,要求他们"举一反三"(《述而篇》7·8),"温故而知新"(《为政篇》2·11)。颜回"举一反十",子贡"举一反二",都是聪明学生。但两相比较,颜回之才又远胜子贡。

孔门弟子,论才情学问,颜回第一,子贡第二。论学问扎实、贡献巨大,子夏第一。据《论语》所记,孔子只与颜回、子贡、曾参总结过自己一生的道德学问,也只有他们几位能够理解老师一生的道德学问,说明孔子是非常认可这三位弟子的。

孔子对学生称名不称字，符合周礼；子贡自称其名"赐"而不自称其字"子贡"，也符合周礼。但子贡称颜回之名，依据周礼和孔门习惯，他应该称其字"子渊"（同学之间互相称字以示尊重），本章子贡其所以称"回"者，当因顺着老师孔子的口吻而言之。

5·10 宰予昼寝。子曰："朽木不可雕也，粪土之墙不可杇也！于予与何诛？"子曰："始吾于人也，听其言而信其行。今吾于人也，听其言而观其行。于予与改是。"

【译文】我大白天睡觉。老师说："（这真是）腐烂了的木头雕刻不得，腐朽的墙壁粉刷不得啊！对予，责备他什么呢？"（过了一会儿，）老师又说："起初我对别人，听到他的话便相信他的行为；如今我对别人，听到他的话但要观察他的行为。从予（大白天睡觉）之后，我改变了态度。"

【解析】本章评价弟子宰予（字子我，鲁国人），给予严厉批评，认为他无可救药，对其极度失望。记录者是宰予自己。

本章记录了孔子两段话。第一段，应是孔子看到"宰予昼寝"时立刻讲的。第二段，应是孔子想起此事，意犹未尽，气尚未消，事后又讲的，所以记录者又用一个"子曰"加以区隔。宰予因这两段话都因"宰予昼寝"而引发，所以记在一简上。

从第二段话来看，大约宰予此前跟老师讲过发奋学习之类的话，也曾让孔子相信过，孔子才收他做门徒。后来孔子见他"昼寝"，所以又发了"听其言而观其行"的感叹。《史记·仲尼弟子列传》引孔子语录："吾以言取人，失之宰予；以貌取人，失之子羽。"可与本章互证。

古人日出而作，日落而息，没有"昼寝"的生活习惯。

"粪土"，周人俗语，古人夯土为墙，墙壁易朽，故指墙壁上的腐朽之土。《左传·僖公二十八年》："死而利国，犹或为之，况琼玉乎？是粪土也。"《襄公十四年》："其言，粪土也。"墙壁上的腐朽之土，必须先行铲除，然后才可粉刷，《昭公三年》所谓"粪除先人之敝庐"是也。

"诛"在此非诛杀义，乃责备、责善之类的意思。后世有"口诛笔伐"之说，可佐证。

《论语》中凡是提到宰予，孔子评价都不高（《雍也篇》6·26、《阳货篇》17·21）。只有《先进篇》11·3说他与子贡善于辞令，而且这一章不是孔子的语录，只是记录同学互评的结果。《史记·仲尼弟子列传》也说宰予"利口辩辞"。然而楚国令尹子西说宰予有王佐之才（《孔子世家》引），恐怕也是看重宰予的辞令。孔子去世后，子贡为卫国国相，主要是因为其善于辞令。看来春秋末期已开战国时代纵横家风气之先。孔子对"利口辩辞"向来不以为然，曾参师徒将孔子骂宰予的简牍编进《论语》，应有借此对宰予"利口辩辞"表示不满的意思。

《论语》中除了本章，凡记录宰我者均称"宰我"，犹颜回字子渊，而称"颜渊"，符合礼制。只有本章硬邦邦地称宰我的姓名，这可能是因为孔子罕见动怒，所以宰予自己记录，以示认错。6·12、11·17两章，冉求记下老师骂自己的话，也是主动认错的意思。

《左传·哀公六年》"阚止"，汉代以来学者或谓即宰予，或谓不是宰予，聚讼纷纭，疑不能明。

5·11 子曰："吾未见刚者。"或对曰："申枨。"子曰："枨也欲，焉得刚？"

【译文】 孔子说："我看你们这些弟子中间没有刚强不屈的人。"有人回答说："申枨（是刚强不屈的人）。"孔子说："枨啊，欲望太多，哪能刚强不屈？"

【解析】 本章评论弟子申枨欲望太多，不可能刚强。

申枨，《史记·仲尼弟子列传》作"申党"，字周。"枨"音chéng，与"党"古音相近，故通。《论语》全书只有此处提到他，可见他在孔门仅仅是个普通弟子。因为弟子们从老师的话里悟道了"无欲则刚"的道理，这才记下本章并编入《论语》。

细玩本章，孔子似乎仅仅评论在场的随侍弟子，故而有人以在场的申枨对之。孔子曾经夸奖颜回"仁",还说自己与颜回都可以"用之则行,舍之则藏",可见颜回很少私欲,无欲则"刚";孔子也曾经夸奖卫国、郑国的许多君子,这些人当然也应该具有"刚"的修养,孔子不仅"见"过他们,还与他们打过很多交道。可见孔子这次说"未见刚者"的范围是很小的,很可能就是这次谈话时在场的几位随侍弟子,所以有人也以在场者应之。若非如此,无论如何也不可能以申枨应之。因此"吾未见刚者"一句应该译作:"我看你们这些人中间没有一个刚强的人。"古人书写艰难,记录者常常被迫掐头去尾,要理解孔子原意,应尽可能还原对话场景。

孔子说:"刚、毅、木、讷,近仁。"(《子路篇》13·27)孟子说:"养心莫善于寡欲。"(《孟子·尽心下》14·35)可见"刚"(无欲)是仁者的重要修养之一。

孔子称弟子之名"枨",而不称其字"周",符合周礼;但是孔子的弟子不称同学之字"周"或"申周",而称同学之名"枨""申枨",却不符合礼制。因此我推测,"对曰"者不是孔子的随侍弟子即申枨的同学,而很可能是当时也在场,地位比申枨高,可以称其名"枨""申枨"的某个大夫。孔子当过鲁国的卿(相、司寇),比一般大夫地位高,一般大夫回答孔子的话,随侍弟子记作"对",这符合礼制。孔子虽然也当过卿,但孔子是下卿,孟懿子是三卿(季氏上卿,叔氏亚卿),所以孔子回答孟懿子的话,也叫"对"(《为政篇》2·5)。那么孔子这次谈话时,不仅有弟子随侍,还有大夫在场。孔子说"吾未见刚者",当然仅仅指自己的随侍弟子,不包括在场的大夫。大夫听了孔夫子的话,便说,您这些弟子中,申枨刚强。

还有一种可能,是孔子随侍弟子称"申枨"。弟子们与老师谈话时间长了,就顺着老师的口吻,而称了同学的姓名。《论语》有这样的例子,如5·9子贡用老师的口吻而称"回"。

5·12 子贡曰:"我不欲人之加诸我也,吾亦欲无加诸人。"子曰:"赐也,非尔所及也。"

【译文】子贡说:"我不想别人欺凌我,我也不想欺凌别人。"孔子说:"赐啊，这不是你所能做到的。"

【解析】本章论弟子端木赐（字子贡）的难处。

"加"，凌驾、欺凌。"诸"，之于的合音字。本章仅就文字而言，只能如此解读。但似未读出原意。仅就个人而言，子贡不欺凌他人，也不让他人欺凌自己，完全是可能的，孔子不应否定子贡的意愿和能力。但当子贡代表某个具体的国家时，他的想法就很难实现了。

春秋时代弱肉强食。据《左传》定公、哀公诸年记载，子贡常在鲁国卫国为官，且经常参加外交活动。当时鲁、卫衰弱，子贡在外交场合不受吴、齐、楚、晋等强国欺凌，完全没有可能。在东夏各国中，大邾、小邾、曹国、滕国等小国又比鲁、卫更加衰弱，在外交场合，子贡代表鲁国、卫国时，不欺负这些弱国小国也几乎没有可能。据《左传·哀公七年》记载，鲁哀公时代，晋国内乱不断，华夏已无霸主，恃强凌弱、以大欺小的情况更加普遍，如鲁国欺负邾国，吴国欺负鲁国，且有子贡长篇语录，这些史料，可与孔子的话互相佐证。因此，子贡此语很可能不是代表他自己说话，而是代表任职的国家说话，那么"我"就代表任职国，"人"则代表他国。如此理解不仅更加圆通，而且更加符合子贡的履历和当时的社会环境。

5·13 子贡曰："夫子之文章，可得而闻也。夫子之言性与天道，不可得而闻也。"

【译文】子贡说："老师的学问，可以听到。老师讲人性与天道，（我们）听不到。"

【解析】本章为端木子（名赐，字子贡）语录，记录者是他的随侍弟子，原简应记作"端木子曰"云云，《论语》编辑者改为"子贡曰"云云。曾参师徒把本章编入《公冶长篇》，应取评价子贡对孔夫子之道领悟能力之意，重点是子贡。而子贡说这番话的本意，只是评论孔子的学问，重点是孔子。我采用子贡的本意。

"夫子"，尊称卿和大夫，孔子当过鲁卿，故称"夫子"。

"文章"，泛指古代文献，此指研究古代文献的学问。孔子经常教导弟子"行有余力，则以学文"，"文"即古代文献。孔子一生主要以《诗》《书》《礼》《乐》《易》《春秋》即所谓"六艺"教育弟子，"六艺"都是"文章"，即古代文献。

　　"性"，指人性。古今中外有无数哲学家研究人性哲学，也叫哲学伦理学。孔子一生很少把人作为一个整体进行研究。当人作为一个整体出现时，孔子只是把"人"作为活人看待，与"鬼"（死去的祖先）相对而论。谈到人性问题，孔子只有"性相近也，习相远也"（《阳货篇》17·2）两句话，而且没有说"性善"还是"性恶"。后来孟子才反复论证"性善"（如《孟子·梁惠王上》1·7、《公孙丑上》3·6），荀子才反复论证"性恶"（《荀子·性恶篇》）。学生很想知道人性究竟如何，孔子却很少说，所以子贡叹息听不到。

　　"天道"，《论语》中有时称"天"（《阳货篇》17·19、《子罕篇》9·5、《宪问篇》14·35、《述而篇》7·26），有时称"命"（《宪问篇》14·36、《子罕篇》9·1、《雍也篇》6·10），有时称"天命"（《为政篇》2·4、《季氏篇》16·8、《颜渊篇》12·5），笼统指天的神性、人性和自然属性。孔子讲了这么多次的"天道"，子贡为什么还叹息听不到呢？孔子教育弟子几十年，这么多次分散到几十年中，就很少了。而且每次谈到"天道"时，子贡不一定都在老师身边。子贡追随孔子长达几十年，觉得很难听到老师讲"天道"，这种感觉不难理解。

　　据我考证，子贡也是孔门设帐授徒的弟子之一，本章是子贡教育自己弟子的语录，那么按照周礼和孔门习惯，"子贡曰"云云，原简应该记作"端木子曰"云云。曾参师徒认为，子贡的做派与纵横家无异，没有真正继承孔子的衣钵，所以在编辑《论语》时，把所有尊称"端木子"的地方统统改成了"子贡"。

5·14　子路有闻，未之能行，唯恐有闻。

　　【译文】子路从老师这里学有所得，还没来得及去实行，唯恐（离开老师之后）又有所闻（遗漏了老师的重要教导）。

【解析】 本章评论子路，称赞他努力先"学"后"行"。

子路跟着老师"学"治国安邦之道，才有所"闻"道，有所得道，于是想去实"行"道。而去实"行"道，必然要离开老师，去当官，他又担心遗漏了老师新的重要教导，因此颇感矛盾。可与《先进篇》11·22合读。

本章中"闻""行""闻"三个动词，后面都本有宾语"道"，因为这个宾语在当时人所共知，所以直接省略了。人所共知的宾语直接省略，以求简洁，古今皆然。

子路的这个故事涉及中国哲学史、思想史、教育史上的一个重大问题：《尚书·说命中》创造了"知行说"，谓"知易行难"，强调"行"。这一学说后世经学家、教育家多有继承。孔子进一步创造了"学行说"，谓"行"固不易，"知"亦甚难，必须发奋"学"文，兼顾"学"行，方可有所"知""闻"，然后才可能有善"行"。孔子的这一重要哲学思想、教育思想，明显超越了"知行说"，然而后世经学家、思想家、教育家竟然无人继承，殊为怪异。

5·15 子贡问曰："孔文子何以谓之'文'也？"子曰："敏而好学，不耻下问，是以谓之'文'也。"

【译文】 子贡问道："孔文子这个人，为什么谥他为'文'啊？"孔子道："（他）聪明好学，又不以下问为耻，所以用'文'做他的谥号。"

【解析】 本章借写孔子与子贡的对话，评价了卫国正卿仲叔圉（参《宪问篇》14·19，《左传·哀公十五年》称"孔圉"）。"文"是他的谥号。孔文子是卫灵公的女婿，卫国正卿，卫国诸"君子"之一。卫灵公荒淫无道，全赖孔文子、蘧伯玉、史鱼、祝鮀、王孙贾诸君子，卫国才不至于大乱。孔子和吴公子季札对这些君子都有高度评价（《襄公二十九年》）。据《哀公十一年》记载，孔文子与孔子有直接交往，并曾向孔子请教。哀公十五年，孔文子卒。哀公十六年夏四月，孔子卒。按照周礼（参《隐公元年》），孔圉去世三个月才能安葬，安葬之前不久才能议谥，才能有"文"这个谥号。由此可推知本章所记谈话发生的时间就在孔子去世前不久，这时子贡、冉有都在鲁国做官。

"谥"是周人礼制，根据死者生前事迹，盖棺定论，给他一个名号，这一宗教活动叫"名"。"文"是美谥。孔文子死后，其子孔悝继承其爵位官职，废卫出公，立卫庄公（卫出公之生父），加剧了卫国混乱，子路死焉（鲁哀公十五年）。此事很可能影响世人对其亡父孔文子的评价，子贡与孔子的这番对话很可能与这一历史背景有关。

5·16　子谓子产，"有君子之道四焉：其行己也恭，其事上也敬，其养民也惠，其使民也义。"

【译文】孔子评论子产，（说他）"有四种行为符合君子之道：他自己庄重恭敬，他侍奉君上负责认真，他教养民众有恩惠，他使唤民众合道义。"

【解析】本章评论郑国亚卿子产。据《左传·昭公十六年》记载，春秋中期郑国设六卿，上卿罕虎字子皮，亚卿公孙侨字子产，此外还有游吉字子太叔、驷偃字子游、丰施字子旗、印癸字子柳。子产担任郑国亚卿二十二年，因为子皮信任，子产实际执掌国政，其间晋楚争霸，郑国国小力弱，又地处要冲两强必争之地，子产能保全郑国的安全和尊严，十分难得。《左传》襄公、昭公诸年对其事迹多有记载，春秋君子对他评价很高。《昭公二十年》："及子产卒，仲尼闻之，出涕曰：'古之遗爱也。'"《昭公五年》齐卿晏婴称他为"善人"。

本章中的两个"民"字，学者多译作"人民"，恐怕欠妥。《论语》中绝大多数情况下，"人"是"人"，"民"是"民"，"人"一般指上等人，"民"一般指平民。周人认为，君子要"养民""使民"，那么"民"明显是指平民，所以我把"民"译为"民众"。

孔子曾告诉弟子樊迟，"居处恭，执事敬，与人忠"，这就是"仁"（《子路篇》13·19）。"其行己也恭"即"居处恭"，"其事上也敬"即"执事敬"，"其养民也惠，其使民也义"即"与人忠"。本章孔子虽未明许子产"仁"，但已称其为"君子"，实际上已称其为"仁"了。孔子认为，君子有仁者，有不仁者（《宪问篇》14·6），子产有此四道，当为仁德君子。

5·17　子曰："晏平仲善与人交，久而敬之。"

【译文】孔子说："晏平仲善于与别人交朋友，时间长了，别人就会敬重他。"

【解析】本章评论春秋时代齐国贤相晏婴，谓其虽其貌不扬，而德才可敬。

晏平仲名婴，字仲，谥平，先后辅佐齐灵公、庄公、景公三位国君，身相齐国，名显诸侯，使齐国在齐桓公之后，再次成为强国。据《史记·管晏列传》记载："晏子长不满六尺。"而曾子曾经说"可以托六尺之孤"（《泰伯篇》8·6），看来六尺在春秋时代只是一个儿童的身高。先秦一尺，约当后世六寸，估计晏子身材矮小，其貌不扬，而以貌取人正是人类的天性。《左传·昭公二十八年》，晋国正卿魏献子曾经就以貌取人之事发表了很长的议论，孔子还对魏献子不以貌取人的长处发表了一番评论。他人刚与晏子交往时，见其十分矮小，难免小看晏子。交往既久，发现其德才，方才敬重他。所以孔子夸奖晏子虽然其貌不扬，而德才出众，终究赢得世人的尊重。

据《史记·孔子世家》记载，孔子在三十五岁左右时，曾经参与接待来访的齐景公和晏子，此后又曾到齐国给高昭子做过一段时间的家臣，应与晏子直接打过交道。本章孔子所说，应非出自传闻，很可能就含有孔子自己的亲身体验。

5·18　子曰："臧文仲居蔡，山节藻棁，何如其知也？"

【译文】孔子说："臧文仲让一种名叫'大蔡'的大乌龟住在房子里，房子上还有山一样的斗拱，和画着藻的柱子，（这样礼遇乌龟，）他是否明智呢？"

【解析】本章评论鲁国大夫臧文仲（臧孙辰），暗讽其迷信神龟，并不明智。

"居蔡"，即"使蔡居"。"蔡"，《左传·襄公二十三年》称"大蔡"，《淮南子·说山训》称"大蔡神龟"，《汉书·食货志》称"元龟"，其义实一，就是产自蔡国这个地方的大乌龟，古人用它占卜。古人相信，占卜时，乌龟越大越灵。而蔡国这个地方的乌龟最大，所以臧文仲为它专门盖房供养它。"节"，斗拱。"梲"，音zhuō，梁上短柱。"何如其知"，"其知（智）何如"之倒文。

臧文仲历仕鲁庄公、闵公、僖公、文公四朝，是四朝元老。孔子曾批评他说："臧文仲，其不仁者三，不知者三。下展禽（参《卫灵公篇》15·14），废六关（国家无从稽查），妾织蒲（卖以牟利，与民争利），三不仁也。作虚器（即本章所记养龟事），纵逆祀（放纵鲁国宗伯夏父弗忌"逆祀"，即在明堂里将鲁僖公牌位置于闵公之上，乱了昭穆），祀爰居（海鸟偶至，竟祭之以为国典），三不知也。"（《左传·文公二年》引）他这样礼遇大乌龟，孔子认为他是否"知"（智）呢？本章中夫子引而不发，问而不答，但如果参考孔子对臧文仲的这番总体评价，夫子之意甚明。

臧文仲的孙子臧武仲（臧纥）也迷信大蔡神龟，神龟也没有保佑他，最终逃离鲁国，孔子对他的评价也不高，孔子说："有臧武仲之知（智）而不容于鲁国，抑有由也，作不顺而施不恕也。"（《左传·襄公二十三年》引）看来，孔子对他们祖孙之"知"的评价都不高。《昭公二十五年》："臧昭伯如晋，臧会窃其宝龟偻句。""偻句"为乌龟之名。看来臧氏迷信神龟，不重人事，有家族传统。

5·19　子张问曰："令尹子文三仕为令尹，无喜色；三已之，无愠色。旧令尹之政，必以告新令尹。何如？"子曰："忠矣。"曰："仁矣乎？"曰："未知，焉得仁？"

"崔子弑齐君。陈文子有马十乘，弃而违之。至于他邦，则曰：'犹吾大夫崔子也。'违之。之一邦，则又曰：'犹吾大夫崔子也。'违之。何如？"子曰："清矣。"曰："仁矣乎？"曰："未知，焉得仁？"

【译文】子张问道："令尹子文多次担任令尹，面无喜色；多次被罢免，面无怨色。（每次被罢免，）自己执政时的政令，一定会告诉新的令尹。（令尹子文）怎么样？"孔子道："（他）很忠于职守了。"（子张）问道："可以算仁了吗？"（孔子）道："不知道，他怎么算仁呢？"

（子张又问道：）"崔子犯上作乱杀死齐庄公。陈文子有十乘之家，舍弃不要，自动离开齐国。到了别国，他说：'（这里的执政者）就像我国的崔子一样。'又离开。（他）到了另一个国，又说：'（这里的执政者）就像我国的崔子一样。'又离开。（陈文子）怎么样？"孔子道："（他）很清白。"（子张）问："可以算仁了吗？"（孔子）道："不知道，他怎么算仁呢？"

【解析】本章评论楚国令尹子文之"忠"和齐国世卿陈文子之"清"，但并不认为他们"仁"。

子张，孔子晚期弟子颛孙师，字子张。

楚国称国相为令尹。子文即斗谷於菟（后三字音gòu wū tú），当鲁庄公、闵公、僖公之世，子文长期担任楚国令尹，前后共二十八年，其间可能几次被任用，又几次被罢免。子文是春秋早期楚国贤相，《左传》庄公、闵公、僖公多年均有其事迹，《国语·楚语下》第三章谓其"三舍令尹"，与《论语》本章所记暗合。

崔杼（崔子）、陈须无（陈文子）均为齐国世卿。崔杼弑齐庄公，陈须无"弃而违之"，陈乃自动离开齐国，非被放逐。崔子弑君事，见襄公二十五年《春秋》《左传》。此时孔子年仅四五岁，当读史书而知此事。经云："齐崔杼弑其君光。"依经例，凡弑君，如点臣名，罪臣犯上也（崔杼死后甚至还被开棺追戮）；如点君名，罪君无道也。经文点崔杼之名，罪崔杼之意甚明，而子张竟称"崔子"，殊乖经旨。孔子不纠正弟子者，盖重点在论陈文子之故。《左传·襄公二十八年》，齐国平定崔氏庆氏之乱后，拟重新安葬齐庄公，先曝崔杼之尸，齐人犹识崔杼，仍称"崔子"。左氏、子张盖均用齐史，故称"崔子"。

孔子心中的仁人，是以国家天下为己任，谋求安定国家天下的仁德君子和志士仁人。令尹子文虽然忠于职守、宠辱不惊，陈文子虽然明于礼制、为人清白，但都远远没有达到仁人"立人安人"的境界，所以孔子不认为他们是仁人。

"乘"，驷马一车十人为一"乘"，也叫"驷"。《昭公十年》子产曰"百辆必千人"，则春秋之制，一辆战车配十名战士，与战国之《司马法》不同。周代卿大夫均有采邑，采邑有大小，人口有多少，财力有强弱，因此能出的军赋亦有多少。一旦国家打仗，卿大夫就要率属邑军队，带上军车作战。《昭公十三年》说当时唯一的超级大国晋国有"甲车四千乘"，《季氏篇》16·12说"齐景公有马千驷"，5·8说有"百乘之家"，都是就军赋而言，而并非单指车马战士。因此陈文子所弃的是整个采邑"十乘之家"，包括人口、土地、赋税、车马及其士兵。陈文子将这些财产弃之不顾，离开齐国，足见其对弑君者崔杼的厌恶。但陈文子到任何国家，都遇见崔杼一样的卿大夫，说明晚周时期卿大夫掌控公室的情况已经十分普遍。三个"违"字，均为离开之义。《哀公八年》："君子违（离开祖国），不适雠国。"

5·20 季文子三思而后行。子闻之，曰："再，斯可矣。"

【译文】季文子（做事）反复权衡利弊得失以后才行动。孔子听到了，说："想两次，这就可以了。"

【解析】本章评论春秋中期鲁国世卿季文子，认为他做事太谨慎，太世故。

季文子，即季孙行父，历仕鲁文公、宣公、成公、襄公四朝，《左传》中有他的许多故事。这段时间晋国称霸，常常欺凌诸侯，鲁国甚至考虑背叛晋国，投靠楚国。季文子经过反复考虑，劝谏鲁君："楚虽大，非吾族也，其肯字我乎？"（《左传·成公四年》）楚本东夷，鲁本华夏，夏夷两族到汉朝才逐步融为一体。大概季文子做事非常谨慎，反复权衡，精于世故，孔子才有这番评论。

"三、五、七、九"及其倍数有时表示具数，大多表示概数极数，案例极多。《论语》也一样，"三"有时是具数，如"君子有三戒"，要"戒色""戒斗""戒得"（《季氏篇》16·7）；有时作概数，如"举一隅不以三隅反，则不复也"（《述而篇》7·8），"三人行，必有我师焉"（《述而篇》7·22），其例甚多。本章这个"三"，本来是概数极数（所以译文如上），孔子却故意把"三"当作具数，因而用"再，斯可矣"来回应。"再"即两次，是具数。孔子这样回应，似有戏谑调侃季文子之意，谓其做事太谨慎，太世故，认为做事只要想明白就可以了。

5·21 子曰："宁武子，邦有道，则知；邦无道，则愚。其知可及也，其愚不可及也。"

【译文】孔子说："宁武子，国家政治清明，就聪明智慧；国家政治黑暗，就假装愚笨。他的智慧聪明别人赶得上，他假装愚笨的本事别人就赶不上了。"

【解析】本章评论卫国世卿宁武子，称其智慧聪明，常人难及。

孔子曾夸奖弟子南容："邦有道，不废；邦无道，免于刑戮。"（《公冶长篇》5·2）也曾说："邦有道，谷；邦无道，谷，耻也。"（《宪问篇》14·3）春秋时代礼崩乐坏，天翻地覆，为官者怎么做官，又怎么自保，的确是个大问题，所以孔子对此多有论述。

宁武子，姓宁，名俞，是卫成侯（约当鲁庄公、闵公、僖公、文公）时代的公卿，生活年代比孔子早许多，《左传》中多有其事迹。宁武子装傻的故事想必不少，当时君子及后人如孔子辈，当均有所耳闻。如《左传·文公四年》："宁武子来聘，公与之宴，为赋《湛露》《彤弓》。不辞，又不答赋。"这两首诗，都是天子宴请诸侯的诗，怎么能用在诸侯（鲁文公）宴请客卿（宁武子）的宴会上呢？鲁文公此举明显僭越礼制。宁武子明知鲁文公违礼，但是却假装糊涂，假装不明白，故意不予点破，所以既无答词，也不赋诗回应。这就是他"愚不可及"的例子。后世郑板桥说"难得糊涂"，即用宁武子故事和本章孔子原话之本意。

5·22 子在陈，曰："归与，归与！吾党之小子狂简，斐然成章，不知所以裁之。"

【译文】孔子在陈国，说："回去吧，回去吧！我们那里的学生志向远大，文采斐然，（我）还不知道怎样教导他们呢！"

【解析】本章写孔子思归。但编入此篇,编辑者应取评论弟子,夸奖那些留在鲁国的弟子的意思。

据《史记·孔子世家》考证,孔子在陈国三年,随侍弟子有公良儒、子贡、冉求等,大多数弟子仍留在鲁国。孔子在陈国,只是"主于司城贞子家",就是住在人家家里,未受重用。此时,吴越争霸、晋楚争霸,各位霸主竞相伐陈,让孔子也不得安宁。加上鲁国召弟子冉求,将予重用,所以孔子喟然而叹,有思归之心。这一年为鲁哀公三年,孔子约六十岁。

"裁",裁剪布料缝制衣裳,比喻教育学生。人的天性如同野生的花草,必须裁剪方可成才,故有此喻。

《孟子·尽心下》14·37:"万章问曰:'孔子在陈曰:"盍归乎来!吾党之小子狂简,进取,不忘其初。"孔子在陈,何思鲁之狂士?'孟子曰:'孔子"不得中道而与之,必也狂狷乎!狂者进取,狷者有所不为也。"孔子岂不欲中道哉?不可必得,故思其次也。'"《孟子》所引"不得中道"几句,见《论语·子路篇》13·21。孟子师徒的对话,是对《论语》本章很好的解读,可以做本章的注脚。

5·23 子曰:"伯夷、叔齐,不念旧恶,怨是用希。"

【译文】孔子说:"伯夷、叔齐不挂记过去(对别人)的怨恨,(别人对他们的)怨恨因此就很少。"

【解析】本章评论伯夷、叔齐。

伯夷、叔齐是殷商末期孤竹国国君的两位公子,他们都不愿意继承父亲的爵位,逃到周国。周武王伐商纣王,他们认为这是以臣弑君,因此耻食周粟,饿死于首阳山。周代很多文献都记载有他们的故事,司马迁据此写有《史记·伯夷列传》。

孔子对伯夷、叔齐的评价一直很高,认为他们是"古之贤人""求仁得仁"(《述而篇》7·15),实际上认为他们就是仁人,这是很高的评价。

在怎么对待他人的问题上,孔子一生有一条底线,这就是"恕",即宽待他人。孔子认为,每个人都要厚责自己、薄责他人,这就不会招致别人的怨恨了(《卫灵公篇》15·15)。大概伯夷、叔齐兄弟二人的所作所为，符合孔子的这一理念和做人原则，所以才有这番评论。

5·24 子曰："孰谓微生高直？或乞醯焉，乞诸其邻而与之。"

【译文】孔子说："谁说微生高为人直爽？有人找他讨点醋，(他不明说自己没有，)却到邻居家讨点而转给讨醋的人。"

【解析】本章评论微生高，认为他太在意自己的小信誉和小名声，并非真正的君子。

微生高，《庄子》《战国策》均作"尾生高"，说他与一女子相约在一桥下见面，久等女子不至，水涨很高仍不走，终于淹死。"醯"音xī，醋。"诸"，之于的合音字。

微生高大概在周代的名声很大，不然孔子不会评论他，弟子更不会记下来并编入《论语》。微生高的盛名大概反过来又绑架了他，使他太在意自己的名声，所以做出本章所记这样可笑的事来。孔子认为，"君子贞而不谅"(《卫灵公篇》15·37)，君子应该追求大道，应该以天下为己任，不应该追求小名声，讲究小信誉。按照孔子这一见解，微生高与女人约会守信而死，却不是为追求大道为帮助天下而死，也只是刻板迂腐不知轻重的行为，并不值得称道。

5·25 子曰："巧言、令色、足恭，左丘明耻之，丘亦耻之。匿怨而友其人，左丘明耻之，丘亦耻之。"

【译文】孔子说："花巧的言语，动人的容貌，十足的恭顺，(这种人，)左丘明认为可耻，我也认为可耻。内心藏着对人家的怨恨，表面上却对人家友好，(这种人，)左丘明认为可耻，我也认为可耻。"

【解析】本章之本意，是批评小人虚伪。曾参师徒把本章编入本篇的用意，则是把孔子当作先贤一并评论。5·25—28编入本篇，均用后面这层意思。

《论语》中对虚伪的小人颇多批评，如"巧言令色，鲜矣仁"(《学而篇》1·3)，"巧言乱德"(《卫灵公篇》15·27)。孔子认为，真正的君子应该"讷于言而敏于行"(《里仁篇》4·24)，"敏于事而慎于言"(《学而篇》1·14)。以上各章，均可与本章合读。

左丘明，相传为《左传》《国语》的作者。但从本章口吻来看，这位左丘明，应比孔子生活的年代更早，社会声望也比孔子更高，故孔子借以自重。由此推断，孔子所讲的左丘明，应该不是《左传》《国语》的作者左丘明。我们把他视为孔子心中的先贤即可。

5·26　颜渊、季路侍。子曰："盍各言尔志？"

子路曰："愿车马衣〔轻〕裘与朋友共，敝之而无憾。"

颜渊曰："愿无伐善，无施劳。"

子路曰："愿闻子之志。"

子曰："老者安之，朋友信之，少者怀之。"

【译文】颜渊、季路侍奉孔子，站在旁边。孔子说："何不各人谈谈自己的志向呢？"

子路说："希望我的车马衣裳与朋友们一起使用，用坏了也没什么遗憾。"

颜渊说："希望不夸耀（我的）好处，不表白（我的）功劳。"

子路对老师说："希望听到您的志向。"

孔子说："（我想）老人让他们安定，朋友让他们信任我，年轻人让他们怀念我。"

【解析】颜渊，颜回，字子渊。季路，仲由，字子路，一字季路。《先进篇》11·12亦称"季路"，"季"是行第。古人有以行第冠名、冠字的习惯，如《论语》中有"伯夷""叔齐""伯达""伯适"等，"伯""叔"均为行第。古人还有年满"五十称行第"的礼俗，此俗至今尚存。这说明本章所记之事发生时，子路已年满五十。子路仅比孔子小九岁，是孔子早期弟子之一，与颜回的父亲颜路、曾参的父亲曾皙同辈。孔子早期弟子，跟着老师学习三年之后，几乎全都离开老师当官去了（《泰伯篇》8·12），只有子路几乎终身侍奉老师，一直到死。孔子晚年招收的弟子，许多都既当官又做学问去了，如曾参、子夏等。"侍"，孔子坐着，弟子们站着侍奉。"盍"，"何不"的合音字。"轻"，应为衍文。

师徒三人的志向有什么不同，记录者有何评价呢？

子路的志向不小。有车有马，穿着裘皮衣，说明他已经当了大官，并已取得了相当的成功，但他并无独享功名的意思，而愿与朋友们分享他成功的快乐。《论语》中与子路有关的章节共三十一章，子路任何时候言志，从不拐弯抹角，从不掩饰自己的远大抱负。颜回也相信自己能成功，但他并不希望像子路那样显摆功劳，性格比较内敛，不像子路那样张扬。孔子的志向不在自己的成功上，他只是想安定天下，让人们休养生息而已。不过要特别注意的是，孔子所说的"老者、朋友、少者"，仅仅指上等人，是不包括平民的。孔子一直认为，能够"立人达人"（《雍也篇》6·30），即解决上等人的问题，就已经很了不起了，连伟大的尧舜都没有办法帮助平民（《宪问篇》14·42）。周代君子的看法大都如此。

5·27 子曰："已矣乎，吾未见能见其过而内自讼者也。"

【译文】孔子说："算了吧！我还没见过发现自己的过错就自我责备的人。"

【解析】人的本性，容易看到自己的长处而不容易看到自己的过错，即使偶然发现自己的过错，也很容易为自己开脱，直到下次再犯相同的过错。只有真正的君子才可以克服人性的这一弱点。孔子及其授业弟子正是因为清醒地意识到这一点，所以特别强调君子要自我反省，要大胆地承认自己的过错，并且要改正自己的过错。孔子认为，"过而不改，是谓过矣"（《卫灵公篇》15·30），"过而改之，是不过也"（《韩诗外传》卷三引），"能补过者，君子也"（《左传·昭公七年》引）。子贡也认为："君子之过也，如日月之食焉，过也，人皆见之；更也，人皆仰之。"（《子张篇》19·21）子夏则指出："小人之过也，必文。"（《子张篇》19·8）可见君子小人对待自己过错的态度是完全不同的，"人之过也，各于其党。观过，斯知仁矣。"（《里仁篇》4·7）本章孔子慨叹未见自责其过的真君子，应为有感而发，其具体的语言环境则不得而知。

"已矣乎"，绝望之叹。《卫灵公篇》15·13："已矣乎！吾未见好德如好色者也。"《昭公十二年》："已乎已乎，非吾党之士乎！"《楚辞·离骚》："已矣哉！国无人莫我知兮，又何怀乎故都。"均其例。

5·28 子曰："十室之邑，必有忠信如丘者焉，不如丘之好学也。"

【译文】孔子说："即使在只有上十户人家的小村庄，也一定有像我孔丘这样忠诚信实的人，（只是他们）不像我这样勤奋学习喜欢学问罢了。"

【解析】孔子一生"学而不厌"（《述而篇》7·2），并要求弟子"行有余力，则以学文"（《学而篇》1·6），因此在当时就有"博学"之名（《史记·太史公自序》）。

"室"，居住之处，周人常作计量单位。《左传·宣公十五年》："晋侯赏桓子狄臣千室。"即其例。"邑"，古代都市称"邑"，村庄均有土城堡，故亦可称"邑"。《庄公二十八年》："凡邑，有宗庙先君之主曰都，无曰邑。""十室之邑"在当时是很小的村庄。

雍也篇第六
（共三十章）

6·1　子曰："雍也可使南面。"

【译文】孔子说："雍啊，可以让他当长官。"

【解析】本章评论弟子冉雍（字仲弓），认为其有治国安邦之才，可以独当一面。

长官坐在何方，根据史料记载，周代官方有两种礼制，来自西北的华夏诸国，包括周、晋、鲁、吴、郑、随等国，以北为至尊，以西（右）为次尊，以东（左）为再次，上右，长官坐北朝南，君临臣民，这就是《左传》中常说的"南面""当阳"。此俗至今犹存，至今许多省份的方言仍遗存"当阳"说。以楚人为代表的东夷则以东为至尊，以南（左）为次尊，以北（右）为再次，上左，长官坐东朝西，君临臣民。两种礼制设计的根本原因，都是出于祖先崇拜，即都以祖先的方向为至尊，以接近祖先的方向为次尊。孔子是殷人子孙，殷为东夷之一，但因鲁国官方久用华夏周礼，故孔子有此说法。《史记·仲尼弟子列传·索隐》引包氏曰："可使南面，言任诸侯之治。"包说过于拘泥。无论哪个级别的官员，当他作为最高长官出现时，华夏诸族"南面"，东夷诸族"西面"（周代文献无此词语，此乃我生造词语）。古今学者对"南面""当阳"

"上左""上右"礼制的解析很多,都不准确。①

6·2 仲弓问子桑伯子,子曰:"可也简。"

仲弓曰:"居敬而行简,以临其民,不亦可乎?居简而行简,无乃大简乎?"子曰:"雍之言然。"

【译文】仲弓(冉雍)问子桑伯子(行政怎么样),孔子道:"(他行政)简单得好。"

仲弓道:"心存严肃认真而行政简约,以治理民众,不也很好吗?(如果)心存简单,(考虑不周,)而行政也简单,不是太简单了吗?"孔子道:"你这番话正确。"

【解析】本章论行政要简单,不可扰民。

仲弓即冉雍,孔子弟子。子桑伯子,未详何人,古人有所猜测,但均无确证。从孔子师徒对话来看,此人应为卿大夫,为政一方,执政简约,不扰民。

"大",同"太"。"民",平民百姓,包括"小人"。"临民"与"使民""使小人"一样,都是治理百姓使唤平民的意思。

孔门弟子无论是"先进于礼乐"(先读书学习礼乐然后当官)还是"后进于礼乐"(先当官然后读书学习礼乐),绝大多数都是当官的,所以他们谈起当官行政的事来,确有心得。为官者治理国家,使唤民众,必须事事考虑周到,严肃认真对待,但实行起来,又要简单明了,不能折腾百姓。行政繁琐,必然扰民。但官员行政简单,并非考虑问题也简单。如果考虑问题不周到,实行起来也简单,国家就难以治理好,百姓就无所适从。孔子肯定了弟子冉雍的这一见解。

---

①详见王引之《经义述闻》,凌廷堪《礼经释义》,杨伯峻先生《春秋左传注·桓公八年》,张正明《楚俗杂考》(《楚史论丛初集》),吴天明《上左上右礼制及其对中华民族的深远影响》(《理论月刊》2017年第12期)。

6·3 哀公问:"弟子孰为好学?"孔子对曰:"有颜回者好学,不迁怒,不贰过,不幸短命死矣。今也则亡,未闻好学者也。"

【译文】鲁哀公问:"(你的)弟子中哪位好学?"孔子答道:"有个叫颜回的好学,他不拿别人出气,不再犯同样的过错,不幸短命死了。如今再也没有了,再也没听说好学的了。"

【解析】本章感叹"好学"(在此仅指学"行")的仁德弟子颜回早死。

在七十余弟子中,孔子对颜回评价最高,不仅称赞他"贤"(《雍也篇》6·11),甚至称赞他"仁"(《先进篇》6·7),本章则称赞他"好学",所以《史记·仲尼弟子列传》将颜回列于众弟子首位。据《论语》所记,能够悟到孔子学问主线为"礼"的,只有颜回和子贡(《子罕篇》9·11、《卫灵公篇》5·3);能够悟到孔子道德主线为"仁"的,只有曾参(《里仁篇》4·15)。《孔子家语》说,颜回二十九岁就白了头发,三十二岁就死了,孔子为之恸哭(《先进篇》11·9、10)。

孔子说颜回"好学",展开讲时却只说他"不迁怒,不贰过",似乎只涉及学"行",即学习古今圣贤的道德修养,而不涉及读书做学问。自己有错,怪罪他人,谓之"迁怒";犯了过错,文过饰非,拒不改过,以致再犯,谓之"贰过",这些都是小人所为。孔门认为,"小人之过也必文"(《子张篇》19·8),"君子之过也,如日月之食焉,过也,人皆见之;更也,人皆仰之"(《子张篇》19·21)。孔子认为颜回是真君子,而这种好品行,一定是从古今圣贤身上"学"来的。

孔子讲的"学",一般包括学"文"和学"行"。学"文"指学习以"六艺"为主的古代文献,学"行"则指学习古今圣贤的品行。孔子一向认为学"行"重于学"文",他常常教育弟子"行有余力,则以学文"(《学而篇》1·6),"就有道而正焉,可谓好学也矣"(《学而篇》1·14)。"不迁怒,不贰过",就是颜回学"行"的结果。可见本章说颜回"好学"与《雍也篇》6·7夸颜回"仁"其实是同一个意思。七十余弟子中,孔子只认为颜回

"仁"而"好学",此外再无"仁"而"好学"者,因此孔子才哀叹"今也则亡,未闻好学者也"。

鲁哀公的正卿季康子也曾与孔子有过相似的对话(《先进篇》11·7),孔子回答季康子,则对颜回学"文"学"行"一并评价。曾参师徒不避重复,也将其编进《论语》,说明颜回的确因"好学"而道德高尚,学问广博。他的早死,不仅让老师孔子悲恸,也让同门叹惜不已。

《仲尼弟子列传》说,颜回小孔子三十岁,后世学者考证小四十岁。那么颜回三十二岁去世时,孔子已经七十二岁,不久孔子也去世了。孔子与鲁哀公、季康子谈论颜回的语录,很可能就是《论语》所收孔子最晚的语录。

6·4 子华使于齐,冉子为其母请粟。子曰:"与之釜。"

请益,曰:"与之庾。"

冉子与之粟五秉。

子曰:"赤之适齐也,乘肥马,衣轻裘。吾闻之也:'君子周急,不继富。'"

【译文】子华出使去了齐国,(其母一时无人奉养,)冉子为他母亲请求小米。孔子说:"给她一釜。"

(冉子)请求增加一些,(孔子)道:"再给她一庾。"

冉子竟然给了她五秉小米。

孔子道:"赤到齐国去,坐着肥壮的马拉的车,穿着轻便暖和的裘皮衣,(他家够富有了。)我听说:'君子只应帮人急难,不应让人家富上加富。'"

【解析】本章论君子只应帮人急难,不应让人家富上加富,与后世民间所谓"只能雪里送炭,不能锦上添花"意义相同。

"子华"和"冉子"都是孔子的弟子。子华复姓公西,名赤,字子华。冉子,尊称冉求,字子有。《论语》中有十三章写到冉求,本章与《子路篇》13·14均尊称他为"冉子",其余则均称其名字。《左传·哀公十一年》称他

"冉求""冉有""有子",也有间或尊称他为"子"的例子,这与《左传》间或尊称子路为"季子"同例。在《学而篇》1·2的分析文字中,我已经指出,孔门弟子而被尊称为"某子",盖因弟子也任公卿,也有自己的弟子,弟子尊称自己的老师为"某子",所以冉求的弟子尊称冉求为"冉子",称老师的同学公西赤则直接称字,而特称祖师孔子为"子"。孔子称学生则一律称名不称字,如本章称公西华为"赤"。这些称呼方式都完全符合礼制。按照这一礼制和《论语》惯例,本章原简自然是冉求的弟子所记,而且收进《论语》时,曾参师徒未改原简。

"釜"合六斗四升,"庾"合二斗四升,"秉"合十六斛,一百六十斗(均从杨伯峻先生《论语译注》),冉求给一个老妇"五秉"小米的确太多。"周",周济、救济。

据《史记·孔子世家》记载,孔子在鲁、卫,年俸都是六万(《索隐》推测或许是六万斗)。这么多粮食,孔子一家无论如何都吃不完。孟子曾经长期带着弟子游说诸侯,师徒花销很大,故在齐国时,齐王送"兼金"百镒;在宋,宋侯送七十镒;在薛,田婴送五十镒(《孟子·公孙丑下》4·3)。在齐国为官,有官俸,孟子不肯接受,齐宣王还准备在首都给孟子师徒房子,并且另给每年"万钟"的谷物,让他"养弟子"(《孟子·公孙丑下》4·10)。由此可以推知,孔子周游列国时,亦当带着弟子,诸侯亦当出钱出粮资助孔子"养"随侍弟子,但孔孟都并无"养"弟子家人的义务。所以弟子公西赤出使齐国后,冉求要求老师周济公西赤的母亲,还勉强说得过去,但他竟然给了公西赤的母亲"五秉"小米,让她很多年都吃不完,这就太过分了。

6·5 原思为之宰,与之粟九百,辞。子曰:"毋,以与尔邻里乡党乎!"

【译文】原思担任孔子家的总管,(孔子要每年)给他小米九百,(原思)推辞。孔子道:"别推辞,(如果有多的,)给你地方上(的平民百姓)吧!"

【解析】本章记录弟子原宪不贪。

原思,孔子弟子原宪,字子思。《史记·仲尼弟子列传》记载,孔子去世后，原宪不愿为官，隐居卫国，而子贡相卫。一日子贡来访，原宪"摄敝衣冠见子贡"。从本章所记来看，原宪之贫，与他生活要求很低没有积累财富有关，也与他在老师去世后不肯当官有关。在孔门弟子中，颜回、原宪、闵子骞最为淡泊名利，因此也最贫困。本章所记，重点应不在"子曰"上，而在原宪上。

第一个"之"，同"其"，此指孔子。"宰"，公卿家的总管。孔子曾经担任鲁国的卿，所以孔府总管可以称"宰"。即使孔子致仕以后，其政治地位是鲁国"国老"，是诸侯卿大夫的老师。他带弟子周游列国期间，诸侯都要给孔子钱和谷物，让他养弟子。因此孔子致仕以后，也需要一个管家打理孔家事务。原宪做孔子家的总管，或许在孔子致仕以后。"邻里乡党"，古时五家为邻，二十五家为里，一万二千五百家为乡，五百家为党。

"粟九百"，应是孔子给原宪的年俸。周代、汉代、唐代的官员都以粮食为年俸。"九百"之后省略了量词，未详是石还是斗。古今这类量词，因为当时人所共知，都会直接省掉，以求语言简洁。《史记·孔子世家》载，孔子在鲁，年俸六万；在卫，年俸也是六万。《索隐》："若六万石似太多，当是六万斗。"《论语正义》："六万小斗，计当今二千石也。周之斗升斤两皆用小也。"那么，孔子给原宪的年俸，应是九百（小）斗，约合汉唐三十石。

6·6 子谓仲弓，曰："犁牛之子骍且角，虽欲勿用，山川其舍诸？"

【译文】孔子谈到仲弓，说："耕牛的儿子长着赤色的毛，整齐的角，虽然不想用它作牺牲，山川之神难道会舍弃它吗？"

【解析】本章评论弟子冉雍（字仲弓），说他父亲虽不善，而他却是个"可使南面"的优秀人才。

《史记·仲尼弟子列传》载，冉雍的父亲是个"贱人"，而孔子认为冉雍是可以治国安邦的优秀人才，其父不善，并不妨碍其子之善。

周代祭祀鬼神的牛谓之"特"，是专人饲养、通体赤毛（今称黄牛，毛色其实是黄色，黄牛肉质比水牛好）、三岁左右的公牛。春秋时期，人工炼铁技术从西亚传到中国，钢铁开始用来制作武器和农具，早先用来祭祀、食用、拉车的牛，开始用作耕牛。因此，春秋时代逐步形成了这样的观念和习惯：用来祭祀鬼神的黄牛（特），才是上等的牛；用来耕田拉车的牛（应该大多是水牛，水牛毛为黑褐色，肉质也远比黄牛差，所以不用来祭祀），只是下等的牛。①本章孔子就用这一习俗来打比方，评价才能突出的冉雍和他身为"贱人"的父亲。

显然，"犁（田的）牛"比喻冉雍身为"贱人"的父亲，"犁牛之子"比喻才能优异的冉雍。"骍"，通体赤色。周人尚赤，故周代祭祀用牛，要通体赤色（其实是黄色），无一杂毛。"角"，两角周正。"用"，杀牲或杀人以祭鬼神，周代都谓之"用"（今称吃饭为"用饭""用餐""用膳"即本于此）。《左传·昭公十一年》"用隐太子于冈山"，是杀人祭祀；《昭公二十二年》"鸡其惮为人用乎"，是杀禽兽祭祀。"诸"，之乎的合音字。

6·7 子曰："回也，其心三月不违仁，其余则日月至焉而已矣。"

【译文】孔子说："回呀，他的心长久地离不开仁，其余的弟子只是偶然想起一下而已。"

【解析】本章称赞弟子颜回"仁"。

杨伯峻先生《论语译注》说，"三月"表示长时间，"日月"表示短期、偶然。其说可从。兹补一二例。《述而篇》7·14："子在齐闻《韶》，三月不知肉味。"亦以"三月"表示时间长。孔子认为："君子无终食之间违仁，造次必于是，颠沛必于是。"（《里仁篇》4·5）所以他说颜回离不开仁，实际上就是夸颜回仁。而别的弟子如冉求，根本就不追求仁道（《雍也篇》6·12）。本章说别的弟子们只是偶然想到仁道而已，这恐怕是孔子长久以来对弟子的基本判断。

---

① 《国语·晋语九》第十六章，称晋卿范氏、中行氏本是祭祀宗庙的"牺"；二氏犯罪被杀，子孙逃到齐国做农夫，好比耕田的牛，"宗庙之牺为畎亩之勤"，就是这一礼俗和语言习惯的体现。

孔子从来不轻许他人"仁",甚至认为连他自己都没有达到"仁"的境界(《述而篇》7·34)。他称赞弟子颜回"仁",这是很崇高的评价。司马迁深谙孔子此意,故其《仲尼弟子列传》将颜回列为孔子众弟子之首。

6·8 季康子问:"仲由可使从政也与?"子曰:"由也果,于从政乎何有?"

曰:"赐也可使从政也与?"曰:"赐也达,于从政乎何有?"

曰:"求也可使从政也与?"曰:"求也艺,于从政乎何有?"

【译文】季康子问(孔子)道:"仲由可以让他从政吗?"孔子道:"由果敢决断,从政有什么问题呢?"

季康子又问:"赐可以让他从政吗?"孔子道:"赐言辞畅达,从政有什么问题呢?"

季康子又问:"求可以让他从政吗?"孔子道:"求颇有学问,从政有什么问题呢?"

【解析】本章评价仲由(字子路)、端木赐(字子贡)、冉求(字子有)三位弟子,认为他们都可治国。

据《左传》记载,鲁国正卿季桓子鲁哀公三年去世,同年其嫡长子季康子继位担任正卿。本章写他询问孔子三位弟子可否从政,可能有选择官员的考虑。孔子曾经担任鲁国的"相"和"司寇",位列于卿,为鲁国"国老",季康子向他咨询国政,请孔子推荐人才,都是正常的事。孔子认为三位弟子都有治国能力,从政都无问题。《公冶长篇》5·6:"子使漆雕开仕。"由此看来,孔子说这番话,可能有向季康子推荐官员的考虑。《左传·哀公七年》记载,季康子让子贡接待吴使太宰嚭,说明此时子贡已为鲁国卿大夫。《哀公十一年》,冉求任季氏宰,并升任朝廷大夫,担任鲁军副统帅。由此可以推知,本章所记孔子与季康子谈话的时间,应在鲁哀公三年至七年之间。

"何有"，春秋时代俗语，其一为不顾之辞，《左传·僖公二十二年》《昭公元年》《昭公九年》均有其例；其二为不难之辞，犹"何难之有"。本章用第二义。《里仁篇》4·13："能以礼让为国乎？何有？"《述而篇》7·2："默而识之，学而不厌，诲人不倦，何有于我哉？""何有"均为不难之辞。

"达"，善于言辞。孔子尝云："辞，达而已矣。"（《卫灵公篇》15·41）子贡在春秋晚期以善于言辞而闻名天下，孔子困陈、蔡，因为子贡善于言辞而脱困；哀公晚期，子贡在鲁国做官，即做"行人"（外交官）；孔子去世后，子贡相卫国，也因为他善于言辞；曾参师徒编辑《论语》时，将子贡语录中原本尊称"端木子曰"的地方，一概改为"子贡曰"，也是因为他善于言辞——曾参师徒认为，子贡及其弟子的做派，与战国时代巧舌如簧的纵横家并无不同，子贡没有真正继承老师的衣钵，不应该继续得到尊敬。

"艺"，孔门以《诗》《书》《礼》《乐》《易》《春秋》为"六艺"，在此应指古代文献，故可指学问，而治学之首要目的，亦在治国。

孔子除了认为三位弟子均有从政之才外，对每位弟子的特点也做了概括。仲由性格直爽，好用勇力，遇事有决断，所以孔子说他"果"。端木赐通晓人事，利口辩辞，善于周旋，是那个时代有名的外交家，所以孔子称他"达"。冉求生性谦让，但颇有学问，而上古学问之要义，亦在治国理民，所以孔子称他"艺"。

按照周礼，君上称臣下、老师称学生、父亲称儿子，都称名不称字（称字含有敬意），所以本章季康子、孔子称子贡等人，均称名不称字。但是季康子称子路，特别连姓带名称"仲由"，而不称"由"，在保持君臣大礼的同时，对子路含有敬意。这应该与子路年长有关。子路仅小孔子九岁，季康子哀公三年才开始当正卿，估计本章所记录的谈话发生时（哀公三年至七年之间），子路已经年逾五旬，这在周代已经是老人了。

6·9 季氏使闵子骞为费宰。闵子骞曰："善为我辞焉！如有复我者，则吾必在汶上矣。"

【译文】季氏想让闵子骞当自己的采邑费邑的总管。闵子骞（对使者）

说:"好好帮我辞掉吧!如果再来招我,那么我就肯定逃到汶水之上了。"

【解析】本章赞美孔子弟子闵子骞"不食污君之禄"(《史记·仲尼弟子列传》)。

鲁国的"季氏"从季友开始,五代人都一直是鲁国的权臣。以时间推算,本章这位季氏应该是季康子。根据《季氏篇》16·1的记载,"费",古音bì,从季友开始就一直是季氏的采邑,季氏早有不臣之心,欲攻占费邑附近的颛臾。"宰",周代公卿的总管、县长(县邑大夫,如孔子的父亲叔梁纥)均可称宰。费邑既为季氏的采邑,那么"费宰"就是季氏的总管。

"闵子骞",孔子弟子闵损,字子骞,《史记·仲尼弟子列传》称他"少孔子十五岁",郑玄说他是鲁国人。《论语》中共有五章写到他,其中《先进篇》11·13尊称他为"闵子",说明他是孔子的设帐弟子之一,这一章必为闵子的门徒所记。

"汶",汶水,在齐国之境。闵子骞的意思是,如果季氏再召,必然逃离鲁国,表示决不为季氏之官。闵损厌恶季氏,不肯给他家做官。孔子认为:"邦有道,谷;邦无道,谷,耻也。"(《宪问篇》14·1)闵子骞不给季氏当官拿俸禄,正是此意。《左传·昭公二十五年》,鲁昭公被季平子驱逐,逃至齐境;季平子被扣,说"臣请待于沂上以察罪","沂"即《先进篇》11·26之"沂",今称沂水,也在齐国境内。齐、鲁相邻,两国又世代通婚,大概鲁国贵族因此形成了遇事逃至齐境的习惯,并由此习惯派生出了"沂上""汶上"的口语。

本章原简的记录者,如果是闵损自己,应该记作"损曰"云云,古人自称名;如果是闵损的同学,应该记作"闵子骞曰"云云"子骞曰"云云,同学互称字;闵损是孔子设帐授徒的弟子之一,记录者如果是闵损的弟子,应该记作"闵子曰"云云,按照礼制,弟子称老师,应该尊称"某子"。我认为本章是闵损语录,记录者应为闵损的弟子,不大可能是他人,因此原简本应记作"季氏使闵子为费宰。闵子曰"云云。应该是曾参师徒在编辑《论语》时,故意将两个"闵子"都改为"闵子骞"。孔子曾对颜回说:"用之则行,舍之则藏。"(《述而篇》7·11)闵损不给专权的季氏当官,"不食污禄",与孔子的"仁道"精神相通。那么曾参师徒改称"闵子"为"闵子骞",或许与文人相轻的积习有关，而不大可能与闵损是否继承了孔子道统的问题有关。

6·10 伯牛有疾，子问之，自牖执其手，曰："亡之，命矣夫！斯人也而有斯疾也！斯人也而有斯疾也！"

【译文】伯牛有恶疾，（不能见人，）孔子去问候他，从窗户里握着他的手，说道："活不了啦，这是命运啊！这样的好人竟有这样的怪病！这样的好人竟有这样的怪病！"

【解析】本章写弟子冉耕（字伯牛）身染恶疾，孔子十分痛惜和无奈。

"伯牛"，孔子弟子冉耕，字伯牛，鲁国人。春秋时代西亚冶铁技术传入华夏以后，华夏先民很快加以改进，发明了冶钢技术，于是钢铁大量用作农耕和战争。原本用来祭祀、拉车、食用的牛，大量用来农耕，以致出现了以"耕""牛"为人名的情况。

"亡之"，表示极其难过，犹后世所谓"要命"之类。伯牛有何恶疾，史书阙如，他恐传染他人，故不见人。"斯人"两句连言之，《史记·仲尼弟子列传·集解》引包咸语曰："再言之者，痛之甚也。"其说可从。

本章的记录者应该是孔子的随侍弟子，故称冉耕的字"伯牛"。周礼，同学之间互相称字。

6·11 子曰："贤哉，回也！一箪食，一瓢饮，在陋巷，人不堪其忧，回也不改其乐。贤哉，回也！"

【译文】孔子说："颜回真贤仁啊！一筐饭，一瓢水，住在小巷里，别人都受不了贫苦的忧愁，颜回却不改变他仁者的快乐。颜回真贤仁啊！"

【解析】本章称赞弟子颜回安贫乐道，实为大仁大贤。

孔子认为，真正的志士仁人，要以平治天下国家为己任，即"立人达人"；如果生当乱世，实在无法派上用场，无法"立人达人"，也要守住君子的底线，即所谓"用之则行，舍之则藏"。"藏"则不做官，不做官则难免贫困，只有真正的志士仁人才可以长久地处在贫困之中，安贫乐道。(《里仁篇》4·2) 孔子说："饭疏食，饮水，曲肱而枕之，乐亦在其中矣。不义而富且贵，于我如浮云。"(《述而篇》7·16) 孔子认为，在孔门之中，只有他自己和弟子颜回才能安贫乐道(《述而篇》7·11)，这是对颜回很高的评价。《孟子·离娄下》8·29："颜子当乱世，居于陋巷，一箪食，一瓢饮，人不堪其忧，颜子不改其乐，孔子贤之。""当乱世"，故不肯为官；不为官，故贫困；贫困，仍有贤士仁人之乐。孟子是语，可谓深得孔子、颜子之心。

孟子尊称颜回为"颜子"，应非泛泛之语，《子罕篇》9·11应是颜子语录，孟子当时很可能还可以看到《论语》未收的颜子语录，其简牍很可能就尊称颜回为"颜子"，如《孟子·滕文公上》5·1就引有颜子语录。《孟子》常常引用孔子弟子的语录，许多都不见于《论语》，很可能都是《论语》遗文。颜回应该设帐授徒，有自己的弟子，弟子记录老师颜回的语录，按照礼制，自然尊称"颜子曰"云云。而《论语》中竟无一处尊称"颜子"，这很可能与颜回终身未仕，而曾参师徒固守公卿方可称"子"的礼制有关，还可能与颜回地位太高，让编辑《论语》的曾参师徒忌惮有关。

6·12 冉求曰："非不说子之道，力不足也。"子曰："力不足者，中道而废。今女画。"

【译文】我说："不是不喜欢您的崇高理想，是我力量不够。"老师说："如果力量不够，就会走到半路走不动。现在你还没有开始走。"

【解析】本章记载孔子鼓励弟子冉求（字子有）努力实行夫子终生追求的人生理想和政治理想。

"画"，停止。实行仁道，平治天下，理想崇高，目标远大，当然也万分艰难。但是孔子认为，仁德君子只要为实行仁道奋斗终生就可以了，至于是否成功，就不是自己能够控制得了的，所以在《里仁篇》4·6中，孔子说："有能一日用其力于仁矣乎？我未见力不足者，盖有之矣，我未之见也。"说明孔子一向认为，任何人，只要真心实行仁道，不管是否成功，都是可以的。冉求说自己"力不足"，只是害怕困难，干脆不想实行仁道的托辞而已。

《史记·仲尼弟子列传》记载，孔子曾说："求也退，故进之。"《索隐》引郑玄语："言冉有性谦退。"《先进篇》11·22记载，子路和冉求都问孔子："闻斯行诸?"学到了道就去实行道吗？孔子的回答，抑制子路而鼓励冉求。这与本章一样，都是"求也退，故进之"的案例。孔子之道，"立人安人"（《雍也篇》6·30），理想崇高而伟大，本难实现，加上冉求生性谦退，畏惧困难，所以孔子激励他努力为实行仁道理想而奋斗。《子罕篇》9·21孔子赞美颜回"见其进，未见其止"，可见颜回不仅已经开始实行仁道，而且从不停步（颜回不当官，住在小巷中，也是在实行仁道），直到生命的终点，所谓"死而后已"。颜回与冉求虽然都赞成孔子的仁道理想，但颜回身体力行，是真正的仁德君子；冉求却"学"而不"行"，还没有迈开脚步。

孔门谁能称呼冉求的名呢？只有孔子和冉求自己。孔子自然不会记录自己的语录，那么本章的记录者就是冉求自己了。《先进篇》11·17亦自称其名"求"，也是冉求自己的记录。《宪问篇》14·1自称"宪"，记录者自然是原宪自己。冉求做此记录，说明他承认自己错了，这与《先进篇》11·17情况相同。

6·13 子谓子夏曰："女为君子儒，无为小人儒!"

【译文】 孔子对子夏道："你要做仁德君子志士仁人，不要做只顾一己私利的小人。"

【解析】 子夏，卜商，字子夏，孔子晚期弟子。据《史记·仲尼弟子列传·索隐》，孔子去世后，子夏独传《诗》《易》《春秋》《礼》，是孔门学术成就最高的授业弟子。（参《学而篇》1·7）

"儒""士"，读书人。早在孔子之前很久，就有各种各样的儒，有从事丧礼等各种宗教活动的儒，也有各种方术之士，总之都是有点文化知识的下等贵族和没落贵族，而不是农民、手工业者和商人，更不是有权有势有采邑的贵族。后来孔子把一部分儒改造为"祖述尧舜，宪章文武，宗师仲尼"的"君子儒"，但那些术士、巫师之类的"小人儒"也一直存在。据《史记·秦始皇本纪》记载，秦始皇下令坑杀的四百六十余"儒"中，既有"诵法孔子"的"君子儒",也有不少方术之士类"小人儒"。即使是今天,"儒"的流品也非常复杂,也有"君子""小人"之分。春秋时代的读书人逐渐增多,如《左传·哀公八年》记载,鲁国有三百多位读书人,统统称为"国士"。读书人多了,情况就会很复杂,其中有以天下为己任的仁德君子志士仁人,也有只顾一己私利的小人。

孔子教导弟子卜商要做"君子儒",就是要他效法尧、舜、禹、汤、文、武、周公,以平治天下国家为己任,当一个志士仁人。孔子去世之前,把传《春秋》的重任托付给卜商,说明孔子相信卜商是个"君子儒"。

子夏是孔子设帐授徒的弟子之一。本章的记录者如果是孔子的随侍弟子,子夏的同学,称他"子夏"没有问题;如果是子夏的弟子,原简记录不可能称他为"子夏",而应该尊称他为"卜子",记作"子谓卜子曰"云云。那么,就是《论语》的编辑者将"卜子"改为"子夏"了。《论语》中所有的子夏语录,竟无一章尊称"卜子",这明显不合礼制。

6·14 子游为武城宰,子曰:"女得人焉尔①乎?"曰:"有澹台灭明者,行不由径,非公事,未尝至于偃之室也。"

【译文】子游当鲁国武城县的县长。孔子问他道:"你得到人才没有?"子游道:"有一个叫作澹台灭明的人,走路不穿插小道,不是公事,从不到我屋里来。"

【解析】本章或为言子语录,记录言子与孔子的对话,肯定澹台灭明是位为人方正的人才。

子游,孔子晚期弟子,姓言名偃,字子游,吴国人。他是孔子设帐授徒的弟子之一。

《左传·昭公七年》:"故政不可不慎也。务三而已:一曰择人,二曰因民,三曰从时。"《孟子·滕文公上》5·4:"尧以不得舜为己忧,舜以不得

---

①通行本作"尔",唐《石经》、宋《石经》、皇侃《论语义疏》本作"耳"。

禹、皋陶为己忧。""为天下得人者谓之仁。""是故以天下与人易，为天下得人难。"可见治国理政，人才十分重要，故孔子一见学生，即问"得人"否。

"武城"，此指南武城，在沂蒙山区。"宰"，县宰、县长，位列大夫。《阳货篇》17·4亦记载子游治理武城县的事。"人"，人才。《泰伯篇》8·20："舜有臣五人而天下治。"《卫灵公篇》15·9："可与言而不与言，失人。"均以"人"指人才。

澹台灭明，复姓澹台，名灭明，字子羽，《左传·哀公八年》有"澹台子羽之父"，鲁国武城人。据《史记·仲尼弟子列传》记载，此人"状貌甚恶。欲事孔子，孔子以为材薄"。大概几经周折，才成为孔子弟子。后来子羽南游吴国，扬名诸侯。孔子曾检讨说："吾以言取人，失之宰予（谓误信宰予美言，收他为弟子。参《公冶长篇》5·10）；以貌取人，失之子羽。"

从本章口吻来看，子羽服事子游于武城时，尚未受业于孔子。子游不以貌取人，认为子羽为人方正，是个人才。而孔子后来仍然差一点"以貌取人，失之子羽"。由此看来，本章不仅肯定了子羽之才，也肯定了子游之德。

子游也有自己的弟子。本章如果是孔子的随侍弟子所记录，称他"子游"符合礼制；如果是子游的弟子所记录，则必然尊称子游为"言子"，那么就是《论语》编辑者将"言子"改为"子游"了。

6·15 子曰："孟之反不伐。奔而殿，将入门，策其马，曰：'非敢后也，马不进也。'"

【译文】孔子说："孟之反有大功但不夸耀自己。右师溃败，他殿后，将进城门时，鞭打自己的马，说：'不是我敢殿后，只是我的马不肯快走。'"

【解析】本章肯定鲁国君子孟之反不居功自傲。

孟之反，《左传·哀公十一年》作"孟之侧"（杜预注"字反"）。古人名与字常常呼应，"反"与"侧"正有这种关系。此人应该本名侧，字反。孔子称其字而不称其名，表示敬意。"之"，语助以凑足音节者。《文公十年》有"文之无畏"，下文只称"无畏"，《淮南子·主术训》称"文无畏"；《僖公二十四年》有"介之推"，下文记作"推曰"云云，不记作"之推曰"云云；《孟子·离娄下》8·24有"庾公之斯""尹公之他",《襄公十四年》作"庾公差""尹公佗"。刘宝楠《论语正义》:"古人名多用之为语助,若舟之侨、宫之奇、介之推、公罔之裘、庾公之斯、尹公之他,与此孟之反皆是。"古人在地名中亦常常加一"之"字,以凑足音节,方便上口,如《左传》之"有莘之墟""昆吾之墟""孟诸之麋"等皆是。《哀公十一年》,这年鲁国与齐国交战。春秋晚期天下大国多设左中右三军,鲁国此役只有左右两军。鲁卿孟懿子之子孟孺子洩(此时孟懿子尚在,故洩称孺子)担任主帅,统帅右师(右师为主力,鲁国上右);孔子弟子冉求(上卿季氏宰并升任朝廷大夫)担任副帅,统帅左师(左师为偏师),迎战齐军。鲁军右师溃败,孟之反殿后,待鲁军回城毕,他才回城。将入城门时,他"抽矢策其马曰:'马不进也'"。意思是,不是因为我勇敢而殿后,只是因为我的战马不肯快跑,所以我才不得已而最后回城。本章即写此事,可与《左传》互证。

"伐",居功自夸。"奔",溃逃。

此役孔门弟子冉求、樊迟均参战,《左传·哀公十一年》记载有孔子对此役的两次评价。由此看来,本章所记孔子谈话,亦当在此役结束不久。

6·16 子曰:"不有祝鮀之佞,而有宋朝之美,难乎免于今之世矣。"

【译文】孔子说:"(一个人,)假使没有祝鮀的口才,而仅有宋朝的美貌,当今之世,恐怕难以免除灾祸了。"

【解析】本章批评当时只注重辞令的社会风气。

"祝鮀",字子鱼,卫国太祝,执掌祭祀。《左传·定公四年》作"祝佗"。鲁定公四年,晋国会盟诸侯,卫灵公强召祝鮀参加这一外交活动。祝鮀果然不辱使命,雄辩滔滔,维护了卫国的尊严。可见祝鮀善于辞令,当时即已名闻诸侯。祝氏、巫氏、史氏都要服侍鬼神。要愉悦鬼神,既要有丰厚祭品,也要有美语甘言,所以这类人的口才都非常好。卫灵公要太祝客串"行人"(外交官),就是因为看中了太祝的口才。孔子曾说"文胜质则史"(《雍也篇》6·18),即与这一社会现象有关。本章仅取其善于言辞之义。

"宋朝"，宋国公子，《左传》亦称"宋公子朝""公子朝"等，以貌美著称。卫灵公夫人南子，宋女，出嫁前曾与宋朝私通。南子为灵公夫人后，尝招宋朝至卫而续通焉，事见《左传·定公十四年》及杜预注。春秋时代贵族的风气，男子貌美者，常有女子主动与之私通。

"免"，免死、免罪，周代俗语。

春秋时代外交活动十分频繁，这就需要大量的外交人才，称为"行人"，是战国时期纵横家的"祖先"。"行人"必须满腹经纶，极善言辞，方可不辱使命。孔子弟子子贡，其实也是这样的人才。这样的风气可能影响到社会生活的方方面面，包括影响到对人才的评价，这让一向反对"巧言佞色"的孔子很有意见，所以才有本章这番议论。

6·17 子曰："谁能出不由户？何莫由斯道也？"

【译文】孔子说："谁出门不经由门户？为什么没有人从这条道走呢？"

【解析】"斯道"，这条道。什么"道"？孔子的本意，应指仁道。孔子认为："国君好仁，天下无敌。"（《孟子·离娄上》7·7引）孔子一生与鲁定公、鲁哀公、卫灵公、卫出公、齐景公、楚庄王等国君，以及鲁、卫、宋、齐、郑、楚诸国的许多卿大夫都打过交道，几乎每次都要求他们讲仁德、行仁政。但结果却是，没有任何一位国君和卿大夫真正"好仁"。所以本章孔子以出门必经门户为喻，谓治国平天下必行仁政。他不明白，这条唯一正确的道路，诸侯和卿大夫们为什么都不走呢？

6·18 子曰："质胜文则野，文胜质则史。文质彬彬，然后君子。"

【译文】孔子说："质朴多于文采，则未免粗野；文采多于质朴，则未免虚浮。文采和质朴配合适当，这才是位君子。"

【解析】本章论君子要文雅而又质朴。

《左传·桓公六年》："祝史正辞，信也。"《昭公二十年》："祝史荐信。"都说宗教人员祭神祈福时，应该说实话，不能对国君等有溢美之辞。但这只是理论上的要求，巫祝史不可能不受到君上的压力，而说一些糊弄鬼神的话。《左传·闵公二年》："我，大史也，实掌其祭。"上古史官执掌祭祀和记事。祭祀则需媚神，鬼神方可降福，这不仅需要丰厚祭品，还要有甘辞美言，所以史官媚神的言辞难免虚浮（参《子路篇》13·22）；记事则需引人注意，以便传之后世，因此难免夸饰，言辞也容易虚浮（参《文心雕龙·夸饰篇》）。所以本章中"史"有文饰太多、流于虚浮的意思。

"文"，本指言辞、文辞，转指言辞、文辞之有文饰。《宣公十二年》："寡君少遭闵凶，不能文。"《襄公二十五年》，孔子云："言之无文，行而不远。"《僖公二十三年》，子犯曰："吾不如衰之文也，请使衰从。""文"皆指言辞、文辞之文饰动人。但从"然后君子"一句来看，本章所论之"文"，包括而不仅仅限于言辞、文辞，应泛指君子的言谈举止、行为方式、品德修养、气质风度等。所以孔子谈的，实际上是怎样做君子的问题，夫子要求君子将天生的质朴道德与后天的学识风采完美地结合在一起。

6·19 子曰："人之生也直，罔之生也幸而免。"

【译文】孔子说："君子生存是因为正直，诬罔邪曲之人生存下来，是因为侥幸而免死。"

【解析】本章论君子理应正直。

"人"，并非泛指所有的人，而是用其狭义，指君子、上等人、贵族。"罔"，君子中的不直不仁者。孔子认为："君子而不仁者有矣夫，未有小人而仁者也。"（《宪问篇》14·6）"免"，免死免罪，周代俗语。孔子之意是，身为君子而不仁不直，依据周礼，理应被杀，陈尸于朝，他们能活下来，完全是因为侥幸。

6·20 子曰:"知之者不如好之者,好之者不如乐之者。"

【译文】孔子说:"懂得读书做学问的人,不如喜爱读书做学问的人;喜爱读书做学问的人,不如以读书做学问为乐的人。"

【解析】本章论读书做学问的三重境界。

6·21 子曰:"中人以上,可以语上也;中人以下,不可以语上也。"

【译文】孔子说:"中等智力水平以上的人,可以告诉他高深的学问;中等智力水平以下的民,不可以告诉他高深的学问。"

【解析】本章论教育要看对象,上等的"人"可以教育,下等的"民"不可以教育。

孔子曾经根据人的智力水平的高低,把天下所有的人分为四等:"生而知之者,上也;学而知之者,次也;困而学之,又其次也;困而不学,民斯为下矣。"(《季氏篇》16·9)孔子认为,"生而知之者"是"上知(智)","困而不学"者是"下愚"。"生而知之者"是无需教育的,"困而不学"者是没法教育的,即"唯上知与下愚不移"(《阳货篇》17·3)。那么"中人"应包括"学而知之者"和"困而学之"者这两种人,"中人以上"则应加上"生而知之者";"中人以下"则仅指"困而不学"的"民"。

孔子的时代,"人"指上等人,即贵族,主要是诸侯、卿大夫,士的经济地位、政治地位虽已大大下降,但是勉强可以算"人",孔子的授业弟子就大都是士;"民"是下等人,即平民,主要是农民、手工业者、商人。孔子认为,"人"可以教育,"民"是"下愚"而且"困而不学",是没办法"移"(教育、改变)的。因此,"中人以下,不可以语上也",其实就是"下愚不移"的意思。古来经师认为孔子有"全民教育思想",论断并不严谨。①

---

①详见《孔子没有平民文化教育思想》(吴天明,《长江学术》2017年第1期)。

6·22　樊迟问知，子曰："务民之义，敬鬼神而远之，可谓知矣。"

问仁，曰："仁者先难而后获，可谓仁矣。"

【译文】樊迟问治理国家怎样才算明智，孔子道："务必让民众知道哪些事该做哪些事不该做，尊敬鬼神但又要远离他们，（这样）就可以说是明智了。"

樊迟又问治理国家怎样才算仁德。孔子道："仁德的人先经历困难，付出辛劳，而后有所收获，可以说是仁德了。"

【解析】本章论治国理民的"知（智）"与"仁"，而并非泛泛而论"知"与"仁"。

樊迟，姓樊名须，字子迟，孔子弟子，长期在鲁国做官。孔子弟子大多将要或已经做官，孔子教弟子，最主要的任务还是教他们如何治国平天下。所以，孔子这次与樊迟谈"知"与"仁"，并非泛泛而论，而是专门谈治国安邦的方法。

华夏丧期之长、祭祀之频，莫过于商代。这必然影响子孙的生计。西周时代将商代的"三年之丧"（至少二十五个月，详见《尚书·舜典》《伊训》《说命上》）改为"天子七月、诸侯五月、大夫三月、士二月之丧"（并非足月，达到月份即可，详见《左传·隐公元年》），就有纠偏的意思。春秋时代出现了"疑神疑鬼"的新思潮，一直到如今，中国人对鬼神都"将信将疑"。孔子其实相信鬼神，也祭祀鬼神，但反对久丧淫祀，主张以子孙生计为重。所谓"敬鬼神而远之"，就是这个意思。

孔子曾与樊迟四次谈"仁"。本章告诉他，先付出然后有所收获的人也是仁者。《颜渊篇》12·21中孔子两次与樊迟谈"仁"，也都是讲一些技巧，一次说"先事后得"，与本章意思完全一样；另两次说要知人善任（《颜渊篇》12·22），要认真做事（《子路篇》13·19）。孔子曾把"仁者"分为两种境界："仁者安仁，知者利仁。"（《里仁篇》4·2）真正的仁人安于仁，聪明的智者利用仁。后面这种仁者，其实只是智者。很显然，"仁者"的境界高而"知者"的境界低。孔子两次都只教樊迟当一个利用仁的"知者"，可能与樊迟已在鲁国为官、急需治国技巧有关，也可能与孔子认为樊迟并不是真正"安仁"的仁人，充其量只是一个利用"仁"的智者有关。

6·23　子曰："知者乐水，仁者乐山。知者动，仁者静。知者乐，仁者寿。"

【译文】孔子说："聪明的人喜欢水，仁德的人喜欢山。聪明的人活络，仁德的人沉静。聪明的人快乐，仁德的人长寿。"

【解析】本章论"仁者""知（智）者"的区别。

孔子认为，真正的"仁者"个人无所欲求，只要实行了仁德，心里便满足安宁，这就是所谓的"仁者安仁"（《里仁篇》4·2）。现代社会生活的经验也告诉我们，这样的人，性情沉静，大多长寿。而"知（智）者"实行仁德虽非初心，但因其聪明智慧，明白实行仁德会给自己带来巨大而长期的利益，便也认真实行仁德，这就是所谓的"知者利仁"（《里仁篇》4·2）。"知者"常要考虑如何付出，如何收获，所以非常活络灵动。他们的付出，长期获得巨大的回报，所以常常快乐。孔子自己，当然是一位"安人"的"仁者"。

从意象上来说，水具有活络灵动、快乐的特点，山具有沉静、长久的特点，所以孔子将智者与水联系在一起，将仁者与山联系在一起。

6·24　子曰："齐一变，至于鲁。鲁一变，至于道。"

【译文】孔子说："齐国的政治一变革，就达到鲁国的水平了。鲁国的政治一变革，就合乎大道了。"

【解析】本章评论齐国和鲁国的政治。

古人思维模糊，一般没有精确表述的习惯，因此孔子这番话究竟是何意思，后人颇费周折。我的学习心得，孔子所谓的"道"，应指治理国家的理想状态，主要包括严守周礼使秩序井然和实行仁政使百姓安宁两个方面。所以本章孔子应该主要从两个方面评价齐、鲁两国的政治：一是"礼"，即君臣父子关系是否顺当,是否符合礼制;二是"仁",即施政是否讲究仁德,是否立人安人。从本章所论来看,孔子虽然认为齐、鲁均未达到"道"的要求,其中鲁国又比齐国好一些,对齐、鲁两国政治的评价还是比较积极的。

6·25　子曰:"觚不觚,觚哉!觚哉!"

【译文】孔子说:"觚不像觚,这是觚吗?这是觚吗?"

【解析】本章是何用意,古来颇费思量。觚,音gū,古代盛酒器。孔子说这话,一定有前言,有后语,有个语言环境。如果做完整记录,孔子的原意不难理解。但是古人书写艰难,记录者一般掐头去尾,择其要点做记录,这就增加了后人阅读的难度。孔子说这话,应该不是就觚论觚,否则弟子不会记录,也不会编进《论语》。至于孔子暗指何事,古人有各种猜想,其中有猜想暗指"君不君,臣不臣,父不父,子不子"的,这可能比较接近孔子原意。

6·26　宰我问曰:"仁者,虽告之曰:'井有仁焉!'其从之也?"子曰:"何为其然也?君子可逝也,不可陷也;可欺也,不可罔也。"

【译文】宰我问道:"仁德之人,就是(为愚弄他而)告诉他说:'井里掉下了个人啊!'他会不会(为施救而)跟着下去呢?"孔子道:"为什么要这样做呢?对待君子,可以叫他走开,不可以陷害他;可以欺侮他,不可以愚弄他。"

【解析】本章论仁人不可愚弄。
宰我,姓宰,名予,字子我,孔子弟子。
"井有仁焉"之"仁",同"人",用法与《里仁篇》4·7"观过,斯知仁矣"的"仁"相同。"逝",往而不返。
从本章可以看出,仁人在春秋晚期给人迂腐可欺的印象。

6·27 子曰："君子博学于文，约之以礼，亦可以弗畔矣夫。"

【译文】孔子说："君子要广泛地学习古代文献，并用君臣父子之礼对它们进行归纳总结，（这样）也就不至于违反礼制离经叛道了。"

【解析】本章之"约"字，以及《子罕篇》9·11中之"约"字，均有二解。一为约束、要约。《左传·隐公三年》"要之以礼"，即以礼约束之，"要"犹"约"也。则本章"约之以礼"是以礼约束自己的意思。二为简约，引申为归纳。《述而篇》7·26"约而为泰"，"约"即有简约之义。《孟子·离娄下》8·15："博学而详说之，将以反说约也。"可见"约"在晚周已有"由博返约"的"约"即简约的意思。我理解，孔夫子"博文约礼"并称，则"文"与"礼"、"博"与"约"均相对而言。因此我采用了"约"字的第二义。①

《颜渊篇》12·15重录。孔子讲学时，弟子有时各有所记，曾参师徒编辑《论语》时，重点在内容的筛选上，其他技术性的工作则十分马虎粗糙，故常有重录现象。

6·28 子见南子，子路不说。夫子矢之曰："予所否者，天厌之！天厌之！"

【译文】孔子见了南子，子路不高兴。孔子发誓道："我假若不对的话，上天厌弃我！上天厌弃我！"

【解析】本章记载了鲁定公十五年，孔子在卫国因见国君夫人南子而与子路发生不愉快的事。

"南子"为卫灵公夫人，宋女，据《左传·定公十四年》杜预注，南子曾与宋公子朝（《雍也篇》6·16称"宋朝"）私通，名声很不好。卫灵公年老昏聩，南子把持卫国朝政，搅乱朝纲，甚至逼迫太子蒯聩逃走。卫灵公去世

---

①详见《孔子的道德学问不只一条主线》（吴天明，《求索》2017年第4期）。

后，不立太子，而立太孙，卫国因此发生内战。据《史记·孔子世家》记载，孔子在卫国时，南子派人召孔子，说："四方之君子不辱欲与寡君为兄弟者，必见寡小君。寡小君愿见。""寡君"，指卫灵公；"寡小君"，夫人南子自称。她的意思很明白，要见我国国君，必先见我，并经我同意，否则别想见国君。孔子不得已而见之，因此引起弟子子路的不满。

"说"同"悦"。"矢"同"誓"。"所"，假如，发誓时所用的假设连词，春秋时代的人发誓都如此，《左传》中多有其例。"否"同"不"，《孔子世家》即引作"不"。

孔门弟子中，敢直接对老师表示不满的，只有子路一人。孔子曾经教育子路，臣下事君，可"犯"不可"欺"（《宪问篇》14·22）。事师如事君，本章就是子路"犯"师的例子，《子路篇》13·3、《卫灵公篇》15·2、《先进篇》11·25、《阳货篇》17·7四章，也记录了子路"犯"师的几个例子。子路长期随侍老师，并且担任孔子的侍卫，晚年才做官，对老师忠心耿耿，性情直爽，说话从不拐弯抹角，胆子又大，从不怕老师骂。据《论语》记载统计，子路挨孔子的骂最多，然后才是宰我、樊迟和冉求。孔子见南子时，子路可能已经在卫国正卿孔文子家做家臣，侍奉孔子的机会多。孔文子去世后，其子孔悝继位，子路继续做家臣，直到哀公十五年战死于卫国。（参《左传·哀公十一年》《哀公十二年》《哀公十三年》《哀公十四年》《哀公十五年》）

6·29 子曰："中庸之为德也，其至矣乎！民鲜久矣。"

【译文】孔子说："中庸这种道德，应该是最高的了！一些君子已经长久地缺乏它了。"

【解析】本章批评一些君子缺失中庸之道太久。

"中"，动词，其意义如同字形，合乎准则，不过，也无不及。"庸"，平常。"中庸"，符合常道、正道。相传孔子的孙子子思作了《中庸》，阐发孔子这一思想。西汉戴圣将其收入《礼记》，南宋朱熹收入《四书》。

"民"，《论语》中有四十九个"民"字，绝大多数都指平民。按照孔子等周代诸子的逻辑，只有"君子"当中的仁德君子才可能有中庸之德，而道德水平低下的平民（"民""众""百姓""小人"）是从来不曾有过的。孔子说："君子而不仁者有矣夫，未有小人而仁者也。"（《宪问篇》14·6）平民百姓既然从来不曾有过"中庸之德"，那么"民鲜久矣"又从何说起呢？因此这个"民"字，很可能是指"人"，即上等人、君子，具体指诸侯、卿大夫，那么本章之义，只是批评部分的"君子"长久地丧失了中庸之道。以"民"指"人"，这种用法在《论语》总共只出现过四次：本章、《卫灵公篇》15·25、《微子篇》18·8、《尧曰篇》20·1（"举逸民"）。在战国中期的著作《孟子》中，"人"与"民"这两个字常常混用，说明孟子的时代上等人与下等人的界限开始变得模糊起来。孔子是春秋末期人，可能孔子的时代就已出现了"人""民"混用的情况，只是在当时还不普遍，因此在《论语》中的例子还很少见而已。

6·30　子贡曰："如有博施于民而能济众，何如？可谓仁乎？"子曰："何事于仁，必也圣乎！尧舜其犹病诸！夫仁者，己欲立而立人，己欲达而达人。能近取譬，可谓仁之方也已。"

【译文】子贡问道："假如有人广泛地给民众带来好处，广泛地帮助民众，（这个人）怎么样？可以称为仁人吗？"孔子道："哪里仅仅是仁人，那一定是圣人了！连伟大的尧舜都或许难以做到呢！仁是什么呢，自己想安身立命，也让别人能够安身立命；自己想事事行得通，也让别人事事行得通。能拿自己打比方，（推己及人，）可以说是实行仁道的方法了。"

【解析】本章论仁与圣，是研究孔子思想体系极其重要的文献。

理解本章，十分容易以后释前、以今释古。要理解孔子本意，必须首先了解孔子关于"圣人""仁人"的一贯思想，不可仅重训诂。孔子一向认为，"人"是上等人，"民"是下等人；"安人"者"仁"，"安人"且"安民"者"圣"。所谓"己欲立而立人，己欲达而达人"，只是"安人"，远远没有达到

"安民"的境界。孔子一生也想"安民",但他认为自己不可能达到这样的水平,所以一生只以"安人"为目标。他说了许多"老者安之,朋友信之,少者怀之"(《公冶长篇》5·26)之类的话,其实都只关乎"安人",而不关乎"安民"。

周朝君子无不盛赞尧舜。孔子虽然认为自己的道德学问来自尧舜三代,但他仍然认为即使是圣人尧舜,也不可能"立民",能够"立人"就已经很了不起了。这是非常了不起的见解。孔子把自己的人生理想、政治理想,设定为"立人",而没有设定为更加崇高的"立民",即与他对尧舜历史功业的判断密切相关。古代君子,从孟子开始,才常常有"立人""立民"之类的思想,但是孔子不是这样的。译文中我虽然把"人"字译为"别人"(亦可译为"别的君子",但很别扭),但是这个"别人"仅仅指上等人,是不包括平民百姓的。

"立",孔子常常讲"不学礼,无以立"之类的话。谨遵周礼,依据礼制做人做事才能安身立命,应该是晚周君子的共识。《左传·昭公七年》探后言之,记载鲁国世卿孟僖子昭公二十四年去世时,遗命二子师从孔子学礼,孟僖子遗命说:"礼,人之干也。无礼,无以立。""我若获没(谓得善终),必属说(南容,参《公冶长篇》5·2)与何忌(孟懿子,参《为政篇》2·5)于夫子,使事之,而学礼焉,以定其位。"可借以解释本章中的"立"字。

述而篇第七
（共三十八章）

7·1　子曰："述而不作，信而好古，窃比于我老彭。"

【译文】 孔子说："只传述旧学而不创作新说，相信而且喜爱古代文化，我私下里把我和老彭相比。"

【解析】 本章论治学。

"述"，传述、阐述。孔子一生整理、阐述过《诗》《书》《礼》《乐》《易》《春秋》等，是尧、舜、夏、商、周、春秋思想文化的集大成者。他反对"不知而作"（《述而篇》7·28），本章又说"述而不作"，但孔子是否真的完全"不作"呢？恐怕也不是。他把尧、舜、夏、商、周、春秋的道德学问概括为"六艺"，终身学习，终身传授，这本身就是创造性的"述"（春秋君子大多只关注《诗》《书》《礼》《乐》）；他又从中悟到了"仁学"和"礼学"，这更是创造性的"作"，是孔子一生最伟大的创造，是孔子自己的思想体系，甚至可以说是五千年华夏文明的理论体系，可谓上承尧舜三代春秋，下启战国秦汉乃至当今。孔子自己就讲："温故而知新，可以为师矣。"（《为政篇》2·11）"故"是古人的学问，"新"是自己的创造，可见孔子一生还是有所"作"，而且是有伟大的"作"的。

孔子还有一些比较具体的创造，例如《尚书·说命中》提出了"知行说",孔子则进而创造了"学行说"。又如三代先贤无不盛赞"君子",但孔子却说"君子而不仁者有矣夫"(《宪问篇》14·6)。这些都是"作",都是"新",都是创造。这样的例子《论语》中还有一些。

"老彭",古人有许多猜测,均无确证。从孔子引以自重的情况来看,大概是一位"述而不作,信而好古"的先贤。

7·2 子曰:"默而识之,学而不厌,诲人不倦,何有于我哉?"

【译文】孔子说:"(把所学到的知识)默默地记在心里,勤奋学习而永不满足,教导别人而从不倦怠,(这些事情)对我来说有什么困难呢?"

【解析】本章孔子谈自己读书教书,应该是孔子晚年的总结。

"何有",春秋时代俗语,不难之辞,《里仁篇》4·13、《雍也篇》6·8两章均有其例。

孔子"十有五而志于学,三十而立,四十而不惑,五十而知天命,六十而耳顺,七十而从心所欲不逾矩"(《为政篇》2·4),他说,"我非生而知之者,好古,敏以求之者也"(《述而篇》7·20),"学如不及,犹恐失之"(《泰伯篇》8·17),"加我数年,五十以学《易》,可以无大过矣"(《述而篇》7·17),这些都可以与本章互证,说明孔子一生"学而不厌",良非虚语。

孔子终身学习,当时即有博学之名。他用什么方法把这些无比丰富复杂的知识学问记下来呢?弟子们都以为老师"多学而识之",也就是死记硬背下来,孔子却告诉子贡,自己只是用一个东西把那些丰富的知识"一以贯之",并非死记硬背(《卫灵公篇》15·3)。这个东西应该就是"礼",颜回也明白这个道理(《子罕篇》9·11)。几千年来,经师学者都以为这个"一以贯之"的东西也是"道",这是误解。"道"只是孔子道德的主线,"礼"才是孔子学问的主线。①

孔子一生,不仅自己努力学习,也努力教导别人,包括他的七十几位授

---

①详见《孔子的道德学问不只一条主线》(吴天明,《求索》2017年第4期)。

业弟子，还包括当时的许多国君和公卿大夫。他告诉学生，即使具有"仁、知、信、直、勇、刚"这六种美德，但如果不发奋学习，没有学问，也会产生"愚、荡、贼、绞、乱、狂"这六种弊病（《阳货篇》17·8）。他教学生，总是尽其所能，倾其所有，从无隐瞒。他说："二三子以我为隐乎？吾无隐乎尔。吾无行而不与二三子者，是丘也。"（《述而篇》7·24）这说明孔子"诲人不倦"确为事实。

正因为孔子一生"学而不厌，诲人不倦"，这才赢得弟子对他无比的崇敬。孔子去世后，弟子们按照殷商古礼为他守孝三年（孔子为商汤之后，而且主张恢复殷商的"三年之丧"①），子贡把他比作天上的日月，说他"其生也荣，其死也哀"（《子张篇》19·24、25），可见弟子们对孔子何等崇敬。

7·3 子曰："德之不修，学之不讲，闻义不能徙，不善不能改，是吾忧也。"

【译文】孔子说："（有些人）品德不培养，学问不讲习，见义不勇为，有过不改正，这些都是我的忧虑啊！"

【解析】本章批评随侍弟子。

孔子这番话，当然不可能是批评平民，这些问题都与平民无关。是泛泛批评君子吗，是批评早已离开师门去当官的弟子吗？恐怕也不是。我认为应该是批评随侍弟子。孔子要求学生培养道德："见贤思齐焉，见不贤而自省也"（《里仁篇》4·17），"事其大夫之贤者，友其士之仁者"（《卫灵公篇》15·10）；要求学生讲习学问："学而时习之"（《学而篇》1·1）；要求弟子见义勇为："见义不为，无勇也"（《为政篇》2·24），"志士仁人，无求生以害人，有杀身以成仁"（《卫灵公篇》15·9）；要求学生改正过错："过则不惮改"（《学而篇》1·8、《子罕篇》9·25），"过而不改也，是谓过矣"（《卫灵公篇》15·30），"过而改之，是不过也"（《韩诗外传》卷三引）。从孔子一向对学生的要求来看，本章这番话应该是在批评随侍弟子，而不是在泛泛议论。

---

①详见《孔孟倡导"三年之丧"的政治目的和文化考量》（吴天明，《湖北社会科学》2017年第8期）。

孔子培养的学生，将来是都要去治国平天下的，他们要有"德"，即要有治国平天下的远大理想和崇高抱负；要有学问，即要通晓礼制，知道如何治国安邦；要知道"义"，即明白哪些事该做哪些事不该做；要闻过则喜，因为人的天性容易看到自己的长处，而不容易看到自己的短处。如果随侍弟子不能这样，将来怎么治国平天下呢？所以孔子忧虑不安。

7·4 子之燕居，申申如也，夭夭如也。

【译文】孔子在家闲居时，（穿着）很整齐，很和乐舒展。

【解析】本章记录孔子闲居情况。
"申申"，整饬貌。"夭夭"，和舒貌。《乡党篇》全篇记录孔子的生活情况，本章可与该篇合读。

7·5 子曰："甚矣吾衰也！久矣吾不复梦见周公！"

【译文】孔子说："我衰老得太厉害了啊！我好久都没有再梦见周公了！"

【解析】"周公"，从西周初期的伯禽开始，鲁国嫡长子继位为鲁君，嫡次子到王朝做卿士，谓之周公，因此周代历史上有好多周公。但本章所说的周公，仅指鲁国始祖周公姬旦，他是周文王之子、周武王之弟、伯禽之父。周公辅佐武王灭商二年后，武王去世，成王年幼，殷商反叛，周家天下风雨飘摇。周公不得已而自立为王，平定叛乱，制作礼乐，明确华夏蛮夷君臣父子之别，天下乃安。待成王成年，周公又主动把天王的权力交还给成王。周公在周朝历史上具有极其崇高的地位，是孔子等许多先贤心中的圣人。

春秋时代纲常混乱，礼崩乐坏，因此孔子提出要"克己复礼"（《颜渊篇》12·1），即恢复"君君，臣臣，父父，子子"（《颜渊篇》12·11）的周公之礼，恢复天下的政治秩序和社会秩序，以安定天下，这就是王道仁政了。

从本章所述可以反推，孔子一生常常梦见周公。孔子终生致力于恢复天下安宁的伟大事业，他应该常常从周公那里吸取精神力量吧！《左传·哀公十四年》载,是年春"西狩获麟"。《公羊传·哀公十四年》:"西狩获麟,孔子曰:'吾道穷矣!'"不久孔子去世。本章感叹自己衰老太过,已经很久不复梦见周公。孔夫子发出这一感叹,其实也是在感叹"吾道穷矣",应该就在"获麟"前后不久吧?

7·6 子曰:"志于道,据于德,依于仁,游于艺。"

【译文】孔子说:"(君子应该)立志于治国平天下的'道',依凭于修身养性的'德',依靠于'己所不欲,勿施于人'的'仁',游憩于礼、乐、射、御、书、数的'艺'。"

【解析】"仁"有上线和下限,上线是"忠",即"立人达人"(《雍也篇》6·30);下限是"恕",即"己所不欲,勿施于人"(《颜渊篇》12·2)。孔子认为"恕道"才可以"终身行之",而"忠道"能否可行则很难说(《卫灵公篇》15·24)。因此"恕道"才可以"依",而"忠道"不可以"依"。此外,如果以"忠道"解释"仁",又与"志于道"重复。

7·7 子曰:"自行束脩以上,吾未尝无诲焉。"

【译文】孔子说:"只要主动给我一点见面薄礼,我没有不教诲他的。"

【解析】本章孔子谈自己的教育思想和教育实践。

"束脩",干肉谓之"脩",十条干肉谓之"束"。古人初次见面,常用"束脩"作礼物。这在春秋时代是很微薄的礼物。

除了本章外,孔子还说过"有教无类"(《卫灵公篇》15·39)。就因为孔子讲过这么两句话,学术界就长期认为孔子有全民教育思想,这是误解。

孔子教育人,包括道德教育和文化教育。孔子有全民道德教育思想和教育实践,但没有全民文化教育思想和教育实践。孔子一生教育的人,无论是授业弟子还是社会弟子,基本上都是上等人,地位最低的恐怕就是"贱人之子"仲弓(《雍也篇》6·6),那也是士,孔门弟子没有平民。即使穷愁潦倒如颜回、原宪，也不是平民，他们的心态和做派都是上等人的，看看文献就明白了。孔子为什么不对"民"进行文化知识教育呢？第一，"民"的智力太差，不可能对他们进行文化知识教育："民可使由之，不可使知之。"（《泰伯篇》8·9）"不可"，不是不可以，而是不可能，即无论如何都做不到让他们"知之"。孔子还说过："唯上知与下愚不移。"（《阳货篇》17·3）"上知"是"生而知之者"，"下愚"即"民"。"下愚不移"的"不移"，不是不可以"移"，而是不可能"移"，"下愚"的平民百姓完全没有"移"的可能性。第二，"民"不仅智力太差，无法进行文化知识教育，他们还不肯接受教育："困而不学，民斯为下矣。"（《季氏篇》16·9）因此，本章说"未尝无诲"，是有一个在那个时代不言而喻的前提的。①

孔子除了不教平民文化知识以外，即使是来求学的士，他也不像孟子那样"来者不拒"。鲁国武城人澹台灭明做孔子弟子子游的部下，他为人端正，想投身孔门学习礼乐，却因长相丑陋，差一点被孔子拒绝。（《雍也篇》6·14）孔子接受士学习，士主动送一点见面薄礼拜见老师，只是条件之一，孔子恐怕还会对弟子进行测试，测试过关，孔子才会收他。像宰我，大概就是在测试时说了一番发奋学习之类的大话，孔子当时相信了他才收他的。（《公冶长篇》5·10）估计因为这样那样的原因，被孔子拒绝的求学者还有不少，所以孔子一生只教了七十七位弟子。（《史记·仲尼弟子列传》）而孟子"往者不追，来者不拒"（《孟子·尽心下》14·30），孟子一生有多少弟子，就是一笔糊涂账，恐怕连孟子自己都说不清。

孔子明明挑选弟子，他为什么要说本章这番话呢？我的心得，这番话可能是孔子晚年说的，他回首平生，觉得孺子可教者，自己都尽可能地教了，如此而已。后世学者因为这句话就天真地以为孔子真的谁都教育，甚至连平民都教育，那就错了。真正的平民教育，只是最近几十年的事情。经济发展社会进步不到一定的阶段，平民教育就无从说起，这是历史发展的规律。

---

①详见《孔子没有平民文化教育思想》（吴天明，《长江学术》2017年第1期）。

7·8　子曰:"不愤不启,不悱不发。举一隅不以三隅反,则不复也。"

【译文】孔子说:"(我教导弟子,)不到他欲通未通时,我不去开导他;不到他想说又说不出来时,我不去启发他。教给他某方面的知识,他不能由此推知其他方面,我就不再教他了。"

【解析】本章谈启发式教学法。
"愤",欲通未通貌。"悱",音fěi,欲言难言貌。子贡曾经说:"回也闻一以知十,赐也闻一以知二。"(《公冶长篇》5·9)可以做"举一反三"的注脚。"回",颜回;"赐",端木赐,子贡自己。

7·9　子食于有丧者之侧,未尝饱也。

【译文】孔子在丧家吃饭,不曾吃饱过。

【解析】亲友吊丧,丧家有招待酒食之礼,此俗至今犹存。

7·10　子于是日哭,则不歌。

【译文】孔子在这天哭泣过,就不再唱歌了。

7·11　子谓颜渊曰:"用之则行,舍之则藏,惟我与尔有是夫!"

子路曰:"子行三军,则谁与?"

子曰:"暴虎冯河,死而无悔者,吾不与也。必也临事而惧,好谋而成者也。"

【译文】孔子对颜渊说:"(诸侯若)任用我们,我们就实现理想;(诸侯若)舍弃我们,我们就把本事隐藏起来。只有我和你才能这样吧!"

子路问道:"(诸侯若用您,)您若统帅三军,那会找谁共事呢?"

孔子说:"赤手空拳打老虎,不用工具去渡河,到死都不后悔的人,我是不会与他共事的。(我要共事的人,)一定是面临战事就恐惧谨慎,喜欢谋划而能成事的人。"

【解析】本章评价弟子颜回、子路,主旨是君子应该知所进退。

"用之则行"的"行",是"行道",即实现理想之类的意思,宾语"道"被直接省略了。《尚书·说命中》《左传·昭公十年》都有"知易行难"之类的话,"知""行"的宾语都是"道"。《论语》中此类用法也很多,如"三人行,必有我师焉"(《述而篇》7·22),"躬行君子"(《述而篇》7·33),"子路有闻,未之能行,唯恐又闻"(《公冶长篇》5·14),"子以四教:文、行、忠、信"(《述而篇》7·25)。孔子去世后,子贡曾经无限感慨地说:"夫子之得邦家者,所谓立之斯立,道之斯行。"(《子张篇》19·25)子贡的话是对"用之则行"最好的解释。

"藏"是把自己治国平天下的伟大志向、杰出才能和美好品格全都"藏"起来,也就是把"道"藏起来,有时甚至把人都藏起来。孔子说"天下有道则见,无道则隐。邦有道,贫且贱焉,耻也;邦无道,富且贵焉,耻也"(《泰伯篇》8·13),"贤者辟世,其次辟地,其次辟色,其次辟言"(《宪问篇》14·37),这是把人和本事都"藏"起来。孔子自己就这样"藏"了很多年,故意不做官,以致被阳货责怪。(《阳货篇》17·1)颜渊也曾这样"藏"过:"贤哉,回也!一箪食,一瓢饮,在陋巷,人不堪其忧,回也不改其乐。贤哉,回也!"(《雍也篇》6·11）这都是把人和做官的本事都"藏"起来的案例。《论语》中还记录了很多"隐士"（参《微子篇》18·5、6、7，《宪问篇》14·38、39），也是连人带"道"都"藏"起来的案例。

还有一种情况，人虽然不一定"藏"起来，但把做官的本事和自己的真性情、真品格即"道"给"藏"起来。孔子曾夸奖卫国君子蘧伯玉："邦有道，则仕；邦无道，则可卷而怀之。"（《卫灵公篇》15·7）还曾夸奖宁武子："邦有道，则知；邦无道，则愚。其知可及也，其愚不可及也。"（《公冶长篇》5·12）"卷而怀之""愚不可及"，都是把真理想、真本事、真性情和真品格即"道"都"藏"起来，但是人却很可能还在官场，即后世所谓的"大隐隐于朝"。

孔子和颜回都知所进退，但子路一生都争强好胜，从不知进退。他见老师高度肯定颜回，心中不免激起好胜心，也想得到老师肯定，就问孔子："您若统帅三军，那么找谁共事呢？"子路自视行军打仗有一套，至少比颜回强，他以为老师肯定会说，找他子路共事，不料老师却把他批评了一顿。

春秋晚期，各国大多设置中军、左军、右军，故称"三军"，9·26亦有"三军"之语。中军为主力，三军统帅亲统中军；左军、右军为偏师，则需另择两位偏将。子路心想，如果老师为三军统帅，我子路当一个偏将应该没什么问题吧？没料到孔子不仅没有肯定他，还批评他有勇无谋、不知进退。

孔子常和学生讨论治国安邦之事，所谓"子行三军"，当然只是假设之辞。春秋时代，三军统帅要么由国君亲自担任，要么由太子担任，要么由正卿担任。看来子路只是假设孔子当正卿的意思。

那么，孔子究竟是怎样看待颜回和子路的呢？孔子一向认为子路有治国之才（《公冶长篇》5·8），但认为他"性鄙好勇"（《史记·仲尼弟子列传》），只有"匹夫之勇"，而无"王者之勇"（《孟子·梁惠王下》2·3），只是"具臣"，不是"大臣"。孔子认为"大臣"应该"以道事君，不可则止"（《先进篇》11·24）。"以道事君"就是"用之则行"，"不可则止"就是"舍之则藏"。鲁国正卿季氏接受齐人女乐，三日不朝，孔子立即辞去司寇之职，周游列国十几年之久（《史记·孔子世家》），这就是"藏"；天下无道，颜回无法"行"，只能"一箪食，一瓢饮，在陋巷"，这也是"藏"。孔子多次称赞卫国诸君子宁武子等人，就因为他们知道何时"行"、怎么"行"，何时

"藏"、怎么"藏"。可见孔子认为颜回能"行"且能"藏",知所进退;子路有勇无谋,不知进退,并不知道怎么"行"和怎么"藏"。

"暴虎冯河",赤手空拳打老虎,不用工具去渡河。周代俗语,比喻做事鲁莽,只有匹夫之勇,《周易·泰卦·爻辞》《诗经·小雅·小旻》《郑风·大叔于田》均有其例。

7·12 子曰:"富而可求也,虽执鞭之士,吾亦为之。如不可求,从吾所好。"

【译文】孔子说:"财富如果可以求得,即使当一个执鞭的粗鄙之人,我也干。如果不可强求,还是做我喜欢的事吧!"

【解析】本章极而言之,论财富不可强求,君子应该追求理想。

杨伯峻先生《论语译注》据《周礼》考证,周代有两种"执鞭之士",一是为天子、诸侯出入而执鞭开道者,二是在市场门口执鞭维护秩序者。杨氏考据精审,其说可从。

孔子还说:"不义而富且贵,于我如浮云。"(《述而篇》7·16)重点在获得富贵的方法手段义不义上,本章的重点在财富不可强求上,两章有所不同。

7·13 子之所慎:齐、战、疾。

【译文】孔子所谨慎小心的事:斋戒、战争、疾病。

【解析】祭祀恭敬与否,事关个人的祸福寿夭乃至国家天下的兴衰存亡,故祭祀前斋戒沐浴,不可不慎,古今皆然。"齐"同"斋",即不饮酒,不吃所有口气重的蒜、葱、韭菜之类,也不吃鱼肉鸡鸭之类的荤腥,因此《乡党篇》10·7称"齐(斋)必变食"。"戒",即不与妻妾同居,另换地方居住,因此《乡党篇》10·7称"居必迁坐"。沐浴更衣亦示敬重鬼神。

战争事关将士生死乃至国家存亡,不可不慎,古今皆然。孔子认为,将帅应该"临事而惧,好谋而成"(《述而篇》7·11)。后世贺龙元帅曾说,他每次签发作战命令,手都忍不住发抖,这才是实情。所谓"谈笑间,樯橹灰飞烟灭",这只是艺术家的想象而已。

疾病事关生死寿夭,故孔子亦应十分谨慎。如不熟悉药性的药,孔子就不敢随便吃。(《乡党篇》10·16)

7·14 子在齐闻《韶》,三月不知肉味,曰:"不图为乐之至于斯也。"

【译文】孔子在齐国听到《韶》乐,(十分陶醉,)以致很长时间都尝不出肉的味道,说:"没料到欣赏音乐竟然美妙到了这样的地步!"

【解析】本章论《韶》乐之美,令人陶醉。

《史记·孔子世家》,鲁昭公时代后期,鲁乱,"孔子适齐,为高昭子家臣,欲以通乎景公。与齐太师语乐,闻《韶》音,学之,三月不知肉味,齐人称之。"

《韶》乐,《左传·襄公二十九年》记载有二:一是《韶濩》,《周礼·春官·大司乐》作"《大濩》",郑玄说是"汤乐";二是《韶箾》,"箾"同"箫",《韶箾》就是《韶箫》《箫韶》,即《尚书·益稷篇》所谓"《箫韶》九成"者,相传为舜乐。《论语》中孔子没有一句话赞美商汤,而赞美舜帝的话却较多(如《泰伯篇》8·18、20,《宪问篇》14·42),因此孔子听到的《韶》乐,或许就是《箫韶》。"三月"极言时间之长,与《雍也篇》6·7用法相同。

周代君子认为,古代圣人流传下来的音乐有治国理政、陶冶性情的作用。《襄公二十九年》记载吴公子季札访问华夏诸国的经历,其中就有许多体现这一观念的史料,可以参考。孔子也认为,音乐有治国理政功能,他曾教导弟子颜渊治国之道:"行夏之时,乘殷之辂,服周之冕,乐则《韶》《武》。"(《卫灵公篇》15·11)《武》,《左传·襄公二十九年》作"《大武》",是赞美周武王的音乐。看来,孔子被《箫韶》感动,除了音乐美妙之外,还与它是舜乐(舜是圣人)有关。

孔子是宗教礼乐方面的专家,他特别赞赏《韶》《武》《雅》《颂》《周南》

《召南》这些在庙堂之上演奏的典雅"周乐",特别讨厌《郑风》《卫风》中这些以表现男欢女爱为主旨,抒发感情时又没有节制的流行"周乐",这可能与孔子的鉴赏习惯有关,还可能与孔子的宗教思想、政治思想、伦理思想有关,这是研究诗乐者要注意的。

7·15 冉有曰:"夫子为卫君乎?"子贡曰:"诺,吾将问之。"

入,曰:"伯夷、叔齐何人也?"曰:"古之贤人也。"曰:"怨乎?"曰:"求仁而得仁,又何怨?"

出,曰:"夫子不为也。"

【译文】冉有(问子贡)道:"老师会向着卫君(辄)吗?"子贡道:"好,我将问问他老人家。"

子贡进到孔子屋里,问老师道:"伯夷、叔齐是什么人啊?"孔子道:"是古代的贤人。"子贡又问道:"(他们都未继承君位,)后来怨悔吗?"孔子道:"他们求仁德便得到了仁德,又有什么可怨悔的?"

子贡退出来,对冉有说:"老师不会向着卫君。"

【解析】本章暗批卫出公与亲生父亲争夺君位,不知礼让。

《史记·卫康叔世家》综合《左传》史料称,卫灵公荒淫无道,夫人南子专权,太子蒯聩得罪南子,逃到晋国,但一直拥有太子的身份,按照周礼是卫国的法定储君。卫灵公去世,卫国朝廷违反礼制,在太子健在的情况下,立太子蒯聩之子即太孙辄为君,是为卫出公。大约在卫出公九年,孔子从陈国再次来到卫国。本章所记谈话,或许就在此时。

伯夷、叔齐是殷商末期孤竹国国君的两个儿子,周人传说,他们兄弟礼让,都不继承君位。或传说,当时天下混乱,他们因此都不愿意做官。《孟子·万章下》10·1说伯夷:"治则进,乱则退。"即记录了后一种传说。总之,伯夷、叔齐都是知所进退的典型,而卫出公辄则完全不知进退。

子贡从孔子的话里听出,老师认为,君位并不是最重要的,仁德才是最重要的。亲生父子争夺君位，均非仁德之人，因此推断孔子不会向着卫君辄。"为"，向着（谁），为了（谁），此语至今犹存。

周代君子除了称赞伯夷、叔齐礼让外，无不称赞吴王太伯，没有太伯、虞仲的礼让，周文王、周武王就不可能继位，就没有周朝几百年的江山。可见周人普遍认为，在以"礼"（核心是嫡长子继承制）为原则的前提下，还要用"让"来适当调节。卫君辄虽系卫国朝廷所立，并非自立为君，但是按照周礼，他本来就不应当继位，而应该由其父亲蒯聩继位。辄继位后，其父要求回国为君，辄又不知礼让亲父，所以子贡推测孔子不会向着卫君辄。

本章记录弟子在堂，老师在室，弟子有疑问，则入室请教。《先进篇》11·15，孔子说"由也升堂矣，未入于室也"，形象地说子路学问已经不错了，只是还不太精深罢了，即与古人的这种设帐授徒方式有关。本章记录还说明，子贡已经是"入室"弟子，能够提出问题，"入室"讨教；冉有还只是"升堂"弟子，还不能或不敢提出问题，不敢"入室"讨教。

7·16 子曰："饭疏食，饮水，曲肱而枕之，乐亦在其中矣。不义而富且贵，于我如浮云。"

【译文】孔子说："吃粗粮，喝冷水，弯着胳膊当枕头，快乐就在其中了。用不义的手段得到的财富和地位，对我来说好像天上的浮云。"

【解析】本章论安贫乐道。

孔子从不反对富贵，他只是反对用不义的手段获得富贵。他认为，如果无法用正当手段获得财富和地位，那么过贫贱的生活也很快乐。孔子说"仁者安仁"（《里仁篇》4·2），"安仁"包括"行"和"藏"两种情况（《述而篇》7·11），"行"就是以实行仁道理想为安，"藏"即无法实现理想而安贫乐道。他表扬弟子颜回过贫贱日子但"不改其乐"（《雍也篇》6·11），都是这个意思。

7·17 子曰:"加我数年,五十以学《易》,可以无大过矣。"

【译文】孔子说:"让我多活几年,到五十岁时学《易》,就可以没有大过错了。"

【解析】《周易》是上古用以卜筮的书,其中的《卦辞》《爻辞》是孔子以前的作品,《系辞传》相传为孔子所作。由于这本卜筮古书具备原始朴素的哲学观念,后人因此认为它涵盖了世间万物的道理。《史记·孔子世家》说:"孔子晚而喜《易》……韦编三绝。"长沙马王堆帛书《要》:"夫子老而好《易》,聚则在席,行则在囊。"看来孔子晚年学《易》,用力甚勤。

孔子为什么要到晚年才学《易》呢?《系辞传》说《易》这本书"弥纶天地之道。仰以观于天文,俯以察于地理……范围天地之化而不过,曲成万物而不遗"。要学习这样一本书,学习者要有足够的人生阅历、丰富的知识储备,不到一定的年龄,很难学懂。

7·18 子所雅言,《诗》,《书》,执礼,皆雅言也。

【译文】孔子有讲普通话的时候,他读《诗经》,读《尚书》,行礼,都用普通话。

【解析】普通话和方言的问题,是任何民族、任何国家、任何时代都有的。一般来说,政治、经济、文化中心地区的方言非常容易成为官话,也就是普通话;而其他地方的语言,就仅仅是方言。

孔子是鲁国人,平时应说鲁国方言,但在读《诗经》《尚书》和行礼时,则讲普通话。

为什么把普通话叫"雅言"呢?《诗经》里有《大雅》《小雅》,周人合称"二雅",都是西周王畿的诗。《国语·晋语四》记载晋公子重耳引用《小雅·皇皇者华》,《左传·襄公三十一年》记载卫襄公引用《大雅》诸诗,即均称"二雅"为"周诗",可见"雅言"原本只是西周王畿的方言。这里曾是夏人故地，而周人又是夏人的子孙，所以"雅"也称"夏"，"夏""雅"二字上古常通用。《墨子·天志篇下》引《大雅》即作《大夏》，《左传》记载周人常常自称"夏""有夏"。西周三百年王畿都是天下政治、经济、文化的中心，所以这里的方言"雅言"（"夏言"）就成了天下的普通话。

《诗经》里还有"风"诗，应该原本都用各地方言创作；还有《商颂》《鲁颂》，也应该分别用宋国、鲁国方言创作（《周颂》自当用"雅言"创作）。但当这些诗被采集并收入《诗经》的时候，应该都要经周天子的乐官校准音律，使之符合"雅言"的标准。如《国语·鲁语下》记载："昔正考父校商之名《颂》十二篇于周太师。"正考父为孔子高祖，周太师即周天王乐官之长。此事鲁史有记载，孔子不可能不知道。此后天下人颂读、歌唱这些"风"和"颂"时，恐怕也只会按照周天子乐官校准的音律来，久而久之，就会成为传统。《左传·襄公二十九年》记载吴公子季札"观周乐"（含"风雅颂"以及虞、夏、商、周四代的音乐），季札平时说话必说吴侬软语，但在听周乐诵周诗时必用"雅言"，所以他到鲁国一"观周乐"一听周诗就都能听懂，说明周代的普通话"雅言"的确是通行天下的，周代君子诵读歌舞《诗经》时，不能用各地方言，只能用当时的普通话"雅言"。

《尚书》有一部分文献为西周时代所作，自然用"雅言"；还有些篇章是前周时代所作，不太可能都用西周王畿音律。估计西周统治天下日久，从王朝到各个方国，都会被要求用"雅言"来诵读，久而久之，也就形成了传统。

行礼，当然是行周礼，用西周"雅言"而不用鲁国方言，才更加地道正统。

孔子平时讲鲁国方言，但在读《诗》《书》和行礼时讲普通话，有顺从音律的意思，有遵从文化传统的意思，有尊重先进发达的华夏文明的意思，还应该有尊重周礼的意思。孔子是文化人，也是个政治人，这几层意思都要注意到。

7·19　叶公问孔子于子路，子路不对。子曰："女奚不曰：'其为人也，发愤忘食，乐以忘忧，不知老之将至'云尔。"

【译文】叶公问子路，孔子这个人怎么样。子路不回答。孔子知道了，对子路说："你为什么不这样说：'他为人，发奋学习就忘了吃饭，安贫乐道就忘了忧愁，不知道衰老快要来了。'如此而已。"

【解析】本章孔子评价自己的为人。

"叶"，楚国县名，其地约当今河南叶县一带。西周时代和春秋早期，周天王常称各国诸侯为"公""侯""伯"，可见"公"在周代本指诸侯。但春秋时代的楚国国土很大，随便一个县都有周家中小诸侯的国土大；楚君后来又自称"王"，"王"下面自然有"公"。所以春秋时代楚之县长多称"尹"或"公"，称"尹"者如《左传·昭公十三年》"芈尹申亥"，《昭公二十年》"沈尹戌"（杜预注"庄王曾孙，叶公诸梁之父"）。称"公"者如《庄公三十年》《宣公十二年》均有"申公"，《哀公十六年》楚平王之孙芈胜，任白邑之长，故而称"白公"。《宣公十一年》，楚庄王伐陈，杀夏征舒（弑陈君者），平定陈国内乱，楚庄王说："诸侯（楚国之外的国君）、县公（楚国的县长）皆庆寡人。"可见春秋时代中后期楚国县长都可称公。齐国也有称棠邑大夫为棠公的事（见《襄公二十五年》）。因此县公之"公"，与诸侯之"公"不同。"叶公"就是楚国叶县的县长。

周代礼制，像齐、楚、晋这样大国的县长、世卿，可以比照小国的诸侯，可见叶公的地位很高，所以子路答话谓之"对"，"对"当表明地位低者回答地位高者的话。

与子路说话的这位叶公，与《子路篇》13·16、18两章中的叶公，《定公五年》《哀公四年》《哀公十六年》中的"叶公诸梁"应该是同一个人，名叫沈诸梁，字子高。日本学者竹添光鸿《左传会笺》考证，鲁昭公十九年，楚君以叶封沈诸梁，号曰叶公。但《定公四年》记载，这年"左司马戌"（即沈尹戌，兼任左司马）在吴楚大战中战死，《定公五年》即出现"叶公诸梁"的记载。按照周礼，父死子继，结合《左传》记载，沈诸梁被封为叶公的时间，应在父亲战死后不久，而不太可能提前到昭公时代。在吴楚大战中，沈诸梁之母弟后臧，弃母于吴国，独自逃回楚国，沈诸梁十分气愤，对其弟"终不正视"。白公胜叛乱时，叶公曾经平叛。可见这位叶公是位正派人。他"问孔子"，只是笼统地问孔子这个人怎么样，当然包括学问和道德。这种笼统的表达方式，至今犹存。

"云尔（'尔'同'耳'）"，如此而已。

子路当时不回答叶公的问题，可能与弟子不能在背后妄评师长的礼制有关，也可能与子路一时语塞，不知如何评价老师有关，还可能与子路对老师不无微词有关——子路可是孔子门下一个常常"犯"师的弟子。

孔门弟子评价孔子的案例较多，如颜渊评价过孔子的道德学问（《子罕篇》9·11)，子贡评价过孔子的为人（《子张篇》19·24、25)，这些都是极高的正面评价。但子路对老师似乎时有负面评价，不过他从不在背后非议老师，总是当面顶撞：孔子见了卫灵公夫人南子，子路"不说（悦）"（《雍也篇》6·28)；孔子就卫出公之事说了"名正言顺"的话，子路怪老师"迂"（《子路篇》13·3)；"在陈绝粮"时，子路怪罪孔子"君子亦有穷"（《卫灵公篇》15·2)；鲁国陪臣公山弗扰反叛，召孔子，孔子欲往，子路反对（《阳货篇》17·5)；晋国陪臣佛肸反叛，召孔子，孔子欲往，子路反对（《阳货篇》17·7)。子路曾经请教孔子事君之道，孔子说："勿欺也，而犯之。"（《宪问篇》14·22）别骗他，但可当面触犯他。事师如事君。子路对孔子有意见，五"犯"老师，这是完全合乎礼制的。但如果在背后跟叶公议论孔子的短长，则有违礼制，也不厚道。所以我推想，"子路不对"，第三个原因不能完全排除。

孔子自评的几句话，主旨是说，自己终生为天下奋斗，"老之将至"而初衷不改。这就是孔子的"仁"。孔子不强调自己的学问，而强调自己是个"仁"者。

7·20　子曰："我非生而知之者，好古，敏以求之者也。"

【译文】孔子说："我不是生来就有知识的人，而是爱好古代文化，勤奋敏捷地去求知的人。"

【解析】本章孔子论自己并非天才，只是勤奋好学而已。

孔子曾经从智力上把人分为四等："生而知之者""学而知之者""困而学之"者和"困而不学"者（《季氏篇》16·9）。从本章所记来看，孔子只把自己算作"学而知之者"。孔子在世时就有"博学"之名（《子罕篇》9·2），这些学问都是他终身"发愤忘食"学来的。孔子这番话不管是说给谁听的，都有鼓励别人发奋学习的意思。

7·21　子不语怪、力、乱、神。

【译文】孔子不谈论怪异、勇力、叛乱、鬼神这些事。

【解析】孔子曾对子路说："未能事人，焉能事鬼？""未知生，焉知死？"（《先进篇》11·12）加上本章又说他"不语怪、力、乱、神"，两章互证，容易误导人得出错误的结论。

孔子很少谈论怪异之事，近乎事实。其他三类事他是经常谈的。如孔子常说，"好勇疾贫，乱也。人而不仁，疾之已甚，乱也"（《泰伯篇》8·10），"勇而无礼则乱"（《泰伯篇》8·2），"危邦不入，乱邦不居"（《泰伯篇》8·13），这些都是讲"力""乱"的例子。齐国"陈成子弑简公"以后，孔子先"告于哀公"，后又"告夫三子"，请求鲁国出兵讨伐陈氏（《宪问篇》14·21），这更是讲"力""乱"的典型例子。至于"神"，孔子就讲得更多了，他说"祭如在，祭神如神在"（《八佾篇》3·12）。孔子本是"儒"，而古老的"儒"本是宗教礼仪专家，祭祀鬼神原本就是他的重要职业之一，怎么可能不说到神呢？

本章不知是孔子的哪位徒子徒孙所记，他自己有可能很少听到夫子讲"怪、力、乱、神"，便干脆夸张一下，说"子不语怪、力、乱、神"。但是他这么一夸张，后人当了真，就下了错误的结论，引出了许多的问题。《公冶长篇》5·13："夫子之言性与天道，不可得而闻也。"《子罕篇》9·1："子罕言利与命与仁。"这类记载尚留有余地，并非说孔子完全"不语"，可能比较接近事实。

7·22　子曰："三人行，必有我师焉：择其善者而从之，其不善者而改之。"

【译文】孔子说："一些君子实行仁道，其中一定有我的老师在：我会选择那些实行得好的而学习他们，也会从那些实行得不好的人身上看到我的不善而加以改正。"

【解析】本章孔子说，自己向君子学习实行仁道。

"三"为虚数。在中国文化里，"三、五、七、九"及其倍数常作虚数，其例甚多。

"人"有广狭二义，广义的"人"与"鬼"相对而言，指所有的活人；狭义的"人"与"民"相对而言，仅指上等人，即君子。此用狭义。因为只有上等人才有实行仁道的问题，而平民根本不存在这个问题。孔子讲过："君子而不仁者有矣夫，未有小人而仁者也。"（《宪问篇》14·6）

"行"，是实行、躬行（仁道）之类的意思，动词"行"后面的宾语"道"，因为在当时人所共知而直接省略掉了。这类用法现代亦常见，如"吃（饭）""穿（衣）""睡（觉）""走（路）""说（话）""干（活）"之类。《尚书·说命中》："非知之艰，行之惟艰。"《左传·昭公十年》："非知之实难，将在行之。"这两个"知"字，都是了解明白"道"的意思；两个"行"字，都是实行、躬行"道"的意思，两个宾语"道"因为人所共知，都直接省掉了。孔子说："弟子，入则孝，出则悌，谨而信，泛爱众，而亲仁。行有余力，则以学文。"（《学而篇》1·6）"孝、悌、信、爱、亲"五事，皆为"行"，所"行"者皆为仁道。如果学"行"尚"有余力"，再去学"文"。这类例子周代文献中还有很多。

"师"既包括"善者"，也包括"不善者"。"善者"实行仁道好，是正面的老师，直接向其学习；"不善者"实行仁道不好，是反面的老师，从他身上可以看到自己的不善，故自己可以"改之"。《左传·襄公三十一年》记载，郑国"乡校"常常议论郑国政治，或劝子产毁之，子产不同意，说："夫人朝夕退而游焉，以议执政之善否。其所善者，吾则行之；其所恶者，吾则改之，是吾师也。"孔子长大后读过这段郑史，并且发了一番议论："以是观之，人谓子产不仁，吾不信也。"本章孔子既以"善者"为师，也以"不善者"为师，见识与子产相同。

人之天性，见人之不善易，见己之不善难。故而孔子说可以借助他人之不善，以发现自己之不善，然后改之。《孟子·公孙丑上》3·8："子路，人告之以有过，则喜。禹闻善言，则拜。大舜有大焉，善与人同，舍己从人，乐取于人以为善。"三位圣贤都闻过则"喜"，可见，即使是君子，要发现自己之不善，也很艰难。子产和孟子的话都可以拿来做本章的参考和注脚。

7·23 子曰："天生德于予，桓魋其如予何？"

【译文】孔子说："我有天生的美德圣性，桓魋能拿我怎么样？"

【解析】《孟子·万章上》9·8："孔子不悦于鲁卫，遭宋桓司马将要而杀之，微服而过宋。"《史记·孔子世家》："孔子去曹适宋，与弟子习礼大树下。宋司马桓魋欲杀孔子，拔其树。孔子去。弟子曰：'可以速矣！'孔子曰：'天生德于予，桓魋其如予何？'"桓魋，宋国司马，名叫向魋，因其为宋桓公之后，故亦称桓魋、桓司马。《左传·哀公十三年》既作"向魋"，也作"桓魋"。据《史记集解》考证，这事发生在鲁哀公三年（公元前492年），但《左传·哀公三年》仅记载"孔子在陈"之事，未言"去曹适宋"之事。或许孔子是年先去陈适曹，尔后"去曹适宋"，而遇桓魋之事。

孔子这两句话包含了这样几层意思：（一）当时有"德"者不多，孔子是有"德"者之一，甚至是唯一的有"德"者。（二）他认为老天爷不会让人间的"德"断绝。（三）因此他认为桓魋不可能把自己怎么样。

7·24　子曰:"二三子以我为隐乎?吾无隐乎尔。吾无行而不与二三子者,是丘也。"

【译文】孔子(对随侍弟子们)说:"各位以为我有所隐瞒吗?我没有隐瞒你们。我没做不把学问教给你们的事,这就是我孔丘的为人。"

【解析】"二三子",晚周口语,犹今"诸位""各位",在此应指随侍左右的授业弟子。"无行"做谓语,即没做;"不与二三子者"做宾语,即不把知识学问教给你们这样的事。孔子一生,倾其所学,"诲人不倦"(《述而篇》7·2),"循循然善诱人,博我以文,约我以礼"(《子罕篇》9·11),的确对他人无所隐瞒。

"丘",孔子自称其名。周人习惯自称其名,不自称其字。此俗至近代犹存。称字含有尊敬之意,没有自己尊敬自己的道理。

7·25　子以四教:文,行,忠,信。

【译文】孔子用四种内容来教育(我们这些弟子):尧、舜、夏、商、周、春秋留下的文献,古代圣贤的身体力行,谋事忠诚的品格和待人信实的要求。

【解析】"文",以"六艺"为主的尧、舜、夏、商、周、春秋的文献。孔子经常教导学生"博学于文"(如《雍也篇》6·27),颜回也说孔子"博我以文"(《子罕篇》9·11),说明孔子一生的确教育弟子"文"。

"行",实行,省略了宾语,"实行(仁道)"之义,与"躬行君子(之道)"(《述而篇》7·33)的"躬行""三人行(道)"(《述而篇》7·22)的"行"用法完全相同,都省略了宾语"道"。本为动词,在此用作名词,指古代圣贤的身体力行。

"忠",对待别人的诚心,不仅仅指效忠君上。

"信",与人交往的诚信。

"忠"与"信"都有待人诚实的意思,孔子自己亦常常并而言之。孔门弟子此处分说,未必完全合乎孔子本意。

7·26　子曰："圣人，吾不得而见之矣；得见君子者，斯可矣。"

子曰："善人，吾不得而见之矣；得见有恒者，斯可矣。亡而为有，虚而为盈，约而为泰，难乎有恒矣。"

【译文】孔子说："圣人，我不能看见了；能看到仁德君子，这就可以了。"

又说："善人，我不能看见了；能看到有恒心有操守的君子，这就可以了。本来没有却装作有，本来空虚却装作充实，本来贫困却硬要奢华，（这样的人）就难以有恒心有操守了。"

【解析】本章主旨，是说"圣人""善人"难觅，得见"有恒"心的仁德"君子"就很不容易了。有感叹世风之意。

"圣人"，周代一指博学者，二指道德高尚者，本章用第二义。周代君子公认的"圣人"有尧、舜、禹、汤、文、武、周公，即使离孔子时代最近的周公，也已去世五百年了，所以孔子说"吾不得而见之矣"。

"君子"，周代一指有德之人，二指有位之人，三指有德且有位之人，比"圣人"次一等。此指仁德君子，指第一种人和第三种人（第二种"君子"仅有地位而无道德，即《宪问篇》14·6所说的"君子而不仁者"，孔子认为他们并非真正的君子）。孔子夸奖了的同时代的仁德君子，只有卫国和郑国的几位君子，授业弟子中只有颜回，可见"得见君子"也不容易。

"善人""有恒者"的概念，孔子很少用。本章中的两段话，孔子应是分开讲的。弟子们把这两段话记录在同一片简牍上，应该是考虑到两番话的意思相同或相近。我由此推想，"善人"与"圣人"应该是一个意思，"有恒者"与"君子"应该是一个意思，那么"难乎有恒者"就是"小人"了。孔子曾说："君子固穷，小人穷斯滥矣。"（《卫灵公篇》15·2）"固穷"的"君子"就是"有恒者"，"穷斯滥矣"的"小人"就是"难乎有恒者"。两章可以互证。

"亡（同'无'）而为有"三句，均写"小人穷斯滥矣"的可笑举动。

7·27　子钓而不纲，弋不射宿。

【译文】 孔子钓鱼，但不用鱼网打鱼；射鸟，但不射归巢的鸟。

【解析】 "纲"，鱼网上的粗绳，在此借代渔网，并作动词用，用渔网打鱼，那么"不纲"就是不下网打鱼。下网打鱼，容易一网打尽，所以孔子只钓鱼而不下网打鱼。

"弋""射"都是射鸟。"宿"是归巢的鸟。归鸟要喂养巢中的小鸟，若射归鸟，则不仅大鸟会死，小鸟也必然饿死，所以孔子不射。

周人明白，人之生存，完全仰仗自然，必须取用有度，方可长久。故鲁隐公亲叔父臧僖伯曾经劝谏鲁隐公，如非祭祀（鬼神享用后生者再食用）和战争之必需，即使是贵为国君，也不可射杀鸟兽。（《左传·隐公五年》）本章所记，与臧僖伯之意相同。

7·28　子曰："盖有不知而作之者，我无是也。多闻，择其善者而从之；多见而识之：知之次也。"

【译文】 孔子说："大概有一种不懂装懂凭空造作的人，我没有这种毛病。（我总是）多多地听，选择好的接受；多多地看，记在心里：（我）这样的知，是次于'生而知之'的。"

【解析】 孔子根据智力高低把人分为四等："生而知之者""学而知之者""困而学之"者和"困而不学"者。孔子认为，自己天资并不优异，所有知识都是终身勤奋学习所得，即所谓"学而不厌"，所以他把自己划为"学而知之"这一等，比"生而知之"这种天才要次一等。

本章所谓"多闻""多见"关乎学问，无关道德。孔子讲学习，包括学"行"和学"文"。学"行"是学习古今圣贤的道德；学"文"则是学习尧舜三代以来的学问。"三人行"章（《述而篇》7·22）讲学"行"，说"择其善者而从之"，是说学习仁德君子的善行美德；本章讲学"文"，也说"择其善者而从之"，是说学习人家的学问。两章都有"择其善者而从之"的话，用语虽同，而含义迥异，学者不可不察。

"不知而作"，不懂装懂。孔子曾经两次教导子路说："君子于其所不知，盖阙如也。"（《子路篇》13·3）"知之为知之，不知为不知，是知也。"（《为政篇》2·17）可见孔子一向反对"不知而作"。

7·29 互乡难与言，童子见，门人惑。子曰："与其进也，不与其退也，唯何甚？人洁己以进，与其洁也，不保其往也。"

【译文】互乡这个地方的人很难说话，（因此谁都不想搭理他们。）有个（互乡的）童子得以拜见孔子，弟子们很疑惑。孔子说："（应该）赞成他们进步，不赞成他们退步，何必太过分？人家把自己收拾得干干净净而来，就应该赞成他的洁净，而不应该老记住他的过去。"

【解析】"互乡"，地名，地望无考。"与"，赞成；"不与"，不赞成。《先进篇》11·26："吾与点也。"《公冶长篇》5·9："吾与女，弗如也。"用法相同。"童子"，周代父亲称儿子，长辈称晚生，都可以称"童子"。

"保"，守也，故而有死死记住之义，此用杨伯峻先生《论语译注》说。

孔子要求君子"不念旧恶"（《公冶长篇》5·23），认为"人而不仁，疾之已甚，乱也"（《泰伯篇》8·10），都与本章一样，体现了孔子的"恕"道。

7·30 子曰："仁远乎哉？我欲仁，斯仁至矣。"

【译文】孔子说："仁德离我们远吗？我要仁德，它就来了。"

【解析】孔子所讲的"仁"，主要含义有二：其一，君子要有为治国平天下而奋斗终生的理想和行动。至于最终能否平治国家天下，那就不由君子所控制了。因此，只要为了这一崇高目标奋斗终生，无论结果如何，都是仁人。即使完全无法达到这一目标，被迫远离官场，像弟子颜回那样隐居起来，"安贫乐道"，这也是实行仁道的一种方式，也是仁人。其二，君子要达到平治国家天下的这一崇高目的，应该具有基本的修养，如"食无求饱，居无求安"等。

按照孔子的理解，不仅伯夷、叔齐这样的"贤人"可以"求仁而得仁"（《述而篇》7·15），君子只要是愿意，人人都可以当仁人。他说："有能一日用其力于仁矣乎？我未见力不足者。"（《里仁篇》4·6）君子只要真心实意把力量用在仁德上，不可能出现力量不足的情况。可见，孔子认为，是否当仁人，只是个愿意不愿意的问题，不是个能够不能够的问题。后来孟子继承了孔子这一思想，说实行仁道只是为年长者折根树枝这么简单容易的事，批评齐宣王不实行王道仁政是"非不能，乃不为"（《孟子·梁惠王上》1·7）。

7·31　陈司败问昭公知礼乎，孔子曰："知礼。"

孔子退。揖巫马期而进之，曰："吾闻君子不党，君子亦党乎？君取于吴，为同姓，谓之'吴孟子'。君而知礼，孰不知礼？"

巫马期以告。子曰："丘也幸，苟有过，人必知之。"

【译文】陈司败问孔子，鲁昭公懂不懂礼制，孔子说："懂礼制。"

孔子退了出来。陈司败向孔子的学生巫马期作了个揖，请他走近自己，以便说话。陈司败道："我听说，君子无所偏袒，难道君子也偏袒吗？鲁君从吴国娶了个夫人，是同姓，称之为'吴孟子'。要是连鲁君都懂礼，还有谁不懂礼呢？"

巫马期把这话转告孔子。孔子说："我真幸运，如果有错，人家一定知道。"

【解析】本章涉及这样一个史实：《左传·哀公十二年》载，是年五月，鲁昭公夫人，哀公嫡母"孟子卒。昭公娶于吴，故不书姓"。鲁为周公之后，姬姓；吴为太伯之后，也是姬姓。周礼规定"同姓不昏"，鲁昭公娶吴女明显有违礼法。按照周朝的礼制，国君夫人的称号，是"娘家国名＋娘家的姓"，那么鲁昭公夫人应称"吴姬"。鲁昭公知道娶吴女有违礼法，不方便称夫人为"吴姬"，只得改称她为"孟子"（犹言"长女""大姑娘"。"孟"为长，"子"

为男女通称。吴女在吴国娘家应是长女)。孟子为哀公嫡母,孔子此时虽已致仕,也是"国老",故孟子卒,"孔子与吊"。大约就在丧礼上,孔子遇见了陈司败。

"司败"为诸侯国最高司法官,应该位列为卿。"陈司败",《左传·文公十年》记载,楚国人子西说"臣归死于司败也",《宣公五年》《定公三年》均言楚人"自拘于司败",因此"司败"为楚国、陈国官署名及该官署长官之职务名,其职责应与鲁国郑国等华夏之国的"司寇"相当。华夏诸侯均设"司寇",县邑则设"野司寇",均见《昭公十八年》。楚国设置官署,命名长官,与华夏基本相同而小有差异,如华夏均设"工正"(百工之长)而楚国独设"工尹",其例甚多。齐桓公去世后,陈国就被纳入楚国势力范围,因此我怀疑,包括陈国在内的华夏诸国本来设置"司寇",陈国因为长期受到楚国影响,而将"司寇"改为"司败"。如此,则"陈司败"为陈国官署"司败"之长官,其称呼方法犹今日所谓"陈省长""王厅长",具体姓名事迹无考,"陈"为国名,非姓氏。陈国、蔡国虽早被楚国灭而为县,后又复国,所谓"兴灭继绝"者是也,故仍有"陈司败"。陈为鲁之盟国,依周礼,国君、小君(君夫人)安葬时,同盟国要观礼(参《隐公元年》《孟子·滕文公上》5·2)。或许陈国的这位司败代表陈国国君到鲁国参加丧礼,并在观礼期间见到了孔子,而发生了本章所记录的谈话。

巫马期,复姓巫马,名施,字子期。《孔子家语》称字"子期"。郑玄谓为鲁人,《孔子家语》谓为陈人,小孔子三十岁。

本章有两个问题需要讨论。

一是孔子答"知礼"。陈司败问"君知礼乎",似乎突兀,让人不知所问何事。这个故事必定很长,事先肯定谈到婚姻礼法的问题,谈到鲁昭公娶吴女之事,陈司败才有此问。但因古人书写艰难,行文不得不特别简洁,记录时不得不掐头去尾,只记录最重要的几句。因此,孔子完全明白陈司败所问何事。孔子明知鲁昭公违礼,而仍然称他"知礼",这是为尊者讳。为尊者讳,这也是周礼。

二是"丘也幸"。"丘",孔子名丘,故自称丘。周人自称名,不自称字,其例甚多。容易了解自己的长处而很难发现自己的短处,容易发现别人的短处而很不容易看到别人的长处,这是人性的缺陷。如果没有人及时指出我们的过错和不足，对我们将非常不利。圣人对人性的缺陷以及弥补这一缺陷的办法，有足够的认知。孔子说："三人行，必有我师焉：择其善者而从之，其不善者而改之。"（《述而篇》7·22）就是把别人当作观察自己的镜子。孟子说，子路、大禹、舜帝都有"闻过则喜"，学人长处的习惯（《孟子·公孙丑上》3·8），说明他们对发现自己过错的难度有清醒的认知。孔子说"丘也幸"，与子路等"闻过则喜"是一个意思，都是真心话，不是客气话。

7·32 子与人歌而善，必使反之，而后和之。

【译文】孔子和别人唱歌，如果（人家）唱得好，一定请他再唱一遍，然后又和他。

7·33 子曰："文，莫吾犹人也。躬行君子，则吾未之有得。"

【译文】孔子说："书本上的学问，大约我和别人差不多。身体力行君子之道，那我还没有什么收获。"

【解析】"莫"，疑辞，犹大约、大概、或许。

"行"，实行，后面的宾语一般是"道"，而且这个宾语常常直接省略，这是周代文献的特点。本章带了宾语"君子"。"君子"，指君子之道，这叫"省宾成宾"。"君子"本来是"道"这个中心词的修饰语，因为中心词"道"省略了，修饰语"君子"就成了宾语。"子以四教：文、行、忠、信。"（《述而篇》7·25）"文"与本章中的"文"同义，均指古代文献。"行"也与本章中的"行"同义，均为身体力行实行仁道之义。

"文"与"行"，孔子一向更加重视"行"，本章也体现了这一思想。

7·34　子曰："若圣与仁，则吾岂敢？抑为之不厌，诲人不倦，则可谓云尔已矣。"公西华曰："正唯弟子不能学也。"

【译文】孔子说："若说圣人与仁人，那我怎么敢当？或许学习从不满足，教诲别人从不倦怠，则可以如此说说罢了。"公西华说："这正是我们学不到的。"

【解析】本章语境，一定是先有弟子赞美孔子"圣与仁"，所以才有本章所记录的这番话。

春秋时代三种人可以称为"圣"：一是博学者，如子夏说孔子是"圣人"（《子张篇》19·12）。二是道德高尚理想远大终生致力于平治国家天下者，如孔子与弟子讲，"安人"者"仁"，"安人"且"安民"者"圣"（《雍也篇》6·30）。以上两种是孔门的见解。但是春秋时代其他君子还认为，聪明智慧料事如神如臧武仲者，也可称为"圣"（《宪问篇》14·12、《左传·襄公二十二年》），这是第三种见解。本章将"圣"与"仁"并称，明显是用"圣"的第二义。在实行人生理想和政治理想上，孔子认为"安人"者为"仁"，"安人"且"安民"者为"圣"。弟子赞美孔子"圣与仁"，本意应是赞美他毕生致力于安定天下的伟大理想，具有圣人仁人的崇高理想和坚定意志。孔子则说，在实行圣道仁道上，我并无成绩可言，故不敢当，只是略有学问而已。"圣与仁"讲的是道德理想，"为之不厌，诲人不倦"讲的是学问。

《孟子·公孙丑上》3·2："昔者子贡问于孔子曰：'夫子圣矣乎？'孔子曰：'圣则吾不能，我学不厌而教不倦也。'子贡曰：'学不厌，智也；教不倦，仁也。仁且智，夫子既圣矣。'"孟子所引的这番话，或许另有所本。如果是引用《论语》本章，那么误记的地方就较多了。古人读书全靠记诵，出现这种情况也属自然。

7·35 子疾病，子路请祷。子曰："有诸？"子路对曰："有之。《诔》曰：'祷尔于上下神祇。'"子曰："丘之祷久矣。"

【译文】孔子病重，子路请求祷告。孔子说："有这回事吗？"子路回答道："有的。《诔》说：'替你向天神地祇祷告。'"孔子道："我早就祷告过了。"

【解析】《诔》有二义：一指哀悼文，孔子去世后，鲁哀公有《诔》哀悼他（见《左传·哀公十六年》）；二指祈祷文，向天神地祇祷告。本章用第二义。

孔子病重，祈祷于神祇，但并不见好转。所以当子路"请祷"时，孔子对祷告是否有用将信将疑，故问"有诸"，即"有之乎？""有用吗？"

中国古人在殷商时代特重鬼神，但最晚从春秋时代开始，就出现了对鬼神将信将疑的新思潮。比孔子稍早的郑国亚卿子产，更用实证方式告诉郑人，鬼神之论并不可靠。孔子并非全然不信鬼神，只是将信将疑而已。所谓"子不语怪、力、乱、神"（7·21），其实不是"不语"，只是说得比较少罢了。人只有到了生死存亡的关键时刻，才会求助于鬼神，所谓"人穷反本"是也，而在身体健康、春风得意时，是不容易想到鬼神、求助于鬼神的。古人今人都一样，圣人孔子也一样。

7·36 子曰："奢则不孙，俭则固。与其不孙也，宁固。"

【译文】孔子说："生活奢侈就显得骄狂不逊，生活俭朴就显得固陋寒伧。与其骄狂不逊，宁可固陋寒伧。"

【解析】"孙"同"逊"。"固"，固陋、寒伧。

7·37 子曰:"君子坦荡荡,小人长戚戚。"

【译文】孔子说:"君子心地平坦宽广,小人常常局促忧愁。"

【解析】周代君子常有"君子""小人"的议论。"君子"一般道德水平高,社会地位高,文化水平高,经济上也富足;"小人"则相反,所以周代文献中,从来没有一句话是说小人好的。

孔子这里似乎仅从道德上评价"君子""小人",认为"君子"道德高尚,利害得失不放在心上,所以心地坦然。而"小人"常为利害得失而心烦意乱,忧愁局促也就自然而然了。

7·38 子温而厉,威而不猛,恭而安。

【译文】孔子温和而又严厉,有威仪但不凶猛,庄重而又安详。

泰伯篇第八
（共二十一章）

8·1 子曰："泰伯，其可谓至德也已矣！三以天下让，民无得而称焉。"

【译文】孔子说："泰伯，其品德可以说极其崇高了！他多次把天下让给季历，人民都找不出什么恰当的话来称颂他了。"

【解析】本章盛赞吴王泰伯"礼让"天下，品德崇高。

从商纣王帝辛以嫡子身份继位，而其几位庶长兄均不能继位的情况来看，华夏文化圈最晚在殷商晚期即已形成"嫡长子继承制，余子分封制"的礼制，以解决贵族妻妾众多子嗣众多、权力必须有序交接、防止诸子争夺、导致国家天下分崩离析的问题。但是这一"礼"只能解决一般问题，如果不用"让"加以适当调节，权力交接也会出很大的问题。如嫡长子生理或心理上不健康不适合继位，或嫡长子不愿意继位，或嫡长子年幼不能马上继位，或嫡长子远不如其他嫡子和庶子贤明，或无嫡子，等等，总之可能有许许多多的特殊情况，都需要用"让"来调节。调节好了以后，再恢复"嫡长子继承，余子分封"的常态。所以周初在设计礼制时，"让"也是"礼"的重要内容之一。周代至今一直"礼让"并称，道理就在这里。周朝历史上因为不守"礼"或不知"让"，而使权力交接出问题，国家动荡不安甚至分崩离析的例子不少。孔子赞美伯夷、叔齐"让"（《述而篇》7·15）和吴王泰伯"让"，批评子路"为国以礼，其言不让"（《先进篇》11·26），批评卫灵公不知"礼"（《卫灵公篇》15·13、《子罕篇》9·18），卫出公不知"让"（《述而篇》7·15），《论语》中常常"礼让"并称，都是因为这个原因。

周人祖先古公亶父有三位嫡子，泰（亦作"太"）伯、仲雍、季历。按照殷商晚期即已形成的上述礼制，古公本应传位于泰伯，余子另行分封。但古公预见到，季历的嫡长子姬昌将来能够成为伟人，将使周国称王于天下，于是想权且变通礼制，传位于三子季历，以便姬昌将来继位。这就需要泰伯和仲雍都"礼让"。为了满足父亲的心愿，也为了不至于得罪被杀（参《左传·闵公元年》），泰伯、仲雍出走勾吴，成为吴国始祖。于是季历顺利继位，然后恢复常道，传位于嫡长子姬昌，史称周文王；文王又按常道传位于嫡长子姬发，史称周武王；武王伐纣灭商，建立周朝，周家才有几百年的天下。周人普遍认为，周朝能够统一天下，与吴王泰伯当年"礼让"有莫大的关系，所以泰伯在周朝有美名，周代几乎所有的典籍里都有许多赞美他的话。

"三"，多次、屡次。但泰伯一"让"足矣，不可能也不需要多次"让"。此言"三让"者，赞美夸饰之辞也。

"天下"，极言泰伯所让之利益巨大，道德之无比高尚，亦为夸饰之辞。古公亶父时代的周国，此乃泰伯所"让"，其地约当今陕西岐山一带。孟子说，到周文王时代周国才有纵横各百里的土地（《孟子·公孙丑上》3·1），想必古公时代周国土地更小。古人"天下"的概念，并非一定都指九州之地。孔子"登泰山而小天下"（《孟子·尽心上》13·24），这个"天下"就仅指"东夏"之地，约当齐、鲁一带。

"民"字，《论语》中大多仅指平民，与"人"相对而言。本章兼指"人"（上等人）和"民"（下等人），犹今"人民"。这种用法与8·19、《季氏篇》16·12、《尧曰篇》20·1三章相同。

"无得而称"，不知道用什么言辞称赞，如同后世"语言贫乏无力"之义。与此相反的"无德而称"，则表示没什么可以称赞的。两句话都是周代俗语，周代文献中都很常见。

8·2 子曰:"恭而无礼则劳,慎而无礼则葸,勇而无礼则乱,直而无礼则绞。君子笃于亲,则民兴于仁;故旧不遗,则民不偷。"

【译文】孔子说:"(君子)如果只知恭敬庄重而不真正知礼,就会劳倦不堪;如果只知谨慎小心而不真正知礼,就会胆怯畏惧;如果只知勇敢无畏而不真正知礼,就会惹出乱子;如果只知心直口快而不真正知礼,就会刻薄伤人。君子如果用深厚的感情善待父母,那么民众就会走向仁德;君子如果不遗弃故人,那么民众就不会对人冷漠。"

【解析】本章论君子应该重视"礼",而不要只顾"仪"。

"葸",音xǐ,胆怯。"绞",尖刻伤人。"亲",特指父母。孔孟常常讲"亲亲",就特指亲近父母,孝顺父母。"亲亲"是仁的核心,"尊尊"是礼的核心。"偷",冷漠无情。

本章中的"恭、慎、勇、直"均为"礼"之外表,可统称为"仪";而四个"礼"字,则均为"礼"之本质。孔子希望为官者不要只知道"仪"而不明白"礼"的本质,并明确要求他们入则"笃亲",出则"不遗故旧",合起来也就是讲仁德。为官者讲仁德,那么民众必然跟着讲仁德,民风必然淳朴,所谓"君子之德,风;小人之德,草。草上之风,必偃"(《颜渊篇》12·19),"上好礼,则民易使也"(《宪问篇》14·41)。上下皆仁,民风淳朴,则君臣父子井然有序,"礼"成矣。所以,"仁"才是"礼"的本质。

孔子讲"故旧不遗",指国君、卿大夫善待因故离开自己的老臣旧部。《孟子·离娄下》8·3:"谏行言听,膏泽下于民;有故而去,则君使人导之出疆,又先于其所往;去三年不反,然后收其田里。此之谓三有礼焉。""三有礼"正是"故旧不遗"的意思。

孔子重"礼"不重"仪"的思想被曾参师徒所继承。孔子去世后,子张设帐授徒,开宗立派,但他"禹行而舜趋",模仿舜帝大禹的样子走路,显得高不可攀(《荀子·非十二子篇》《子张篇》19·15、16),而对老师的"仁学"和"礼学"却并未真正理解。对子张重"仪"不重"礼",曾参师徒颇不以为然，所以在编辑《论语》时，将子张语录中原本尊称"颛孙子"的地方，一律改称"子张"。

8·3 曾子有疾，召门弟子曰："启予足！启予手！《诗》云：'战战兢兢，如临深渊，如履薄冰。'而今而后，吾知免夫！小子！"

【译文】曾子病了，把弟子们召来，说："看看我的脚！看看我的手！《诗经》上说：'小心谨慎啊！好像面临深渊之旁，好像行走薄冰之上。'从今以后，（我会更加小心谨慎，）我知道可以免于刑戮了！弟子们！"

【解析】本章为曾子语录：他由自己手足生病，想到以后走路要小心谨慎，再由走路要小心，联想到以后做人做事都要小心，从而可以免于刑戮。他是借自己手足生病，教育弟子为人要谨慎。曾子赋诗"断章取义"，这是周代君子的习惯，《左传》《国语》中这样的案例很多。

"门弟子"，此指曾参自己的弟子。据《里仁篇》4·15可知，曾参在做孔子的学生，孔子还健在时，曾参就有自己的弟子。"启"，即"晵"，视也。"战战兢兢"三句，见《诗经·小雅·小旻》第六章，前四句是："不敢暴虎，不敢冯河。人知其一，莫知其他。"意思是，不敢空手打虎，不敢徒步过河，世人只知道这样不勇敢，不知道这样是因为小心。"暴虎冯河"应是周代俗语，比喻办事鲁莽。孔子也曾借此俗语批评子路说："暴虎冯河，死而无悔者，吾不与也。"（《述而篇》7·11）"免"，免于刑戮，免于死罪，周代口语。

孔子说"邦有道，危言危行；邦无道，危行言孙"（《宪问篇》14·3），"危邦不入，乱邦不居。天下有道则见，无道则隐"（《泰伯篇》8·13），又赞美卫国君子宁武子"邦有道则知，邦无道则愚。其知可及也，其愚不可及也"（《公冶长篇》5·21），这些都说明，春秋时代官场风险很大。这应该是曾子借病说事的原因。

《泰伯篇》8·3—7几章均为曾子教育弟子的语录，应该均为曾参之弟子所记录，只有曾参自己的弟子才会尊称他为"曾子"，才会记录他的语录。将这几章编在一起，说明《论语》编者做了初步的编辑工作。

8·4　曾子有疾，孟敬子问之。曾子言曰："鸟之将死，其鸣也哀；人之将死，其言也善。君子所贵乎道者三：动容貌，斯远暴慢矣；正颜色，斯近信矣；出辞气，斯远鄙倍矣。笾豆之事，则有司存。"

【译文】曾子病了，孟敬子来问候他。曾子说："鸟要死的时候，它的鸣声是悲哀的；人要死的时候，他的话语是善良的。君子所注重的待人之道有三：严肃自己的容貌，这样就远离别人的粗暴和怠慢了；端正自己的脸色，这样就让人信任了；注意谈话的言辞和语气，这样就远离粗鄙和错误了。至于具体的仪式这类小事，自有小吏去主管。"

【解析】本章为曾子语录，他告诫鲁国世卿孟敬子，要他注意待人接物。孟氏平日待人接物可能有问题，所以曾子专门有此谏言。

"鸟之"二句，极言下文谏言之诚。"倍"同"背"，违反常理。"笾豆之事"，"笾"，祭祀享燕的器具，以竹为之，形状如豆，用以盛枣、桃、梅、蒲等无汤水之物；"豆"，亦祭祀享燕的器具，多陶制，也有以青铜或木为之者，盛肉、酱等有汤水之物。《卫灵公篇》15·1称"俎豆之事""笾豆之事""俎豆之事"，都指十分具体的宗教仪式这类小事。人类从原始时代直到春秋时代，所有行政长官均兼大巫师，实行政教一体。所以宗教之事亦为治国齐家之事，这是曾子与孟敬子谈及"笾豆之事"的原因。"有司"，《礼记·曾子问》亦作"有司"，《左传·隐公五年》则称"官司"，其义实一，均指在卿大夫之下具体管事的下级小吏。

《左传·昭公七年》说孟僖子昭公二十四年去世时，遗命二子孟懿子（见《为政篇》2·5）、南容（见《公冶长篇》5·2、《先进篇》11·6、《宪问篇》14·5诸章）师事孔子学礼。孟懿子生孟武伯（见《为政篇》2·6），孟武伯生孟敬子，如此说来，孟敬子生活的年代必已为战国。曾参是孔门年龄最小的弟子之一，《史记·仲尼弟子列传》说他比孔子小四十六岁。本章这番话，应该是孔子去世很久之后，曾参自己将死时所说的，很可能是《论语》中记录时间最晚的语录。了解这一点，对我们推定《论语》成书的时间非常重要。

本章尊称曾参为"曾子"，记录者应该就是曾参的弟子。

8·5 曾子曰："以能问于不能，以多问于寡；有若无，实若虚；犯而不校——昔者吾友尝从事于斯矣。"

【译文】曾子说："有能力而向无能力的人请教，知识丰富而向知识贫乏的人请教；有学问却像没学问一样，满腹经纶却像一无所有一样；纵然被侵犯，也不计较——过去我的一位朋友曾经做到这一步了。"

【解析】本章为曾子语录，称赞其同学颜回的美德。

孔门诸弟子之间常常互称"朋""友""朋友"，例如子游称子张为友（《子张篇》19·15），孔子随侍弟子称已经当官的师兄为"朋"（《学而篇》1·1）。孔门还认为，要以仁者为友，"无友不如己者"（《学而篇》1·8、《子罕篇》9·25），"友其士之仁者"（《卫灵公篇》15·10），"亲仁"（《学而篇》1·5），"就有道而正焉"（《学而篇》1·14）。可见周代君子称人家为友，有承认人家仁德超过自己的意思。既与曾参"同门"，又比曾子更"仁"，曾子这样的"友"，非颜回莫属。颜回，字子渊。在孔门诸弟子中，孔子仅仅称赞颜回"仁"。所以古代经师认为曾子所称赞的"友"为颜回，其说可从。

"以能"四句，称赞颜回虚怀若谷。"犯而不校"，胡适《说儒》认为是殷商灭亡后儒者的通例，但看曾子所说，实因腹有诗书，内心强大，不屑于因琐事而与小人争一日之短长而已。而且曾子说"士不可以不弘毅"（《泰伯篇》8·7），孔子经常与弟子讨论勇毅诸问题，可见胡适说并不准确。

曾子称颜回为"昔者吾友"，有"昔者"二字，似乎此时颜回已不在世。颜回病死后，孔子哀痛不已，反复叹惜，《论语》中多有记载。颜回去世时，孔子七十二岁，颜回去世不久，孔子也去世了。曾参这番话，应是许多年后回想颜回时所说的，亦当痛惜之辞。

本章尊称曾参为"曾子"，记录者当为曾参之弟子。

8·6 曾子曰:"可以托六尺之孤,可以寄百里之命,临大节而不可夺也——君子人与?君子人也!"

【译文】曾子说:"可以把先君年幼的遗孤托付给他,可以把一国的命运托付给他,面临生死存亡却不改变对先君的承诺——这种人是仁德君子吗?是仁德君子哩!"

【解析】本章为曾子语录,赞美那些可受托孤之重的仁德君子。

"六尺",周代一尺约当今六寸,"六尺"仅一米多一点点,这是小孩的身高,因此代指小孩。(参《公冶长篇》5·17解析文字)"百里",即方百里,纵横各百里。古人喜欢将一国一城之曲曲折折的地形,在想象中截长续短,使之成为正方形,以便估算一国一城面积之大小。周代文献中有很多说某国某地"千里""百里""几十里"的说法,都是纵横各多少里的意思。西周分封三百多国,早先面积大多很小。即使到曾参生活的春秋晚期战国早期,纵横各百里也是一个小国的面积。

"托六尺之孤"与"寄百里之命"二句互文见义,所托之孤儿并非一般之孤儿,而是先君之遗脉,年幼之新君;所托之土地人民亦非一般之土地人民,而是刚刚痛失国君的一国之土地人民,所以受托者使命崇高而悲壮。

"君子人",仁德君子。"君子"虽然都是上等人,但未必都讲仁德。孔门认为,君子有仁者,亦有不仁者(《宪问篇》14·6),曾子这里明显是指仁德君子。

本章为曾子语录,且尊称他为"曾子",记录者当然也是曾参的弟子。

8·7 曾子曰:"士不可以不弘毅,任重而道远。仁以为己任,不亦重乎?死而后已,不亦远乎?"

【译文】曾子说:"志士仁人不可以不刚强而有毅力,因为他负担沉重而又路途遥远。以实行仁政为己任,负担不也沉重吗?为达此目的,到死方休,路途不也遥远吗?"

【解析】本章为曾子语录。

春秋时代的"士"常指文士，即读书人，与"儒"的含义相同。但是，这些"士""儒"的流品很复杂，有"君子儒"也有"小之儒"，有"志士仁人"也有无耻小人。秦始皇"焚书坑儒"时杀的"儒"，甚至一直到如今的所谓"儒""士"即读书人，成分一直都十分复杂。曾子这番话应该不是对普通读书人，而是对任事的志士仁人提出的要求，《左传·襄公十年》称郑国执政三卿为"三士"，此其明证。所以我把"士"译作"志士仁人"。曾子的老师孔子也讲过："志士仁人，无求生以害仁，有杀生以成仁。"（《卫灵公篇》15·9）曾子这里所讲的"士"与孔子所讲的"志士仁人"应该是同一个意思。

"弘"有"强"之义，此用章太炎《广论语骈枝》说。现补一例。子张说："执德不弘，信道不笃，焉能为有，焉能为亡？"（《子张篇》19·2）两个"弘"都有"强"的意思。

本章也是曾参教育自己弟子的语录，故记录的弟子尊称老师为"曾子"。

8·8 子曰："兴于《诗》，立于礼，成于乐。"

【译文】孔子说："《诗》让人振奋，礼让人站得住脚，乐让人的所学完成。"

【解析】"诗"，据《左传·襄公二十九年》所记吴公子季札"观周乐"之事可以推知，今本《诗经》最晚成书于鲁襄公时代晚期，那时孔子还是一个小孩子。因此将本章中的"诗"理解为《诗》即后世所谓《诗经》，没有问题。现存周代文献中还有不少《诗经》未收的诗歌，因此将本章中的"诗"理解为泛泛的诗歌，亦通，可与《阳货篇》17·9合读，以互相印证。据《论语》所记，孔子只整理过《雅》《颂》的音乐，只具体称赞过"二南"。当然，他也曾经笼统地称赞过《诗经》"思无邪"。揣摩孔子的见解，周诗似乎可分三类：一是劳动之诗与男女之诗。二是历史之诗或曰宗教之诗、英雄之诗，夹杂着巫术宗教神话传说，主旨为述说历史，赞美祖先，大多收在"三颂"中。三为显示西周周道王业的诗，大多收在"二雅""二南"中。后两类诗歌才容易激发后世子孙的英雄情怀进取之心，所以说"兴于《诗》"。

"礼"泛指周礼,其"仪"虽无比复杂,但其核心精神却比较简单:一是确定祖先与子孙的关系,即人神关系;二是确定华夏与蛮、夷、戎、狄的关系;三是确定子孙之间的关系。子孙关系又主要是贵族之间的君臣父子关系。如若明白这层道理,并按此做人做事,就能"立",即在天地间安身立命。鲁昭公二十四年,鲁国世卿孟僖子临终时说:"礼,人之干也,无礼,无以立。"又遗命二子师事孔子:"使事之,而学礼焉,以定其位。"(《左传·昭公七年》)孔子说:"吾十有五而志于学,三十而立,四十而不惑,五十而知天命,六十而耳顺,七十而从心所欲不逾矩。"(《为政篇》2·4)"不知礼,无以立。"(《尧曰篇》20·3)说明周人认为,"礼"是君子安身立命的基础。孔子在世时,尚无专门的礼学著作。孔子去世后,其徒子徒孙才写出专门的礼学著作。

"乐",上古诗、乐、舞一体,故其音乐亦当如同诗歌。庙堂之上,自当演奏历史宗教音乐,以述说历史、赞美祖先、激励后人,兼有娱悦性情、人格养成等作用,如《韶》《武》《文王操》之类。即使演奏《关雎》等"二南",也把它当成事关生命肇始、周道王业的庄严音乐演奏,所以孔子才说:"师挚之始,《关雎》之乱,洋洋乎盈耳哉!"(《泰伯篇》8·15)天子、诸侯、卿大夫各用什么乐舞,周礼都有具体的规定(《八佾篇》3·1、《隐公五年》)。"乐"的精神与"礼"的精神一样,都有培养君子的作用(《卫灵公篇》15·11),故而"礼乐"并称。古人常常鉴赏这样的乐舞,常常置身于这样的环境之中,明白祖先子孙、君臣父子男女之别,人的性情亦得到陶冶,人格亦得以养成,此所谓"成于乐"也。

本章有二解:(一)孔子是讲一次具体的教育经历:先诵诗,君子感奋,而心中又以礼节之,最后演奏音乐,以乐作结。则"成"为音乐术语,音乐从"始"(序曲)到"乱"(结尾时合奏)为一"成"。(二)孔子是大而言之,讲君子成长的基本规律。常常诵《诗》让人振奋,激发君子的进取之心,"安人"之志,然不以礼乐节之,易至于乱,即所谓"好仁不好学,其弊也愚……好勇不好学,其弊也乱"(《阳货篇》17·8)。既奋发进取,心忧天下,有"安人"之志,又以礼乐节之,"从心所欲不逾矩",此所谓仁德君子之最高境界也。可知本章虽仅寥寥数语,而君子修行之道,尽在其中矣。如此理解,则"成"为"成仁"之义。此说亦通。

8·9 子曰:"民可使由之,不可使知之。"

【译文】孔子说:"平民百姓,只可能让他们按我们的道路走,不可能让他们知道那是为什么。"

【解析】孔子认为,平民百姓"困而不学"(《季氏篇》16·9),智力最差而且最不愿学习,是无法进行文化知识教育、无法改变的"下愚"(《阳货篇》17·3)。但有国有家者治国理民,又必须使唤他们,所以只可能使唤平民做什么,不可能让平民明白为什么这么做。孟子也说:"行之而不著焉,习矣而不察焉,终身由之而不知其道者,众也。"(《孟子·尽心上》13·5)"众"即"民",即平民百姓。孟子这番话,正可拿来做本章的注脚。

8·10 子曰:"好勇疾贫,乱也。人而不仁,疾之已甚,乱也。"

【译文】孔子说:"好勇逞强而又厌恶贫困,是一种祸害。对不仁的人,痛恨太过分,也是一种祸害。"

【解析】《泰伯篇》8·2孔子讲"勇而无礼则乱",勇敢者若无"礼"的约束,又厌恶贫困,很容易无所不为。对不讲仁德的人痛恨太过,不讲"恕"道,也很容易无所不为,所以也是一种祸害。子路好勇,孔子常常教导他要学礼,常常打压他好勇的劲头,批评他"暴虎冯河",就是怕他"乱"。"互乡"这个地方的人难讲话,孔子还是接见了这个地方的童子,弟子们疑惑,孔子讲了一番道理,其实就是要弟子们不要"疾之已甚"(《述而篇》7·29)。

8·11 子曰:"如有周公之才之美,使骄且吝,其余不足观也已。"

【译文】孔子说:"假如有周公那样美妙的才能,只要骄傲而且吝啬,别的方面就不值得一看了。"

【解析】 周朝鲁君嫡长子继位为鲁君，嫡次子到周王朝当周公，故有许多周公。本章指第一位周公姬旦。周公辅佐武王打败纣王，不久武王病死。此时周家风雨飘摇，内有兄弟反目，外有殷人造反，而武王嫡长子姬诵年仅九岁，无力治理天下。于是周公自立为王，平定叛乱，制作礼乐，深深影响了此后三千年的中国历史文化。待姬诵成年，周公立他为王，是为成王，而周公则回归人臣之位。周公是周人心中的圣人，周代文献对他赞美不已。

本章拿周公说事，是极而言之，极言"骄吝"危害之大。

8·12　子曰："三年学，不至于谷，不易得也。"

【译文】 孔子说："读书三年，还不想当官挣俸禄，这是很难得的。"

【解析】 "谷"，谷米，周代官员以谷米为俸禄。孔子说："邦有道，谷；邦无道，谷，耻也。"（《宪问篇》14·1）其中"谷"指当官拿俸禄。

《孟子·滕文公下》6·3引《传》："孔子三月无君，则皇皇如也，出疆必载质。"又引公明仪语录曰："古之人三月无君，则吊。"战国时代的"古"，很可能就是指春秋时代中晚期。《左传·隐公元年》记载周礼对贵族丧期的规定，其中还有对士的规定；《隐公五年》记载周礼对贵族乐舞的规定，也有对士的规定，可见直到春秋早期，士的地位还较高。大约在春秋中期实行"初税亩"之后，士的经济地位、政治地位下降得很厉害，他们必须要当官，首先是个经济问题、生存问题，然后才是理想问题、政治问题。孔子一生有七十七位弟子，一般跟着老师学习三年，学有所成，就离开老师当官去了。只有几个人例外：子路终身追随孔子，直到晚年才当官，而且一边当官一边侍奉孔子；颜回和原宪终身都不肯做官，闵子骞也不愿意做官。《论语》中常常记录一些已经当官的弟子向孔子请教之事，这是因为孔子弟子大多在鲁国、卫国当官，而孔子又常在鲁、卫之间奔走，并不能说明这些弟子没有去做官，而终身侍奉孔子。

8·13　子曰："笃信、好学、守死善道。危邦不入，乱邦不居。天下有道则见，无道则隐。邦有道，贫且贱焉，耻也；邦无道，富且贵焉，耻也。"

【译文】孔子说："（君子要）坚定相信、好好学习、誓死保全我们的道。危险的国家不要进入，祸乱的国家不要居住。天下安宁就出仕，天下不太平就隐居。国家政治清明，自己却（因不做官而）贫贱，是耻辱；国家政治黑暗，自己却（因做官而）富贵，也是耻辱。"

【解析】本章论君子应相信、学习、保全"善道"。

孔子所说的"善道"，应指仁德君子志士仁人治国平天下的伟大理想之"道"。他要求君子天下"有道"则仕，就是孟子讲的"兼济天下"，不仅可以实现人生理想，自己亦可"富且贵"；他要求天下君子"无道"则隐，就是孟子讲的"独善其身"，这是"守死善道"的最后一招。"有道"则仕，"无道"则隐，孔子讲过多次，如"用之则行，舍之则藏"（《述而篇》7·11），"邦有道，谷；邦无道，谷，耻也"（《宪问篇》14·1），"宁武子，邦有道，则知；邦无道，则愚。其知可及也，其愚不可及也"（《公冶长篇》5·21），其例甚多。

"危邦"两句，很可能是周代俗语。《左传·昭公十九年》："谚曰：'无过乱门。'"《国语·周语下》："人有言曰：'无过乱人之门。'"《吕氏春秋·原乱篇》引逸诗"毋过乱门"。"乱门"当然是乱国之门，与"危邦"两句意义十分接近。

8·14　子曰："不在其位，不谋其政。"

【译文】孔子说："不在那个职位上，就不考虑它的政务。"

【解析】《宪问篇》14·26在记载了孔子这番话后，还记载了曾参的解释："君子思不出其位。"这说明孔子讲学时，两位弟子都记载了孔夫子的同一番话，编《论语》时又都被选上了。古人书写艰难，记录务求简洁，因此孔子这番话的具体语言环境不得而知。如果孔夫子强调君子不能越位，不能僭越礼制，那么就很符合他一生"君君，臣臣，父父，子子"（《颜渊篇》12·11）的政治伦理思想。但孔子一生一直都是"不在其位，而谋其政"，一直都在"谋"天下，"谋"邦国，"谋"当代，"谋"万世。所以孔夫子这话的原意，应该只是强调君子即使在思想上也不能僭越礼制，连曾参"思不出位"的解释都未必符合夫子本意。

8·15 子曰："师挚之始，《关雎》之乱，洋洋乎盈耳哉！"

【译文】孔子说："太师挚开始演奏时，结尾合奏《关雎》时，满耳都是音乐啊！"

【解析】本章写孔子为典雅美妙的音乐所陶醉。

"师挚"，很可能就是《八佾篇》3·23中说到的"鲁太师"，此人名挚，为鲁襄公时代的乐官之长。孔子生于鲁襄公二十一年或二十二年，或许有机会亲耳听到太师挚的演奏。"始"是乐曲的开端，周代叫"升歌"，犹后世所谓"序曲"，一般由太师演奏。《关雎》是《诗经·周南》中的第一首诗，古时诗乐舞三为一体，所以《关雎》可以演奏。"乱"是合乐，一般在结尾时演奏。《楚辞》诸篇结尾均有"乱曰"云云，就是明证。合奏时演奏《关雎》，故称"《关雎》之乱"。从"始"演奏到"乱"，叫作"一成"。

《关雎》本为情歌，周代君子对"三卫"《郑风》中的情歌批评颇多，主要是因为这些作品抒发感情毫无节制，孔子称之为"淫"，吴公子季札称之为"细"，西方人称类似情况为"灵魂的便溺"。但据《左传·襄公二十九年》记载，吴公子季札在评价"周乐"时，说"二南"显示了周道王业。大概周人认为，作为《周南》首篇，《关雎》并非一般情歌，它体现了周道王业，所以在庙堂演奏。汉代以来的经师认为此诗旨在赞美"后妃之德"，恐怕并不符合周人原意。

8·16 子曰:"狂而不直,侗而不愿,悾悾而不信,吾不知之矣。"

【译文】孔子说:"(有的人)狂妄而不正直,幼稚而不老实,无能而不讲信用,我不知道他们为什么如此。"

【解析】"直",或谓直率,不可从。狂妄者往往貌似直率,但实际上"不直"。

8·17 子曰:"学如不及,犹恐失之。"

【译文】孔子说:"读书做学问好像(追赶什么似的)生怕赶不上,(学到了)还生怕丢掉了。"

8·18 子曰:"巍巍乎,舜禹之有天下也而不与焉!"

【译文】孔子说:"舜帝和大禹真是崇高啊!拥有天下,但一点都不为自己。"

【解析】"与",音yù,参与,有占有、染指之义。尧是唐尧族的首领,舜是虞舜族的首领,禹是夏族的首领。三族大概发展到"中国"(今河南伊洛一带)而交集。(参《孟子·离娄下》8·1)为了共同对付洪水和游牧民族,三族结成联盟,尧、舜、禹先后担任盟主。他们治理的"天下",《孟子》多次说不会超过纵横千里的土地。古文中的"天下"不一定都指九州之地。晚周诸子根据西周的生活经验,以为尧、舜、禹之间有君臣关系,因此传说尧禅让舜,舜禅让禹,禹开始传子。

早期的酋长必须公平正直且本事超凡,必须为氏族部落竭尽全力,他们没有或很少有私心,这是完全可能的。孔子生当晚周,人人为己,因此他感叹舜禹为天下辛劳而从不为自己谋利。

8·19　子曰:"大哉,尧之为君也,巍巍乎!唯天为大,唯尧则之!荡荡乎,民无能名焉!巍巍乎其有成功也,焕乎其有文章!"

【译文】孔子说:"尧真是伟大啊,崇高啊!只有天伟大,只有尧能学习天!(他的恩惠)真是广博啊,人民都不知道怎样称赞他!他的功绩很伟大,他的礼仪制度很美好!"

【解析】西周春秋诸子的历史观,以成文史为史,而不以炎黄时代"不雅训"(《史记·五帝本纪》语)的口传史为史;以有国家城邦宗庙为史,而不以游耕农业为史,与战国晚期秦汉君子的历史观不同。所以他们研究远古华夏文明,一般都从尧、舜、禹开始。唐虞三代古史,《尚书》均有记载;山西平遥古称"尧都",想必周人可以踏勘;虞时古乐《韶》等周代犹存(《左传·襄公二十九年》);楚人屈原曾模仿夏《九歌》创作楚《九歌》;周人常说夏有《禹刑》;周代多国官方民间都使用夏历,可知孔子称赞尧时"文章",应非向壁虚构。

本章"民"兼指"人"(贵族)和"民"(平民),用法与《泰伯篇》8·1、《季氏篇》16·12、《尧曰篇》20·1诸章相同。

"名",此作动词,犹"命"。周代宗教礼俗,给刚出生的小孩命名,叫作"名",如《礼记·曲礼》:"名子者不以国。"根据死者的事迹,给刚死去的人议定一个谥号,今称"盖棺定论",这一宗教活动也叫"名",如《孟子·离娄上》7·2,暴君死后,"名之曰'幽''厉'"。尧舜时代自然没有命谥的礼俗,孔子是受到周文化的影响,用周代宗教礼俗解释远古事情。"无能名",谓子孙给刚刚去世的帝尧议定谥号时(尧舜时代并无此礼,周代君子常常以周礼推断尧舜夏商情况),发现世间竟然没有任何一个美谥,可以概括尧德之"大",这与后世所谓"语言无力"意义相同。这是极言之辞,与《泰伯篇》8·1、《季氏篇》16·12"无得称"的意思一样,都是道德无比崇高,功劳无比伟大,以致不知道该用什么话来赞美的意思。

8·20 舜有臣五人而天下治。武王曰:"予有乱臣十人。"孔子曰:"才难,不其然乎?唐虞之际,于斯为盛。有妇人焉,九人而已。三分天下有其二,以服事殷。周之德,其可谓至德也已矣。"

【译文】舜有贤臣五人而天下大治。周武王说:"我有十位治理之臣。"孔子说:"人才难得啊!不是这样吗?从唐尧虞舜之间开始,到周武王这时人才最兴盛。(周武王的十位贤臣中)有一位妇人,(实际上只有)九个人而已。天下三分,周文王有其两分,他仍然服从殷商,对其称臣。周人的道德,可以说是最高的道德了。"

【解析】"舜有"三句,出自《尚书·泰誓》(今本《尚书》无),周人常常引用(如《左传·昭公二十四年》《襄公二十八年》),孔子亦当引自秦火前的《泰誓》。"乱臣",治国之臣。"乱",《说文解字》《尔雅·释诂》《昭公二十四年》杜预注均训为"治",但均未说明原因。钱钟书《管锥编》称为"反训",亦未说明原因。杨宽《西周史》第三章第三节"武王克商"说,"乱"是"𤔔"之误,"𤔔"即"司"字,而"司"有"治"之义。杨氏考据精当,其说可从。

关于妇人算不算人才的问题,《尚书·泰誓中》引武王语:"纣有亿兆夷人,离心离德。予有乱臣十人,同心同德。"郑玄等经学家均认为,这十位能臣是:文母、周公、太公、召公、毕公、荣公、太颠、闳夭、散宜生、南宫括。从武王的话来看,西周时代文母当然是人才,但是春秋时代可能出现了男尊女卑的思想。孔子认为,文母是妇人,而妇人不算人才,因此武王实际上只有九位人才。可见孔子对女性具有根深蒂固的偏见。《阳货篇》17·25亦谈及女性:"唯女子与小人为难养也,近之则不孙,远之则怨。"《论语》中只有这两章论及女性,而且均为负面评价。孔子从不论述夫妻婆媳关系,只谈君臣父子关系。儒家孟子才开始论述夫妻关系,而且仅仅从繁衍子嗣、延续祭祀(即民间所谓"香火")的角度立论,即所谓"不孝有三,无后为大"(《孟子·离娄上》7·25),虽比孔子略有进步,但对女性仍无正面评价。《襄公九年》,

连鲁襄公祖母穆姜都说"今我妇人""固在下位"之类的话，可与孔子男尊女卑思想互相印证。

晚周文献都说周文王"三分天下有其二"，但因天下归殷久矣，久则难改，所以周人仍然"服事殷"。《襄公四年》："文王帅殷之叛国以事纣，唯知时也。""服事""事"，服从也。《僖公二十年》："服事诸夏。"但当纣王害死周文王后，民心大变，所以武王伐纣，一举成功。周人认为周文王实力大而仍"服事殷"，这是"以大事小"，是尊重天意民心的表现，是行仁道而非行霸道，所以对"周德"评价极高。春秋五霸仅凭实力说话，没有谁看重天意民心，孔子盛赞"周德"，也是有感而发。

8·21 子曰："禹，吾无间然矣。菲饮食而致孝乎鬼神，恶衣服而致美乎黻冕，卑宫室而尽力乎沟洫。禹，吾无间然矣。"

【译文】孔子说："禹，我对他没有批评了。他自己的饮食很差，却把孝顺鬼神的祭品办得很丰盛；他自己穿的衣裳很差，却把祭服做得很美好；他住得很差，却尽全力治理沟渠。禹，我对他没有批评了。"

【解析】"致孝""致美"二句互文，都是"致美""致孝"，即用最好的祭品祭祀祖先，以表示孝心的意思。古人认为，对父母祖先，要生养死葬，常年祭祀，这才叫"孝"。祭祀祖先时，要用最好的牲畜（古人称为"特"），最干净的谷物（孟子称为"粢盛既洁"），最美的衣裳（上曰衣下曰裳，布料一般为丝绸），以表示孝心。传说大禹治水，天下乃安，民众得以休养生息，所以孔子盛赞大禹孝慈。"菲饮食"三句为排比句，看来春秋晚期已开战国时代铺排之风。

远古实行政教一体的制度，禹为夏族酋长，有行政权；他又是夏人的大巫师，有宗教权，所以本章说到他敬鬼神之事。

远古至北宋早中期，今河南及周边各省，成都大平原等地的气候，远比今天温暖湿润，先民大多在闷热潮湿的地方先填土，打上木桩，再铺上木板树棍，然后在木板树棍上盖房子，上面住人，下面养牲畜，人畜混居。这类房子，今湖南称为"吊脚楼"。若房子太矮，必然闷热难受。大禹为夏族酋长，又兼尧、舜、禹诸族联盟领袖，带头治水，极少享受，这种情况在原始社会末期完全是可能的。孔子时代的统治者已经较少为民众谋福祉，所以他盛赞大禹"仁"，当为有感而发。

"黻冕"，泛指祭服。"黻"为上衣，《诗经·秦风·终南》称"黻衣"；"冕"为礼帽。周代贵族上衣，据《礼记·礼器》记载，天子穿龙衮，诸侯和大夫都穿黻。这是周礼，大禹时代未必如此。周代君子论尧、舜、禹、汤，常依周礼言之。

子罕篇第九
（共三十一章）

9·1　子罕言利与命与仁。

【译文】孔子很少谈论功利、命运和仁德。

【解析】《论语》中孔子谈"利"六次，谈"命"八九次，谈"仁"就更多了。《论语》未收录的简牍应该还有不少，其中应该还有不少是谈这些话题的。至于孔子谈这些话题，徒子徒孙们没有记录的情况，应该更多。徒子徒孙们对孔子说什么、不说什么、多说什么、少说什么，常有记载，如"夫子之言性与天道，不可得而闻也"（《公冶长篇》5·13），"子不语怪、力、乱、神"（《述而篇》7·21）。这些记载应该大多发生在孔子晚年，甚至是在孔子去世以后，可以对孔子一生做总结的时候。其依据大多仅仅是记录者自己的朦胧印象，有的可能比较准，有的可能就不准。只要不轻言"不语"之类，不把话说死，应该还是有所依凭的。比如本章，记录者觉得自己很少听到孔子谈论这些话题，就把这个印象记录下来，如此而已，不必做过度解读。后世学者常常根据这些只言片语的记录，想方设法来佐证记录者的说法，这种研究工作没有什么意义。

9·2 达巷党人曰:"大哉孔子!博学而无所成名。"子闻之,谓门弟子曰:"吾何执?执御乎?执射乎?吾执御矣。"

【译文】达巷有人说:"孔子真了不起啊!学问广博,可惜没有成名的专长。"孔子听了这话,对弟子们说:"我做什么呢?赶马车呢,还是做射手呢?我赶马车好了。"

【解析】"巷党",《礼记·杂记》有"巷党"一词,杨伯峻先生《论语译注》据此认为"巷党"是"里巷"之义,其说可从。那么,"达"就是里巷之名了。

孔子用开玩笑的话,反讽"无所成名"的说辞,意思是说:"我做什么成名呢?赶马车成名吗?做射手成名吗?那我赶马车成名好了!"孔子这么说,暗含贬低当时"有所成名"者的意思。他认为"君子不器"(《为政篇》2·12),应该用"礼"致力于平治国家天下的"道",而当时许多"有所成名"者只是个"器"而已。

但孔子的看法并非人人都赞成。达巷党人不赞成,齐人晏婴不赞成(参《史记·孔子世家》),西汉司马谈也不赞成。司马谈《论六家之要旨》说:"儒者博而寡要,劳而少功,是以其事难尽从。然其序君臣父子之礼,列夫妇长幼之别,不可易也。"(《史记·太史公自序》引)"儒者"三句与"达巷党人"的话很接近,"然其"三句则说儒学(主要是孔学)的核心价值为"礼"。

司马谈这番话是否受到颜渊的启发,我不知道。颜渊曾说,"(夫子之道)仰之弥高,钻之弥坚。瞻之在前,忽焉在后",这与达巷党人、晏婴、司马谈的"博学"评语很相近。颜渊又说,"(夫子)博我以文,约我以礼"(《子罕篇》9·11),这与司马谈"然其"三句相通,但有很大的不同。颜渊说夫子用很多文献教导我,让我博学;但又用"礼"帮我理清学问的头绪,让我由"博"返"约"。可见,孔子无限广博的学问有一条主线贯穿,就是"礼"。达巷党人、晏婴、司马谈似乎都不太明白:孔子就是用"礼"来提纲挈领、贯穿自己无比繁杂的学问的,而"礼"正是其"成名"处。

本章的记录者无疑是听到这番话的孔门弟子之一,将其编进《论语》的当然是曾参师徒,记录者、编辑者如此用意很值得玩味。根据《左传》所记,孔子博学,当时就名闻天下。可能当时很多人都像达巷党人、晏婴一样,认为孔子虽然博学而没有专长。只有孔门弟子才知道,老师的学问虽然十分庞杂丰富,但其主线是十分清晰的,这就是"礼"。记录者把这番话记载下来,编辑者把这一简牍编入《论语》,既有表达学孔心得的意思,也有反驳无知者谬论的意思。①

9·3 子曰:"麻冕,礼也;今也纯,俭,吾从众。拜下,礼也;今拜乎上,泰也;虽违众,吾从下。"

【译文】孔子说:"用麻线编织礼帽,这是礼制;如今改用蚕丝线,比较节俭,我同意大家的做法。(拜见国君,)要先在堂下磕头,(升堂后再磕头,)这是礼制;如今只在升堂后磕头,这是(臣下)倨傲的表现;虽然违反大家,我仍然主张先在堂下磕头。"

【解析】周代贵族男子的礼帽编织起来十分麻烦,必须用二千四百缕经线。(此用杨伯峻先生《论语译注》说)麻线虽然便宜,但是质地粗糙,必须编织得十分细密,否则头小帽子大,无法戴,所以编织起来耗时费力,反而价格昂贵。"纯"为蚕丝,原材料虽比麻线贵,但编织省时省力,所以反而便宜。孔子认为,贵族男子的礼帽是用麻线编织还是用丝线编织,不是要紧的问题,只要节省方便就行。

但臣下拜见君上却事关国家"体统",随意不得。《左传·僖公九年》记载,周襄王使宰孔赐齐桓公胙,尽管天王因齐桓公年老而特许其"不拜",齐桓公仍然坚持严格依照周礼,"下,拜,登,受",先降于两阶之间,在堂下下拜磕头,然后登堂,再下拜磕头,然后接受赐胙。诸侯见天子如此,大夫见诸侯亦然。从孔子本章所述,可知春秋末期臣下见国君,已经把在堂下先给国君磕头的礼仪省去了,孔子认为这是极其无礼的表现。

---

①详见《孔子的道德学问不只一条主线》(吴天明,《求索》2017年第4期)。

孔子是礼制专家，礼制极其复杂，但是孔子并非冥顽不化，只要无伤大雅，他认为都可以改进。他认为，丧礼可以从简，只要心丧就行（其子孔鲤去世，有棺无椁；爱徒颜回去世，他也主张丧事从简，认为只要有棺就可以了，见《先进篇》11·8、11）；礼帽编织可以改革，只要省时省力就行；但是君臣父子之礼，事关国体政体，随便不得。过去很多学者认为孔子是一个只知守旧不知变革的迂夫子，这不是事实。

9·4　子绝四：**毋意，毋必，毋固，毋我。**

【译文】孔子完全没有这四种毛病：（他）不凭空臆测，不绝对肯定，不拘泥固执，不唯我独是。

【解析】"意"，同"臆"，悬想猜测。

9·5　**子畏于匡，曰："文王既没，文不在兹乎？天之将丧斯文也，后死者不得与于斯文也，匡人其如予何？"**

【译文】孔子被匡人拘禁，他说："周文王死后，古代文化遗产不都在我这里吗？老天爷若要消灭这种文化，我这个后死者就不会掌握这些文化了；（老天爷若不消灭这种文化，）匡人又能拿我怎么样呢？"

【解析】孔子被围困在匡地这件事，本章、《先进篇》11·23、《史记·孔子世家》均有记载。匡人曾被鲁国人阳货暴虐，孔子的相貌不幸很像阳货。阳货暴虐匡人不久，孔子带着弟子离开卫国，准备到陈国去，经过匡地。匡人以为阳货又来了，便将孔子囚禁了五天。"畏"，拘禁。《荀子·赋篇》记载此事，即言"孔子拘匡"。《孔子世家》亦称孔子被匡人"拘焉五日"。

孔子有谦谦君子之风，从来不说大话。本章所录，是我们所能见到的孔子最不谦虚的话。他相信自己继承了尧、舜、夏、商、周、春秋的文化遗产，而老天爷不会灭绝华夏文化，因此自己也会没事。"文王"，周文王，在此借代尧舜以来创造先进华夏文明的所有圣贤。《子张篇》载，有人问"仲尼焉学"，子贡回答说:"文武之道,未坠于地,在人。贤者识其大者,不贤者识其小者,莫不有文武之道焉。"(《子张篇》19·22)此处则借"文武之道"代指尧舜三代以来华夏所有的先进文化,师徒二人都用了借代之法。

孔子有高度的文化自觉和文化自信。从尧舜到如今四千多年,诚如孔子所言,他的确处在一个关键的节点上,他上承尧舜三代春秋,下开战国秦汉,影响所及,直到如今,在华夏文明史上,无人可比,更无出其右。他深信老天爷不会灭绝先进的华夏文明,深知自己在华夏文明史上地位独特,无可取代,所以对自己的生命安全有充分的自信。

9·6　太宰问于子贡曰:"夫子圣者与?何其多能也?"子贡曰:"固天纵之将圣,又多能也。"

子闻之,曰:"太宰知我乎!吾少也贱,故多能鄙事。君子多乎哉?不多也。"

【译文】太宰向子贡问道:"孔夫子是位圣人吧?为什么如此多才多艺呢?"子贡说:"这是老天爷让他成为圣人,又让他多才多艺。"

孔子听了这事,说:"太宰知道我呀!我小时卑贱,所以学会了许多粗鄙的事。真正的贵族会有这么多粗鄙的技艺吗?是不会的。"

【解析】"太宰",官名,其余无考。

据《史记·孔子世家》,孔子三岁丧父,"贫且贱",年稍长,为小吏。"尝为委吏"(管仓库的小吏),"尝为乘田"(管牲畜的小吏)。(《孟子·万章下》10·5)三十岁左右,孔子为鲁使,从此进入政坛。三十多岁开门授徒,直到去世。周代真正的贵族当然不会学习"鄙事"。孔子是殷商苗裔、微子之后,但家道中衰,小时不得不多学"鄙事"以维持生计。

太宰、子贡、孔子三位所说的"多能",含义大为不同。太宰称孔子"多能",其含义与"圣"相同,包含"鄙事",但主要应指孔子博学,春秋时代有以博学为"圣"的习惯;子贡称孔子为"圣"人,是指老师道德学问都了不起,"鄙事"与"多能"都是学问;孔子则谦虚地回避了"圣"的问题,只承认自己"多能鄙事"。孔子曾说:"若圣与仁,则吾岂敢?"(《述而篇》7·34)太宰以多能为"圣",但孔子却以"安人"者为仁,以"安人"且"安百姓"者为"圣"(《雍也篇》6·30)。孔子认为自己既没有"安人",更没有"安百姓",谈不上"仁",更谈不上"圣",这应是孔子只承认自己"多能鄙事",而不承认自己"圣"的原因。

9·7 牢曰:"子云:'吾不试,故艺。'"

【译文】我说:"孔子说:'我不曾被大人所用,所以学了许多粗鄙的技艺。'"

【解析】本章可与上章合读。上章孔子说,我小时候卑贱,为了生存,学了许多粗鄙的技艺。本章孔子则说,我不曾被大人所用,所以学了许多粗鄙的技艺。

"牢",人名,《孔子家语》认为是孔子弟子,并说:"琴张,一名牢,字子开,亦字子张,卫人也。"《左传·昭公二十年》《孟子·尽心下》14·37、《庄子·大宗师》均记载有"琴张",但"琴张"是否为"牢",前贤表示怀疑。外人称孔子,必称"仲尼""孔丘"或"孔子"(《左传》所引孔子许多议论,即分别用这三种办法称呼孔子),只有孔门徒子徒孙才会特别尊称孔子为"子"。"牢"既特称孔子为"子",《仲尼弟子列传》又无此人,那么"牢"应为孔子之徒孙。至于"牢"是孔子哪位学生的弟子,因文献阙如,就不得而知了。

周代人自称名,不自称字。此人自称其名,那么本章应该就是他自己的记录,因此"牢曰"应该译为"我说"。《宪问篇》14·1是原宪自己的记录,所以自称其名"宪",那么"宪问"也应译为"我问"。《先进篇》11·17、《雍也篇》6·12两章都是冉求自己的记录,所以自称其名"求""冉求",那么"求也为之聚敛"则应译作"我为他搜刮财富"。

"试",用。"艺",技艺,与上章"鄙事"同义。"六艺"乃治国平天下之道,与本章之"艺"含义不同。

"吾不试",学者大多译作"我不曾为国家所用"。我不取。孔子曾想为齐景公、卫灵公、卫出公、楚庄王、鲁昭公、鲁定公、鲁哀公等国君所用,也曾想为卿大夫所用，如《阳货篇》17·5、7。他事实上也曾经为齐国的高昭子、鲁定公、鲁哀公所用。诸侯卿大夫都是"大人"，所以我换了个笼统的译法。

9·8　子曰："吾有知乎哉？无知也。有鄙夫问于我，空空如也。我叩其两端而竭焉。"

【译文】孔子说："我有知识吗？没有知识哩。有个汉子问我，我本是腹中空空什么都不知道。我从他问题的两头去琢磨，（才多少明白一点，）然后竭尽所能告诉他。"

【解析】本章可与上两章合读。上两章孔子都说自己"多能鄙事"。本章孔子则说，即使是"鄙事"，我所"能"所"知"也极其有限。

"鄙夫"，做粗鄙之事的下等人、平民。孔子称粮农为"老农"，称菜农为"老圃"（《子路篇》13·4），称手工业者为"百工"（《子张篇》19·7），这些都是"鄙夫"。平民，孟子则统称为"劳力者"（《孟子·滕文公上》5·4）。这位"鄙夫"具体干什么，具体问什么，我们均不得而知。

9·9　子曰："凤鸟不至，河不出图，吾已矣夫！"

【译文】孔子感叹道："凤凰不来了，黄河不出图画了，我这一生恐怕完了！"

【解析】古代神话传说，神鸟凤凰出现，天下就太平；圣人受命，黄河就出现图画。《左传·庄公三十二年》："国之将兴，明神降之……虞、夏、商、周皆有之。"即此意。

孔子这是在感叹，天不欲平治天下，他一生治国平天下的伟大理想恐怕要落空了！《哀公十四年》："春，西狩于大野，叔孙氏之车子鉏商获麟，以为不祥，以赐虞人。仲尼观之，曰：'麟也。'然后取之。"《公羊传·哀公十四年》记载，孔子见麟，"反袂拭面，涕沾袍"。高亨《诗经今注》据此推定，《诗经·周南·麟之趾》为孔子所作，或然。麒麟为祥兽，好不容易出现，而为鲁人所误杀，预示天不欲平治天下，孔子因此悲泣。"获麟"故事与本章一样，也是悲叹天下安宁无望。

9·10　子见齐衰者、冕衣裳者与瞽者，见之，虽少，必作；过之，必趋。

【译文】孔子看见穿丧服的贵族、戴礼帽穿礼服的贵族与盲人瞽师，相见时，即使他们年少，孔子也必定站起来以示敬意；走过的时候，孔子必定快走几步以示敬意。

【解析】"齐衰者"，穿丧服的贵族。"齐衰"，音zī cuī，是周代贵族的丧服，用麻布做成。"冕衣裳者"，戴着礼帽（冕）、穿着礼服的贵族。"冕、衣、裳"三字为名词，在此均用作动词。华夏诸族男子从战国时代开始逐步不穿裙子，改穿裤子。春秋时代贵族男子上穿"衣"，下穿"裳"（裙子）。"瞽者"，周代的盲人如做乐官，师氏为磬师、琴师，瞽氏为鼓师，这三种人都是贵族。《尚书·胤征篇》："瞽奏鼓。"周代文献称舜帝的父亲为"瞽叟"。《乡党篇》10·25也记载了孔子对这三种人"必以貌"的事，可参考。

9·11　颜渊喟然叹曰："仰之弥高，钻之弥坚。瞻之在前，忽焉在后。夫子循循然善诱人，博我以文，约我以礼，欲罢不能。既竭吾才，如有所立卓尔。虽欲从之，末由也已。"

【译文】颜渊感叹道："（老师的学问，）抬头看越看越高，往里钻越钻越深。看看似乎在前头，忽然又到后头去了。老师善于有步骤地引导我们，他用古代文献丰富我们的知识，又用'礼'提纲挈领让我们由博返约，我们想停止学习都不可能。我已经用尽我的才力，似乎理解了'礼'而能安身立命。想要追随夫子，但又不知道怎样着手了。"

【解析】本章为颜子语录，盛赞其老师孔子的学问，是我们研究孔子学问的宝贵钥匙，可与《雍也篇》6·27、《颜渊篇》12·15两章合读。

"仰之"四句，形容孔子的学问无处不在，自己若有所悟。

"夫子"六句，是说老师"博我以文""约我以礼"，使我们既学问广博，又能得其要领，且能依礼而"立"。"文"指以"六艺"为主的尧舜三代春秋文献。这些文献内容复杂、包罗万象，孔子用以教育弟子，自可让学生知识丰富、学问广博，但又很容易不得要领。"礼"即周礼，内容亦复杂，礼仪更难学习，但其核心是"君君，臣臣，父父，子子"（《颜渊篇》12·11）。孔子把这一核心作为尧舜三代春秋文献和自己学问的主线，教导弟子提纲挈领、融会贯通，弟子故可"由博返约"（参《雍也篇》6·27），一如孟子所言："博学而详说之，将以反说约也。"（《孟子·离娄下》8·15）

"约"，亦可解释为约束。《左传·隐公三年》："要之以礼。""要"，约也。然以"礼"约束"文"，则"约"亦有简约、概括、归纳之义。所以我做出了如上的翻译和解说。

"立"，即根据礼制找到自己的位置，而使自己安身立命。孔子自己"十有五而志于学，三十而立"（《为政篇》2·4），后又教导儿子伯鱼"不学礼，无以立"（《季氏篇》16·13）。鲁国世卿孟僖子将死，遗命二子随孔子学礼，"以定其位"（《昭公七年》），说明依"礼"而行，方可安身立命，是周代君子的共识。颜回早死，但很早就悟到"礼"为尧舜三代春秋文化、孔子学问的主线和君子的立身之本，这是非常了不起的见识。

"虽欲"二句，盖言我欲追随之，只是不知如何追随也。

西汉以来经师一直认为孔子的道德、学问都以"忠恕""一以贯之"，这与颜回的见解明显冲突。[①]

根据我对《先进篇》11·11的考据，考虑到战国文献中记载孔子去世后有所谓"颜氏之学"，《孟子·滕文公上》5·1引有颜回语录，我推测，颜回应该设帐授徒，也有自己的弟子。那么本章颜子语录，当为颜回的弟子所记录，其原简则应记作"颜子喟然而叹曰"云云，应该是《论语》编者将"颜子"改为"颜渊"。本章记录者不可能是颜回自己，也不可能是颜回的同学，

[①] 详见《孔子的道德学问不只一条主线》（吴天明，《求索》2017年第4期）。

没有自记语录和同学之间互记语录的道理,更不可能是他人,只可能是颜回的弟子。①

9·12 子疾病,子路使门人为臣。病间,曰:"久矣哉,由之行诈也!无臣而为有臣。吾谁欺?欺天乎?且予与其死于臣之手也,无宁死于二三子之手乎!且予纵不得大葬,予死于道路乎?"

【译文】孔子病重,子路让自己的弟子当"臣",(负责料理后事。)后来孔子的病逐渐好点了,说:"仲由做这种欺诈的事,也太久了啊!我本该没有料理丧事的'臣',却给我安排'臣'。我骗谁呢?骗老天爷吗?而且,我与其死在'臣'之手,还不如死在你们手里!即使我死后得不到隆重的葬礼,我会死在路上吗?"

【解析】本章孔子斥责子路让自己僭越礼制,记录者应该是仲由的弟子,原简叙述语言应尊称"子路"为"仲子",《论语》编辑者将"仲子"改为"子路"。

"臣"是办丧事的人。但按周礼,只有诸侯死了才能由"臣"来办丧事。如同今日有一定身份的人死了,才有"治丧委员会",一般人死了是没有"治丧委员会"的。孔子将死,子路让门人当"臣",为孔子料理后事。不料孔子病好了,便骂子路让自己僭行诸侯丧礼,有犯上欺天之罪。本章即写此事。

"门人",前贤或认为是孔子弟子,我不从;或仅仅翻译"门人"一词,模糊应对,不说清楚"门人"是谁的弟子,亦不妥。我认为"门人"是子路的弟子。《论语》中"门人"除了7·29指孔子弟子外,其余均指孔子之徒孙,孔子设帐弟子之门徒,如《里仁篇》4·15指曾参之门徒,《先进篇》11·11指颜回之门徒,《子罕篇》9·12、《先进篇》11·15指子路之门徒,《子张篇》19·3、12指子夏之门徒,没有例外。子路长期担任孔子侍卫,随侍老师,孔

---

①详见《孔子弟子称"子"现象研究》(吴天明,《湖北社会科学》2018年第12期)。

子病重将死，他来安排老师后事，完全正常。但孔子弟子受孔子教育多年，明礼守礼者多，不可能那么容易听任子路摆布，让子路僭越礼制。我认为"门人"是子路自己的弟子，他才能指挥他们行僭越之事。我考证孔子弟子至少有十人设帐授徒，除了已经被尊称为"某子"的有若、冉求、曾参、闵子骞外，还有子张、子贡、子游、子夏、颜回和子路。后面六人都应有被尊称为"某子"的记录，《论语》中却全部无一尊称为"某子"者，其中原因各不相同。①

根据本章和《先进篇》11·15，我推断子路也设帐授徒，有自己的弟子，《论语》中却没有任何一章尊称子路为"仲子"。古人有年满五十而称行第的礼俗，因此子路年老后亦字季路。《左传·哀公十五年》反复尊称子路为"季子"，说明子路在当时，即使在孔门之外，也是很受尊敬的。他在鲁国、卫国都官至上卿总管，同时又是朝廷大夫；他本受世人尊敬，又有自己的弟子，《论语》中理当有尊称他为"仲子"的记录。大约曾参师徒编辑《论语》时，固守当华夏公卿才能称"子"（见《学而篇》1·1）的周礼，忌惮子路的地位威信，藐视子路的学问，故意把原简记录中的"仲子"全部改为"子路"。虽因文献阙如，这一推测并无十分可靠的证据，但舍此并无其他任何合理的解释，我相信这一推测应非向壁虚构。

"间"，病情好转。《昭公十四年》"待间"，等待疾病稍稍好转；《昭公二十三年》"告间"，告乱稍平，乃引申用法。

孔子从未当过诸侯，只当过鲁卿，按周礼，其丧事不应由"臣"来操办。子路不假思索，即僭用诸侯之礼，估计春秋中后期"礼崩乐坏"，卿大夫僭越礼制已成风气。但子路一没料到老师居然病好了，二没料到老师在生死关头还如此在意僭越礼制之事，所以挨了骂。

本章的记录者，最有可能是子路的"门人"，那么"子路"本应记作"仲子"，是《论语》编辑者将"仲子"改为"子路"。

---

① 详见《孔子弟子称"子"现象研究》（吴天明，《湖北社会科学》2018年第12期）。

9·13　子贡曰："有美玉于斯，韫椟而藏诸？求善贾而沽诸？"子曰："沽之哉！沽之哉！我待贾者也。"

【译文】子贡问道："这里有块美玉，是把它放在柜子里藏起来呢？还是找个识货的商人卖掉呢？"孔子说："卖掉！卖掉！我是在等待识货者。"

【解析】很显然，孔子师徒都不是在说玉，而是在借玉说人，后世称为托物言志。子贡劝老师出仕，老师则说在等待时机，等待合适的合作者。

《左传·隐公元年》记载贵族丧制，《隐公五年》记载贵族乐制，都有关于"士"的规定，说明"士"在西周和春秋早期都是贵族，可以不劳而获。但从春秋中晚期开始，"士"的经济地位、政治地位下降很多，他们必须读书学本事，得到诸侯卿大夫的赏识，然后才可能当官有俸禄，才能养家糊口，否则生计都有问题，甚至连祭祖的祭品都拿不出来。而且如果不当官，苦学多年的本事就会派不上用场，人生理想、政治理想也就无法实现。所以孟子说，士只要三个月不当官，别人就会去安慰他。（《孟子·滕文公下》6·3）孔子自己也说，读书三年都不想当官，这样的人不易得。（《泰伯篇》8·12）孔子的弟子，除了颜回、原宪、闵子骞不肯当官，子路晚年才当官以外，其余弟子大多早早就去当官了。孔子自己一生当官的时间非常短，不是不想当官，而是机缘不好，本章就透露了这方面的信息。

9·14　子欲居九夷。或曰："陋，如之何？"子曰："君子居之，何陋之有？"

【译文】孔子想到九夷去。有人说："（那里的人）粗鄙无文，（未经教化，）怎么办？"孔子说："君子去了，那里的人怎么还会粗鄙呢？"

【解析】"九夷"，本指散居在淮泗之间的东夷和群舒，本章当泛指蛮荒之地。"夷"虽本指东夷，但到晚周已泛化为指所有的野蛮人和文化落后地区。如孟子称舜本"东夷之人"，周文王本"西夷之人"（《孟子·离娄下》

8·1），即其例。"九"非具体数目，谓其种群之多，与古称今浙江一代为"百越"的用法相同。"陋"非简陋，实为粗鄙，文化落后，谓九夷之人粗鄙无文，未经教化。《左传·文公十二年》记载，秦使西乞术访问鲁国，鲁国大夫襄仲接待，秦使"授玉"之礼中规中矩，完全符合周礼规制，襄仲不禁感概道："不有君子，其能国乎？国无陋矣。"说秦国虽然僻在蛮夷戎狄之地，而能谙熟并且遵从周礼，秦国有此"君子"，不再"陋矣"，即不再是蛮夷了。《成公八年》记载，蛮夷之国莒国之君莒子曰："辟陋在夷，其孰以我为虞？"承认莒国"辟陋"即文化落后。华夏君子襄仲和蛮夷之君莒子的话，说出了春秋时代的"华夏蛮夷观"，正好做本章的注脚。

淮泗之地，到春秋中晚期已为吴、越、楚三国所瓜分。但不用说东夷群舒，即使是吴越楚三个大国，在华夏文化圈多国看来，也仍然是蛮夷之国。春秋君子认为，用先进的华夏文明影响改造野蛮人，是天经地义的事。例如管仲协助齐桓公扩大了华夏文化圈，尽管管仲私德有亏，多有不臣之举，孔子仍然称赞他"仁"（《宪问篇》14·16、17）。孟子尝云："吾闻用夏变夷者，未闻变于夷者也。"（《滕文公上》5·4）本章所谓"子欲居九夷"，就是这一思潮的体现。

9·15 子曰："吾自卫反鲁，然后乐正，《雅》《颂》各得其所。"

【译文】孔子说："我从卫国返回鲁国，才把《诗》的音乐整理好，让《雅》归《雅》、《颂》归《颂》，各得其所。"

【解析】上古诗、乐、舞三为一体，《诗经》可诵、可歌、可舞，均涉及音律问题。孔子所"正"，向来有"正"音乐、"正"歌辞、二者皆"正"三说。《春秋〈诗〉义三变》[①]根据《左传·襄公二十九年》和春秋君子的引诗情况考证，今本《诗经》最晚在鲁襄公时代晚期即已编定，那时孔子年仅十岁左右。而孔子"自卫返鲁"，事在鲁哀公十一年（参《哀公十一年》），中间隔了很长一段时间。因此孔子所"正"，恐怕只是"正"音乐。以上译文，据此翻译。

---

①详见《春秋〈诗〉义三变》（吴天明，《长江学术》2008年第1期）。

9·16 子曰:"出则事公卿,入则事父兄,丧事不敢不勉,不为酒困,何有于我哉?"

【译文】孔子说:"出外则服事公卿,入门则服事父兄,有丧事不敢不勉力尽礼,不为酒所困扰,这些事,这对我来说有什么难的呢?"

【解析】"何有",春秋口语,不难之辞。孔子很小父亲即已去世,他说这话时,或许兄长孟皮尚在,则"父兄"仅用"兄"意;如兄长亦不在,则"父兄"泛指家族里的长者;如果用意不在具体指谁,则泛泛而论自己服事公卿父兄都无问题。

中国最晚从西周初期开始,实行嫡长子继承制,余子分封制,即所谓宗法制,一直实行到清末。因此,大夫与士,伦理上常常是父子,政治上必然是君臣;或者伦理上是兄弟,政治上是君臣。诸侯与大夫之间,或为父子,或为兄弟,都是君臣;天王与诸侯之间,或为父子,或为兄弟,也都是君臣。天王是诸侯的大宗,诸侯是大夫的大宗,大夫是士的大宗。大宗与小宗之间,既有血缘上的大小宗关系,也有政治上的君臣关系。因此,父兄常常就是君,子弟常常就是臣。周代君子常常将"服事父兄"与"服事君上"相提并论,就是因为"父兄"常常就是"君上"。所谓"家国同构"和"忠孝一体",原因就在这里。

根据农业考古资料,尧舜三代直到北宋,今成都大平原、河南及其周边各省广大地区,气候温暖湿润,适合种植水稻,谷物收成很好,于是古人大量酿制米酒。其酿制方法,在今湖南南部、贵州山区仍可见到。孔子的祖先因此醉生梦死,以致丢了天下。据《尚书·酒诰》记载,康叔曾经严令殷人、周人子孙均不得醉酒。本章特别强调"不为酒困",《乡党篇》10·8也说孔子"唯酒无量,不及乱",都把不贪杯、不醉酒作为君子的要求之一,应与上述背景有关。

9·17 子在川上,曰:"逝者如斯夫,不舍昼夜!"

【译文】孔子在河边,感叹道:"消逝的时光如同这河水啊,日夜不停地流去！"

【解析】"舍"，居住、停留。

《孟子·离娄下》8·18，孟子弟子徐辟曰："仲尼亟称于水，曰：'水哉，水哉！'"今本《论语》仲尼称水者，仅此一章。孟子认为，孔子感叹水流不息，是要君子像本源丰沛、奔流不息的水那样，博学多能，大仁大义。周人论《诗经》，有"诗无达诂""赋诗断章"说，后世有"见仁见智"说。孔子感叹水，未必一定有孟子所说的这层意思，也未必一定没有这层意思。孔子关注流水不息这个意象，具有多义性，孟子和其他读者，都可"见仁见智"。

9·18　子曰："吾未见好德如好色者也。"

【译文】孔子说："我没见过喜欢道德如同喜爱美色的人。"

【解析】《史记·孔子世家》载，鲁定公十五年，孔子在卫国，被迫见卫灵公夫人南子。南子名声很不好，不守妇道，又好弄权，孔子见南子，引起弟子子路的不满，孔子被迫发誓（《雍也篇》6·28）。后来卫灵公与南子同车，让宦者雍渠参乘，使孔子次乘，招摇过市。孔子叹曰："吾未见好德如好色者也。"并深以为耻，离开卫国。

本章这句话，亦记作："已矣乎！吾未见好德如好色者也。"（《卫灵公篇》15·13）这说明9·18与15·13应是两位随侍弟子所记，而且都十分可靠。

9·19　子曰："譬如为山，未成一篑，止，吾止也。譬如平地，虽覆一篑，进，吾往也。"

【译文】孔子说："好比堆土为山，只要再加一筐土就成山了，如果这时停下来，这是我们自己停止的。又好比平整洼地，即使只倒下了一筐土，如果坚持填下去，这是我们自己要坚持的啊！"

【解析】古人在潮湿的地方盖房，要先填土，下打木桩，上铺木板树棍，在木板树棍上再盖上层，上层住人，下层养牲畜，今湖南谓之"吊脚楼"。但在干燥的地方盖楼房，因为没有起重设备，则需一边积土成山，一边盖房，待楼房盖好后，再清除周边的土山。本章讲积土为山，《荀子·劝学篇》也讲积土为山，都与古人在干燥的地方盖楼房的习俗有关。

本章以盖房为比喻，其本体应该是"仁者要坚定信仰，坚定前行，不得半途而废"之类，应与《子罕篇》9·21"进而不止"说同义。不知哪位弟子居然只记录了喻体，没有记录前面的本体。这大概是因为孔子常讲本体，弟子们很熟悉，所以未记，而喻体很新鲜，才被记录下来并被选编进《论语》。曾参说："士不可以不弘毅，任重而道远。仁以为己任，不亦重乎？死而后已，不亦远乎？"（《泰伯篇》8·7）不仅有本章未记的本体"仁"，而且其"弘毅"之论，与本章的比喻亦相通。曾子为孔子高徒，可将他的话拿来做本章的参考。

9·20 子曰："语之而不惰者，其回也与！"

【译文】孔子说："听我说话而从不懈怠的，大概只有颜回一个人吧！"

【解析】颜回字子渊，好学而早夭，《论语》中孔子称赞颜回的话很多，应与颜回好学有关，也应与他死得太早，让孔子痛惜不已有关。

本章与《为政篇》2·9所记相通，可互相参证。

9·21 子谓颜渊，曰："惜乎！吾见其进也，未见其止也。"

【译文】孔子谈到颜渊，说："可惜呀（颜回）！我只看见他不断地向仁德进步，从没看见他停下来。"

【解析】本章称赞弟子颜回。从口气来看，孔子说这番话时，颜回已经去世。

本章讲"进"与"止"，并非泛泛而论。《雍也篇》6·12，冉求对孔子说："非不说子之道，力不足也。"孔子说："力不足者，中道而废。今汝画。"批评冉求在"求仁"的道路上，还没有开步走。《子罕篇》9·19说，希望在"求仁"的道路上已经开步走的不要停步，不要"中道而废"。《雍也篇》6·27称赞"回也，其心三月不违仁"，本章又说颜回在"求仁"的道路上只知前行而不知停步。其中孰高孰低，自不待言。

孔子曾经对颜回说："用之则行，舍之则藏，惟我与尔有是夫！"（《述而篇》7·11）可见"行"（实行仁道，兼善天下）与"藏"（把道德学问都藏起来，独善其身）都是实行仁道的方式。颜回不肯做官，宁愿"一箪食，一瓢饮，在陋巷"（《雍也篇》6·11），孔子认为，这是"舍之则藏"，也是"进"而不止的一种方式。

9·22 子曰："苗而不秀者有矣夫，秀而不实者有矣夫。"

【译文】孔子说："庄稼长了而不开花的是有的，开花而不结实的是有的。"

【解析】很显然，孔子不是在说庄稼，庄稼之事只是喻体，本体是什么，古来学者有很多猜测，其实大可不必。随侍弟子当年只记喻体而不记本体，不仅是因为书写艰难，还可能是因为，记了本体，反而限制了孔子这番话的普遍意义。

9·23 子曰："后生可畏，焉知来者之不如今也？四十、五十而无闻焉，斯亦不足畏也已。"

【译文】孔子说："少年令人敬畏，怎么知道他们将来不如现在的人呢？一个人到了四五十岁还没什么名望，这也就不值得敬畏了。"

9·24 子曰:"法语之言,能无从乎?改之为贵;巽与之言,能无说乎?绎之为贵。说而不绎,从而不改,吾末如之何也已矣。"

【译文】孔子说:"严肃而合乎原则的话,能不听从吗?改正错误才可贵;顺从己意的话,能不高兴吗?分析一下才可贵。(对顺从己意的话,)盲目高兴而不加分析;(对严肃而合乎原则的话,)表面听从而实际不改,(这种人,)我是没办法对付他的了。"

9·25 子曰:"主忠信。毋友不如己者。过则无惮改。"

【解析】本章与《学而篇》1·8重复,而少三句。这说明,孔子当年讲学时,当时至少有两位随侍弟子做了记录,后来选编《论语》时,将两条记录都收了进来。《论语》中这类重复的例子很多,除了说明编辑工作粗疏外,亦说明弟子所做原始记录十分可靠。

9·26 子曰:"三军可夺帅也,匹夫不可夺志也。"

【译文】孔子说:"一国军队可以让它丧失主帅,但一个男子汉却不可能让他放弃主张。"

【解析】孔子之意,三军固不可无帅,匹夫更不可无志,这是极言"志"之重要。

春秋时代各大国先后均设中军、右军、左军(楚人尚左,故楚国左军为上,右军为下,与华夏诸国不同),所以"三军"作国家军队的通称。三军统帅亲统中军主力。

9·27 子曰:"衣敝缊袍,与衣狐貉者立,而不耻者,其由也与?'不忮不求,何用不臧?'"子路终身诵之。子曰:"是道也,何足以臧?"

【译文】孔子说:"穿着用乱麻布做的破袍子,与穿着狐貉裘皮衣的人一起站着,而不觉得惭愧的,恐怕只有(仲)由吧!(《诗经》上说:)'不嫉妒别人不贪求财物,何行而不善?'"子路(因此)老是念叨(这两句诗)。孔子(见他这样,)又说:"仅仅这个样子,怎么能够好起来呢?"

【解析】棉花传入中国以前,贵族夏天穿丝绸衣,冬天穿裘皮衣。平民则穿用麻布或葛布做的衣裳,冬天为了保暖,将乱麻做成"缊"(絮),外以麻布葛布为布料,这便是"袍"。"不忮(音zhì)"两句,见《诗经·邶风·雄雉》。"臧",善。

人之天性,贵富而贱贫。子路不以贫困为耻,说明他腹有诗书,底气十足,具备做君子的基本条件。但若仅此而已,没有更高远的追求,没有平治国家天下的强烈愿望,则不能成为真正的君子。这就是孔子先赞赏他,后又批评他的原因。

9·28 子曰:"岁寒,然后知松柏之后凋也。"

【译文】孔子说:"天冷了,才知道松柏是最后落叶的。"

【解析】孔子说这话,当为有感而发。弟子记下这番话,当因其富有哲理。

9·29 子曰:"知者不惑,仁者不忧,勇者不惧。"

【译文】孔子说:"聪明的人不迷惑,仁德的人不忧愁,勇敢的人不畏惧。"

【解析】三句互文,实际上是说,"智者、仁者、勇者"这些君子都"不惑、不忧、不惧"。《颜渊篇》12·4:"君子不忧不惧。"与本章文意接近。"不惑"，明其道理，故不迷惑。

9·30 子曰："可与共学，未可与适道；可与适道，未可与立；可与立，未可与权。"

【译文】孔子说："（有的君子，）可以与他一起学习仁道，未必可以与他一起去追寻仁道，实现仁道；可以与他一起追寻仁道，实现仁道，未必可以与他一起立于礼，依礼而行；可以与他一起立于礼，依礼而行，未必可以与他一起通于权变，（从而达到礼的最高境界。）"

【解析】本章文字极其简单，但内容却极其丰富、极其重要。孔学主要是"仁学"和"礼学"，[①]本章将"仁学""礼学"并而论之。孔子讲了与君子打交道的四重境界，也就是君子实现理想，成其为君子的四重境界：

第一重境界是"共学"，即与君子一起学习。学什么？学"道"，这在当时人所共知，所以直接把"道"这个宾语省略了。诸子百家，均称自己的学问为"道"。孔子之"道"也叫"仁"，上线是"己欲立而立人，己欲达而达人"（《雍也篇》6·30），下限是"己所不欲，勿施于人"（《颜渊篇》12·2）。上线为"忠"，下限为"恕"，即"忠恕之道"（《里仁篇》4·15）。当然，"忠"是主要的，所以夫子之"道"，就是治国平天下之"道"，就是孔子的人生理想和政治理想。

第二重境界是"适道"，即与君子一起去追寻"道"，实现"道"，实现治国平天下的伟大理想。按照曾参的说法，要达此目的，"任重而道远"，必须"死而后已"（《泰伯篇》8·7）。但是，知易而行难，那些"共学""道"的人，未必都愿意为了实现"道""死而后已"。如弟子冉求，虽然承认老师的"道"很好，但就是不肯为实行"道"而开步走（《雍也篇》6·12）。这样的人，肯定还有很多。

第三重境界是"立"，即"立于礼"，君子要依礼而行，依礼而立。要治国平天下，实现这样的"道"，不按照"礼"来行事，那可不行。孔子讲的

[①] 详见《孔子道德学问不只一条主线》（吴天明，《求索》2017年第4期）。

"礼"，即周礼，内容很复杂，但其核心是"君君，臣臣，父父，子子"（《颜渊篇》12·11）。周代君子普遍认为，君子只有明礼知礼，找到自己的位置，才能安身立命，此所谓"立"也。

第四重境界是"权"，即权变，就是既讲原则性，也讲灵活性，这是最高境界。孟子说："执中无权，犹执一也。所恶执一者，为其贼道也，举一而废百也。"（《孟子·尽心上》13·26）孟子的这番话，可以解释"权"。"立于礼"是原则性，根据实际情况灵活处理，但又不违反礼制的基本精神，就是"权"。例如孔子认为人无信不立，这是"礼"，但"言必信，行必果"，这是小人，不是君子，君子是否言而有信，要看是否符"仁"与"义"，符合的就兑现，不符合的就不兑现。（《子路篇》13·20）孟子的看法完全相同（《离娄下》8·11）。孔子是公卿，不能用诸侯之礼（《子罕篇》9·12），这是依礼而"立"。但贵族男子的礼帽是用麻线编织还是用丝线编织，这无关紧要，可以权变（《子罕篇》9·3），这就是孔子讲的"从心所欲不逾矩"（《为政篇》2·4），就是孟子讲的"动容周旋中礼者，盛德之至也"（《尽心下》14·33）。

以上四重境界，表面上看是君子之间互相打交道的四重境界，实际上是实现仁道的四重境界：欲学仁道者众，但欲"死而后已"实现仁道者少；欲实现仁道者众，但依礼而行，明君臣父子之分，辨夫妇长幼之别，从而使天下国家长久安宁者少；依礼而行者众，洞悉礼的真谛而通权变之道，"从心所欲不逾矩""动容周旋中礼"者，才是真正的仁人，这样的君子，那是少之又少！

9·31 "唐棣之花，偏其反而。岂不尔思，室是远而。"子曰："未之思也，夫何远之有？"

【译文】（古诗道：）"唐棣树的花，翩翩地摇摆。难道不想你吗？你家住得太远。"孔子说："并不真想，要是真想，有什么远的呢？"

【解析】这四句诗不见于今本《诗经》，应为逸诗。周代文献中还有一些逸诗。[1]这诗应该是爱情诗，从以花起兴来看，似乎是男子的口气。他思念恋人

---

[1] 详见《春秋〈诗〉义三变》（吴天明，《长江学术》2008年第1期）。

而不去见她，说她家住得太远。

孔子评价这四句诗，分析这位抒情男主人公的心理，可能只是就诗论诗，别无深意。也可能是借诗论事，表示"仁远乎哉？我欲仁，斯仁至矣"（《述而篇》7·30）之类的意思。晚周君子有"赋诗断章"的习俗，后一种可能性不能完全排除。

乡党篇第十
（一章二十七节）

10·1 孔子于乡党，恂恂如也，似不能言者。其在宗庙、朝廷，便便言，唯谨尔。

【译文】孔子在本乡本土，非常恭顺，好像不会说话的样子。他在宗庙里、朝廷上，说话流畅，只是非常谨慎。

【解析】本篇一章二十七节，均记录孔子的生活细节，当为随侍弟子在孔子晚年所记，或孔子去世后所追记，或二者皆有之，材料极其可靠。这些细节大多不是具体记录某一次的情况，而是总体上说明孔子的言行特点。

孔门认为，君子要"学""行"并重。"学"既包括学习"六艺"等古代文献，也包括学习古今圣贤的善行美德；"行"即身体力行，"躬行君子"，就是按照古代文献上的要求，像古今圣贤那样，做一个谨守礼制，终身致力于平治国家天下的仁德君子。本篇记录孔子的"行"，通过描述孔子一生的若干生活片段，留下了一位谨遵礼制的谦谦君子，终身致力于平治国家天下的仁德君子的生活影像资料，史料弥足珍贵。

本节记载孔子说话的两种例外情况：在家乡木讷，在庙堂谨慎，当然是与孔子周游列国、游说诸侯、教导弟子时的常态相比较而言的。尽管孔子一生都反对"巧言佞色"，但因为春秋时代的士必须游说诸侯才可能当官，太过木讷，人家诸侯公卿不容易了解你，一般很难当官，想必孔子也难以例外。至于为人老师，教导弟子，必须"诲人不倦"，也不可能太木讷，"子如不言，则小子何述焉？"（《阳货篇》17·19）正是孔子在两种情况下的"非常态"，引起了随侍弟子的注意，才做了上面的记录。

中国文化的特色，家族之中，本乡本土，以辈分、年齿为序，不以官爵、学识、财富等为序，所以孔子在本乡说话非常恭顺。宗庙之中，朝廷之上，以官爵为序，孔子曾为公卿，轮到他说话时，他必须依据自己的身份和责任，把话说清楚；轮不到他说话时，他就不能说话。孔子就是这样一个遵守礼制的人。

中国上古实行政教一体的治理方式。西周时代庙堂、朝堂、学堂合而为一，就是一间只有四根柱子没有墙壁的草屋，谓之"明堂"；春秋时代开始分开，所以这里"宗庙""朝廷"分开说。汉代以后人们常说的"庙堂"，有时兼指宗庙和朝廷，有时则仅指朝廷。

10·2 朝，与下大夫言，侃侃如也；与上大夫言，訚訚如也。君在，踧踖如也，与与如也。

【译文】孔子上朝，（当国君还没上朝时，）他与下大夫说话，温和而快乐的样子；与上大夫说话，正直而恭敬的样子。国君上朝了，孔子恭敬而不安的样子，行步安详的样子。

【解析】本节写孔子上朝时彬彬有礼的样子。

从这节可以看出，孔子对国君恭敬至极，对上大夫亦表恭敬，而对下大夫则显示出俯就似的温和礼貌。朝廷秩序，以爵不以齿。孔子严守礼制，一举手一投足，一笑一颦，都符合自己的身份。

10·3　君召使摈，色勃如也，足躩如也。揖所与立，左右手。衣前后，襜如也。趋进，翼如也。宾退，必复命曰："宾不顾矣！"

【译文】国君召他接待外国宾客，孔子面色庄重，脚步很快。向两边的人作揖，或向左拱手，或向右拱手。上衣一俯一仰，很整齐。快步向前，像鸟儿展翅一样。宾客辞别后，孔子必定向国君复命说："客人走远了，已经不回头了！"

【解析】本节写孔子接待外宾时彬彬有礼的样子。
"躩"，音jué，快速之意；"襜"，音chān，整齐之貌。
据《史记·孔子世家》，孔子曾奉鲁昭公之命接待齐景公、晏婴。后鲁定公命孔子为相，为中都宰，又提拔为司空，又转任大司寇。春秋时代，各国之间互相聘问，使者往来不绝于道。孔子在朝为官，又熟谙周礼，鲁君常命他接待外国宾客，也是情理中事。
本节并非具体记录某次接待某宾客事，而是概写孔子接待外宾时的情况。

10·4　入公门，鞠躬如也，如不容。
立不中门，行不履阈。
过位，色勃如也，足躩如也，其言似不足者。
摄齐升堂，鞠躬如也，屏气似不息者。
出，降一等，逞颜色，怡怡如也。
没阶，趋进，翼如也。
复其位，踧踖如也。

【译文】孔子一进朝廷的"外门"，（到了"外朝"，）谨慎恭敬的样子，好像无处容身。
他站着，不站在（人来人往的）"中门"那里，走路不踩门槛。

经过群臣的座位时，他便脸色庄重，脚步也快，说话时好像中气不足的样子。

提起下裳向堂上的"燕朝"走，恭敬谨慎的样子，屏住气好像不能呼吸的样子。

（奏事毕，）从"燕朝"退出来，降了一级台阶，脸色才放松，很轻松的样子。

走完了"燕朝"的台阶，（回到"治朝"，）趋身向前，好像鸟儿展翅一样。回到"治朝"自己的席位，恭敬而内心不安的样子。

【解析】 本节写孔子上朝时彬彬有礼的样子，按上朝奏事的顺序记录孔子的一举一动，谓其无不中节。

周代天子、诸侯的朝廷，均有所谓"三朝""三门"。群臣从"外门"（库门）进入"外朝"，就算进入朝廷了。"外朝"是君上断狱之所，亦偶然询问非常之事，故不常视。群臣需要再从"外朝"往里走，经过"中门"（雉门），就进入"治朝"（正朝）了。"治朝"是君臣日常议政之所，群臣都进入"治朝"之后，君上才从"燕朝"（内朝）经过"寝门"（路门）出来，会见"治朝"中的群臣，君上遍揖群臣，朝礼即毕。然后君上再从"治朝"经"寝门"退回到"燕朝"听政。群臣奏事时，要从"治朝"进入"燕朝"。奏事毕，再退回到"治朝"自己的席位上。朝毕，群臣经"中门"，路经"外朝"，再从"外门"退出公门，就是退朝了。《左传·成公六年》有晋国君臣上朝案例，可以参考。

10·5 执圭，鞠躬如也，如不胜。上如揖，下如授，勃如战色。足蹜蹜如有循。

享礼，有容色。

私觌，愉愉如也。

【译文】（孔子奉命出使他国，举行典礼时，）拿着圭，恭敬谨慎的样子，好像不胜其重的样子。他拿着圭"授玉"时，先将圭高高举起，像要作揖一样，再向下将圭授予主人，面色庄重如同作战。脚步快而步幅窄，径直向前如有所遵循。

献上礼物时，他满脸和气。

当他（行完国礼办完公事）以私人身份会见外国君臣时，则显得轻松愉快。

【解析】本节写孔子出使他国行聘问之礼时一丝不苟谨守礼仪的情况。

"蹜"，音sù，蹜蹜，举脚密而狭的样子；"觌"，音dí，相见。

古人问好必以礼品，国际交往亦然。"上如"三句写"授玉""受玉"之礼。周代诸侯或使臣出使他国，宾主相见时，宾客有向主人"授玉"、主人有先"辞玉"然后接受客人赠玉的"受玉"礼仪。"授玉"者要把玉高高举起，"受玉"者一般会把手放低一些，以示慎重其事。此礼毕，客人还要将其他礼物摆在主人的庭院中，谓之"享礼"。具体的"授玉""受玉"礼仪，可以参阅《左传·文公十二年》秦使访鲁案例、《成公三年》齐侯访晋案例，《定公十五年》邾子访鲁案例以及子贡观礼后的评论。

国礼之后，有的还可以"私觌"，亦称"私面""私觏"，可参阅《昭公六年》楚公子弃疾经过郑国时"私面"郑国三卿、《昭公十六年》晋国上卿韩宣子访问郑国时"私觌"郑国亚卿子产的案例，以及刘宝楠《论语正义·乡党》。

《成公三年》《成公六年》《定公五年》均有相关礼仪的记载。

10·6　君子不以绀緅饰，红紫不以为亵服。

当暑，袗絺绤，必表而出之。

缁衣，羔裘；素衣，麑裘；黄衣，狐裘。

亵裘长，短右袂。

必有寝衣，长一身有半。

狐貉之厚以居。

去丧，无所不佩。

非帷裳，必杀之。

羔裘玄冠不以吊。

吉月，必朝服而朝。

【译文】孔子不用青色和灰色的布给衣裳镶边，不用华贵的大红色和紫色做居家的衣服。

在暑热天，穿葛布单衣，但一定外穿衬衫，使它露在外面。

黑上衣，配羔裘；白上衣，配麑裘；黄上衣，配狐裘。

居家穿的裘皮上衣较长，但右边的袖子会短一些（以方便做事）。

睡觉一定要有被子，长度比身高另长一半。

用厚厚的狐皮貉皮作坐垫。

丧服满了，什么饰物都可以佩带。

只要不是做（上朝和祭祀的）礼服，（做日常起居的裙子，）一定会裁掉一些布。

紫羔和黑色的礼帽（都是吉服，）都不戴着去吊丧。

大年初一，一定穿着上朝的礼服去朝贺。

【解析】本节写孔子的衣着。虽似泛称"君子"，依据本篇体例，实则仅指孔子。"绀"，音gàn，深青中透红之色；"緅"，音zōu，青多红少，比绀暗的颜色；"袗"，音zhěn，单衣义；"绨"，音chī，细葛布；"绤"，音xì，粗葛布；"袂"，音mèi，袖子；"裳"，裙子。古代男女本来都穿裙子。春秋时代还用车战，男子坐在车上，还可以穿裙子。但是大约从战国时代开始，"井田制"被完全破坏，马车奔驰不便，古人只有改用骑兵作战，男子不得不放弃裙子，而逐步改穿裤子。汉代男子则全部穿裤子。

10·7 齐，必有明衣，布。
齐必变食，居必迁坐。

【译文】孔子斋戒沐浴时，一定要有浴衣，用（麻布葛布做的）布衣。

斋戒时一定改变平日的饮食，（不饮酒，不吃味重的食物如葱蒜类，不吃鱼禽类等荤腥，）居住也会换地方（不与妻妾同房）。

10·8　食不厌精，脍不厌细。

食饐而餲，鱼馁而肉败，不食；色恶，不食；臭恶，不食；失饪，不食；不时，不食；割不正，不食；不得其酱，不食。

肉虽多，不使胜食气。

唯酒无量，不及乱。

沽酒市脯，不食。

不撤姜食，不多食。

【译文】（孔子吃饭）不嫌米舂得精，鱼和肉不嫌切得细。

粮食霉烂发臭，鱼和肉腐败，不吃；食物颜色难看，不吃；食物气味恶臭，不吃；烹调不当，不吃；不到该进餐的时候，不吃；不按常规切割的肉，不吃；没有调味的酱，不吃。

肉虽多，吃肉不超过主食。

只有喝酒不限量，但不喝醉。

（随便）买来的酒和肉干，不吃。

（吃完了饭，）姜不撤掉，但也不多吃。

【解析】本节写孔子饮食习惯，旨在说明，孔子的饮食很讲究，也很克制。"饐"，音yì，食物腐臭；"餲"，音ài，饭臭之义。失饪，烹调不当之义。"割不正"，并非指切割不方正，而是指不顺纹理，胡乱切割。"乱"，醉酒则神志不清，故云乱。《左传·宣公十五年》，魏武子刚病，命爱妾改嫁；病危，又命爱妾殉葬。武子卒，其子曰："疾病则乱，吾从其治也。"嫁其亡父之爱妾。醉酒之乱与病重之乱；一也。

10·9 祭于公，不宿肉。祭肉不出三日，出三日，不食之矣。

【译文】孔子参加国家祭祀典礼，不把（带回家的）祭肉留到第二天。别的祭肉留存不超过三天。超过了三天，就不吃了。

【解析】国家祭祀典礼耗时两天，祭肉第三天一拿回去就要吃。如果"宿"即再过一夜，那么祭肉第四天才能吃，时间太长，可能变质。自家的祭肉也不留存三天以上，超过三天就不吃了。

10·10 食不语，寝不言。

【译文】孔子吃饭时不与人交谈，睡觉时不说话。

10·11 虽疏食菜羹，瓜祭，必齐如也。

【译文】（孔子平日吃饭，）即使是糙米饭小菜汤，也必定会先祭神，（祭神时）必定像斋戒了一样（恭恭敬敬的）。

【解析】本节写孔子平日饭前祭神。瓜，或为"必"之误。齐，通"斋"。《左传·襄公二十八年》："叔孙穆子食庆封，庆封汜祭。"庆封饮食前先祭祖，这是中国几千年不变的礼俗。活着的子孙只要开口吃饭，必先祭神，请祖先先吃。

10·12 席不正，不坐。

【译文】布席不合礼制，孔子不坐。

【解析】周礼关于布席的礼制，极其繁杂，如席的层数：天子五，诸侯三，大夫二，士一；席的种类：日常起居用席、国家大典用席、婚礼丧礼用席、一年四季用席，等等，均有不同；席的方位：华夏以北为至尊、西次之、东再次，东夷又不同，等等，无比繁杂。春秋时代齐人晏婴、鲁人孟僖子、西汉司马谈，全都被搞迷糊了。（参《左传·昭公七年》《史记·孔子世家》《太史公自序》）这些礼制安排的中心意思，是要确定君臣父子在政治上伦理上的尊卑关系，使之井然有序。10·18亦谈及正席问题。

10·13 乡人饮酒，杖者出，斯出矣。

【译文】行完"乡饮酒礼"后，孔子要等挂拐杖的老年人都出去了，这才出去。

【解析】天下人普遍尊重的有三样：一是年齿，二是道德，三是爵位。本乡本土以年齿为尊，朝廷以官爵为尊，普天之下以道德为尊。孔子参加完乡饮酒礼，要等年长者先走，这符合礼制；他在朝廷与下大夫说话很温和，与上大夫说话很恭敬，见到国君很不安（参10·2），也符合礼制。

10·14 乡人傩，朝服而立于阼阶。

【译文】本乡人举行驱赶妖魔鬼怪的"傩"礼时，孔子穿上朝服，站在东边主人的台阶上（迎神送神）。

【解析】"傩"，音nuó，是一种驱赶妖魔鬼怪的宗教仪式，十分古老，中国部分地方至今仍几乎原样保存，大部分地方则早已演化为舞龙舞狮等娱乐活动。在过年或家有病人时，古人便用各种面具装扮为厉鬼，手持火把和各式象征性的武器，歌唱、喊叫、跳跃，以期将小鬼赶走。象征性地将妖怪赶到某处之后，将所有面具、火把、武器等物一并焚烧，中有竹篙，叽叽作响，（后世放鞭炮可能本于此，）以示将小鬼一并烧死，活人得到健康安宁幸福。

"阼"，音zuò，东面的台阶，为主人所在之地。

孔子上朝、祭神时，必穿礼服，即"朝服"（孔子当过鲁国公卿，故有朝服），平时在家则穿"亵服"（常服，参10·6）。由于"傩"也是一种宗教活动，与祭神相同，所以孔子也要换掉"亵服"，穿上"朝服"，出门迎接。

按照华夏诸国的文化心理，西方才是死鬼的去所，乡人举行傩礼时，必定从东往西驱鬼，孔子要迎接驱鬼的乡人，所以要站在"阼阶"上，这是房主人站的位置。如今乡下举行舞龙舞狮驱鬼等宗教仪式时，每家的主人也要站出来迎送，仍然保留着上古宗教礼俗的遗影。

10·15 问人于他邦，再拜而送之。

【译文】孔子托人给身在外国的朋友问好并送礼，便向受托者拜谢两次而为之送行。

【解析】"问"，问好并送礼。《左传·哀公十一年》"使问弦多以琴"，即问候弦多（人名）并赠之以琴。今人则既有仅仅问好者，亦有问好并送礼者，后者保存着古礼。

10·16 康子馈药，拜而受之，曰："丘未达，不敢尝。"

【译文】季康子给孔子送药，孔子拜谢而接受了，但说："我对这药的药性还不是很了解，不敢试服。"

【解析】《述而篇》7·13："子之所慎：齐，战，疾。"他不敢试服季康子送的药，与他对疾病一向谨慎有关。

季康子鲁哀公三年开始担任鲁国的正卿。

古人自称，称名不称字，故孔子自称"丘"。

10·17 厩焚。子退朝，曰："伤人乎?"不问马。

【译文】孔子的马厩失了火。孔子退朝回来，问道："烧伤了人吗?"没有问到马。

【解析】孔子是公卿，出入自然要坐马车。古时一辆青铜马车，要配四匹年轻力壮的公马，即所谓"驷马""乘"，这在当时是很大的一笔财产。马厩失了火，很可能会烧伤烧死马，孔子居然不问，只问"伤人乎"，这让知情的弟子先是惊讶，后又明白：孔夫子平日常讲，"仁者，人也"，夫子不仅这样说，也这样想这样做。所以，弟子把这事记了下来。"人"，此用其广义，泛指所有的人。

《左传·哀公三年》，鲁国发生火灾，季桓子"命救火者伤人则止，财可为也"，其理念与孔子相同。鲁国史官做此记录，与孔子弟子认同孔子人本理念并做此记录，原因相同。

10·18　君赐食，必正席先尝之；君赐腥，必熟而荐之；君赐生，必畜之。

侍食于君，君祭，先饭。

【译文】（孔子上朝时，）如果国君赐他熟食，他（离席受赐回到自己的席位后）必定摆正席位才坐下，先尝尝；如果国君赐他生肉，必定（拿回去）煮熟了而先进贡给祖先神；如果国君赐他活物，必定养着它。

陪国君一道吃饭，当国君举行饭前祭礼时，孔子先吃饭（不吃菜）。

【解析】"正席"，基本道理与"席不正，不坐"（10·12）相同。不过本章所说的"正席"就很简单：国君赐熟食，孔子必离席受赐，垫席难免挪动不正，所以孔子回到席位上后，先要把垫席摆正，使其四边完全对应东南西北四方，不得稍有偏移，然后再坐到垫席上，品尝国君所赐熟食。如此，才完全合乎礼制。"君祭"，国君饭前祭祀，与10·11所言相同。

10·19　疾，君视之。东首，加朝服，拖绅。

【译文】孔子病了，国君来看望他。他于是头朝东（迎接从东面台阶进来的国君），身上披上上朝的礼服，腰间拖着大带子。

【解析】孔子上朝、祭祀时，必穿礼服即"朝服"。但平时在家里，则穿"亵服"即常服。国君来探望他，他有病，不能穿礼服，所以把礼服"加"即披在身上。平时穿礼服，腰间要束布带，这次没办法束带，只能象征性地把布带放在腰间，所以"拖"了一大截。

古人的卧房在南边向阳处，因为要给房门留地方，一般采取头南脚北的睡位。按照周礼，天子至诸侯处，诸侯至卿大夫处，都不认为自己是客人，而仍以主人自居，所以仍从"阼阶"（主人的位向，参10·14）即东边的台阶走进来。《战国策·赵策三》说："天子巡守，诸侯避舍。"贾谊《新书·礼篇》："天子适诸侯，诸侯不敢有宫，不敢为主人，礼也。"同理，诸侯到公卿孔子家，孔子亦不能为主人。为了尊崇国君的主人地位，尽人臣之礼，孔子赶紧调整睡位，头朝东面，以迎接从东面台阶进来的国君，所以叫"东首"。

10·20 君命召，不俟驾行矣。

【译文】国君召唤，孔子不等驾好马车，就先步行了（让马车追上来再上车）。

【解析】《孟子·公孙丑下》4·2引齐人景丑语曰："礼曰：父召，无诺；君命召，不俟驾。"《荀子·大略》："诸侯召其臣，臣不俟驾，颠倒衣裳而走，礼也。《诗》曰：'颠之倒之，自公召之。'天子召诸侯，诸侯辇舆就马，礼也。"古人上曰衣，下曰裳，"颠倒衣裳"，极言行动之快而慌乱。"辇舆就马"，平日用车，自然是"马就辇舆"，天子召唤，诸侯慌乱，竟然急急忙忙拉着马车往马厩那里跑。可见，孔子"不俟驾"即行，这是符合礼制的举动。

10·21 入太庙，每事问。

【解析】本节与《八佾篇》3·15重复。
整个《乡党篇》的主旨是"礼"，本节重录，亦在表达这一主旨。

10·22　朋友死，无所归，曰："于我殡。"

【译文】朋友死了，（无人安葬，）找不到归宿，孔子说："我来办丧事。"

【解析】"归"，女子出嫁曰"归"，人死魂归父母怀抱以再生，且可受到子孙祭祀，故亦曰"归"。《左传·昭公七年》，子产曰："鬼有所归，乃不为厉，吾为之归也。"古人认为，父母、天地是我们最终的归宿，是我们灵魂的安身之所，是我们侍奉父母的地方，也是我们接受子孙祭祀的地方，是我们实现循环再生的地方。这一信仰至今犹存。当我们穷途末路时，这一信仰就会被激活，即所谓"人穷返本"，"返本"即"归"。

在人类的信仰里，没有比"人穷"不能"返本"，人死而灵魂找不到归宿更严重、更惨痛的事。孔子安葬无人安葬的朋友，让其有所"归"，这是仁道而且符合礼制、符合宗教信仰的事。

10·23　朋友之馈，虽车马，非祭肉，不拜。

【译文】朋友的馈赠，即使是昂贵的车马，只要不是祭肉，孔子就不行拜谢之礼。

【解析】一辆青铜马车，配四匹年轻力壮的公马，谓之一"乘"，也叫"驷马"，这是很大的一笔财产，很重的礼。祭肉，祭祀鬼神的肉。鬼神只享用其香气，祭祀完毕，则分而食之。祭肉虽价值微薄，但因涉及对鬼神的尊敬，所以必行拜谢之礼。车马虽十分贵重，但因不涉及礼制，孔子就不行拜谢之礼。

10·24　寝不尸，居不客。

【译文】孔子睡觉不像死尸一样，（直挺挺地躺着。）平日在家，不像做客或见客那样跪坐。

【解析】战国以前贵族男子不穿裤子，而是上衣下裳，裆里扎一布带。其坐姿主要考虑雅观因素，坐法有三：一是"客"，见客或做客时，为表示恭敬，双膝着席，臀部落在脚后跟上，裙子正好遮蔽下体。这叫"客"，叫"坐"，也叫"危坐"，也就是"跪坐"（参《孟子·公孙丑下》4·11）。二是"蹲"，也叫"居"，《说文解字》："居，蹲也。"即双脚脚板着席，双膝耸起，臀部自然下垂，裙子上遮膝盖。三是"箕踞"，臀部着席，双腿叉开着地，形状似箕。第一种坐法最文雅有礼但最累，第三种坐法最粗野无礼但最轻松，孔子家居应该采用第二种坐法即"蹲"法。怎么坐也涉及礼制，所以弟子记录之。

10·25　见齐衰者，虽狎，必变。见冕者与瞽者，虽亵，必以貌。

凶服者式之。式负版者。

有盛馔，必变色而作。

迅雷风烈必变。

【译文】孔子看见穿"齐衰"孝服的人，即使平日与他极亲密极随意，也一定改变态度，（以示对死者的尊敬和对生者的同情。）看见戴礼帽的贵族和朝廷的鼓师，即使平日常见，也一定以礼相见。

（孔子坐在马车上，）遇到送死人衣物的人，便手扶马车前的横木"轼"，（以示对死者的尊敬和对生者的同情。）遇到背负国家图籍的人，也手扶"轼"（以示敬意）。

如有丰盛的菜肴，必定神色变动，跪了起来（以示感恩）。

遇到雷电大风，一定改变态度（以示敬天）。

【解析】孔子礼遇穿孝服的人、戴礼帽的贵族和盲人鼓师（参《子罕篇》9·10）。"齐衰"，音zī cuī；"作"，孔子此前必跪坐，见到美食，为了表示感谢，臀部离开脚后跟，上身与大腿垂直，但双膝仍在席位上，所以我译作"跪"。"瞽"，周代乐师均用盲人，"师"为乐师之长，"瞽"为鼓师，"钟"为钟师。周人相传舜帝的父亲为"瞽叟",即鼓师。

10·26 升车,必正立,执绥。
车中,不内顾,不疾言,不亲指。

【译文】孔子上车时,一定先端正地站好,拉着扶手带(然后上车)。在车中,他不回头看,不高声说话,不指指点点。

【解析】"绥",供人拉着以便上马车的绳子。《左传·哀公二年》,晋国上卿赵简子的著名马车夫"子良授(卫)大子(蒯聩)绥",以便蒯聩拉着上车。"子良"即周汉典籍中常常出现的王良。

10·27 色斯举矣,翔而后集。曰:"山梁雌雉,时哉时哉!"子路共之,三嗅而作。

【译文】孔子脸色动了一下,野鸡飞了一会儿又停在一处。孔子说:"山上的雌雉,得其时啊!得其时啊!"子路向它们拱拱手,它们又振翅飞走了。

【解析】"共",同"拱";"嗅",当作"狊",音jù,张翅貌。
本节何意,不甚了了,或有脱文。

先进篇第十一
（共二十六章）

11·1 子曰："先进于礼乐，野人也；后进于礼乐，君子也。如用之，则吾从先进。"

【译文】孔子说："先学礼乐后当官的，是原本在野的士人；先当官后学礼乐的，是嗣位在朝的公卿大夫。如果选用人才，那么我主张选用先学礼乐的士人。"

【解析】本章记载孔子的人才观。

宗法制最晚在西周初期确立。按照这一礼制，卿大夫的嫡长子可以直接继承父亲的爵位和官职，谓之"世禄"，因此他们可以一边当官，一边学习礼乐，学习做官的本事。其他儿子则成为普通士人，他们必须先学礼乐，学习做官的本事，学有所成以后，又得到诸侯公卿的赏识，才能做官。如果没有嫡子，就选庶长子嗣位，如鲁国公卿孟僖子没有嫡子，只有两个庶子（见《左传·昭公七年》），长子孟懿子就直接继承了父亲的爵位和官职（参《为政篇》2·5），次子南宫敬叔即南容则成了孔子的授业弟子（参《公冶长篇》5·2）。南容必须"先进"即先学礼乐，学到了做官的本事，才能当官。孔子的父亲叔梁纥为郰邑大夫，也无嫡子（见《史记·孔子世家》），其庶长子孟皮就直接嗣位为邑大夫，孔子则只能先学礼乐，学有所成，很久以后才当官。

在"野"与在"朝"相对而言,"野人"(无爵位无官职的卿大夫子弟,故称"人",而不称"民")与"君子"(有爵位有官职的卿大夫子弟)相对而言。子夏说:"仕而优则学,学而优则仕。"(《子张篇》19·13)这恐怕不仅是孔子一派人的主张,而且就是周代官场的实情。

可能孔子发现那些先受教育后当官的士人,比那些先当官后学礼乐的公卿子弟,更能体察民情,更有上进心,当官更加称职,因此他才主张选用那些先学礼乐后当官的士人。

11·2 子曰:"从我于陈、蔡者,皆不及门也。"

【译文】孔子说:"当年跟着我被围困在陈、蔡之间的弟子,如今都已不在我门下(都当官去了)。"

【解析】本章记载孔子想念一起落难的弟子。

鲁哀公四年,为了防止孔子被楚国所用,危及陈、蔡两国,两国大夫发兵将孔子围困在陈、蔡之间。后来子贡出使楚国,游说楚昭王兴师迎孔子,然后得免。《史记·孔子世家》对此有详细记录,本章与《卫灵公篇》15·2亦有所记录。

孔子说:"三年学,不至于谷,不易得也。"(《泰伯篇》8·12)可见孔子授业弟子一般学习三年,学业有成,有诸侯公卿赏识,就离开老师当官去了。"不及门",不在门下。"门",师门、孔门。孔子感叹当初在陈、蔡患难与共的弟子离自己而去,可能是因为曾一起落难,师徒感情更深的缘故,所以孔子有些伤感。

11·3 德行:颜渊,闵子骞,冉伯牛,仲弓。言语:宰我,子贡。政事:冉有,季路。文学:子游,子夏。

【译文】(同学们各有所长,)德行好的:颜渊,闵子骞,冉伯牛,仲弓。善言辞的:宰我,子贡。善理政的:冉有、季路。熟悉文献的:子游,子夏。

【解析】本章应非孔子原话。孔子说话，称弟子称名不称字。记录者应是孔子弟子，应该是在综合了孔子对同学们的许多评论，并结合了自己的观察分析之后，自己归纳出来的。仅以选录进《论语》的孔子原话考证之，本章记录大多可靠。

"文学"，文献之学，"文"指《诗》《书》《礼》《乐》《易》《春秋》等古代文献。

"季路"，仲由字子路。古人五十而称行第（此俗至今犹存），子路五十岁后，同学们改称他季路，含有尊敬之意。子路小孔子九岁，从称子路为季路来看，本章记录时间应在孔子晚年甚至去世之后。

《孟子·公孙丑下》3·2，公孙丑曰："宰我、子贡，善为说辞；冉牛、闵子、颜渊，善言德行。"明显用了《论语》本章之意。只是古人引述，全凭记忆，公孙丑所引，不太严谨而已。这说明，《论语》在战国时代中期，就是君子的必读书，其经典化历程就已完成。

11·4 子曰："回也非助我者也，于吾言无所不说。"

【译文】孔子说："颜回并非对我有所帮助的弟子，他对我的话，没有不喜欢的。"

【解析】颜回每次听孔子讲学，总是默而记之，慢慢体会，从无不同意见（《为政篇》2·9）。当时就有人认为孔子"博学而无所成名"（《子罕篇》9·2），西汉司马谈也说，"儒者博而寡要，劳而少功"（《史记·太史公自序》）。但颜回却早已体会到，孔子"博我以文，约我以礼"（《子罕篇》9·11），用古代文献教导我们，让我们博学，又用"礼"对这些文献提纲挈领，让我们由博返约。对孔夫子的学问有此深刻体会者，孔门弟子和后世经师均属罕见。可见颜回学习夫子的学问很认真，也很有心得。

但是孔子认为，颜回只是全盘学习老师的学问而已，较少与老师讨论问题，更没有诘问老师，从而促使老师思考新问题，创造新学问，所以孔子认为，颜回对老师没有什么帮助。后世常有"教学相长"之说，其道理与本章孔子的话相通。

说,同"悦"。

11·5　子曰:"孝哉闵子骞!人不闲于其父母昆弟之言。"

【译文】孔子说:"闵子骞真孝顺啊!对他父母兄弟(称赞他)的话,人们并无非闲。"

【解析】本章记载孔子称赞弟子闵损。

本章可与《雍也篇》6·9、《先进篇》11·3两章合读。

"闲"(閒),一作"间"(間),作"闲"稍胜。《史记·仲尼弟子列传》即引作"闲"。"闲"有非闲、背后说人不是、犯、违反之类的意思。《左传·僖公三十一年》"不可以闲成王周公之命祀",《襄公十一年》"或闲兹命",《昭公二十六年》"以闲先王",皆其例。后世所谓"闲言碎语",仍保留此意。此言闵子骞真正孝顺,得到其父母的认可,人们即使在背后议论他人,对他也无非闲之意。如作"间",则有不同之意,此作"异词"理解,亦通。如《襄公十五年》:"不敢间。"《方言》:"间,非也。"

闵子骞名损,字子骞。孔子称弟子,从来称名不称字。按照周人礼俗和孔子习惯,本章第一句孔子应说"孝哉损""孝哉闵损"。孔子特称其字者,贵之也。《春秋》只要称大夫的字,而不称其名,《左传》都会解释说:"贵之也。"

11·6　南容三复"白圭",孔子以其兄之子妻之。

【译文】南容把"白圭"这几句诗读了又读,孔子就把自己兄长的女儿嫁给了他。

【解析】"白圭",《诗经·大雅·抑》:"白圭之玷,尚可磨也;斯言之玷,不可为也。"大意是说,白圭的污点,尚可磨掉。君子言而无信的污点,(没有办法去掉,因此)不可乱说。白圭,乳白色的玉器。玷,玉之瑕疵。春秋君子引用这几句诗,一般表示不可轻言,不可食言的意思。如,晋献公将太子奚齐托付给荀息，荀息表示要以死效忠。献公卒，诸子争立，太子被杀，荀息"复言"（兑现诺言）而死之。《左传·僖公九年》君子发表议论，即引此诗称赞荀息。南容反复诵读这几句诗，应该是在反复体会君子要不可轻言、言则有信这层意思。孔子从弟子的这一举动中，看到了弟子的君子之德。

据《史记·孔子世家·索隐》引《孔子家语》，孔子的兄长名叫孟皮。可能此时孟皮已死，孔子便给侄女主婚。

南容即南宫敬叔，其姓氏、名、字均极其复杂（参《公冶长篇》5·2分析文字）。鲁国世卿孟僖子之庶次子（《左传·昭公七年》），孔子早期弟子之一。据《论语》所记，孔子多次称赞南容是道德高尚的君子（《公冶长篇》5·2、《宪问篇》14·5），他把侄女嫁给南容，应当并非仅仅因为南容反复读这几句诗。可能是因为南容反复读诗在前，孔子嫁侄女在后，随侍弟子便做了这样的记录。

11·7　季康子问："弟子孰为好学？"孔子对曰："有颜回者好学，不幸短命死矣！今也则亡。"

【译文】季康子问："你的弟子中谁最勤奋好学？"孔子答道："有个名叫颜回的最勤奋好学，不幸短命死了！现在再也没有了。"

【解析】本章叹惜弟子颜回"好学"而早夭。

季康子，鲁国正卿。据《左传·哀公三年》记载，他本年即位。他问孔子弟子的情况，或有物色官员的考虑，或仅仅出于好奇。季康子地位比孔子高，故弟子记录孔子回答季康子的话时，用"对"字。弟子记录时不称老师为"子"，而称"孔子"，有郑重其事的考虑。此外，春秋时代有在一定的环境下特称少数地位高道德高的公卿为"子"，不冠姓氏的礼俗，如鲁国朝廷称季孙、孟孙、叔孙为"三子"。按此礼俗，季康子、孔子都可以特称为"子"，这就容易引起认知混乱，这也是记录者称"孔子"而不称"子"的原因。

《史记·仲尼弟子列传》："颜回者，字子渊。少孔子三十岁。"学者考证颜回小孔子四十岁。孔鲤去世时，孔子约七十岁。《仲尼弟子列传·索隐》引《孔子家语》："（颜回）三十二而死。"那么颜回去世时，孔子约七十二岁。鲁哀公十六年，孔子满七十二岁虚岁七十三岁而卒，那么本章这番谈话，应该就发生在孔子去世前不久，很可能是孔子最晚的语录。

孔子一向要求弟子学"文"（古代文献）学"行"（古今圣贤的美德善行）。季康子的这个问题，鲁哀公也问过，那次孔子只夸奖颜回"好学""行"（《雍也篇》6·3），而未论及颜回"好学""文"。本章中的两个"好学"，应该均兼指学"文"和学"行"。颜回学"文"，能够"闻一知十"（《公冶长篇》5·9），并且悟到了老师学问的核心是"礼"（《子罕篇》9·11），这是十分了不起的见识。颜回学"行"，身体力行，践行仁道，孔子赞美他："吾见其进也，未见其止也。"（《子罕篇》9·21）说颜回在学习古今圣贤、追寻理想、实行仁道的道路上，从未停止脚步，这中间自然包括因为天下无道，颜回不肯做官，宁愿"一箪食，一瓢饮，在陋巷"（《雍也篇》6·11）的情况。孔子称赞颜回"其心三月不违仁"（《雍也篇》6·7），这是很高的评价。《史记·仲尼弟子列传》将颜回列为第一，便体现了孔子的意思。

11·8 颜渊死，颜路请子之车以为之椁。子曰："才不才，亦各言其子也。鲤也死，有棺而无椁。吾不徒行以为之椁，以吾从大夫之后，不可徒行也。"

【译文】弟子颜渊死了，颜路请孔子卖掉马车为他置办外椁。孔子说："有才也好没才也好，终归是自己的儿子。鲤死后，也只有内棺而无外椁。我不能步行为他（指孔鲤）置办外椁，因为我也曾当过大夫，是不可以步行的。"

【解析】本章记载孔子的节葬观。

颜渊即颜回，字子渊，孔子晚期弟子。颜路名无繇，字路，颜回的父亲，孔子早期弟子。鲤，字伯鱼，孔子之子。据《史记·仲尼弟子列传·索隐》，孔鲤年五十岁死，其时孔子七十岁。颜回小孔子四十岁，三十二岁而死，其时孔子七十二岁。鲁哀公十六年，孔子虚岁七十三而死，由此可以推定孔子与颜路谈话的时间。

古代贵族安葬，有内棺，有外椁。根据《礼记·丧大记》的记载，椁之木料，诸侯用松木，卿大夫用柏木，士用杂木。颜回不肯当官，常常"一箪食，一瓢饮，在陋巷"（《雍也篇》6·11），想必颜家贫寒，无钱买椁，所以颜路请老师卖掉马车（当然还要卖掉拉车的驷马），给颜回买椁，以便按照贵族礼制安葬颜回。孔子说，我当过大夫，不可步行，不能没有马车，因此不能卖掉马车给孔鲤买椁。言外之意是，当然也不能给你的儿子买椁。本章即记录此事。

孔子的授业弟子都是士，士在西周时代和春秋早期都还是贵族，据《左传·隐公元年》《隐公五年》记载，周礼对贵族丧期、贵族乐舞的规定中，还有对士的规定。到了春秋时代中晚期，虽然士的经济地位、政治地位都下降到非常接近平民的地步，但他们毕竟有高贵的血统，受过一定的教育，心境也很高，所以其行事方式和习惯都还是贵族的做派。颜回"安贫乐道"，颜路安葬颜回要内棺和外椁，这些都是非常典型的贵族的做派。真正的平民不可能"安贫乐道"，也不会想到要外椁。

"才不才，亦各言其子也"，说明孔子承认颜回有才，而孔鲤不才。孔鲤虽不才，终究是亲子，连亲儿子都有棺无椁，孔子不为颜回置办外椁，颜路当然无话可说。

春秋时代，贵族都厚葬，但主张薄葬的人也开始多起来。不仅墨家主张薄葬（《墨子》有《节葬篇》，今存《节葬篇下》），孔子早就主张薄葬（《先进篇》11·11）。这应该也是孔子不同意厚葬儿子和弟子的原因。

"从大夫之后"，"从"，随也，随大夫之班，即当过大夫，这是自谦而又形象的说法。孔子当过鲁国的"相"和"司寇"，都位列卿大夫。《宪问篇》14·21也有这样自谦而又形象的说法，《左传·昭公七年》"从嬖大夫"，随下大夫之班，嬖大夫即下大夫，可与本章互证。

11·9 颜渊死，子曰："噫！天丧予！天丧予！"

【译文】颜渊死了，孔子悲叹道："噫！老天爷要我的命啊！老天爷要我的命啊！"

【解析】"天丧"二句连言之，痛之甚也。

11·10　颜渊死，子哭之恸。从者曰："子恸矣！"曰："有恸乎？非夫人之为恸，而谁为？"

【译文】颜渊死了，孔子哭得很伤心。随侍弟子说："您太伤心了！"孔子道："真的太伤心了吗？我不为这样的人伤心，还为谁伤心呢？"

【解析】颜回不仅学问好，道德亦好，追求理想从不停步，所以孔子特别为他伤心。

11·11　颜渊死，门人欲厚葬之。子曰："不可。"
门人厚葬之。子曰："回也视予犹父也，予不得视犹子也。非我也，夫二三子也！"

【译文】老师颜子死了，我们想厚葬他。祖师爷说："不可以。"
我们还是厚葬了他。祖师爷说："（颜）回呀，你视我如父，我却无法视你如子。这事不是我干的，是他们干的呀！"

【解析】本章可与《先进篇》11·8合读。

本章的记录者只可能是颜回的门徒，原简必然尊称颜回为"颜子"，曾参师徒编辑《论语》时，将"颜子"改为"颜渊"。但是孔门只有颜回的同学以及同学的弟子才能称他的表字"子渊""颜渊"，编辑者如此一改，让人误认为是同学或同学的弟子所记录，但是当时没有同学之间互记语录的礼制，也没有同学的弟子记录老师的同学语录的礼制。所以我在翻译时，不得不将"颜渊"改回为"颜子"，否则违反礼制，也无法翻译出原简的本意。

本章"门人"有歧义。孔子弟子，颜回弟子，投身各自的师门，因此都可称为"门人"，但孔门若这样称呼，必然导致逻辑混乱。所以我结合今本《论语》考证推测，孔门早已有意识地做出了区别：孔子弟子才称"弟子""门弟子"，只有7·29称孔子弟子为"门人"；设帐弟子的门徒，孔子的徒孙，一律称为"门人"，这些徒孙也自称"门人"，就像本章这样。《论语》中"门人"

一词总共出现了七次,其中六次全部都指孔子的徒孙,《里仁篇》4·15已经一并考证清楚。

"不得",无法、无奈之词。孔子如能"视(回)犹子",则应像薄葬儿子孔鲤那样薄葬颜回。想必颜回在世时,赞成老师的薄葬主张,理解并且支持老师薄葬孔鲤的举动,在知道自己将死时,颜回甚至可能要求将来薄葬自己。如今徒孙们一定要厚葬他们英年早逝的老师,孔子身为祖师,隔了一辈,诸多不便,只有徒唤奈何而已。

战国早期儒学有所谓"颜氏之学",想必是颜回所传。其父颜路以及孔子其他颜氏弟子(详见《仲尼弟子列传》)并不以学问见称,恐怕无学可传,更不可能开宗立派。《孟子·离娄下》8·29敬称颜回为"颜子",恐非泛泛之辞。《滕文公上》5·1引有颜子语录(《论语》遗简),《论语》中9·11应为颜子语录,两章都必为颜回之门徒所记。《论语》其所以竟无一章尊称"颜子"者,盖因曾参师徒编辑《论语》时,将所有尊称"颜子"处全部改动之故。其改动的原因,很可能是因为忌惮颜回太大的影响力,与他们忌惮子路的道理相通。①

11·12 季路问事鬼神。子曰:"未能事人,焉能事鬼?"

曰:"敢问死。"曰:"未知生,焉知死?"

【译文】季路问服事鬼神之事。孔子道:"活人尚不能服事,怎能服事鬼神?"

季路又道:"冒昧地请问死是怎么回事。"孔子道:"生的道理还没弄明白,怎能明白死?"

【解析】季路,仲由字子路,周俗,五十岁后改称行第,以示尊重,故亦字季路。《公冶长篇》5·26既称他为子路,又称他为季路。《史记·仲尼弟子列传·索隐》引《孔子家语》:"一字季路。"《左传·哀公十五年》尊称他为

---

①详见《孔子弟子称"子"现象研究》(吴天明,《湖北社会科学》2018年第12期)

"季子",但是此前均称他子路。

华夏文明早熟。西周早期圣贤即已主张"天心自我民心",重苍生而不重鬼神。春秋时代,"国有道,听于民;国无道,听于神",更是那个时代子产等许多君子的共识。孔子并非不知"鬼"和"死",只是教导子路多问苍生莫问鬼神而已。

"人",孔子所说的"人",一指所有的人,与"鬼"相对而言;二指上等人,与"民"相对而言。本章说"人",由"鬼"引起,又与"鬼"相对,故用"人"之第一义。

本章特别尊称孔子为"子",客气地称年满五十的子路为"季路",记录者应该是孔子的随侍弟子,子路的同学,或者是子路同学的弟子。如果是子路自己的弟子所记录,原简必然尊称子路为"仲子",那么就是曾参师徒在编辑《论语》时,将"仲子"改为"季路"了。

11·13 闵子侍侧,訚訚如也;子路,行行如也;冉有、子贡,侃侃如也。子乐,"若由也,不得其死然!"

【译文】闵子陪侍在祖师孔子旁边,恭敬而正直的样子;子路陪侍,刚强的样子;冉有、子贡陪侍,温和快乐的样子。(看见弟子们的样子,)孔子乐了,(半开玩笑半认真地说:)"像由啊,恐怕不得好死!"

【解析】"闵子"即孔子弟子闵损,字子骞,"子"是尊称。本章特别尊称祖师爷孔子为"子"。于孔子弟子,独尊闵损为"闵子",闵损另三位同学,子路、冉有、子贡,均直称其字;冉求字子有,不称"子有"而称"冉有"者,当与颜回字子渊,孔门常称他"颜渊"一样,实际上也是称字。据此即可推知,本章的记录者是闵子骞的弟子,闵损是孔子的设帐弟子之一。

子路即仲由,《史记·仲尼弟子列传》说他"性鄙好勇",可谓得之。《论语》中有关子路的记载有三十一章之多,其中好多章都记载孔子批评子路"好勇过我""暴虎冯河",鲁莽无礼,不知谦让,常常担心他得不到善终。《左传·哀公十五年》记载,当孔子得知子路参与卫国内乱时,说:"由也死矣!"孔子不幸一语成谶,子路果然战死。

"得其死""得死""得保首领以没",都是晚周俗语,谓得善终,得享天年;"不免""不得其死"等,也是晚周俗语,即得不到善终,死于非命。如《僖公十九年》:"得死为幸。"《襄公二十三年》:"不得其死。"

11·14 鲁人为长府。闵子骞曰:"仍旧贯,如之何?何必改作?"子曰:"夫人不言,言必有中。"

【译文】鲁国宝库"长府"的长官"府人"翻修长府。闵子骞说:"还是老样子,怎么样?何必重新翻造?"孔子道:"这个人平日不大说话,一说话必定中肯。"

【解析】闵子骞的意思是,能节约就节约。

"鲁人","国名+人",据《春秋》,鲁僖公以前常称国君为"某人",此后常以"晋人、楚人、郑人、鲁人"等指相关国家的卿大夫。《论语》出现在僖公之后,且本章文意,"鲁人"当指鲁国大夫,即"长府"的长官"府人",鲁君不会亲为此事,故译文如上。周代还有"地名+人"的用法,指该地的长官、大夫,如孔子的父亲叔梁纥,为鲁国郰邑大夫,即被称为"郰人"。

"长府",鲁君宝库名,收藏各类宝物,与储存车马兵甲粮食的普通国库不同,见《左传·昭公二十五年》。周天王有"大府、内府、外府、玉府、天府"等许多府库,分得很细,诸侯则很可能没有这么细分。据《昭公十八年》,郑国有"府"有"库",其长官分别称为"府人"和"库人"。郑玄注:"府谓宝藏货赂之处也,库为车马兵甲之处也。"《昭公三十二年》,鲁国大夫、子家子等将鲁昭公所赐之物返还给"府人",说明"长府"的确有收藏保管国君宝物的职责,其长官名曰"府人"。郑说可从。本章所记负责翻修"长府"者很可能就是"府人"。

11·15 子曰："由之瑟，奚为于丘之门？"门人不敬子路。子曰："由也升堂矣，未入于室也。"

【译文】孔子说："由弹瑟，为什么要到我这里来弹呢？"子路的门徒（因此）看不起子路。孔子（打圆场）道："由呀，学问已经不错了，只是还不够精深罢了。"

【解析】仲由（字子路）长期担任孔子的侍卫，他在随侍老师的时候弹弹瑟，本是很正常的事。加上乐教是孔门弟子必须"学"而且要"习"（参《学而篇》1·1）的"六艺"之一，仲由弹瑟，本无不可。孔子这次怪仲由在他这里弹瑟，不知是嫌弃子路弹得不好，乐声吵人，还是其他什么原因。孔子当着子路的门徒批评子路，子路的门徒因此就小看老师。孔子意识到自己的情绪不对，做法不对，伤了子路，又连忙肯定子路学问不错，明显有补救调和打圆场、挽救子路威信的意思。

本章特别尊称孔子为"子"，称仲由的字"子路"，统称子路的弟子为"门人"，看来本章的记录者，应该是孔子的随侍弟子，子路的某位同学。他记下本章，应该主要是因为看到了孔子补救过错的例子，重点并不在子路身上。如果本是子路之门徒所记，则"子路"本称"仲子"，曾参师徒将"仲子"改为"子路"。那么"门人"句应译为"我们不再尊敬老师"。

"堂""室"，《先进篇》11·2："从我于陈、蔡者，皆不及门也。""门"，指师门，孔子之门。"及门"谓入了师门，从师学习。入"门"之后，有"堂"，即正厅，弟子登堂，从师学习，比喻学问又有长进。"室"是内室，"入室"比喻学问做到了最高境界，把老师的学问都学到了家。《先进篇》11·20亦有"入室"的比喻。孔子说仲由"升堂"而未"入室"，是说他学问还不错，只是还没有完全学到家而已。《述而篇》7·15记录弟子在堂，老师在室，弟子有疑问，则入室请教。本章孔子说"由也升堂矣，未入于室也"，形象地说子路学问已经不错了，只是还不太精深罢了，即与古人这种设帐授徒的方式有关。

"门人"，结合对《子罕篇》9·12的考证，我推测，应该是指子路自己的门徒。若是孔子的弟子，子路的同学，同学们同门许多年，不会因为孔子一句话而对子路不敬，而且即使不敬子路，孔子也无须打圆场。4·15、9·12、11·11我已经考证，《论语》中七个"门人"，除了7·29称孔子弟子外，其余六个都是孔子弟子对孔子徒孙辈的统称，也是孔子徒孙辈对自己的统称。

11·16 子贡问："师与商也孰贤？"子曰："师也过，商也不及。"

曰："然则师愈与？"子曰："过犹不及。"

【译文】子贡问："师与商，谁强一些呀？"孔子道："师呀有点过分，商呢有些赶不上。"

子贡又问："那么师强一些吗？"孔子道："过分如同赶不上。"

【解析】颛孙师（字子张）和卜商（字子夏）都是孔门弟子。孔子这里谈"过"与"不及"，应是评价颛孙师与卜商的性格，而不是评价他们的道德学问。《先进篇》11·18说"师也辟"，"辟"就是偏激、过分的意思，可以互参。周代君子认为，做人做事都要"允执其中"，过分不好，不及也不好。

按照周代礼俗和孔门惯例，同学互称，称字不称名，称字略含敬意。按照《左传》的解释，《春秋》称字，都有"贵之"的意思。孔子称学生，称名不称字。本章子贡称同学之名，不合礼制。可能是因为与老师长时间交谈，子贡不知不觉之间就顺着老师的口吻，称了同学的名。《先进篇》11·22公西华亦称同学的名，11·26曾皙亦称仲由的名，大约也是因为如此。这几章可以互证。

11·17 季氏富于周公，而求也为之聚敛而附益之。子曰："非吾徒也！小子鸣鼓而攻之，可也。"

【译文】季氏比鲁国公室都富有，而我还为他聚敛财富，使之更多。老师（对同学们）说："（求）不是我的门徒，你们大张旗鼓地攻击他，都是可以的。"

【解析】据《左传·哀公十一年》《哀公十二年》《国语·鲁语下》第21章《孟子·离娄上》7·14记载，鲁国权臣季康子要实行田赋制以增加税收，想按十分之二的税率收税，如此则农业税率提高了一倍。冉求为季氏"宰"（总管），不仅没有"改于其德"（改变季氏的行为，使之向善），反而支持季氏实施这一新制度，"赋税倍他日"。孔子对冉求说："君子之行也，度于礼，施取其厚，事举其中，敛从其薄。"主张对平民百姓要多予少取，反对加税。那么本章所载孔子骂冉求事，应该在鲁哀公十一年季氏加税之后。

　　"周公"，周武王的母弟姬旦是周朝最早的周公，后来几百年，鲁君嫡长子多继位为鲁君，嫡次子多入王朝为卿士，即周公，所以周朝历史上有许多周公，不知本章指哪位周公。又，周天王曾在王畿内分别给周公、召公封了很小的一块汤沐邑，这不可能让周公、召公富有。平王东迁后，将西都赐予秦人，当在东都另封汤沐邑给周公、召公，仍保留周、召之名。东周王室的地盘本来就很小，加上常常要封赏功臣，王室越发贫困，何况周公！不知本章何以称周公富有。季氏为鲁国权臣，其权力大小、富有程度与在王朝做卿士的周公没办法比较也没必要比较，倒是可以与鲁国公室作一番比较。本章中的"周公"应指鲁国公室。鲁为周公之后，故称"鲁公"为"周公"。如此理解，本章意义才圆通。《左传·昭公二十五年》鲁国大夫、《哀公二十二年》晋国使者，也均以"周公"指鲁侯，可见华夏当时有此说法。

　　"鸣鼓"，古代行军打仗时，击鼓进军，鸣金收兵。此言"鸣鼓而攻之"，乃类比之辞。

　　冉求做季康子家臣时，也没用阻止季康子伐颛臾，为此也挨了孔子的骂。（《季氏篇》16·1）

　　按照礼制，孔门只有孔子和冉求自己可以称他的名"求"；冉求的同学以及同学的弟子则只能称他的字"子有"或"冉有"；冉求的弟子只能尊称他为"冉子"，如果《论语》编辑者要改，也只能将"冉子"改为"子有"或"冉有"。那么本章的记录者就只可能是冉求自己了，所以译文如上。

　　冉求记录本章，说明他接受了老师的批评教育，承认了自己的错误。这与《雍也篇》6·12的情况相同。

11·18 柴也愚，参也鲁，师也辟，由也喭。

【译文】（孔子说："（高）柴愚笨，（曾）参迟钝，（颛孙）师偏激，（仲）由莽撞。"

【解析】本章称高柴等四人之名，而不称字，应该是孔子的原话。同学间互相评价，不应致此，且不当称名，而应称字。那么，本章前面应该本有"子曰"二字。

"鲁"，迟钝之义。"辟"，偏激之义。

高柴，字子羔，卫国人，经师皆言小孔子三十岁。孔子哀公十六年去世，虚岁七十三。《左传·哀公十七年》称子羔为"季羔"，古人五十而称行第，则高柴本年至少五十矣。若高柴小孔子三十岁，则哀公十七年孔子当八十余岁。或许高柴仅小孔子二十岁，古人刊刻致误，而作三十。

11·19 子曰："回也其庶乎，屡空。赐不受命，而货殖焉，亿则屡中。"

【译文】孔子说："（颜）回（的道德学问）应该差不多了，（可惜）常常太贫困。（端木）赐不受节制，而去囤积投机，猜测行情，竟每每猜中。"

【解析】颜回家贫，又不肯做官，《雍也篇》6·11、《先进篇》11·8均有所记载。

西周实行官商一体的制度，百工生产的器物，全由官府垄断经营，他人不得染指。但到了春秋晚期，民间也可倒卖商品，因此出现了郑国的弦高、越国的范蠡、卫国的子贡这样的大商人。估计当时仍有官府垄断商业利益的情况，因此子贡"不受命"。子贡、范蠡除了有商业天赋外，又都是春秋晚期著名的外交家，有本事有地位笑傲公卿，故都"不受命"而至巨富。（可参《吴越春秋》）

"空"，杨伯峻先生《论语译注》称，"空"兼有"贫"（财货少）和"穷"（没出路）两层意思，其说可从。

11·20　子张问善人之道。子曰："不践迹，亦不入于室。"

【译文】子张问怎样才能当善人。孔子道："不踏着古代善人的足迹前行，道德学问恐怕也难到家啊！"

【解析】据《论语》所记，孔子总共三次用到"善人"一语，均指"圣人"（参《述而篇》7·26、《子路篇》13·11）。而孔子心中的"圣人"，仅指尧、舜、禹、汤、文、武、周公，孟子则另加孔子为"圣人"。"入室"用法如同《先进篇》11·15，比喻学问到家。

孔子的意思是，要学习古代圣人的道德学问，后来者才有可能也当圣人。这与孟子的看法一致。《孟子·尽心下》说，大禹、皋陶、商汤都学习了尧舜之道，伊尹、莱朱、周文王都学了商汤之道，太公望、散宜生、孔子都学了文王之道，而孟子本人则学了孔子之道。（《尽心下》14·38）这与孔子"践"圣人之"迹"而"入于室"的思想是相通的，即学习圣人，才可能成为圣人。

11·21　子曰："论笃是与，君子者乎？色庄者乎？"

【译文】孔子说："（人们总是）赞许那些言论笃定的人，（那些言论笃定的人，）是真君子呢？还是假君子呢？"

【解析】"论笃是与"，是"与论笃"的倒装句。与，推许、赞许，与"吾与点也"（《先进篇》11·26）、"吾与女，弗如也"（《公冶长篇》5·9）同例。"论笃"，言论笃定者，此指那些轻下断言的人。

"色庄者"，面色庄重者，指强不知以为知，而妄下断语的人，与"君子"相对，所以意译为"假君子"。

春秋晚期诸子蜂起，多派学者互相诘难，其间或有强不知以为知的所谓"论笃者"。孔子主张"知之为知之，不知为不知"（《为政篇》2·17），故本章对轻下断语的"论笃者"有所批评。

11·22　子路问:"闻斯行诸?"子曰:"有父兄在,如之何其闻斯行之?"

冉有问:"闻斯行诸?"子曰:"闻斯行之!"

公西华曰:"由也问闻斯行诸,子曰有父兄在;求也问闻斯行诸,子曰闻斯行之。赤也惑,敢问。"子曰:"求也退,故进之;由也兼人,故退之。"

【译文】子路问:"学到了道就去实行道?"孔子说:"你有父母兄长健在,怎么能自作决断,学到了道就去实行呢?"

冉有问:"学到了道就去实行道?"孔子说:"学到了道就去实行!"

公西华道:"由(子路)问学到了道就去实行吗,您说有父母兄长健在,(不能这么鲁莽自专;)求(子有)问学到了道就去实行吗,您说学到了道就去实行。我很迷惑,冒昧地问问。"孔子道:"求胆子小爱退缩,所以我激励他;由的胆子有几个人大,所以我要压压他。"

【解析】本章所记是孔子因材施教的范例。

"闻""行"二字在周代有特定含义。"闻"为"闻道"之省称,犹如《尚书·说命中》"非知之艰,行之惟艰"之"知","知"即"知道","闻"即"闻道"。"行"为"行道"之省称,与《尚书·说命中》之"行"含义相同。《论语·公冶长篇》5·14:"子路有闻,未之能行,唯恐有闻。"子路在孔子这里学到了道,想去实行道,但又担心老师又讲授新的道,自己行道去了,没法再学道。"闻""行"二字的宾语"道",因为人所共知,而被直接省略了。

"如之何",《论语》中有四章共五个"如之何",都是"怎么办"的意思。(参《颜渊篇》12·9、《卫灵公篇》15·16、《微子篇》18·7)

"求也退"四句,《史记·仲尼弟子列传·集解》引郑玄语:"言冉有性谦退,子路务在胜尚人,各因其人之失而正之。"郑说可从。子路"好勇""不让"而被老师打压的例子,可参考《先进篇》11·26。冉求生性"谦退"因而老师激励他的例子,可参考《雍也篇》6·12。

正常情况下,老师称学生时称名不称字,同学互称时称字不称名。本章公西华称同学，称名不称字，当与《先进篇》11·16、26两章一样，因与老师长时间交谈，于是便顺用了老师的口吻。

11·23 子畏于匡，颜渊后。子曰："吾以女为死矣！"曰："子在，回何敢死？"

【译文】孔子被囚禁在匡这个地方，颜渊最后才来。孔子道："我以为你死了！"颜渊道："您还健在，我怎么敢死呢？"

【解析】孔子被囚于匡地的事，可参考《子罕篇》9·5，《史记·孔子世家》有详细记载。

本章所记，是非常时期孔子师徒的非常故事，令人感佩。七十余名弟子中，孔子对颜回（字子渊）评价最高，司马迁心知肚明，故其《仲尼弟子列传》将其位列第一。仓猝之中，孔子误以为弟子死了，其深厚感情，由此可知。颜回视师如父（参《先进篇》11·11），父在，其子言老尚且不敢，"何敢死"？

11·24 季子然问："仲由、冉求可谓大臣与？"子曰："吾以子为异之问，曾由与求之问。所谓大臣者，以道事君，不可则止。今由与求也，可谓具臣矣。"

曰："然则从之者与？"子曰："弑父与君，亦不从也。"

【译文】季子然问："仲由、冉求可以说是大臣吗？"孔子道："我以为你是问别的人，竟问由和求啊。所谓大臣，要用仁道来服事国君，行不通就辞职不干。如今由和求，可以说是有相当才能的臣下了（但不是大臣）。"

季子然又问："那么，（他们）会顺从上级吗？"孔子道："（底线他们还是会守住的，）弑父弑君这种大逆不道的事，（他们）也是不会顺从的。"

【解析】《史记·仲尼弟子列传》："子路为季氏宰，季孙问曰：'子路可谓大臣与?'孔子曰:'可谓具臣矣。'"所记之事与本章应是同一件事,只是本章作季子然,太史公作季孙;本章详,而太史公略;本章兼评冉求,而太史公则无。季子然,当为季孙氏家人。

"大臣",按照周礼,给周天王当臣叫"王臣",给诸侯当臣叫"大臣",给公卿当臣叫"家臣"。季氏问孔子时,不仅子路在当季氏宰,冉求应该也在服事季氏。(参《季氏篇》16·1)所以季氏问孔子二弟子可谓大臣否,似乎暗含无君之意。孔子说弟子只是"具臣",不是"大臣",且不会顺从季氏"弑父与君",不仅有客观评价弟子道德才能的意思,还有暗中敲打季氏犯上企图的意思。

"具臣",《史记·仲尼弟子列传·集解》引孔安国语曰:"言备臣数而已。"这不符合孔子原意,不可从。孔子教上卿行政,主要是教他们为官正派(如2·20,12·17、18、19);教一般大夫行政,主要是要他们工作勤勉(如2·18,12·14,13·1、9)。这类案例《论语》中很多。那么"具臣"应该是在上卿之下,做具体事情的臣下。

11·25 子路使子羔为费宰。子曰:"贼夫人之子!"

子路曰:"有民人焉,有社稷焉,何必读书,然后为学?"

子曰:"是故恶夫佞者!"

【译文】子路让子羔当费县县长。孔子道:"(你这是)害人家儿子啊!"

子路道:"(费那个地方)有平民和君子,有土地和五谷,何必一定要读书,然后做学问呢?"

孔子道:"所以我讨厌强嘴利舌的人!"

【解析】孔子弟子高柴,字子羔,身高仅五尺(一说六尺),约当今一米的样子,而且智力大概也不怎么样,"孔子以为愚"(《史记·仲尼弟子列传》)。所以,当子路让子羔去当费县县长时,孔子说子路这么做是在害子羔。"贼",用作动词,杀害。子路为季氏宰(总管),而费为季氏采邑(参

《季氏篇》16·1），所以子路可以安排子羔当费县县长。"宰"，县宰、县长，位列大夫。

孔子的意思是，子羔的本事还没有学到家，就叫他去当官，这是害人。郑国贤人子产也认为，让没有学好礼乐的人去做官，这是害人，因此主张"学而后入政"，反对"以政学"（《左传·襄公三十一年》）。

据《哀公十四年》记载，子路已经离开鲁国并在卫国公卿孔悝家任职；《哀公十五年》，孔子得知子路战死于卫国的消息时，说："柴也其来，由也死矣！"说明高柴始终随侍孔子，并未接受子路的安排，出任费宰。《哀公十六年》，孔子去世。《哀公十七年》，鲁侯会齐侯盟于蒙，孟武伯相，高柴随行，说明一直到老师去世后，高柴年逾五十才出仕。（参11·18）

"民人"，《论语》中仅此一例，但是《左传》中很多，如《哀公十五年》《昭公二十三年》，用法有二，或兼指"民""人"，或单指"民"。《论语》中的"人"字，或泛指所有的人，或专指上等人；"民"字，则多指平民。我认为"民人"是两个词，其结构与"社稷"相同，"民"指平民，"人"指上等人、君子。

11·26　子路、曾皙、冉有、公西华侍坐。子曰："以吾一日长乎尔，毋吾以也。居则曰：'不吾知也！'如或知尔，则何以哉？"

子路率尔而对曰："千乘之国，摄乎大国之间，加之以师旅，因之以饥馑，由也为之，比及三年，可使有勇，且知方也。"夫子哂之。

"求，尔何如？"对曰："方六七十，如五六十，求也为之，比及三年，可使足民。如其礼乐，以俟君子。"

"赤，尔何如？"对曰："非曰能之，愿学焉。宗庙之事，如会同，端章甫，愿为小相焉。"

"点，尔何如？"鼓瑟希，铿尔，舍瑟而作，对曰："异乎三子者之撰。"子曰:"何伤乎?亦各言其志也。"曰:"莫春者,春服既成,冠者五六人,童子六七人,浴乎沂,风乎舞雩,咏而归。"夫子喟然叹曰:"吾与点也!"

三子者出,曾晳后。曾晳曰:"夫三子者之言何如?"子曰:"亦各言其志也已矣。"曰:"夫子何哂由也?"曰:"为国以礼,其言不让,是故哂之。唯求则非邦也与?安见方六七十如五六十而非邦也者?唯赤则非邦也与?宗庙、会同,非诸侯而何?赤也为之小,孰能为之大?"

【译文】子路、曾晳、冉有、公西华陪侍孔子坐着。孔子说:"因为我比你们年长一点,没有人用我了。你们平日里常说:'人家不了解我呀!'如果有人了解你们,(让你们为官治国,)那你们怎么办呢?"

子路不假思索地答道:"一个中等国家,即使局促地处在几个大国之间,外有军队侵犯,内有灾荒饥馑,我去治理,等到三年,可使人人有勇气,而且懂得常规。"孔子不以为然地笑笑。

孔子问道:"求,你怎么样?"冉求回答道:"纵横各六七十里,或者各五六十里的地方,我来治理,等到三年,可使民众富足。至于礼乐教化,那要等待高明的君子来。"

孔子又问道:"赤,你怎么样?"公西赤回答道:"不是说我有本事,我只是愿意学习。祭祀宗庙的事,或与外国盟会,我愿意穿着礼服,戴上礼帽,当一个小小的司仪者。"

孔子又问道:"点,你怎么样?"他鼓瑟的声音慢慢稀疏起来,最后"铿"地一声停止鼓瑟,把瑟放下,站了起来,回答道:"我的志向与三位所讲的有所不同。"孔子道:"有什么关系呢,只是各人谈谈自己的志向而已。"曾点道:"暮春时节,春装已经穿定了,五六个大人,六七个孩子,在沂水边洗一洗,在舞雩台上吹吹春风,一边唱着歌,一边回家。"孔子长叹一声道:"我赞同点啊!"

子路、冉有、公西华三个人都退出去了,曾晳后走。他问道:"那三位同学的话怎么样?"孔子道:"也不过是各言其志罢了。"曾皙又问:"您为什么要嘲笑由呢?"孔子道:"治理国家要讲礼让,他说的话一点都不礼让,所以笑笑他。难道求所讲的就不是国家吗?怎么见得纵横各六七十里或者五六十里的地方就不够一个国家呢?赤所讲的就不是国家吗?有宗庙,有国际盟会,不是国家是什么?如果赤都只能做一个小司仪者,谁又能做大司仪者呢?"

【解析】本章是《论语》中篇幅最长也最有文采的一章,大体上按孔子问志、弟子言志、孔子评志展开,其核心意思是"为国以礼",而"礼"要"让"。

关于"让",周代文献记录很多,论述也很多。其基本意思是,在遵守礼制的前提下,君子之间互相谦让达到和谐的目的。如《左传·襄公十三年》,晋侯安排三军主帅,诸位公卿互相谦让,国家因此和睦。君子评价此事曰:"让,礼之主也。范宣子让,其下皆让。"这类故事以及君子的评论都非常多,可做"让"的注释。本章中除了子路不"让",其余弟子均"让",也可以做"让"的注释。

古今官员治国理民,无非是三大任务:富民、教民、保民。仲由(子路)直言可治理"千乘之国"(子路好为奢大之言,竟然将"千乘之国"视作中等国家,其实当时是大国。如《哀公七年》《昭公十三年》称鲁赋八百乘,邾赋六百乘,晋赋勉强四千乘。晋是唯一的超级大国),且可富民、教民、保民,是说自己治国没有任何问题,孔子认为他一点都不谦虚,一点都不"让",所以"哂之"。冉求(子有)说只可治理纵横各六七十里或五六十里的地方,而且只能富民,没本事教民。其实他是委婉地说自己也可治国理民,因为上古纵横各六七十里或五六十里,就是一个小国的国土面积。而且治国理民三大任务,富民是核心,富民之后,教民、保民自然没有问题。公西赤(子华)更谦虚地说,我没本事治国,只想学着祭祀宗庙、与外国人盟会,而这两件事正是治国理民的大事,所谓"国之大事,在祀与戎",他实际上是谦虚委婉地说自己有本事治国。曾点(皙)则颇有浪漫气息,颇有孔子所说的"道不行,乘桴浮于海"的意思,引起孔子共鸣。孔子这四位弟子,其实都有治国理民的才能和志向,除曾点因"道不行"而有隐逸之意外,其余三位都说自己治国理民没有问题。而这三个人中,子路说话毫不客气,毫不谦虚;另外两位则既谦虚,又委婉。孔子认为："为国以礼，其（子路）言不让，是故哂之。"

"比及三年，可使有勇，且知方也"，《左传·隐公五年》："三年而治兵，入而振旅。"周朝诸侯治国治兵，在正常情况下，每年都要利用农闲时间训练军队，三年为期，每三年一次在郊外大讲武。大讲武之后，即可用兵。如有战争，则不受三年之限。故子路有此说法。如《僖公二十七年》，晋文公治民两年即欲用兵，子犯以为不可。后来晋文公教民以义、信、礼，训练三年，然后用之，"一战而霸"。子路说教民三年，使民知"方"（常也，指各种规范，含"义、信、礼"等，《隐公三年》称"义方"，《成公十八年》称"方"），然后用之，见识与子犯相同。（参《子路篇》13·10、《庄公八年》）

曾参的父亲曾点，字晳。一字皙，当为刊刻之误。"晳"意为白，"点"意为黑，名、字意义相反。一如鲁襄公时代郑国大夫公孙黑，名黑，字子晳。名、字意义相近或相反，这正合古人礼俗。本章曾晳称子路名之事，与《先进篇》11·16、22两章原因相同，可互参。

颜渊篇第十二

（共二十四章）

12·1　颜渊问仁。子曰："克己复礼为仁。一日克己复礼，天下归仁焉。为仁由己，而由人乎哉？"

颜渊曰："请问其目。"子曰："非礼勿视，非礼勿听，非礼勿言，非礼勿动。"

颜渊曰："回虽不敏，请事斯语矣。"

【译文】颜渊问怎样做个仁人。孔子道："克制自己，使自己的言行符合礼制，就是仁人了。一旦你的言行都合乎礼制了，天下人都会称许你是仁人。实现仁德全由自己，还由别人吗？"

颜渊又问道："请问仁的条目。"孔子道："不合礼制的不看，不合礼制的不听，不合礼制的不说，不合礼制的不做。"

颜渊道："我虽不才，也要实行您这话。"

【解析】本篇1—3章均回答弟子怎样才能当仁人的问题，孔子针对弟子不同的个性和境遇做出了不同的回答。颜回安贫乐道，不肯当官，所以孔子教他以"礼"为"仁"，即自己遵守礼制，"独善其身"，就是仁人了。如果当官，则要"立人达人"。冉雍"可使南面"，有治国理民之才，估计请教孔子时已经当官,孔子便教他当官要守住"仁"的底线:"己所不欲,勿施于人",即凡事换位思考,讲究恕道。司马耕"多言而躁",孔子便教他先"行"仁德之事而后"言"仁德之语,"讷于言而敏于行"。孔子教导不同的弟子,常常这样因材施教,《论语》中这样的例子非常多。

《左传·昭公十二年》:"仲尼曰:古也有《志》:'克己复礼,仁也。'"可见孔子的"克己复礼说"源于古人。"归仁",朱熹《论语集注》:"归犹与也。"其说是。"与"即"吾与点也"(《乡党篇》10·26)的"与",有赞同、称许之义。那么,"归仁"即称许为仁。朱说可从。

"目"与"纲"相对而言,"纲"是网上的粗绳,"目"是网眼,"纲"粗而"目"细。"仁"如总"纲",所以我将"目"译作"条目",即"仁"的具体要求。"不敏",不才,当时常用谦辞。12·2:冉雍曰"雍虽不敏"。《昭公十六年》晋国上卿韩起曰"起不敏"。

孔子的"仁道"就是孔子的人生理想、政治理想,有上线和下限之分。孔子终身追求上线,即"己欲立而立人,己欲达而达人"(《雍也篇》6·30)。如果无法实现这一理想,也要守住下限,即"己所不欲,勿施于人"(《颜渊篇》12·2、《卫灵公篇》15·24)。孟子说"得志,泽加于民;不得志,修身见于世。穷则独善其身,达则兼善天下"(《孟子·尽心上》13·9),是对孔子仁道思想最准确的解释。颜回不肯做官,宁愿"一箪食,一瓢饮,在陋巷"(《雍也篇》6·11),自然无法"立人达人",所以孔子只要求他守住"仁"的下限,"修身见于世""独善其身"。但守住"仁"的下限亦殊非易事。孔子说自己"三十而立……七十而从心所欲不逾矩"(《为政篇》2·4),"立"即立于礼,"不逾矩"即不违反礼制。由此看来,孔子对颜回的要求其实是很高的。

12·2 仲弓问仁。子曰:"出门如见大宾,使民如承大祭。己所不欲,勿施于人。在邦无怨,在家无怨。"

仲弓曰:"雍虽不敏,请事斯语矣。"

【译文】仲弓问怎么做才能当仁人。孔子道:"出门(服事君上)要像接待贵宾一样，使唤民众要像承担祭祀大典一样，（对待君上和下民都要有恭敬之心。）自己不想要的，就不要强加于他人。（如果这样，）服事诸侯就不会招致怨恨，服事公卿也不会招致怨恨。"

仲弓道："我虽不才，也要实行您这话。"

【解析】仲弓，姓冉名雍，字仲弓，故本章自称其名"雍"。孔子曾说"雍也可使南面"（《雍也篇》6·1），说他可以当长官。或许他与老师谈这番话时正在为官，所以孔子只针对他为官这一特点，来谈怎样当仁人。

《左传·僖公三十三年》："出门如宾，承事如祭。"此言"敬"之重要，与孔子"出门"二句意思完全相同。"邦"，诸侯之国；"家"，公卿之采邑。春秋时代的读书人"在邦"给诸侯当"大臣"，"在家"给公卿当"家臣"，都很正常。孔子教导冉雍做什么事都要换位思考，"己所不欲，勿施于人"，那么，做大臣，做家臣，就都不会招致怨恨了。这就是仁德。如果仲弓做到这一步，虽然没有达到"仁"者"立人达人"的上线，至少守住了"仁"的下限，也是一个好官，也可以说是仁人了。

12·3 司马牛问仁。子曰："仁者，其言也讱。"

曰："其言也讱，斯谓之仁已乎？"子曰："为之难，言之得无讱乎？"

【译文】司马牛问怎么做个仁人。孔子道："仁人，他说话比较迟钝。"

司马牛道："说话慢一点，这样的人就是仁人吗？"孔子道："实行仁德任重道远十分艰难，说话能不迟钝吗？"

【解析】12·3—5三章，都记录弟子司马牛之事。

据《史记·仲尼弟子列传》，司马耕，字子牛，宋国人。其兄桓魋当宋国司马，所以子牛以司马为氏。司马牛"多言而躁"，所以本章教他"其言也讱"；其兄桓魋将为难于宋，子牛常忧惧不安，《颜渊篇》12·4孔子便教导他，只要你本人问心无愧，不必忧惧；《颜渊篇》12·5子夏便劝他"四海之内，皆兄弟也"，不必为亲兄桓魋事烦恼。司马牛的故事，《论语》《孔子家语》《仲尼弟子列传》及孔安国各家的记载,可以互相印证,形成完整的证据链。有学者怀疑宋国有两个司马牛,不可从。

孔子一向主张"君子讷于言而敏于行"(《里仁篇》4·24),认为"巧言令色,鲜矣仁"(《学而篇》1·3)。子牛"多言而躁",想必性情急躁,说话又多又快,事情还没做,话就说出了口,所以孔子教导他实行仁德要敏捷,但是说话要"讱",要慢一点。

12·4 司马牛问君子。子曰:"君子不忧不惧。"

曰:"不忧不惧,斯谓之君子已乎?"子曰:"内省不疚,夫何忧何惧?"

【译文】司马牛问怎样做个君子。孔子道:"君子不忧愁,不恐惧。"

司马牛道:"不忧愁,不恐惧,这样就可以说是君子吗?"孔子道:"自己问心无愧,有什么可以忧愁恐惧的呢?"

【解析】孔子一向认为:"知者不惑,仁者不忧,勇者不惧。"(《子罕篇》9·29)"仁者不忧,知者不惑,勇者不惧。"(《宪问篇》14·28)君子做什么事,都讲仁义,都问心无愧,就如孟子讲的,"仰不愧于天,俯不怍于人"(《孟子·尽心上》13·20),有什么可以忧惧的呢?

但司马牛的忧惧,很可能与他兄长桓魋"为难于宋"有关。所以孔子教导司马牛的话,除了讲一般的道理之外,恐怕还话中有话:"耕啊,只要你本人问心无愧就可以了。你兄长如何,恐怕你管不了,也与你没多大关系,犯不着为他而忧惧。"

12·5 司马牛忧曰:"人皆有兄弟,我独亡。"子夏曰:"商闻之矣:死生有命,富贵在天。君子敬而无失,与人恭而有礼。四海之内,皆兄弟也,君子何患乎无兄弟也?"

【译文】司马牛忧愁地说:"人人都有兄弟,偏偏我没有。"子夏道:"我听说,是死是生都凭命运,富贵与否全在老天。君子做事谨慎小心而无所缺失,待人恭敬而礼数周全(就可以了)。天下到处都是好兄弟,君子何必担忧没有好兄弟呢?"

【解析】本章应为卜子语录,记录者不可能是子夏的同学,同学之间没有互记语录的道理,而应为子夏的随侍弟子。原简应记作"卜子",《论语》编辑者改称"子夏"。卜子名商,字子夏。

司马牛的兄长桓魋"为难于宋",这让司马牛忧惧不已,他与子夏的对话,应与此事有关。

司马牛有兄而称无兄,犹郑庄公有母而称无母(《左传·隐公元年》),皆无奈之辞。

子夏自称其名"商",而不自称其字,符合周礼。

12·6 子张问明。子曰:"浸润之谮,肤受之诉,不行焉,可谓明也已矣。浸润之谮,肤受之诉,不行焉,可谓远也已矣。"

【译文】子张问怎样做才能叫见事明白。孔子道:"不管是悄然润饰的谗言,还是切身感受的诬告,(在你这儿)都行不通,你就可以说见事明白了。不管悄然润饰的谗言,还是切身感受的诬告,(在你这儿)都行不通,你就可以说看得远了。"

【解析】明,即"明",远,则更"明"矣。

"肤受之诉"易感，而"浸润之谮"难防，孔夫子对人性的弱点研究得十分透彻。

本章"浸润"三句两次出现，谓之反复，已开战国文章铺排风气之先。

12·7 子贡问政。子曰："足食，足兵，民信之矣。"

子贡曰："必不得已而去，于斯三者何先？"曰："去兵。"

子贡曰："必不得已而去，于斯二者何先？"曰："去食。自古皆有死，民无信不立。"

【译文】子贡问怎样行政。孔子道："粮食充足，军备充足，民众信任政府。"

子贡又问道："如果迫不得已而去掉一项，在这三项当中先去掉哪一项？"孔子道："去掉军备。"

子贡又问道："如果迫不得已而去掉一项，在这两项当中先去掉哪一项？"孔子道："去掉粮食。自古以来都有亡国之事，（但只要民众信任政府，国家就会存续。）如果民众不信任政府，那就国将不国了。"

【解析】"足食，足兵，民信之"，三者应是并列关系，所以孔子才说，如果迫不得已，可以先"去兵"，再"去食"，而"民信之"则无论如何不可去掉，否则国将不国。《左传·桓公十三年》："君抚小民以信，训诸司以德。"《宣公十二年》："其君能下人，必能信用其民矣。"《僖公二十九年》："信，国之宝也，民之所庇也。"《僖公二十七年》，子犯要晋文公用"义、信、礼""教其民"，晋文公因此一战而霸。《成公十六年》批评楚共王："内弃其民，而外绝其好。渎齐盟，而食话言，奸时以动，而疲民以逞。民不知信，进退罪也。"因为楚王在外交上言而无信，以致民众"不知信"，手足无措，动辄得罪，因此预判楚国必败。"信"，百姓对政府的信任。《昭公七年》："不信，民不从也。""不信"，指政府不讲信誉。可见周代君子认为，治理平民百姓，政府的信誉最为重要。民众信任政府，国家才能"立"，才能成其为国家。这与孔子的见解一致。

12·8 棘子成曰："君子质而已矣，何以文为？"子贡曰："惜乎，夫子之说君子也，驷不及舌！文犹质也，质犹文也。虎豹之鞟犹犬羊之鞟。"

【译文】棘子成问道："君子只要有天生的质朴道德就可以了，为什么还要有后天的学识风采呢？"子贡道："可惜呀！夫子这样谈论君子，而且你一言既出，驷马难追，（你说的错话收不回去了！）后天的学识风采如同先天的质朴道德（一样重要），先天的质朴道德如同后天的学识风采（一样重要）。如果把虎豹皮的毛和犬羊皮的毛都拔掉，那么这两种皮就差不多了。"

【解析】本章为端木子语录，强调后天的学识风采对君子的重要性。记录者为子贡随侍弟子，《论语》编辑者将原简中的"端木子曰"改为"子贡曰"。

本章中对话的，一个是卫国大夫棘子成，因其是大夫，所以子贡尊称他为"夫子"。另一个就是孔门设帐高徒子贡。

孔子非常注重"文质"关系，认为"质胜文则野，文胜质则史。文质彬彬，然后君子"（《雍也篇》6·18）。子贡以皮喻"质"，以毛喻"文"，旨在说明皮固然重要，毛亦同等重要。因为人的天性相差无几，而后天的学识风采却有天壤之别，有的如虎豹，有的如犬羊。如果没有后天学识风采的滋养，也就无所谓"君子""小人"了。子贡的见解与孔子的看法完全一致。本章可与《雍也篇》6·18合读。

据我考证，孔子至少有十位弟子设帐授徒，子贡就是其中之一。[①]本章为子贡语录，其原简记录者自然是子贡之弟子，按照周代礼制和孔门习惯，原简应当尊称子贡为"端木子"。《子张篇》中也有子贡语录，原简亦当尊称"端木子"。但在将这些语录收入《论语》时，"端木子曰"云云，统统改为"子贡曰"云云，所以《论语》中竟无一章尊称"端木子"者。改动的原因，或许因为子贡是春秋末期著名的"行人"（外交家），而"行人"是战国早期纵横家的

[①]详见《孔子弟子称"子"现象研究》（吴天明，《湖北社会科学》2018年第12期）。

师傅,纵横家当然不是儒家,不是孔子真正的徒子徒孙,当然没有继承孔子的衣钵。《论语》编辑者认为,"行人"及其徒子徒孙纵横家的学问和做派,都没有真正继承孔子的道统,因此子贡不能继续得到尊敬,不能继续尊称为"端木子"。

12·9 哀公问于有若曰:"年饥,用不足,如之何?"

有若对曰:"盍彻乎?"

曰:"二,吾犹不足,如之何其彻也?"

对曰:"百姓足,君孰与不足?百姓不足,君孰与足?"

【译文】哀公向我问道:"年成不好,百姓饥馑,国家用度不够,应该怎么办?"

我答道:"为什么不实行'彻'这种十分抽一的税率呢?"

哀公道:"十分抽二,我还不够,怎么能十分抽一呢?"

我答道:"百姓富足,国君怎么会不够?百姓用度不够,国君怎么会够?"

【解析】本章为有子语录,谈税率问题,反对鲁哀公多收税。记录者如为有若随侍弟子,原简应该尊称"有子",即使《论语》编者要改,也只能改称"子有",不可能改称其姓名。如为有若自己,如此记录则无问题。上文翻译,按照有若自己记录来翻译。

"如之何",《先进篇》11·22、《卫灵公篇》15·16、《微子篇》18·7三章都有"如之何",均如后世之"如之奈何"。

《孟子·滕文公上》5·3:"夏后氏五十而贡,殷人七十而助,周人百亩而彻,其实皆什一也。"三代农业税率虽然名称田亩均不同,但实际上都是十分抽一。孔门认为十分抽一的税率比较合适。但到春秋中晚期,一方面是因为统治者繁衍过度且生活奢靡,另一方面是因为战争不断,耗费巨大,很多国家都先后提高了税率,于是陷入了百姓越来越穷、税基越来越小、税源越来越少、税率越来越高的恶性循环。有若劝鲁哀公降低税赋、培植税源、扩大税基,最终解决国家用度不足的问题,这是一种根本解决问题的办法。

有若是孔子设帐授徒的弟子之一,《论语》共收有若语录四章,《学而篇》1·2、12、13三章尊称"有子",本章不尊称"有子",而称姓名。其间原因,应与记录者的身份有关。如是有若之弟子记录有若语录,自当尊称"有子曰"云云;如是他人记录,或有若自己记录与他人的对话,则无尊称"有子"之理。本章记录有若对鲁哀公问,记录者很可能就是有若自己,当然不能自尊"有子",而应自称其名"若",冠以姓氏,自称"有若"者,郑重其事也。

"哀公","哀"为谥,为《论语》编辑者所加,原简应该记作"公"。

12·10 子张问崇德、辨惑。子曰:"主忠信,徙义,崇德也。爱之欲其生,恶之欲其死。既欲其生,又欲其死,是惑也。"(诚不以富,亦只以异。)

【译文】子张问如何提高道德、辨别迷惑。孔子道:"以诚信为主,但要唯义是从,这样就可以提高道德了。爱他就想让他生,厌恶他又想让他去死。既想他生,又想他死,这就是迷惑。"

【解析】"诚不以富,亦只以异"两句,是《诗经·小雅·我行其野》中的诗句,与本章内容无关。宋人程颐认为是"错简"所致,程说可从。所以上面的译文不译这两句诗。

"主忠信,徙义",君子讲诚信,但必须合乎道义。那些不管诺言是否符合道义,"言必信,行必果"的人,只是小人,不是君子。(《子路篇》13·20)这是孔子一向的观点。后来孟子继承了孔子的这一学说,直截了当地说:"大人者,言不必信,行不必果,惟义所在。"(《孟子·离娄下》8·11)

12·11 齐景公问政于孔子。孔子对曰:"君君,臣臣,父父,子子。"公曰:"善哉!信如君不君,臣不臣,父不父,子不子,虽有粟,吾得而食诸?"

【译文】齐景公向孔子问治国之事。孔子答道:"国君要像国君,臣下要像臣下，父亲要像父亲，儿子要像儿子。"景公道："对呀！如果真的君不像君，臣不像臣，父不像父，子不像子，即使有粮食，我能吃得着吗？"

【解析】 据《史记·仲尼弟子列传》，孔子死前嘱咐子夏传《春秋》。子夏说"《春秋》者，记君不君，臣不臣，父不父，子不子者也"（《说苑·复恩》引），这是对春秋几百年历史的高度概括。孔子给齐景公开出的治国药方，虽极简单，却颇具针对性。天子、诸侯、卿大夫的父子关系，其实也是君臣关系，父亲是君父，儿子是臣子。

孔子讲的这八个字，是周礼的核心。《左传·僖公三十三年》引《尚书·康诰》逸文："父不慈，子不祗，兄不友，弟不共，不相及也。"卫国贤大夫石碏说，"君义，臣行；父慈，子孝；兄爱，弟恭，所谓六顺也"（《左传·隐公三年》），都是讲君臣父子兄弟关系。齐国世卿晏婴也给齐景公讲过周礼，"君令、臣共，父慈、子孝，夫和、妻柔，姑慈、妇听，礼也"（《昭公二十六年》），不仅讲了君臣父子关系，还讲了夫妻婆媳关系。孔子对齐景公讲的话，并非创造，只是转述周礼而已。孔子一向藐视女性，所以从不讨论夫妻婆媳关系。

齐景公时代，赋税极重，民不聊生，晏婴说当时"民参（三）其力，二入于公，而衣食其一"（《昭公三年》）。景公晚年，自知德不能久有国，但又十分留恋国君的奢华生活。他与晏婴、孔子的谈话，其实都是想找个办法留住眼前的这一切，所以景公的答话极其粗鄙，晏婴和孔子都是在对牛弹琴。

据《史记·孔子世家》记载，齐景公与孔子这番对话，发生在鲁昭公二十五年，孔子时年三十四至三十五岁，正在齐国给高昭子做家臣。此后齐景公准备重用孔子，因晏婴反对而作罢。孔子知景公不能用，遂去齐返鲁。据《昭公七年》的记载可以推知，孔子最早于鲁昭公二十四年设帐授徒，而太史公推定本章谈话发生于昭公二十五年，那么本章很可能就是《论语》所存孔子最早的语录。

晏婴反对重用孔子，主要理由是孔子的"礼学"极其复杂，很难学习。其实与晏婴一样，对那些无关君臣父子大礼的礼仪，孔子并不怎么在意，但对涉及君臣父子大礼的礼制，却绝不含糊。后世的司马谈就悟到了这一点（《史记·太史公自序》引《论六家之要旨》）。

12·12 子曰:"片言可以折狱者,其由也与?"
子路无宿诺。

【译文】孔子道:"仅仅根据诉讼双方中某一方的说辞就断案(而不出错)的,大概只有由吧?"

子路从不拖延兑现诺言。

【解析】仲由,字子路,年满五十亦字季路。

古时打官司,原告方、被告方都要拿出自己的说辞来,这叫"片言",也叫"单辞"。古时地方长官兼任法官,审理官司时,既要听原告方的"片言",又要听被告方的"片言",还要双方质证清楚,方可"折狱",即判决案件。弟子仲由为人诚实,性情直爽,大概他当官断案时,人家了解他的为人,不忍心骗他,于是在"片言"上实话实说,仲由便只根据诉讼双方中某一方的"片言"断案。孔子讲的就是这回事。

"子路无宿诺"一句,似为另章,但也是说子路诚实守信,原简记录者便将两事记于一简上。或原为两简,《论语》编者将两简合并之。

《左传·哀公十四年》记载,小邾国有一个名叫"射"的人出奔鲁国,他不相信鲁国朝廷,不与鲁国盟誓,只相信子路,要求与子路盟誓。邾人此举虽然违反礼制,却说明子路诚信,早已声名远播。这个故事可以佐证本章孔子对子路的评价。

12·13 子曰:"听讼,吾犹人也。必也使无讼乎!"

【译文】孔子道:"审案决狱,我与别人差不多。(我的不同之处是,)一定要消除诉讼的根源。"

【解析】孔子当过鲁国的大司寇,这是一个负责听讼断狱的官,当然要审案子。而审案子无非是弄清案情,分辨是非,然后根据法律,做出判决,古今莫不如此。所以孔子说,在这一点上,我和别人差不多。

诉讼的产生,大多因为利益纠纷。而利益纠纷的产生,则与民众活得好不好、民风是否淳朴、民众是否讲理等密切相关。孔子当大法官，不仅考虑案件本身的是非曲直，更考虑这些案件产生的根本原因，力图消除其产生的根源，这就是一般的法官难以企及的，只有真正的政治家才能想到。

据《子张篇》19·19记载，曾参弟子阳肤要去当法官，曾参叮嘱他说："上失其道，民散久矣。如得其情，则哀矜而勿喜。"曾子的法制思想和政治思想与孔子相通。

12·14 子张问政。子曰："居之无倦，行之以忠。"

【译文】子张问怎样行政。孔子道："在官位上不要倦怠，执行政令要忠诚。"

【解析】很多人都向孔子请教过行政问题，孔子的回答大体上可分两类：他告诫那些当大官、掌大权的人，"政者，正也"（《颜渊篇》12·17），要他们为人正派，公平公正；告诫那些当小官、掌小权、干实事的人，当官务必勤勉，如，孔子除教导子张"无倦"外，还曾教导子路"无倦"（《子路篇》13·1）。

12·15 子曰："博学于文，约之以礼，亦可以弗畔矣夫！"

【解析】本章已见《雍也篇》6·27。其所以重复，应是因为孔子讲这番话时，弟子们各有所记，后来编《论语》时，又因其重要而都被收录。《子罕篇》9·11记载，颜回曾感叹："夫子循循然善诱人，博我以文，约我以礼，欲罢不能。"可与孔子"博文约礼"的话互相印证。

12·16 子曰："君子成人之美，不成人之恶。小人反是。"

【译文】孔子说："君子成全别人的好事，不促成别人的坏事。小人与此相反。"

【解析】周代文献中，有许多将"君子""小人"对比分析的话，"君子"均指仁德君子，即地位高道德水平也高的上等人，不包括"君子而不仁"者（《宪问篇》14·6）；"小人"则与平民无异，孔子就常说"使民"，也常说"使小人"。周代君子都认为，"小人"的经济地位政治地位都低，道德水平也低，"未有小人而仁者也"（《宪问篇》14·6），所以他们没有一句话是说"小人"好的。

周代把促成人家的坏事也叫"成"，如《左传·桓公二年》记载，宋太宰华父督杀司马孔父嘉（孔子祖先）而娶其妻，进而弑其君殇公，随即贿赂鲁、齐、陈、郑等诸侯，诸侯于是"会于稷，以成宋乱，为赂故，立华氏也"。"成宋乱"，即促成宋国之大乱，此即"成人之恶"。

12·17 季康子问政于孔子。孔子对曰："政者，正也。子帅以正，孰敢不正？"

【译文】季康子向孔子问如何治理国政。孔子答道："'政'，是端正公正的意思。您自己带头端正公正，谁敢不端正公正？"

【解析】12·17—19三章，都写季康子与孔子讨论治国理政的事。季康子，季孙肥，鲁哀公三年开始担任鲁国正卿，当时在鲁国是最有权势的人。"康"是其谥。

孔子的意思是，季康子身为正卿，百官之长，要发挥表率、示范作用，从而影响鲁国的官场，使之风清气正。官场风清气正，民风必然好转，国家也就很好治理了。《左传·桓公二年》有"政以正民"之语，可为本章注解。

孔门弟子中不少是鲁国当时的中下级官员，孔子教导他们政治时，常常嘱咐弟子勤勉不倦，为官信实。对象不同，孔子的建议便有所不同。

孔子虽然也当过鲁国的公卿，现已致仕，为国老，但季康子是正卿，政治地位比孔子高，所以记录孔子答话曰"对"。《颜渊篇》12·11答齐景公话，也叫"对"。

12·18 季康子患盗，问于孔子。孔子对曰："苟子之不欲，虽赏之，不窃。"

【译文】季康子苦于盗贼太多，防不胜防，问计于孔子。孔子答道："如果您不贪图钱财，即使奖赏他们，他们也不会盗窃。"

【解析】季康子的本意，是请孔子出计防盗以保全财产，而孔子却教他，莫贪不义之财，当个清廉的官员，家里没什么东西可偷，自然不用提防盗贼。

12·19 季康子问政于孔子，曰："如杀无道，以就有道，何如？"孔子对曰："子为政，焉用杀？子欲善而民善矣。君子之德，风；小人之德，草。草上之风，必偃。"

【译文】季康子向孔子请教治国理政的事，说："如果杀掉坏人，亲近好人，怎么样？"孔子答道："您治国，为什么要杀人？您想行善，那么民众就会向善了。君子的品德，就像风；民众的品德，好像草。风向哪边吹，草向哪边倒。"

【解析】本章与12·17一样，都是劝季康子自己带头做正派人，从而影响官风民风。

本章将"民"与"小人"等同，说明二者都是指平民百姓。孔子很少讨论直接对平民进行道德教育的问题，他认为，教育上等人（"君子"），提高上等人的道德水平，自然而然就会提高下等人（"民""小人"）的道德水平。《尚书·君陈篇》："尔惟风，下民惟草。"说明孔子这一思想渊源有自。

12·20 子张问:"士何如斯可谓之达矣?"子曰:"何哉,尔所谓达者?"子张对曰:"在邦必闻,在家必闻。"子曰:"是闻也,非达也。夫达也者,质直而好义,察言而观色,虑以下人。在邦必达,在家必达。夫闻也者,色取仁而行违,居之不疑。在邦必闻,在家必闻。"

【译文】子张问道:"读书人怎样做,这才可以叫作'达'?"孔子道:"你所说的'达'是什么意思?"子张答道:"做大臣一定有名望,做家臣一定有名望。"孔子道:"这个叫作'闻',不是'达'。所谓'达',品质正直而喜好道义,善于对别人察言观色,心里愿意礼让别人。这种人,做大臣必定事事行得通,做家臣也必定事事行得通。所谓'闻',表面上喜欢仁道而行动上却违反仁道,却以仁人自居而毫不怀疑。这种人,当大臣必定有名望,当家臣也必定有名望。"

【解析】本章记录孔子与弟子子张(颛孙师)讨论"达"与"闻"的问题。

很显然,"达"是真行仁道,所以事事行得通。"闻"是假行仁道,所以只能博取声望。"达"与"闻"不是一回事。"达者"对邦家有利,"闻者"只对个人有利。汉末诸葛亮的《出师表》"闻达"并用,则已别出新意。

本章中的两个"在邦""在家",与《颜渊篇》12·2中的"在邦""在家"一样,"在邦"都是指给邦国的诸侯当大臣,"在家"都是指给有采邑的公卿当家臣。《史记·仲尼弟子列传》将本章的相关句子简化为"在邦及家必达""在邦及家必闻",可作佐证。

12·21　樊迟从游于舞雩之下，曰："敢问崇德，修慝，辨惑。"子曰："善哉问！先事后得，非崇德与？攻其恶，无攻人之恶，非修慝与？一朝之忿，忘其身，以及其亲，非惑与？"

【译文】樊迟陪侍孔子在舞雩台下闲游，说："冒昧地请问，怎样提高自己的品德，怎样消除别人的怨恨，怎样辨别哪些事是糊涂事。"孔子道："问得好！先做好事情而后有所得，不是提高道德了吗？批评自己的坏处，不批评别人的坏处，不就消除别人对你的怨恨了吗？忍不住一时的愤怒，以致舍生忘死，连累父母，不是很糊涂吗？"

【解析】"舞雩"台，《先进篇》11·26即已出现，应是古代祭神祈雨之土台。据《水经注》所记，该台在今曲阜之南。"亲"，父母。

关于"先事后得"，孔子把"仁人"分为"仁者安仁，知者利仁"两种人（《里仁篇》4·2）。第一种人"安人"就是目的；第二种人"安人"只是手段，获利才是目的。孔子认为颜回是第一种人，樊迟是第二种人。孔子曾对樊迟说"先难而后获，可谓仁矣"（《雍也篇》6·22），本章又对樊迟说"先事后得"。孔子不要求樊迟当真正的仁人，只要求他当"利仁"的"智者"，可能与孔子对樊迟的判断有关。当下中国民间把"安仁"的"仁者"叫"厚道人"，而把"利仁"的"智者"叫"聪明人"，见解与孔子完全一致。

关于"攻其恶，无攻人之恶"。孔子说"伯夷叔齐不念旧恶，怨用是希"（《公冶长篇》5·23），又说"躬自厚（责）而薄责于人，则远怨矣"（《卫灵公篇》15·15），可见他一向认为，君子对别人多用"恕"道，就"远怨"了。

12·22　樊迟问仁。子曰："爱人。"问知。子曰："知人。"

樊迟未达。子曰："举直错诸枉，能使枉者直。"

樊迟退，见子夏曰："乡也吾见于夫子而问知，子曰'举直错诸枉，能使枉者直'，何谓也？"

子夏曰："富哉言乎！舜有天下，选于众，举皋陶，不仁者远矣。汤有天下，选于众，举伊尹，不仁者远矣。"

【译文】樊迟问仁。孔子道："爱人。"又问智。孔子道："认识人，了解人。"

樊迟不明白（什么叫"知人"）。孔子道："提拔正直的人使之位居邪曲小人之上，能使邪曲小人变得正直起来。"

樊迟退了出来，见到子夏，说："刚才我去见老师向他问智，他说'把正直的人提拔起来使之位居邪曲小人之上，可使邪曲小人变得正直起来'，这是什么意思啊？"

子夏道："（老师）这话含义多么丰富啊！舜帝有了天下，在众人中选拔仁人，把皋陶提拔起来，不仁不义的邪曲小人就只有远去了。商汤有了天下，在众人中选拔仁人，把伊尹提拔起来，不仁不义的邪曲小人就只有远去了。"

【解析】本章谈"仁"与"知"，重点在"知"。

"错"同"措"，置也。"乡"同"向"，刚才。

本章中的直者、枉者都是上等人。孔子用"举直"解释"知人"，子夏用舜举皋陶、汤举伊尹的案例具体解释"举直"，思路十分清晰。在孔门弟子中，子夏的学问相当好，孔子死后，子夏在西河魏文侯处传授《诗》《礼》《易》《春秋》。樊迟的学问则明显不行。"众"，《论语》中大多指平民百姓，但本章用其"许多人"之义。

本章很特殊。记录者可能是樊迟、子夏的同学，称呼倒是没有任何问题，但没有同学之间互记语录的道理；如果是子夏的随侍弟子所记，本章则为子夏语录，"子夏"则本记作"卜子"，是《论语》编辑者将其改为"子夏"。按照礼制，本章应是子夏语录。

12·23　子贡问友。子曰："忠告而善道之，不可则止，毋自辱焉。"

【译文】子贡问交友之道。孔子道："忠心地劝告他，好好地引导他，不听就算了，不要自取其辱。"

【解析】《里仁篇》4·26："事君数，斯辱矣；朋友数，斯疏矣。"二句互文，实际上是说，对待君上和朋友，如果太繁琐，就会招致侮辱，并被疏远。可与本章互证。

12·24　曾子曰："君子以文会友，以友辅仁。"

【译文】曾子说："君子以文章学问来聚会朋友，借助朋友的帮助培养自己的仁德。"

【解析】本章为曾参语录。

"文"，指古代文献。孔门讲究交友之道，主张"事其大夫之贤者，友其士之仁者"（《卫灵公篇》15·10），"无友不如己者"（《学而篇》1·8、《子罕篇》9·25），所以仁德君子可以影响我们，培养我们的道德。

本章尊称曾参为"曾子"，记录者自然是曾参的弟子。

子路篇第十三
（共三十章）

13·1　子路问政，子曰："先之，劳之。"请益，曰："无倦。"

【译文】子路问如何行政，孔子道："自己给百姓带头做正派人，然后才能让百姓劳作。"子路请孔子多讲些，孔子道："做官不要倦怠。"

【解析】子路先后当过鲁国权臣季康子、卫国权臣孔悝的总管，家臣要做许多具体工作，要非常勤勉。孔子也要求子张"居之无倦"（《颜渊篇》12·14）。但在教季康子行政时，孔子只教他"政者，正也。子帅以正，孰敢不正？"（《颜渊篇》12·17）季康子是鲁国正卿，当然不必像中下级官员那样辛苦，但他为人为官是否正派，却会影响官风乃至民风。所以孔子大体上要求大官正派，小官勤勉。

本章中的两个"之"，我认为都指民众。"先之"，并不是说官员要在百姓之"先"去"劳"。孔子一向主张，上等人要带头做仁德君子，从而影响民风，让民风变得淳朴起来，民风变好了，百姓才好使唤。那么"先之"应是带头做正派人的意思。

13·2 仲弓为季氏宰,问政。子曰:"先有司,赦小过,举贤才。"

曰:"焉知贤才而举之?"子曰:"举尔所知。尔有所不知,人其舍诸?"

【译文】仲弓当了鲁国季氏的总管,向孔子讨教如何行政。孔子道:"(做什么事都要)在有关人员的前头做,赦免人家的小过错,提拔贤才。"

仲弓问道:"怎么知道谁是贤才因而提拔他呢?"孔子道:"提拔你所了解的贤才。你不了解的人,别人难道会舍弃他吗?"

【解析】本章亦论中下级官员如何行政。

子路原来也当过季氏宰,大约在卫出公时期,子路到卫国当了孔氏宰。或许就在此后,弟子仲弓(冉雍)当了季氏宰。

"先有司"三句,都是告诉仲弓如何对待自己的管理团队,不涉及其他人和事。

周代礼俗,称字略含敬意。孔门只有两种人会称冉雍的字"仲弓",一是仲弓的同学,二是仲弓同学的弟子。老师孔子只会称他的名"雍",仲弓自己只能称自己的名,没有自己尊称自己的道理。本章称冉雍的字,那么记录者就是他的同学或同学的弟子。

13·3　子路曰:"卫君待子而为政,子将奚先?"

子曰:"必也正名乎!"

子路曰:"有是哉,子之迂也!奚其正?"

子曰:"野哉,由也!君子于其所不知,盖阙如也。名不正,则言不顺;言不顺,则事不成;事不成,则礼乐不兴;礼乐不兴,则刑罚不中;刑罚不中,则民无所错手足。故君子名之必可言也,言之必可行也。君子于其言,无所苟而已矣。"

【译文】子路道:"卫君等着您去治理国政,您将先做什么?"

孔子道:"那一定要为卫君正名,使其名分具有礼制上的合法性吧!"

子路道:"您竟迂腐到如此地步吗?(国君就是国君,)有什么名分需要正的?"

孔子道:"由啊,你如此不明白事理!君子对他所不懂的,大概采取保留态度,(而不会不懂装懂。)名分不合礼制,那么说起来就不顺畅;说起来不顺畅,那么事情就办不成;事情办不成,那么礼乐教化就办不起来;礼乐教化办不起来,那么刑罚就不会得当;刑罚不得当,那么民众就会手足无措。所以君子的名分必定是能顺顺当当说出来的,顺顺当当说出来的必定是可以实行的。君子对自己说的话,要一点都不马虎才罢。"

【解析】本章主旨是为政之道,必先"名正言顺"。但何为"名正",何为"言顺",古来经学家却众说纷纭。

本章所谓"卫君",历代经学家皆认为是卫出公,其说可从。卫灵公夫人南子,宋女,早年与宋公子朝(《雍也篇》6·16称"宋朝")私通。嫁给卫灵公后,还召宋朝来卫国苟且,国人尽知。太子蒯聩深以为耻,杀南子未果,遂出奔宋,而后之晋,投奔赵简子(《左传·定公十四年》)。卫灵公四十二年,灵公卒,立太子蒯聩之嫡长子、卫灵公之嫡长孙辄为君,是谓出公(《哀公二年》)。赵简子欲送蒯聩返回卫国继位,辄发兵拒之,形成了亲生父子争夺君位的局面。

据《左传》《史记·仲尼弟子列传》记载，子路于鲁哀公十五年（卫出公十三年，卫庄公元年）始到卫国，做世卿孔悝的总管，孔子大约也在此时来到卫国，所谓"卫君待子而为政"，大约就在此时。

孔悝之父孔文子，娶卫灵公之女、卫太子蒯聩之姊，生悝。孔文子卒，家奴（《左传·僖公二十四年》称"竖"，一般是十五至十九岁的男仆）浑良夫与悝母私通。后蒯聩在浑良夫、悝母的帮助下，潜回卫国。孔悝立蒯聩为君，是为卫庄公。蒯聩回国后，引发混战。子路虽为孔悝宰，而孔悝拥戴蒯聩，但子路却为卫出公而战死，其事在孔子去世前一年，即鲁哀公十五年。可见子路认为，卫出公既然早已立为卫君，且为朝廷所立，当然已经"名正言顺"，老师居然还要为当了十几年国君的卫出公"正名"，简直太"迂"了。但孔子却认为，卫灵公去世，按照礼制，应由储君蒯聩继位，而卫国直接立蒯聩之子辄为君，这违反了礼制。《史记·孔子世家》："是时，卫君辄父不得立，在外，诸侯数以为让。""让"，责怪卫出公无礼。可见卫出公在外交上很被动，想必他在国内的情况也好不到哪里去。孔子认为，要治理卫国，首先要解决卫出公在礼制上的合法性问题，即所谓"名正言顺"。子路则认为，当今卫君是直接继承卫灵公的大位，是卫国朝廷所立，并非自立，而且已经当了十几年国君了，当然是合法的，有什么"名不正，言不顺"的？师徒争论便由此而来。

周朝的继承制度是"嫡长子继承制，余子分封制"。卫灵公死后，应由太子蒯聩继位，除非卫灵公事先废黜蒯聩，另立太子。卫灵公死前，倒是想另立少子郢为太子，但郢不干。卫灵公死后，朝廷想让郢继位，郢也不干。于是朝廷立太子之子出公辄。这里首先是卫灵公及卫国朝廷违反礼制，把出公辄摆在一个十分狼狈的位子：按君统，出公是卫国之君；按宗统，出公又是太子蒯聩之子，而且太子健在，还要求即位。因此，出公的名分的确有问题，说起来的确不顺，施政的确有难度，治理卫国的确要首先解决国君名分的合法性问题。

"名正"，名字、名分、礼器、礼数全都合乎礼制。《成公二年》引孔子语："'唯器与名，不可以假人'，君之所司也……若以假人，与人政也。"《庄公十八年》："王命诸侯，名位不同，礼亦异数，不可以礼假人。"《昭公三十二年》，史墨引俗语曰："慎器与名，不可以假人。"此类记载还有许多。可见按照周礼，名分、名字、礼器、礼数均不可以假借他人，否则就会搅乱朝纲。

《庄公十一年》，宋国遭灾，宋君依礼自称"孤"。臧文仲曰："称孤，礼也。言惧而名礼，其庶乎。""名礼"即"名正"，都是名称、名分等合乎礼制的意思。《桓公二年》载，晋穆侯命名太子为"仇"，次子为"成师"。晋大夫师服曰："异哉，君之名子也！夫名以制义，义以出礼，礼以体政，政以正名，是以政成而民听，易则生乱。嘉偶曰妃，怨偶曰仇，古之命也。今君命太子曰'仇'，弟曰'成师'，始兆乱矣，兄其替乎！"晋侯二子的名字不合礼制，此后晋国果然大乱许多年。卫出公名"辄"，名字倒还没事，但太孙越过健在的太子直接继位，竟有国君之名分，卫出公这个国君的名分的确不正。

"言顺"，依据周礼，嫡长子继位，无嫡立长，如此则"顺"，反之则"逆"（参《隐公三年》"六顺""六逆"说）。宋桓公将卒，太子以国让庶长兄目夷，目夷说，立庶不立嫡，"不顺"（《僖公九年》）。上例太子名"仇"，弟名"成师"，预示兄弟二人之间将有大事发生，名字既不正，言之则不顺。《左传·文公十四年》记载，大邾国国君邾文公卒，晋人赵盾送邾公子捷菑、齐人送邾公子貜且回邾国继位。邾人辞赵盾曰："齐出貜且长。"赵盾曰："辞顺而弗从，不祥。"遂退兵。齐女所生公子貜且，嫡出且年长，依礼当立，此即孔子所谓"名正"；邾人说话依据周礼，此即赵盾所谓"辞顺"，孔子所谓"言顺"。嫡长子继位，名分既正，言之则顺。如今民众常说，"正当名分"，"名正言顺"，全都符合周礼和孔子礼学的基本精神。可见，孔子的"名正言顺"说，是周代君子乃至当下平民的共识。

13·4 樊迟请学稼，子曰："吾不如老农。"请学为圃，曰："吾不如老圃。"

樊迟出。子曰："小人哉，樊须也！上好礼，则民莫敢不敬；上好义，则民莫敢不服；上好信，则民莫敢不用情。夫如是，则四方之民襁负其子而至矣，焉用稼？"

【译文】樊迟请求学种庄稼，孔子道："我不如稻农。"又请求学种蔬菜，孔子道："我不如菜农。"

樊迟退了出来。孔子道："樊须真是个小人！上等人讲究礼制，平民就不敢不恭敬；上等人讲究道义，平民就不敢不服从；上等人讲究诚信，平民就不敢不说实话。像这样，那么四方的平民百姓就都会背负着小孩来投奔了，为什么要自己种庄稼呢？"

【解析】周代君子认为，君子有君子的事，小人有小人的事，不能混淆。如果小人忙乎君子的事，就是僭越；如果君子忙乎小人的事，就会被讥讽没有出息。二者均违反礼制。例如射鱼本是小人"皂隶"的事，鲁隐公不听其叔父臧僖伯的劝告，坚持到远离首都的棠地去射鱼，《春秋·隐公五年》因此讥讽之。孔子说"君子不器"（《为政篇》2·12），"君子谋道不谋食。耕也，馁在其中矣；学也，禄在其中矣。君子忧道不忧贫"（《卫灵公篇》15·32）。孟子也说："有大人之事，有小人之事……或劳心，或劳力；劳心者治人，劳力者治于人；治于人者食人，治人者食于人，天下之通义也。"（《孟子·滕文公上》5·4）可见周代君子都认为，上等人不应该像平民百姓那样去"谋食"，而应该"谋道"。

孔子将所有的人大体分为上下两等，上等的君子和下等的平民。"上"犹"人"，指上等人、君子，包括天子、诸侯、卿大夫。其余"小人""民""众""百姓"都指平民，包括百工、农民、商人和官府的小吏等。在这两等人之间有一个特殊群体，就是"士""儒"，读书人。"士"如果当了官，就是上等人、君子；如果道德高尚，理想远大，就是"仁人志士""仁德君子""君子儒"了。"士"如果没有当官而且志向卑微，就是"小人""小人儒"。孔子骂樊迟是"小人"，就是因为这个原因。

樊须字子迟。孔子平日称学生，称名不称姓，以示亲切。本章称学生，连姓带名称"樊须"，颇有拒人于千里之外的意思，说明孔子很生气。此礼至今犹存。

"出"，樊迟从老师所在的"室"退出来，回到"堂"上。

13·5 子曰："诵《诗》三百，授之以政，不达；使于四方，不能专对。虽多，亦奚以为？"

【译文】孔子说："熟读《诗经》三百篇，交给他治国理民的政务，却办不通；叫他出使外国，又不能独立地谈判应酬。（这种人）即使书读得再多，又有什么用呢？"

【解析】本章以学习《诗经》为例，论士人读书当学以致用。

《诗经》内容非常丰富，对内政外交都有参考作用。《左传》所记诸侯卿大夫借助《诗经》处理内政外交事务的例子，比比皆是。本章只是以《诗经》为例，说明读书人要学以致用而已，并非表示读书人只需学习《诗经》。

据《左传·襄公二十九年》可以推知，今本《诗经》最晚在鲁襄公时代晚期即已编成，那时孔子还是个出生不久的小孩。孔子终身教育弟子所用的"《诗》三百"，就是今本《诗经》。

13·6 子曰："其身正，不令而行；其身不正，虽令不从。"

【译文】孔子说："（当权者）他本身行为正当符合礼制，不发命令事情也行得通；他本身行为不当不合礼制，即使发布命令民众也不会听从。"

【解析】"正"，合乎礼制。《左传·隐公十年》："君子谓郑庄公于是乎可谓正矣，以王命讨不庭，不贪其土，以劳王爵，正之体也。"郑庄公用周平王之命"讨不庭"，名正言顺。《颜渊篇》12·17记载，孔子曾经对鲁国正卿季康子说："政者，正也，子帅以正，孰敢不正？"《子路篇》13·13："苟正其身矣，于从政乎何有？不能正其身，如正人何？"孔子总是要求大官"正"，即为人为官都要正派，符合礼制；总是要求小官工作勤勉。因此本章应是对大官讲的，不是对小官讲的。

13·7 子曰："鲁卫之政，兄弟也。"

【译文】孔子说："鲁国卫国的政治，像兄弟一样差不多。"

【解析】孔子这番话，大意有三：其一，周家本有称同姓之国为兄弟的习惯，如《左传·成公二年》："晋与鲁、卫，兄弟也。"鲁为周公之国，卫为康叔之国，二人均为周武王母弟。《定公六年》："太姒之子，惟周公、康叔为相睦也。"周公、康叔又特别亲密，势必影响子孙。其二，谓鲁卫两国的政治很接近。鲁国谨守周礼，卫国次之，两国又多仁德君子，所以孔子有此评价。孔子晚年在鲁卫时间最长，在鲁卫为官的弟子也最多，应与二国最讲周礼有关。其三，谓鲁卫两国的政治都非常接近真正的仁政。孔子曾说："齐一变，至于鲁；鲁一变，至于道。"（《雍也篇》6·24）"道"，仁道，仁政。孔子认为，鲁国的政治离真正的仁政不远。本章又说鲁卫两国的政治差不多，那么鲁卫两国的政治应该都非常接近仁政。当然，这只是孔子的判断，是否完全符合历史事实，又当别论。

据《史记·孔子世家》，孔子说这番话，是在卫出公四年（鲁哀公六年）孔子返卫之后，不知太史公有何依据。

13·8 子谓卫公子荆："善居室。始有，曰：'苟合矣。'少有，曰：'苟完矣。'富有，曰：'苟美矣。'"

【译文】孔子谈到卫国的公子荆，说："他善于居家过日子。家里刚有点东西，就说：'差不多够了。'稍微增加一点，就说：'差不多完备了。'多有一点，就说：'差不多富丽堂皇了。'"

【解析】《左传·襄公二十九年》载，吴公子季札访问卫国时，会见了蘧瑗（字伯玉）、史狗（史朝之子文子）、史鳅（字子鱼）、公子荆、公叔发（公叔文子）、公子朝六位公卿大夫，说："卫多君子，未有患也。"季札所称赞者，《论语》中孔子称赞了四位：本章称赞公子荆，《宪问篇》14·13、18两章称赞公叔文子，《宪问篇》14·25称赞蘧伯玉，《卫灵公篇》15·7称赞史鱼。孔子也认为，这些人都是仁德君子。

春秋时代，很多卿大夫都削弱公室，攫取财富，生活奢靡，如齐国的管仲（《八佾篇》3·22），鲁国的季康子（《颜渊篇》12·18），晋国的赵文子、韩宣子、魏献子（《襄公二十九年》）。本章盛赞公子荆居家节俭，清正廉洁，孔子应为有感而发。

诸侯之子皆曰"公子",孙皆曰"公孙"。诸侯子孙如果名"荆",皆曰"公子荆""公孙荆"。本章记录,特别强调是"卫公子荆",想必当时他国也有"公子荆"。这种记录方式,《左传》很常见。

13·9 子适卫,冉有仆。子曰:"庶矣哉!"
冉有曰:"既庶矣,又何加焉?"曰:"富之。"
曰:"既富矣,又何加焉?"曰:"教之。"

【译文】孔子到了卫国,冉有为他驾车。孔子道:"(帝丘)好稠密的人口!"

冉有问道:"人口已经很多了,再怎么办呢?"孔子道:"让他们富裕起来。"

冉有又问道:"已经富裕了,再怎么办呢?孔子道:"教育他们。"

【解析】据《史记·孔子世家》,孔子"自楚返乎卫",在卫出公四年(鲁哀公六年),孔子大约六十三岁时。当时孔子有很多学生都在卫国做官,冉求(字子有)或许也在卫国做官,所以老师"自楚返乎卫",冉求便为老师驾车。"仆",驾驭马车。

孔孟之徒治国理政,无非是富民、教民、保民三大任务,尤以富民为先。这样的文献很多。孔子、孟子、荀子都主张,先富民,再教民,遇有战争、灾荒、瘟疫等情况时要保民。本章中孔子谈治国,就是要"先富后教"。

孔子所说的教育民众,仅指对民众进行道德教育,不包括文化知识教育。《论语》中这类论述很多。①

---

①详见《孔子没有平民文化教育思想》(吴天明,《长江学术》2017年第1期)。

13·10 子曰:"苟有用我者,期月而已可也,三年有成。"

【译文】孔子说:"假如有人用我,(让我主持国政,)一年便可以了,三年就会把国家治好。"

【解析】据《史记·孔子世家》记载,卫灵公本想用孔子,但因年老,"怠于政,不用孔子",所以孔子有此感叹。

"期",音jī。"期月",一年。《左传·僖公八年》:"复期月。"

"三年有成",周代治国,相当程度上是以治军为龙头,带动整个国家治理,包括治民(平民)和治人(贵族),而以三年为期。国家每年都要利用农闲时间,把贵族(战时做各级军官)和民众(战时做士兵)集中到郊外,训练他们打仗,一般以三年为一个训练周期。经过三年,训练好了,贵族和民众都可以打仗了,国家和军队的贵贱少长都理顺了,能够令行禁止了,说明国家和军队就都治理好了,即所谓"有成"。《僖公二十七年》记载,晋文公即位,训练贵族和民众两年,就要用兵,部下反对,训练三年,一战而霸,就是例子。《先进篇》11·26子路说,他能够治理一个千乘之国,而且三年有成。《隐公五年》鲁隐公叔父臧僖伯总结这一礼制道:"三年而治兵,入而振旅。归而饮至,以数军实,昭文章,明贵贱,辨等列,顺少长,习威仪也。"臧僖伯的话,正好可以用来解释本章孔子的话。

13·11 子曰:"'善人为邦百年,亦可以胜残去杀矣。'诚哉是言也!"

【译文】孔子说:"'善人治国百年,也就可以战胜残暴之人,使之不再为恶,因此就可以免除杀戮之刑了。'这话说得很对呀!"

【解析】《论语》中,孔子很少使用"善人"的概念,只有《述而篇》7·26、《先进篇》11·20、《子路篇》13·29、《尧曰篇》20·1以及本章用此概念，除了《尧曰篇》20·1以外，均与"圣人"的概念相当。

孔子不主张治国者轻用杀戮，他对季康子说："子为政，焉用杀？子欲善而民善矣。"（《颜渊篇》12·19）认为治国者自己带头向善，影响所及，民众自然就会向善，因此民众善心生，残暴之人就很少，甚至不再为恶，国家也就可以免用杀戮之刑了。《襄公二十六年》："善为国者，赏不僭而刑不滥。""胜残去杀"，就是"善为国者……刑不滥"的意思。

从本章口吻来看，"善人"两句话应为古语或当时俗语，出处无考。

13·12　子曰："如有王者，必世而后仁。"

【译文】孔子说："假如有圣王出现，一定要经历三十年才能真正实行仁政。"

【解析】周人心中的"王者"，是尧、舜、禹、汤、文、武、周公这样的人。"世"，三十年。

孔子有时说"求仁得仁"，"我欲仁，斯仁至矣"，这是指自己当仁人。自己当仁人，只要真心实意，就比较容易。而要行仁政、治国家、"立人达人"，则要困难得多，需要的时间也长得多。三十年，整整一代人，前后至少直接涉及三代人，需要这样长的时间，才可能改变世人的风气，才可能真正实行仁政。

13·13　子曰："苟正其身矣，于从政乎何有？不能正其身，如正人何？"

【译文】孔子说："如果端正了自己，治理国政有什么困难呢？如果不能端正自己，怎么去端正别人呢？"

【解析】孔子对小官，一般只要求他们勤勉工作；对鲁国正卿季康子这类大官，才要求他们先正己，再正人。由此看来，本章应该是对大官提出的要求。可与《颜渊篇》12·17、《子路篇》13·6两章合读。

"何有"，春秋时代俗语，不难之辞。

13·14　冉子退朝。子曰："何晏也？"对曰："有政。"子曰："其事也。如有政，虽不吾以，吾其与闻之。"

【译文】冉子从朝廷回到祖师门下。孔子道："怎么晚了啊？"冉子回答道："有政务。"孔子道："那只是事务罢了。如有政务，虽然不用我了，我也会知道的。"

【解析】"政"指国家大政，"事"指具体事务，古人常常通称"政事"。孔子曾为鲁国公卿，虽已致仕，尚为"国老"，国家如有大事，一般会事先咨询。此礼古今皆然。《左传·哀公十一年》记载，冉求为鲁国正卿季康子"宰"（总管），并统领过鲁军左师（当副统帅），可知他同时也是国家大臣，因此要上朝。鲁国正卿季氏想按十分抽二的税率收税，使冉有访诸孔子，征求意见。孔子不言（以示反对）。《先进篇》11·17记载，冉有支持季氏多收税，孔子要众弟子攻击他。冉有还转述季氏对孔子的话："子为国老，待子而行。"可见当时诸国均有向国老咨询国政的礼制。所以本章孔子讲，鲁国如有大事，我当先知之。如今不知，你们在朝廷上只是忙乎具体事务而已，并非国家大政。

《论语》中孔子常常被徒子徒孙特尊为"子"，有若、曾参、冉有、闵子骞四弟子有时被各自的弟子尊称为"某子"，如有若被尊称"有子"，以此类推。《左传·哀公十一年》尊称冉求为"有子"，本章和《雍也篇》6·4均尊称其为"冉子"，这两章的记录者应均为冉有的弟子。今之学者翻译时常常改称"冉子"为"冉有"，这不符合礼制和简牍记录者的本意，予不取。

13·15 定公问:"'一言而可以兴邦',有诸?"

孔子对曰:"言不可以若是其几也。人之言曰:'为君难,为臣不易。'如知为君之难也,不几乎'一言而兴邦'乎?"

曰:"'一言而丧邦',有诸?"

孔子对曰:"言不可以若是其几也。人之言曰:'予无乐乎为君,唯其言而莫予违也。'如其善而莫之违也,不亦善乎?如不善而莫之违也,不几乎'一言而丧邦'乎?"

【译文】 鲁定公问:"'一句话就可以让国家兴盛',有这回事吗?"

孔子答道:"说话不可以像这样简单。人们常说:'做国君很难,做臣下不易。'如果知道做国君的艰难,(国君就不会随便说话,)不就近于'一句话就让国家兴盛起来'吗?"

定公又问:"'一句话而丧失国家',有这回事吗?"

孔子答道:"说话不可以这样简单。诸侯们常说:'我做国君没什么乐趣,只是我说了话没人敢违抗我。'如果说话正确而没人违抗,不也很好吗?如果说话不正确而没人敢违抗,不近乎'一句话便丧失国家'吗?"

【解析】 "一言兴邦""一言丧邦",可能是周代君子常说的话。从《春秋》来看,一字一句均大有讲究。外交场合,的确常常是"一言兴邦""一言丧邦",《左传》中有许多这样的案例。例如,晋国当霸主,中等国家郑国竟然未经霸主同意而入侵陈国。晋人质问,郑人回答"辞顺",晋人便接受了这一事实,没有惩罚郑国。孔子评论此事说:"晋为伯(霸主),郑入陈,非文辞不为功。慎辞哉!"(《左传·襄公二十五年》)鲁定公可能觉得这样的话说得太过头,所以问孔子。孔子答话的核心意思,还不是泛泛地说注意言辞,而是劝鲁定公敬畏权力,慎用权力,说话谨慎。如果国君用权正确,可能"一言兴邦";如果滥用权力,则可能"一言丧邦"。

13·16　叶公问政。子曰："近者说，远者来。"

【译文】楚国的叶公问政治。孔子道："让境内的人高兴，让境外的人来归顺。"

【解析】孔子一向主张："远人不服，则修文德以来之。"（《季氏篇》16·1）文德教化施于自己的臣民，则臣民喜悦，仁声远播，故而"远者"羡慕王化而来归顺。

"叶"是楚国的县，春秋中晚期，楚君称"王"，故楚国的县长均称"公"称"尹"。"叶公"即叶县公沈诸梁，字子高，楚庄王之后，《述而篇》7·19、《子路篇》13·18两章和《左传·定公四年》《哀公十六年》均记载其事迹。叶县的土地人民与中等国家无异，叶公又是贤者和王室成员，所以孔子对他的要求与对国君的要求并无不同，比对鲁国正卿季康子的要求都高（《颜渊篇》12·17）。所谓"近者说，远者来"，实际上就是实行王道仁政。孔子去世后，子贡说："夫子之得邦家者，所谓立之斯立，道之斯行，绥之斯来，动之斯和。"（《子张篇》19·25）这就是"近者说，远者来"的意思。

13·17　子夏为莒父宰，问政。子曰："无欲速，无见小利。欲速，则不达；见小利，则大事不成。"

【译文】子夏做了莒父的县长，问政于孔子。孔子道："不要图快，不要只顾小利。图快，反而不能达到目的；只顾小利，就办不成大事。"

【解析】很多人都向孔子请教过政治，孔子给出的建议也多不相同。本章孔子告诉弟子，要做长久打算，可能是希望子夏真正把莒父治好。孔子曾说："善人为邦百年，亦可以胜残去杀矣。"（《子路篇》13·11）又说："如有王者，必世而后仁。"（《子路篇》13·12）可见，要把一个地方真正治理好，是需要花很长时间的。

"莒父"，鲁国地名。孔子去世以后，子夏就不再做这个县长，而是到西河魏国，当魏文侯的老师去了。

13·18 叶公语孔子曰："吾党有直躬者，其父攘羊，而子证之。"孔子曰："吾党之直者异于是：父为子隐，子为父隐，直在其中矣。"

【译文】叶公告诉孔子道："我们那里有个直率的人，他父亲偷了羊，他这个当儿子的就证实其事。"孔子道："我们那里的直率人与此不同：父亲为儿子隐瞒，儿子为父亲隐瞒，直率就在其中了。"

【解析】"叶公"，即《述而篇》7·19、《子路篇》13·16和《左传·定公四年》《哀公十六年》中的叶公，名叫沈诸梁，字子高，楚国的叶县公，楚庄王之后。"党"即乡党。"躬"，身。"直躬"，直身而行。"攘"，盗。

叶公讲的"直"与孔子讲的"直"含义完全不同。前者只重事实而不顾父子关系，只重公理而不徇私情；后者只重父子关系而不顾事实，只重伦常而不顾公理。孔子讲鲁国风俗为"父为子隐，子为父隐"，可能部分是事实，但"直在其中"的评价，则只是周礼价值观的表现。《左传·僖公七年》管仲尝云："子父不奸之谓礼。""奸"，犯也。可见周礼认为，君臣父子，人之大伦，因此维持父子关系比判断是非曲直更加重要。换言之，伦常才是最大的公理。孟子尝言，如果舜帝的父亲瞽瞍杀人被抓，舜帝就会毫不犹豫抛弃帝位，偷偷地背起父亲逃到海边，快乐地生活，把曾经做过天子的事情忘得干干净净（《孟子·尽心上》13·35）。管子孟子所言，与孔子本章之意相同。

13·19 樊迟问仁。子曰："居处恭，执事敬，与人忠。虽之夷狄，不可弃也。"

【译文】樊迟问仁。孔子道："平日端庄有礼，做事严肃认真，待人诚心实意。（这样的仁德，）即使到了野蛮人生活的地方，也是不能废弃的。"

【解析】"居"，平时、平日。《先进篇》11·26："居则曰：'不吾知也。'"用法与本章相同。"夷狄"，野蛮之人，蛮荒之地，泛指蛮夷戎狄，与

"华夏"相对而言。孔子曾教导子张:"言忠信,行笃敬,虽蛮貊之邦,行矣。"(《卫灵公篇》15·6)与本章教导樊迟的思想和用语均相同,均称仁德可行天下。孔子夸奖子产有四种"君子之道":恭、敬、惠、义(《公冶长篇》5·16)。惠、义与使民有关,恭、敬仅则涉及君子的个人修养,与本章所言一致。孔子的意思是,一个人在日常生活中也要做到"恭、敬、忠",这实际上就达到了"仁"的境界了。

13·20 子贡问曰:"何如斯可谓士矣?"子曰:"行己有耻,使于四方,不辱君命,可谓士矣。"

曰:"敢问其次。"曰:"宗族称孝焉,乡党称弟焉。"

曰:"敢问其次。"曰:"言必信,行必果,硁硁然小人哉!抑亦可以为次矣。"

曰:"今之从政者何如?"曰:"噫!斗筲之人,何足算也?"

【译文】子贡问道:"怎样做这才可以叫'士'?"孔子道:"实行自己的仁道,耻为不善之事,出使外国,能很好地完成君主赋予的使命,这样的人,就可以称之为'士'了。"

子贡道:"请问次一等的。"孔子道:"宗族称赞他孝顺父母,乡里称赞他恭敬尊长。"

子贡又问道:"请问再次一等的。"孔子道:"说话一定信实,行为一定果决,这是不问是非只顾实现自己诺言的小人啊!或许也可以算是再次一等的'士'了。"

子贡道:"现在的执政者怎么样?"孔子道:"咳!这般小人算得了什么?"

【解析】本章论"士"的品德修养。

孔子把天下所有的人分为两大类:一是上等人,《论语》中常常简称为"人",包括天子、诸侯、卿大夫;二是下等人,《论语》中常常简称为"民""众""百姓""小人",包括农民、百工和商人,就是平民。这两大类之外,还有"士"这批非常特殊的人，有的道德学问好因而进入上等人行列，成为"志士仁人""仁德君子""君子"；有的道德学问不行因而成为"小人"，则与平民无异。孔子的弟子都是"士"，所以他特别注意培养"士行"。孔子当然希望自己的弟子都成为"君子""君子儒"，不希望他们成为"小人""小人儒"，因此孔门非常注重"士行"的培养，本章，《子路篇》13·28，《宪问篇》14·2，《卫灵公篇》15·9、10、37，《子张篇》19·1、2诸章，均论"士行"。

本章孔子将"士"分为三等：上等的当了诸侯或公卿的官，以道事君，当了"大臣"或"具臣"，可谓国士；中等的虽无官职，但讲孝悌，而孝悌为仁之本，可谓高士；下等的"言必信，行必果"，虽然比毫无信誉可言的平民稍好一点，但不讲道义，只顾践诺，实为"小人"，勉强可称为"士"，可谓下士。

孔子说："君子贞而不谅。"（《卫灵公篇》15·37）要求君子讲大信誉，不讲小信誉。孟子深知此意，也说："大人者，言不必信，行不必果，惟义所在。"（《孟子·离娄下》8·11）符合道义的，"大人"才"言必信，行必果"，否则就不必守信，不必贯彻始终。

"斗"是量具，用以量米。"筲"，音shāo，是饭筐，用以装饭。孔子用寻常物件以喻小人，所以"斗筲之人"，即寻常小人。

13·21 子曰："不得中行而与之，必也狂狷乎！狂者进取，狷者有所不为也。"

【译文】孔子说："得不到中庸之士而与之交往，那一定要与狂士、狷士交往吧！狂士不忘初心，一心向前；狷士但求退隐，但也不做坏事。"

【解析】本章所论，涉及三种人：一是"中行"者，即言行合乎中庸之道，又知所进退的人，孔子非常想与这类人打交道，但这类人很难得。二是"狂者"，这类人追求善道，不断进取，但知进而不知退。三是"狷者"，这类人守节无为，知退而不知进。

从《论语》来看，孔子心中的"中行"者，讲究中庸之道（《雍也篇》6·29）；"邦有道，谷"，邦无道，则不谷（《宪问篇》14·1）；"邦有道，危言危行；邦无道，危行言孙"（《宪问篇》14·3）。如卫国大夫宁武子，"邦有道，则知；邦无道，则愚"（《公冶长篇》5·21）。这种人，做人做事都讲原则，又知所进退，这就是孔子所谓的"用之则行，舍之则藏"（《述而篇》7·11），孟子所谓的"得志，泽加于民；不得志，修身见于世。穷则独善其身，达则兼善天下"（《孟子·尽心上》13·9）。

第二种人是"狂人""狂士"。"子在陈，曰：'归与！归与！吾党之小子狂简，斐然成章，不知所以裁之。'"（《公冶长篇》5·22）孟子高徒万章把孔子这段话引作："盍归乎来！吾党之小子狂简，进取，不忘其初。"他们不忘初心，只知进取，所以万章称之为"狂士"。孟子说，孔子把琴张、曾晳、牧皮这些人都视作"狂士"。（《孟子·尽心下》14·37）

第三种人是"狷人""狷士"。《孟子·尽心下》14·37用"乡原"（《论语》作"乡愿"）来做解释，未必符合孔子原意。"乡原"即今所谓"好好先生"，孔孟都斥之为"德之贼"（《论语·阳货篇》17·3，《孟子·尽心下》14·37）。但孔子心中的"狷"，是指那些只知退隐，不思进取的人："贤者辟世，其次辟地，其次辟色，其次辟言。"（《论语·宪问篇》14·37）这些人虽然不做坏事，但他们只求自保。孔子认为，他们的行为并不符合中庸之道。春秋时代有很多隐士，都应划入"狷人""狷士"的范围。

孔子本想与"中行"之士打交道，但不可得，只得退而求其次，与"狂士""狷士"打交道。孟子学习此章，可谓深得孔子之心："孔子岂不欲中道哉？不可必得，故思其次也。"（《孟子·尽心下》14·37）

13·22 子曰："南人有言曰：'人而无恒，不可以作巫医。'善夫！"

"不恒其德，或承之羞。"子曰："不占而已矣。"

【译文】孔子说："南方楚国人有句俗话说：'人要是没有恒久的德行，连巫医都不可以做。'这话说得好啊！"

（《易经·恒卦》的爻辞上说：）"一个人要是没有恒久的德行，或许会招致羞辱。"孔子道："这话只是叫那些没有恒久德行的人不要去占卜罢了。"

【解析】 本章论人无德行，连巫医都不可以做，连鬼都哄不了。

"南人"，楚国人。春秋时代华夏诸国常将楚人的帽子称为"南冠"（《左传·成公九年》），楚人的音乐称为"南音"（《成公九年》）"南风"（《襄公十八年》），楚人的方言称为"楚言"（《庄公二十八年》），因此我认为"南人"即楚人。楚本蛮夷，但到春秋晚期与华夏诸国的联系已经十分紧密，经济文化也很发达，国力已经十分强大，华夏诸国有时已视之为华夏了（所以《左传》哀公年间常常不再蔑称楚君为"楚子"，而改称"楚君"甚至"楚王"了），孔子甚至曾经一度想去楚昭王朝做官。但是那时华夏君子仍然保存着对楚人巨大的文化心理优势。本章孔子不用华夏俗语，而用楚人俗语，就暗含这类心理优势：你们看，不能糊弄别人的道理，连人家楚国人都知道。

"无恒"的"恒"，学者大多解释为恒心，恐不确。《易经·恒卦·彖传》："恒，'亨，无咎，利贞'，久于其道也。天地之道恒久而不已也。"《九三》："不恒其德，或承之羞。"《象传》："不恒其德，无所容也。"可见"恒"即"恒德"，"不恒"即不能坚守德行；"无恒"就是没有德行。"恒"即"恒德"，这在周代人所共知，而人所共知的中心词常常直接省掉，古今皆然。

古时的巫医必须求助于鬼神方可为人治病，为人祈福。巫医向鬼神祈祷时，必须要讲"恒德"，即每一句话都是实话，不能真一句假一句，糊弄鬼神，否则鬼神不佑，病人肯定好不了，巫医也就白忙乎了。久而久之，巫医也就当不成了。试举例言之。《左传·桓公六年》，随国大夫季梁说："祝史正辞，信也。"《襄公二十七年》："祝史陈信于鬼神而无愧辞。"《昭公二十年》，齐景公长疥疮，祝史（即巫医）祈祷一年，疥疮都没好。齐景公准备杀死祝史。晏婴反对，说："若有德之君……其祝史荐信，无愧心矣。是以鬼神用飨，国受其福，祝史与焉。其所以蕃祉老寿者，为信君使也，其言忠信于鬼神。其适遇淫君……其祝史荐信，是言罪也；其盖失数美，是矫诬也……是以鬼神不飨其国以祸之，祝史与焉。所以夭昏孤疾者，为暴君使也，其言僭嫚于鬼神。"晏婴的意思是，齐景公非有德之君，巫医如果向鬼神说实话，鬼神不佑；巫医如果向鬼神说假话，为齐君美言，鬼神亦不佑。齐君疥疮不愈，实非巫医之罪，而乃齐君自己之罪。这类故事都可做《论语》本章的注脚。

占卜祈祷本是极其虔诚恭敬的事，祝史原本都要对鬼神实话实说。但从本章所引楚人的俗语来看，大概到春秋时代，已经有巫医信口胡说糊弄鬼神的风气了。这种风气，晏婴称之为"善祝"，孔子称之为"史"（《雍也篇》6·18），以致楚人和孔子都说，要是信口胡说，不讲德行，连鬼神你都哄不了。如今如果有人信口胡说，世人便斥之为"哄鬼"，这是方言存古，其语源至少要追溯到春秋时代。

"不恒"前或逸"《易》曰："。

13·23 子曰："君子和而不同，小人同而不和。"

【译文】孔子说："君子用不同的意见来完善别人的意见，以成人之美，而不随声附和，以成人之恶；小人随声附和，以成人之恶，而不提不同意见，以完善别人的意见，成人之美。"

【解析】"和"与"同"，是春秋时代两个十分重要的术语，具有政治学、伦理学、哲学等方面的含义。《左传·昭公二十年》，齐景公称赞奸臣梁丘据说："唯据与我和夫！"晏婴反驳道："据亦同也，焉得为和？""和如羹焉……济其不及，以泄其过，君子食之，以平其心。君臣亦然。君所谓可而有否焉，臣献其否以成其可；君所谓否而有可焉，臣献其可以去其否，是以政平而不干，民无争心……今据不然。君所谓可，据亦曰可；君所谓否，据亦曰否。若以水济水，谁能食之？若琴瑟之专一，谁能听之？同之不可也如是。"《左传》本年又载，郑子产临终嘱咐子大叔："唯有德者能以宽服民，其次莫如猛。夫火烈，民望而畏之，故鲜死焉；水懦弱，民狎而玩之，则多死焉，故宽难。"《左传》引孔子评价子产这一遗言，道："善哉！政宽则民慢，慢则纠之以猛。猛则民残，残则施之以宽。宽以济猛，猛以济宽，政是以和。"可见春秋君子饮食上以五味调和为"和"，以"以水济水"为"同"；音乐上以八音克谐为"和"，以"琴瑟专一"为"同"；政治上以宽严相济为"和"，而以"以宽济宽"为"同"；伦理上以用不同意见完善他人意见为"和"，以随声附和成人之恶为"同"。

本章应与《颜渊篇》12·16合读。

13·24 子贡问曰:"乡人皆好之,何如?"子曰:"未可也。"

"乡人皆恶之,何如?"子曰:"未可也。不如乡人之善者好之,其不善者恶之。"

【译文】子贡问道:"全乡的人都喜欢他,这个人怎么样?"孔子道:"还不行。"

子贡又问道:"全乡的人都厌恶他,这个人怎么样?"孔子道:"也不行。不如全乡的好人都喜欢他,坏人都厌恶他。"

【解析】本章论仁者应"善者好之,不善者恶之"。

孔子认为:"唯仁者能为好人,能恶人。"(《里仁篇》4·3)因此"仁者"不可能"皆好之",也不可能"皆恶之"。他要求:"众好之,必察焉;众恶之,必察焉。"(《卫灵公篇》15·28)"众恶之",恐怕是众口铄金,积毁销骨,所以"必察"。"众好之",恐怕是"乡愿"(《阳货篇》17·13),即今日所谓"好好先生",所以也要"必察"。孔子认为,真正的仁人,应该是"善者好之""不善者恶之"。

"乡愿",孟子称为"乡原",含义相同。(《孟子·尽心下》14·37)

13·25 子曰:"君子易事而难说也。说之不以道,不说也;及其使人也,器之。小人难事而易说也。说之虽不以道,说也;及其使人也,求备焉。"

【译文】孔子说:"在君子手下容易做事,但难以用妄说取悦于他。不用正道讨他欢心,他不会喜欢。等到他用人时,会量才使用。在小人手下很难做事,却很容易取悦于他。不用正道取悦于他,他会很高兴。等到他用人时,则会求全责备。"

【解析】本章论当官的君子、小人之不同。

本章所说的"小人"应包括两类人：一是本为平民，但后来当了官。春秋时代有少数平民经商致富后用钱买官。（参《阳货篇》17·15）二是本为君子，但道德水平很低，与小人无异者。（参《宪问篇》14·6）

13·26　子曰："君子泰而不骄，小人骄而不泰。"

【译文】孔子说："君子坦荡荡，所以气定神闲，安祥舒泰，而不盛气凌人；小人常戚戚，所以唯恐见轻，因此骄横跋扈，而不安祥舒泰。"

【解析】此章可与《述而篇》7·37、38两章合读。

13·27　子曰："刚、毅、木、讷，近仁。"

【译文】孔子说："刚强、勇毅、质朴、慎言，这四种品德，近乎仁德。"

13·28　子路问曰："何如斯可谓之士矣？"子曰："切切偲偲，怡怡如也，可谓士矣。朋友切切偲偲，兄弟怡怡。"

【译文】子路问道："怎么做才可以叫'士'呢？"孔子道："互相批评，和谐相处，可以叫作'士'了。朋友之间互相批评，兄弟之间和睦相处。"

【解析】本章论士人之品行。

"切切偲偲"，相互责善貌；"怡怡"，和顺貌。"朋友"，读书人志同道合而且互相责善，互称朋友。（参《学而篇》1·1）

孔子的授业弟子大都是"士"，因此常常讲"士行"。此章可与《子路篇》13·20合读。

13·29　子曰："善人教民七年，亦可以即戎矣。"

【译文】 孔子说："善人教导民众七年，也就可以叫他们作战了。"

【解析】 孔子很少用"善人"的概念，只在《述而篇》7·26、《先进篇》11·20、《子路篇》13·11、《尧曰篇》20·1及本章用过这一概念，似与"圣人"同义，近乎"仁人"。

孔子深知治国不易，所以有"善人为邦百年，亦可以胜残去杀矣"（《子路篇》13·11），"苟有用我者，期月而已可也，三年有成"（《子路篇》13·10），"世而后仁"（《子路篇》13·12），以及本章"教民七年"的说法。古代官员治国治军，三年为期。所以这里除了"三年有成"是确指之外，其他时间恐怕均为泛指。本章为何以七年为期，则可能与华夏文化中以七为期的悠久传统有关。①

儒者治国，均以富民、教民、保民三事为要务。至于具体论述，常常为了简洁而不会一一说到。本章虽然只论"即戎"，即打仗保国，实际上兼指富民、教民。富民是基础，先富而后方可教，先教而后方可使。所以本章实际上是说，善人治国，七年有成。

13·30　子曰："以不教民战，是谓弃之也。"

【译文】 孔子说："用未经教育训练的民众去作战，这叫作弃杀他们。"

【解析】 "不教民"，不教之民。"弃"，杀也。古人常用抛弃的办法，杀死那些病残多余的子孙和垂死的老人，谓之"弃杀"。②周代打仗，平民当然是主力，贵族只会当军官。国君要用平民作战，必须先对平民进行长时间多方面的教育训练，既包括军事训练，还包括道德方面的教育培训。一个训练周期为三

---

① 详见《七夕五考》（吴天明，《中南民族大学学报》哲学社会科学版2003年第3期）之一《七为圣数考》。
② 详见《弃子考》（吴天明，《杭州师范学院学报》哲学社会科学版2004年第3期），《原始文化的生存竞争与生殖竞争主题》（吴天明，《中国文化》2002年合刊）。

年。晋文公当初就是因为接受了部下的建议，认真训练平民三年之久，这才一战而霸的。平民没有训练好甚至根本没有训练，就驱使他们打仗，无异于弃杀他们。《孟子·告子下》12·8："不教民而用之，谓之殃民。"这与孔子之意相同。

宪问篇第十四
（共四十四章）

14·1　宪问耻。子曰："邦有道，谷；邦无道，谷，耻也。"

"克、伐、怨、欲不行焉，可以为仁矣？"子曰："可以为难矣，仁则吾不知也。"

【译文】我问何为耻辱。老师道："国家政治清明，就当官领俸禄；国家政治黑暗，仍然当官领俸禄，这就是耻辱。"

我又问道："好胜、自夸、怨恨、贪欲都不曾有过，可以说是仁人了吗？"老师道："可以说是难得了，至于是不是仁人，那我就不知道了。"

【解析】本章孔子论"耻"与"仁"，记录者是自称其名的弟子原宪。

"谷"，当官领俸禄。周代官员以谷米为俸禄。孔子认为"邦有道，贫且贱焉，耻也；邦无道，富且贵焉，耻也"（《泰伯篇》8·13），可与本章互证。原宪仅当过孔子家的总管（《雍也篇》6·5），孔子去世后，"遂亡在草泽中"，"摄敝衣冠见子贡"（《仲尼弟子列传》），就可能与他认可"邦无道，谷，耻也"的理念有关。

但孔子并不绝对反对读书人"邦无道，谷"。他称赞弟子南宫适"邦有道，不废；邦无道，免于刑戮"（《公冶长篇》5·2），"免于刑戮"，就包括仍然当官,且为人正直,又可自保性命的情况。再如,他称赞卫国公卿宁武子"邦有道,则知;邦无道,则愚。其知可及也,其愚不可及也"(《公冶长篇》5·21),"愚"是装傻,显然还在做官,辞职不干就无须装傻了。又如,他说"邦有道,危言危行;邦无道,危行言孙(逊)"(《宪问篇》14·3),"危行言孙"就是行为正直,但言语谦逊。国家政治黑暗,又在当官,再要"危言",就要杀头了。

"仁则吾不知也",是认为不"仁"的婉辞。《公冶长篇》5·5说冉雍"不知其仁",《公冶长篇》5·8说仲由、冉求、公西赤"不知其仁",《公冶长篇》5·19说"未知"楚国令尹子文、齐国陈文子是否"仁",实际上都是说他们还没有达到"仁"的境界,也就是不仁。孔子认为"仁"主要不是"克、伐、怨、欲不行"这样的道德修养,而是要有"立人达人"(《雍也篇》6·30),安邦定国的人生理想、政治理想,并为之奋斗终身,这样的人才是仁人。上述诸位都没有这样的理想,更没有为理想奋斗,所以孔子认为他们都不是仁人。

本章孔子先论耻,后论仁,明显谈了两个问题,似乎不是一章,所以朱熹《论语集注》将其分为两章。但若分为两章,论仁的一章又不知是何人所问。《仲尼弟子列传·原宪传》认为本章两问都是原宪所问,有道理。我的心得,这两个问题可能不是一次说的,但都是孔子答原宪问,原宪就干脆记录在同一根竹简上了。

原宪字子思。孔门只有两个人可以称他的名,一是老师孔子,二是原宪自己。孔子不可能记录自己的语录,那么本章的记录者就是原宪自己了,他自称其名"宪"。《子罕篇》9·7"牢曰"云云,记录者也是"牢"自己,与本章情况相同。《先进篇》11·17、《雍也篇》6·12两章都是冉求所记录,故都自称"求""冉求",也与本章情况相同。本章假约是其他同学或同学的弟子所记录,则必称其字"子思"或"原思",没有称名的道理。假约原宪设帐授徒,他的弟子做记录,则应尊称他为"原子"(不过尚未发现他设帐的证据),曾参师徒编辑《论语》时,也只能改称其字,不能改称其名。因此"宪问"应该译作"我问",下一句补充的"宪又问"应该译作"我又问"。《雍也篇》6·5称原宪为"原思",记录者才是他的同学或同学的弟子。

14·2 子曰:"士而怀居,不足以为士矣。"

【译文】孔子说:"志士仁人而留恋安逸生活,就不配做志士仁人了。"

【解析】本章论"士行",即仁德君子志士仁人的修行品行。

"士"本泛指读书人,但本章说"士"竟然不可"怀居",就不指一般读书人,而指有道德有理想的读书人,即志士仁人了。曾参说:"士不可以不弘毅,任重而道远。仁以为己任,不亦重乎?死而后已,不亦远乎?"(《泰伯篇》8·7)也以"士"指志士仁人,可以佐证。

"居",安居,在此借指整个的安逸舒适的生活,不仅仅指安居。孔子说:"士志于道,而耻恶衣恶食者,未足与议也。"(《里仁篇》4·9)"君子食无求饱,居无求安。"(《学而篇》1·14)可见孔子一向认为,志士仁人要实行人生理想"道",必然历尽万苦千辛,因此不能贪图安逸,贪图安逸的人就不可能做志士仁人,也不配做志士仁人了。

14·3 子曰:"邦有道,危言危行;邦无道,危行言孙。"

【译文】孔子说:"国家政治清明,就言语正直,行为正直;国家政治黑暗,就行为正直,但言语谦逊。"

【解析】"危"有高、正二义,古人讲正襟危坐,"危"即正。此章作"正"理解更加圆通。"孙"同"逊"。"危言"必直,直则难免不逊,"邦有道"时言语不逊问题不大,"邦无道"时言语仍然正直而不逊,则恐见害矣。《公冶长篇》5·2说弟子南容"邦有道,不废;邦无道,免于刑戮",故将侄女嫁给他。"邦无道,免于刑戮",则南容在"邦无道"时仍在做官,但可自保安全和性命。《公冶长篇》5·21:"宁武子,邦有道,则知;邦无道,则愚。其知可及也,其愚不可及也。"宁武子是卫成侯朝(鲁僖公时代)的公卿,当时卫国朝政混乱,宁武子便装傻卖呆以自保。"言孙"与"愚"都是正直的为官者在"邦无道"时的自保之术。

14·4 子曰:"有德者必有言,有言者不必有德。仁者必有勇,勇者不必有仁。"

【译文】孔子说:"有道德的人必有善言,有善言的人不一定有道德。仁人必定勇敢,勇敢的人不一定有仁德。"

【解析】本章四句互文,论有仁德者必有善言,且必勇敢,但仅有善言而无善行的伪善者,"暴虎冯河"的鲁莽者,却并非真正有仁德的人。

周代君子崇尚的道德,主要指安定国家天下的人生理想、政治理想,并非泛指行为规范。如鲁国大夫叔孙豹称"大上有立德,其次有立功,其次有立言"为"三不朽"(《左传·襄公二十四年》),孔子一生以"立人达人"(《雍也篇》6·30)为崇高追求,至死方休。正是因为人人都知道崇尚仁德,所以那时出现了貌似仁德而实不仁德的所谓"君子"(《宪问篇》14·6)。本章孔子予以辨析之。

孔子经常辨析真仁和假仁,真正的善言和虚妄的"巧言"。古代圣王都有善言传世,周人十分熟悉,此所谓"有德者必有言"也。但也有貌似仁德而实无仁德者,如"乡人皆好之"的人并非真正的仁者,而实为"乡愿",实际上是败坏道德的小人(《子路篇》13·24、《阳货篇》17·13)。孔子认为"唯仁者能好人,能恶人"(《里仁篇》4·3),而"乡愿"是"德之贼"。假仁人"巧言令色,鲜矣仁"(《学而篇》1·3),"鲜矣仁"是没有仁的婉辞,"巧言"即伪善者之"言",此所谓"有言者不必有德"也。而真正的君子"讷于言而敏于行"(《里仁篇》4·24),"敏于事而慎于言"(《学而篇》1·14),"先行其言,而后从之"(《为政篇》2·13),此所谓"有德者"之言也。

"仁者、知者、勇者"应该"不忧、不惑、不惧"(《子罕篇》9·29),但子路虽然勇气"兼人",却"暴虎冯河",鲁莽而已,并无真正的仁者之勇(《述而篇》7·11),此所谓"勇者不必有仁"也。后世孟子也说"可以死,可以无死,死伤勇"(《孟子·离娄下》8·23),要求齐宣王不要有"匹夫之勇",而要像周文王那样有"一怒而安天下之民"的王者之勇(《梁惠王下》

2·3），见解与孔子相同。

14·5 南宫适问于孔子曰："羿善射，奡荡舟，俱不得其死然。禹稷躬稼而有天下。"夫子不答。

南宫适出，子曰："君子哉若人！尚德哉若人！"

【译文】我请问老师道："羿善于射箭，奡善于水战，但都没得到善终。大禹和后稷都亲自下地种庄稼，却都得到了天下。（这是为什么呢？）"老师不回答。

我退了出来。老师道："这个人，好一个君子！这个人，多么崇尚道德！"

【解析】"南宫适"，即《公冶长篇》5·2、《先进篇》11·6之"南容"，其姓氏、名、字均极其复杂。（参《公冶长篇》5·2）本章自称其姓名"南宫适""南宫"，那么应为南容本人所记录，所以翻译如上。孔门除了孔子，只有南容可以称其姓名。

"羿"，古代传说有三个羿，都善射。一为帝喾的射师（见《说文解字》）；二为唐尧时射落九日者，见《淮南子·本经训》；三为夏代有穷国国君，以其善射，篡夏，后为其臣寒浞所杀者，见《左传·襄公四年》《孟子·离娄上》8·24。古代神话传说，酋长名常作氏族名甚至子孙名。如黄帝也是黄帝族名、黄帝子孙名，所以《山海经》中多有黄帝。古代传说三个羿，应为夷羿族三个时期的酋长。寒浞之子"奡"，音ào，《襄公四年》作"浇"，《说文解字》作"敖"，相传力大无比，为夏后少康所杀。

"荡舟"，古人释为陆地推舟。顾炎武《日知录》："古人以左右冲杀为荡。陈其锐卒，谓之跳荡，别帅谓之荡主。荡舟盖兼此义。"顾说可从，则"荡舟"为率舟师飞速冲锋之义。

"不得其死"谓不得善终，"得其死"谓得善终，均为周代俗语，《论语》《左传》其例甚多。

禹治洪水，天下乃安，生人得种稼穑，故夏有天下四百多年。稷即后稷，名周弃，周人始祖，为五谷之神。周人常常自称"有夏"，大概周人本是夏族之一支。周人子孙多有天下，仅从武王伐纣至孔子时代，就有天下五百多年。

南容之意，是崇尚暴力者不得善终，崇尚仁德者终得天下。所以孔子称赞弟子是仁德君子。

弟子请教，孔子为何不答？古代经师认为，南宫适的话暗含了以禹稷比孔子之意，故孔子谦虚而不答。此说恐系附会，并无依据。我认为孔子不答，原因可能有二：其一，据现存文献记载，周代君子对这类故事及其隐含的道理十分熟悉，南容发问时，已经知道答案，颇有自言自语、自问自答之意，孔子明白弟子已经有了答案，所以无需回答。其二，《阳货篇》17·19孔子尝言"予欲无言"，并云："天何言哉？四时行焉，百物生焉，天何言哉？"（《子罕篇》9·5）盖此时孔子亦欲效仿天而不言也。但"予欲无言"只是孔子晚年才偶然出现的情绪，因此孔子不答是第一个原因的可能性更大。

"出"，孔子设帐，弟子在"堂"。弟子有问题讨教，则入"室"请教，讨教完毕，就从"室"中退"出"，回到"堂"上。孔子夸奖南容的话，应是南容从"室"中退"出"时听到的。

14·6　子曰："君子而不仁者有矣夫，未有小人而仁者也。"

【译文】 孔子说："君子中不仁的人是有的，没有小人而讲仁德的。"

【解析】 孔子把所有的人大体分为"人""民"两个阶级。"人"是上等人，也叫"君子""大人"等，主要指诸侯、卿大夫等贵族；"民"是下等人，也叫"众""百姓""小人"等，就是平民，主要指农民、手工业者、商人等。两个阶级中间有一个特殊阶层"士""儒"，指没有当官的普通读书人。

周代君子都认为平民中没有仁人，对此学者均无异议。但说"君子"中也有不仁者，古来学者则颇感迷惑。如邢昺《论语注疏》以管仲为例，说他九合诸侯，一匡天下，这是仁；又说他在国内贪财，这是不仁。邢说并非孔子原意。尽管管仲私德有亏，但孔子仍然认为管仲是仁人。（参《宪问篇》14·16、17）本章孔子是说"君子"中有仁人，也有不仁的人；而不是说，"君子"身上有"仁"的成分，也有"不仁"的成分。邢昺误读了孔子。即以《论语》所记"君子"为例，郑国的子产、卫国的史鱼、蘧伯玉等君子就是仁德君子；国君如齐景公、卫灵公、鲁昭公，公卿如季康子、季平子等，这样的"君子"就是"不仁者"。这才是孔夫子本意。

周代君子常常议论"君子""小人"，没有一句话是说"小人"好的，也没有一句话是说"君子"不好的。孔子居然说"君子"中有不仁不义的人，这常常让后世学者犯迷糊。但是如果我们一个一个分析孔子评价过的"君子"，不过度依赖周人议论"君子""小人"的文献，就会发现，"君子"中有仁人，也的确有不仁不义的人，我们就不会犯迷糊了。

14·7 子曰："爱之，能勿劳乎？忠焉，能勿诲乎？"

【译文】孔子说："关爱他们，能不使唤他们吗？真心待他们好，能不教诲他们吗？"

【解析】本章论君子要用"劳"和"诲"的办法来教育平民。

杨伯峻先生《论语译注》引《国语·鲁语下》"夫民劳则思，思则善心生；逸则淫，淫则忘善，忘善则恶心生"，以解释"劳"。杨说可从。兹补一证据，《左传·成公六年》："国饶，则民骄佚。"与《鲁语下》之义同，均可佐证本章孔夫子之意。

"劳"与"诲"都是教育平民的方法。"劳"不仅可为国家带来财富，还可防止平民"恶心生"。"诲"，孔子主张先教育君子，认为君子讲道德，平民才会讲道德，所谓"君子之德，风；小人之德，草。草上之风，必偃"（《颜渊篇》12·19）。这就是"诲"的具体方法。

14·8 子曰："为命，裨谌草创之，世叔讨论之，行人子羽修饰之，东里子产润色之。"

【译文】孔子说："（郑国）制作外交文书，裨谌起草，世叔琢磨，子羽再加修饰，子产最后润色。"

【解析】本章赞许郑国四君子互相合作，勤劳国事。

郑国南有强楚，北有强晋，强国求索无厌，郑为中等国家，又地处要冲必争之地，谁都不能得罪。但子产出任亚卿（子皮为上卿，郑国共设六卿）实际执掌国政后，内修国政，外与晋楚周旋，不仅确保了郑国的利益，还让郑国在国际上不失尊严，所以《春秋》《论语》《左传》对子产的评价都很高。子产去世后，孔子曾经伤心落泪，称赞子产是"古之遗爱"。

子产于郑简公二十三年（鲁襄公三十年）开始担任亚卿，实际执政时，孔子只有十岁左右。本章当是孔子成年后读到相关文献时所发表的议论。《论语》《左传》中还有一些孔子对子产的评论，也当为孔子读到相关文献时所发表的评论。本章讲郑国四大夫互相合作，勤劳国事，制作外交文件的故事，与《左传·襄公三十一年》所记相似："子产之从政也，择能而使之……郑国将有诸侯之事，子产乃问四国之为于子羽，且使多为辞令，与裨谌乘以适野，使谋可否。而告冯简子，使断之。事成，乃授子大叔使行之，以应对宾客，是以鲜有败事。"二书所记，可能都源自同一原始记录。

"裨谌"，郑国大夫。《襄公二十九年》《襄公三十一年》作"裨谌"。《汉书·古今人表》作"卑湛"，似误。"世（音tài）叔"，即《左传》之"子大叔"，"大""世"二字古代通用。"子羽"也是郑国大夫，"行人"是其官职名，春秋时代称外交官为"行人"，战国时代则变为"纵横家"。子产是郑国国相，"东里"是子产住地的名字，其地在今河南郑州市。

《左传》全文保存了子产和子大叔很多美妙的外交文书，此外全文保存者只有臧文仲、叔向、王子朝各一篇文章。《左传》此举，可以佐证本章孔子所述。以《论语》本章和《襄公三十一年》观之，这些外交辞令原来是郑国公卿大夫们共同创作的成果，堪称外交文书范本，所以为《左传》作者所重。

14·9　或问子产。子曰:"惠人也。"

问子西。曰:"彼哉!彼哉!"

问管仲。曰:"人也。夺伯氏骈邑三百,饭疏食,没齿无怨言。"

【译文】有人问孔子,子产这个人怎么样。孔子道:"他是对民众有恩惠的人。"

又问子西怎样。孔子不屑地说:"他呀!他呀!"

又问管仲怎样。孔子道:"他是个人才。他剥夺了伯氏的采邑三百户,让伯氏只能吃粗粮,但人家到死都没有怨言。"

【解析】本章分别评价子产、子西、管仲。

子产,即春秋中后期郑国实际执政的亚卿子产,郑国人赞美他说:"我有子弟,子产诲之;我有田畴,子产殖之。子产而死,谁其嗣之?"(《左传·襄公三十一年》)孔子对他评价也很高,称赞他"有君子之道四焉:其行己也恭,其事上也敬,其养民也惠,其使民也义。"(《公冶长篇》5·16)"养民惠"与本章说他"惠人"是一个意思,所以"惠人"应译为"对民众有恩惠的人"。

子西,春秋时代有三个子西,一是子产的同宗兄弟公孙夏,二是楚国的斗宜申,三是楚国的公子申。孔子评子西,说:"彼哉!彼哉!"不屑之辞。《公羊传·定公八年》也有"彼哉!彼哉!"表示不屑。此用毛奇龄《论语稽求篇》、杨伯峻先生《论语译注》说。《孟子·尽心下》14·37:"古之人!古之人!"亦表示不屑。用重复的语句,不明示何意,而表示不屑,可能是春秋战国时代的语言习惯。这一习惯在当下仍有残留,如"张三呀,张三呀!"也表示不屑。那么三个子西,孔子应该看不起谁呢?郑国的子西当过执政大臣,治国不错,子产就是接他的班,孔子不当轻视。那么应该是楚国两位子西中的一位。至于具体是谁,就不得而知了。

管仲是春秋早期齐桓公的国相,帮助齐桓公成就霸业。《论语》(《八佾篇》3·22,《宪问篇》14·16、17),《孟子·公孙丑上》3·1,《史记·管晏列传》均有对他的评价，都充分肯定他打击蛮夷戎狄、扩大华夏文化圈的功劳，但对他的私德和内政政策都有所批评。

"人"。人才，与《雍也篇》6·14"女得人焉耳乎"之"人"，《昭公十二年》"有人矣哉"之"人"含义相同。

14·10　子曰："贫而无怨难，富而无骄易。"

【译文】孔子道："贫困而无怨恨，这很难；富裕而不骄横，则容易。"

【解析】"贫"仅指贫困，不含"穷"，"穷"指仕途不通。"富"仅指富裕，不含"贵"，"贵"指社会地位高。

"贫而无怨难"，是因为关乎生存；"富而无骄易"，是因为仅仅关乎修养。唯其如此，颜回"一箪食，一瓢饮，在陋巷，人不堪其忧，回也不改其乐"（《雍也篇》6·11），孔子就觉得十分难得。

14·11　子曰："孟公绰为赵、魏老，则优；不可以为滕、薛大夫。"

【译文】孔子道："孟公绰这个人，如果让他当赵氏、魏氏的室老，就会很优秀；他却不可以当滕国、薛国的大夫。"

【解析】本章谓孟公绰才能平平。

孟公绰，鲁国大夫，《左传·襄公二十五年》有其故事。孔子那时，晋国是唯一的超级大国，其公卿赵氏、魏氏都权倾朝野，富比公室，在国际上也有很大的影响力。按照周礼，大国之卿相当于小国之君（《昭公二十三年》），同样的道理，赵氏、魏氏的家臣或其致仕的室老相当于小国大夫。滕国、薛国都在鲁国附近，又都是仅仅纵横几十里的小国。

"老"，天子之王臣称"天子之老"（《昭公十三年》）或"元老"（《诗经·小雅·采芑》），诸侯之大臣称"国老"（《昭公十三年》《哀公七年》），公卿家臣之长称"室老"（《昭公二十五年》有"臧氏老"）"庶老"（《礼记·王制篇》"养国老于上庠，养庶老于下庠"），均可简称"老"。"赵魏老"，即晋国公卿赵氏、魏氏的室老。孔子强调"赵魏老"，而不言"季氏老"等，极言其易也。

春秋时代，大国对小国索取无厌，恣意凌辱。晋国是当时天下唯一的超级大国，其公卿富而且贵，权力很大，赵宣子、魏献子先后执政，实际控制天下诸侯，所以当他们的家臣之长"室老"，即使才能平平如孟公绰者都没有问题。但要当小国的大夫，诸事艰难，如果没有子产那样的才能智慧，则恐怕不行。

《史记·仲尼弟子列传》说孔子尊敬孟公绰，可能因他清廉之故。（参《宪问篇》14·12)

14·12 子路问成人。子曰："若臧武仲之知，公绰之不欲，卞庄子之勇，冉求之艺，文之以礼乐，亦可以为成人矣。"曰："今之成人者何必然？见利思义，见危授命，久要不忘平生之言，亦可以为成人矣。"

【译文】子路问，什么样的人才是完人。孔子道："如果智慧像臧武仲，清廉像孟公绰，勇敢如卞庄子，多技艺如冉求，再用礼乐来文饰他，也就可以说是完人了。"孔子又道："现在的完人哪里一定要这样？能够见到利益就先想想该不该要，遇见危险肯豁出性命，长久贫困而不忘平生之志，也可以说是完人了。"

【解析】本章论完人，孔子提出了一高一低两套标准。

"臧武仲"，臧文仲（见《公冶长篇》5·18）之孙，鲁国公卿臧孙纥。周人以料事常中为"圣"，为"知"，《左传》中有许多臧武仲料事得中的故事，《襄公二十二年》因此说他"圣"。《襄公二十三年》说他在鲁国得罪了权臣季氏和孟氏，自己逃到邾国后，居然还用计为臧氏立嗣于鲁。（参14·14）《襄公二十四年》说他逃到齐国后，他又预见到齐庄公将被弑，自己受齐庄公封赏，恐受牵连，故提前辞去了齐庄公赏给他的田。《昭公七年》探后言之，引昭公二十四年孟僖子临终遗言，尚引臧孙纥的话以自证，说明他在春秋中晚期是智者的代表。孔子称其"知"，与当时人们称他"圣"是一个意思。《襄公二十三年》还引有孔子评论臧武仲的话，可以参考。

公绰即14·11讲的孟公绰。他虽才不出众，但没有贪欲，为人廉洁，所以孔子称其"不欲"。

卞庄子，鲁国勇士，《荀子·大略篇》《韩诗外传》卷十均有其事迹。

冉求，孔子弟子，字子有。从《论语》《史记·仲尼弟子列传》中看不出他有多大学问。《哀公十一年》载有其担任鲁国副主帅打败齐军之事。孔子称他"艺"，或许指他多有才艺。

"文"，或指古代文献，如"行有余力，则以学文"（《学而篇》1·6）；或指文饰，如"小人之过也必文"（《子张篇》19·8）；或指文采，如"文质彬彬，然后君子"（《雍也篇》6·18）。本章指文饰，作动词。

很显然，孔子提出了完人的两套标准，前一套是理想标准，有点高，第二套标准低一些。第二套标准，弟子子张有所继承。（《子张篇》19·1）

"久要"一句，"要"有"约"义，如同"美"有"好"义，"徒"有"步"义，而"约"有贫困之义。"不忘平生之言"，犹言不忘平生之志。此句是说，虽然长久贫困，而不忘平生之志，宁可过俭约的生活，如颜回"一箪食，一瓢饮，居陋巷"，而"不改其乐"（《雍也篇》6·11），即属此类。

14·13 子问公叔文子于公明贾，曰："信乎，夫子不言、不笑、不取乎？"

公明贾对曰："以告者过也。夫子时然后言，人不厌其言；乐然后笑，人不厌其笑；义然后取，人不厌其取。"

子曰："其然？岂其然乎？"

【译文】孔子问公明贾关于公叔文子的传闻，说："听说夫子不说话，不笑，不取利益，是真的吗？"

公明贾答道："这是传话的人传错了。夫子到该说话时才说话，所以别人不厌烦他说话；开心了才笑，所以别人不讨厌他笑；应该获取才获取，所以别人不厌恶他获取。"

孔子自言自语道:"如此的吗?难道真的如此吗?"

【解析】本章评卫国君子公叔文子之美德。

公叔文子,卫国公卿公叔发,谥"贞惠文子"。《左传·定公六年》《襄公二十九年》《礼记·檀弓上》《檀弓下》均记载其事迹。《定公六年》说"卫多君子",公孙文子就是"君子"之一。古时当过公卿和大夫的人均可尊称为"夫子",所以孔子尊称公叔文子为"夫子"。公叔文子是贤卿,又比孔子年长(定公六年即称"公叔文子老矣"),坊间或许有不少关于他的传闻,所以孔子问卫国人公明贾,核实这些传闻。

孔子也当过公卿,所以公明贾答话用"对"。"时"犹"学而时习之"(《学而篇》1·1)之"时",合适时。"其然"二句,应是孔子若有所思时自言自语的话,并非否定之辞。信息传播中,好人传得更好,坏人传得更坏,故事越传越玄,这是从古到今的规律。当孔子听到公叔文子的实情之后,若有所思,自言自语,如此而已。

14·14 子曰:"臧武仲以防求为后于鲁,虽曰不要君,吾不信也。"

【译文】孔子说:"臧武仲从鲁国逃到邾国后,还凭借其采邑防,求立臧氏子弟嗣位为卿,即使有人说他不要挟鲁君,我是不信的。"

【解析】本章评论臧孙纥(谥"武")出奔邾国后,还要小聪明,用计要挟鲁国为臧氏立嗣之事,对其颇有微辞。

《左传·襄公二十三年》载,臧武仲卷入鲁国权臣季氏、孟氏立嗣之争,"季孙怒,命攻臧氏",臧武仲遂出奔邾国。初,臧武仲之父臧宣叔娶于铸,曰穆姜,生臧贾、臧为而死。又娶穆姜之姨侄女,生武仲。宣叔废嫡子立庶子,废长子立幼子,立臧纥,嗣鲁卿。今臧纥败,奔邾,遂派使者告其嫡长兄臧贾,想凭借防邑另立臧氏子弟为世卿,以守先祀。鲁遂立臧为(按照周礼,应立嫡长子臧贾,臧为用计得立)。此后臧纥奔齐,又巧妙躲过齐国之祸。(参

《里仁篇》4·12)

"防",地名,臧氏采邑。臧孙纥祖父臧文仲(参《公冶长篇》5·18)、父亲臧宣叔(参《襄公二十三年》)均有功于鲁,为世卿,且其灵主均供奉于防,故防为臧氏宗邑。今纥败亡,臧氏无人嗣位为卿,宗邑无主,先人无祀,周礼称为"无后""未有后"。于是他求立臧氏于防邑,以嗣卿位,奉先祀,这样,鲁君乃至权臣季氏孟氏均不便拒绝。周礼,无论诸侯还是卿大夫,宗邑不可无主。宗邑无主,民慢其政;疆场无主,则启戎心,国之患也。(参《庄公二十八年》)孔子说臧武仲要挟鲁君,就是指他利用祖先之功和礼制安排,利用宗教信仰和宗教感情来要挟鲁君。

臧武仲如此聪明,为何败亡于鲁国?孔子评论说:"有臧武仲之知,而不容于鲁国,抑有由也,作不顺而施不恕也。"(《襄公二十三年》)臧武仲参与季氏孟氏立嗣之争,违反周礼,倒行逆施,废长立幼,以致招祸,纵有万般聪明,他"作不顺而施不恕",也无济于事。《左传》所引孔子的这番话,可作《宪问篇》14·12、14两章的参考。

14·15 子曰:"晋文公谲而不正,齐桓公正而不谲。"

【译文】孔子道:"晋文公行事诡诈而不正派,齐桓公作风正派而不诡诈。"

【解析】齐桓晋文都是春秋霸主。"谲",音jué,诡诈。《春秋》《左传》中有许多这两位霸主的故事,但不知孔子何以得出这样的结论。

14·16 子路曰:"桓公杀公子纠,召忽死之,管仲不死。"曰:"未仁乎?"子曰:"桓公九合诸侯,不以兵车,管仲之力也。如其仁,如其仁。"

【译文】子路道:"齐桓公杀了他兄长公子纠,召忽因此自杀殉职,管仲没自杀。"过了一会又问道:"管仲应该没有仁德吧?"孔子道:"齐桓公多次主持诸侯盟会,且并未使用武力达此目的,都是管仲的力量。这就是他的仁德,这就是他的仁德。"

【解析】 本章论管仲之"仁"。

齐襄公无道,其弟公子小白、公子纠怕受牵连,便和各自的师傅出逃。公子小白与师傅鲍叔牙逃亡到莒国,公子纠与师傅管仲、召忽逃亡到鲁国。襄公被杀,公子小白抢先回国,被立为君,是为桓公。桓公兴兵伐鲁,逼迫鲁国杀了公子纠。召忽自杀殉职,管仲最后却做了桓公的国相。(参《左传·庄公八年》《庄公九年》《诗经·齐风》)

"九",古代"三、五、七、九"及其倍数常常表示多数。当时王室衰弱,不能起到华夏共主的作用,协调华夏诸国打击蛮夷戎狄,保护华夏的重担,就落到了齐桓公身上。"如",犹"乃"。

孔子称赞管仲"仁",并非因为他有高尚的私德。公子纠自杀,管仲不以身殉职,为官又不检点(《八佾篇》3·22),都是污点。但因他有"九合诸侯","一匡天下"之功,保护并且扩大了先进的华夏文明圈,故孔子称其"仁"。可见孔子的"仁",就是"立人达人"(《雍也篇》6·30)的人生理想和政治理想,而并非后世道学先生仅仅洁身自爱的"道德"。可与14·17合读。

14·17 子贡曰:"管仲非仁者与?桓公杀公子纠,不能死,又相之。"子曰:"管仲相桓公,霸诸侯,一匡天下,民到于今受其赐。微管仲,吾其被发左衽矣。岂若匹夫匹妇之为谅也,自经于沟渎而莫之知也?"

【译文】 子贡问道:"管仲应该不是仁人吧?齐桓公杀了公子纠,管仲不能以身殉职,又辅佐桓公。"孔子道:"管仲辅佐桓公,让齐国称霸于诸侯,使天下得到匡正,人民至今还承蒙他的好处。要是没有管仲,我们都会披头散发,衣襟向左边开,成为野蛮人了。他难道要像小人那样守着小节小信,自缢于沟壑之中还无人知道吗?"

【解析】本章与14·16内容相同，亦论管仲之"仁"。

"民"，《论语》中有四十九个"民"字，绝大多数都指平民，不包括"人"。但"到于今受其赐"，免于"被发左衽"的，不仅有平民，还有"吾"等上等人，因此本章这个"民"字，应该包括平民和上等人，所以我将"民"字译为"人民"。

"微"，假若没有。《左传·僖公三十年》："微夫人之力不及此。"《宣公十五年》："微子，吾丧伯氏矣。"《昭公元年》："微禹，吾其鱼乎！"

"被发左衽"，西北野蛮人戎狄的装束打扮。上古华夏不剪发但会经常清洗梳理头发，古人传说周公礼贤下士，"一沐三握发"，即其证。南蛮断发文身（参《史记·越王勾践世家》），西北戎狄不剪发，也不清洗梳理头发，"被（披）发"正是这些戎狄的野蛮习俗。《僖公二十二年》："初，平王之东迁也，辛有适伊川，见被发而祭于野者，曰：'不及百年，此其戎乎，其礼先亡矣。'"孔子说若无管仲，我等皆为披头散发的野蛮人，正是此意。①"左衽"，衣襟向左开，也是戎狄的野蛮习俗。华夏衣襟对开。

"匹夫匹妇"句，孔子认为，公子纠自杀后，作为师傅的管仲如果自杀，那只是："言必信，行必果，硁硁然小人哉！"（《子路篇》13·20）孟子说得更直白："大人者，言不必信，行不必果，惟义所在。"（《孟子·离娄下》8·11）管仲如果不顾齐国人民和天下苍生而自杀，那不过是小人的小节小信，不是"大人"的大节大信。"自经"，自缢。"沟渎"，山沟。古人弃杀老弱病残者，常将他们遗弃于山沟，令其冻饿而死。②

孔子评判一个人"仁"或"不仁"，只看大节，即看其是否心系天下国家，是否"立人安人"，不看小节私德，因此认为管仲"仁"。而子路、子贡说管仲"非仁者"，则明显拘泥于小节私德。这是他们师徒评判标准的不同之处。孔子的见解，直接影响了孟子和司马迁的《史记·管晏列传》，为后世几千年的管子研究评价定了基调。

---

①详见《文身新说》（吴天明，《中南民族大学学报》哲学社会科学版2004年第2期）。
②详见《弃子考》（吴天明，《杭州师范学院学报》2004年第3期）、《远古文化的生存竞争与生殖竞争主题——论远古先民贵壮贱弱弃杀老弱的野蛮习俗》（吴天明，《中国文化》2002年合刊）。

14·18 公叔文子之臣、大夫僎，与文子同升诸公。子闻之，曰："可以为'文'矣。"

【译文】 公叔文子的家臣、卫国大夫僎，因为文子的推荐而与文子同朝为官。孔子听说这事，说："他可以谥为'文'了。"

【解析】 本章称赞卫国公卿公叔文子以国事为重，推荐自己的家臣与自己同朝为臣。

《左传·襄公二十九年》，吴公子季札出访华夏各国，在访问卫国时，盛赞蘧瑗、史鰌、史狗、公子荆、公叔发、公子朝等六位卿大夫为"君子"。公叔发即公叔文子，卫献公之后，氏"公叔"，名"发"，"文子"是其谥号的简称。据《礼记·檀弓下》，其谥号全称应为"贞惠文子"，那么《论语》本应该记作"公叔贞惠文子"。可能是因为谥号太长，《左传》记录时也均简称"公叔文子"或"文子"，说明那时可用谥号之简称。据《左传》记载推测之，公叔文子卒于鲁定公十四年，本章孔子既称其谥号，则孔子这番谈话发生在定公十四年之后。季札所称赞的这六位"君子"，《论语》中称赞了四位：《宪问篇》14·25、《卫灵公篇》15·7称赞蘧瑗（蘧伯玉），15·7称赞史鰌（史鱼），《子路篇》13·8称赞公子荆，《宪问篇》14·13及本章称赞公叔发。可见季札与孔子的评判标准是大体一致的。孔子在周游列国的十几年间，常到卫国，且常常住在蘧伯玉家；孔子还有不少学生在卫国做官。所以孔子对卫国诸位君子的事迹都很熟悉，其评价亦较中肯。

给天王当臣是王臣，给诸侯当臣是大臣，给公卿当臣是家臣。公叔文子是卫灵公的大臣，朝廷公卿，又是其家臣僎的君。文子推荐自己的家臣当大臣，与家臣同朝为官，固然当与僎有德有才相关，也当与文子勤劳国事、心胸开阔有关。所以孔子称赞公叔文子。

春秋时代上卿家臣之长（宰），同时也是朝廷大臣的案例，还有一些，如孔子弟子冉求既是鲁国上卿季康子的家臣之长，又是朝廷大夫（参《雍也篇》6·15、《左传·哀公十一年》）；卫国子伯季子做上卿孔悝家臣不久，就做了卫庄公的臣。（《哀公十六年》）

14·19 子言卫灵公之无道也，康子曰："夫如是，奚而不丧？"孔子曰："仲叔圉治宾客，祝鮀治宗庙，王孙贾治军旅。夫如是，奚其丧？"

【译文】孔子谈起卫灵公昏庸无道的事，季康子道："既然如此，怎么不败亡？"孔子道："他有仲叔圉接待宾客，祝鮀管理祭祀，王孙贾统帅军队。像这样，怎么会败亡？"

【解析】本章论卫灵公昏庸无道，幸有贤臣辅佐，才不至于很快败亡。

卫灵公宠幸夫人南子，南子恃宠而骄，搅乱朝政。立世子蒯聩，却逼世子出奔。灵公至死未废世子，其去世后，朝廷违反周礼，立世子之子辄为君，是为出公，引发卫国动乱。（参《春秋·哀公二年》《论语·子路篇》13·3、《史记·卫康叔世家》）

"康子"，应为鲁国执政大臣季康子，《为政篇》2·20，《雍也篇》6·8，《颜渊篇》12·17、18诸章均记录其与孔子打交道的故事。《乡党篇》10·16及本章均将季康子简称为康子。孟公绰，《宪问篇》14·11称"孟公绰"，14·12又简称为"公绰"，即其例。

"仲叔圉"，卫国公卿孔文子，卫灵公之婿，孔悝之父。子路曾任孔悝家总管，并因卫国内乱而战死。（参《公冶长篇》5·15、《子路篇》13·3、《左传·哀公十五年》）孔子说他"治宾客"，就是负责外交事务。春秋时代，各国之间聘问频频，使者往来不绝于道，外交事务十分繁忙。

"祝鮀"，《雍也篇》6·16称其有口才，《定公四年》有其外交辞令。本章说他"治宗庙"，《定公四年》说他是"社稷之常隶"，即具体负责祭祀社稷之神者（国君是大祭司）。春秋时代仍然实行政教一体的统治方式，祭祀是管理国家的宗教手段，此所谓"国之大事，在祀与戎"（《成公十三年》）也。

"王孙贾"，即《八佾篇》3·13之王孙贾，可见此人曾与孔子直接交往。《左传·定公八年》载其帮助卫灵公的事迹。

孟子论及商纣王时，也曾说，纣王虽无道，但因有箕子、微子、王子比干等仁德君子辅佐，所以商纣很久之后才败亡。（《孟子·公孙丑上》3·1）其见解与孔子相同。

　　本章记录者,当为孔子随侍弟子。孔子晚年,弟子多有设帐授徒者,设帐弟子被徒孙尊称为"某子",故徒子徒孙尊称孔子,一般都特别尊称为"子",不再冠姓氏。本章尊称"孔子"者,盖因季康子也可特别尊称为"子"。春秋时代中晚期,鲁国季氏、孟氏、叔氏均可尊称为"子",三氏合称之则常常并称"三子",《左传》多有其例,《论语·宪问篇》14·21亦有其例。为了区别清楚,故不笼统称"子",而尊称"孔子"。

14·20　子曰:"其言之不怍,则为之也难。"

【译文】孔子说:"那个人如果大言不惭,那么实行起来就很难了。"

【解析】孔子反复讲,君子实行仁道,平治国家天下,十分艰难,要求君子"讷于言,而敏于行"(《里仁篇》4·24),就是实行仁道要积极主动,说出仁德之言要非常谨慎。说话不谨慎,爱说大话,又无法兑现,那就麻烦了。

14·21　陈成子弑简公。孔子沐浴而朝,告于哀公曰:"陈恒弑其君,请讨之!"公曰:"告夫三子。"

孔子曰:"以吾从大夫之后,不敢不告也。君曰:'告夫三子者!'"

之三子告,不可。孔子曰:"以吾从大夫之后,不敢不告也。"

【译文】陈恒犯上杀了齐简公。孔子斋戒沐浴而后上朝,报告鲁哀公道:"陈恒犯上杀了他的国君,请您出兵讨伐他!"哀公道:"你报告三位世卿(季孙、叔孙、孟孙)吧!"

孔子(退了出来,对别人)道:"因为我曾忝为大夫,不敢不报告。但国君说:'你报告三位世卿吧!'"

孔子又报告三位世卿,他们不肯出兵。孔子道:"因为我曾忝为大夫,不敢不报告。"

【解析】 本章记载孔子请求讨逆之事。

陈成子，齐国世卿陈恒，亦作陈常、田常。《左传·庄公二十二年》（齐桓公十四年），陈公子完出奔齐国，传八代至陈成子，陈成子弑齐简公，此后之齐国，实际上被田氏控制，战国初田氏伐齐。《春秋·哀公十四年》："齐陈桓执其君。""齐人弑其君壬于舒州。"《左传》载，是年六月，"甲午，齐陈恒弑其君壬于舒州。孔丘三日斋，而请伐齐三。公曰：'鲁为齐弱久矣，子之伐之，将若之何？'对曰：'陈恒弑其君，民之不与者半。以鲁之众，加齐之半，可克也。'公曰：'子告季孙。'孔子辞，退而告人曰：'吾以从大夫之后也，故不敢不言。'"可与本章互证。

"沐浴"，《左传》记作"斋"，都是斋戒沐浴，以示慎重之意。孟子当年离开齐宣王（此王即田常之后，非姜太公之后），齐国有人想为齐君挽留孟子，此人亦斋戒沐浴，才敢与孟子说话（《孟子·公孙丑下》4·11），可与《论语》本章互证。

"从大夫之后"，随大夫之班位，即担任过大夫。《先进篇》11·8也有此用法。《左传·哀公十一年》，吴王问叔孙任何职务，叔孙答曰"从司马"，就是担任司马之职。《昭公七年》"从嬖大夫"，即随下大夫之班位。"嬖大夫"，下大夫。孔子在鲁定公朝曾经担任公卿，地位比大夫高。周代有将公卿大夫笼统称为卿大夫的说法，孔子便自谦地说，自己曾忝为大夫。

"者"，犹楚国人之"些"，今人之"沙"，均为语尾语气词，且读音一致。

"三子"，《季氏篇》16·3称"三桓之子"，就是鲁桓公的三房子孙季孙氏、叔孙氏、孟孙氏。《定公十二年》《哀公二十七年》亦称季孙、叔孙、孟孙为"三子"，《宣公十八年》则称"三桓"，可见这是当时鲁国朝廷通行的说法。《昭公三十二年》："鲁文公薨，而东门遂杀嫡立庶（立鲁宣公），鲁君于是乎失国，政在季氏。"《史记·鲁世家》："鲁由此公室卑，三桓强。"三桓在鲁宣公、成公、襄公、昭公、定公、哀公六朝，均把持朝政，掌握实权。

陈恒弑君虽齐国之事，但按周礼，华夏诸国均有讨逆之责，《春秋》《左传》多有其例。西周时代如果发生类似事件，由周天子号令讨逆。春秋时代则先后由齐桓公、晋文公这类霸主主持讨逆。但发展到了春秋晚期，一者弑父弑君之事经常发生，霸主们有时讨伐有时则懒得讨伐。二者像齐国这样的大国发生弑父弑君之事，鲁国这类中等国家根本无力讨伐，所以我们读《论语》本章，读《左传·哀公十四年》，都觉得孔子好像只是"行礼如仪"而已。孔子、鲁哀公、鲁国三个世卿，人人都明白，陈恒弑君，作为谨守周礼的鲁国，应当讨逆。但是鲁国国力弱小，不是齐国对手，事实上没法讨逆。春秋末期，很多诸侯国（包括鲁国自己）都出现了世卿控制朝政的事，大家都彼此彼此，谁也别讨伐谁。

14·22 子路问事君。子曰："勿欺也，而犯之。"

【译文】子路问事君之道。孔子道："不要欺骗他，但可以当面触犯他。"

【解析】这番话很抽象，不好理解。事师如事君，试以子路服事孔子之事言之。卫灵公夫人南子淫乱专权，名声很坏，孔子见之，子路不高兴，而"犯"孔子（《雍也篇》6·28）；卫出公即位多年，孔子还要为他"正名"，子路认为老师"迂"，而"犯"孔子（《子路篇》13·3）；孔子师徒"在陈绝粮"，子路也认为老师"迂"，亦"犯"孔子（《卫灵公篇》15·2）；两个叛臣都曾招孔子，孔子都曾经想去当官，子路都直言"犯"之，阻止老师（《阳货篇》17·5、7）。此皆所谓"勿欺而犯"也。

14·23 子曰："君子上达，小人下达。"

【译文】孔子说："君子上达仁义，小人下晓财利。"

【解析】本章论君子、小人之不同。

周代君子常将"君子""小人"放在一起比较，他们都认为，君子道德水平高，小人道德水平低；君子有学问，小人很愚蠢；君子总是操心"德、刑、义、礼"这些"高大上"的问题，小人都在操心"土、财、利"这些微不足道的问题。周代这类文献很多。

"达"，通晓。"君子"，上等人、贵族，包括天子、诸侯、卿大夫。"小人"与"民"是一个阶级，平民百姓，主要包括农民、手工业者、商人和官府的小吏等。"上达""下达"后面的宾语，因为当时人所共知，所以都直接省略了。考虑到今人已经比较陌生，故译文中依周代君子之意而补充了宾语。

14·24 子曰："古之学者为己，今之学者为人。"

【译文】孔子说："古代学者读书做学问是为了自己去治国平天下，今之学者读书做学问是为了让人家大人赏识（从而使自己获得做官和平治国家天下的机会）。"

【解析】本章论古今学者读书做学问的目的不同。

孔子所说的"古"，应指西周。那时贵族才是读书人，他们都"有国有家"，再不济也有几井田，可以不劳而获。他们学好了本事，自己去治国齐家就可以了。此所谓"为己"也。但到春秋时代，"士"才是读书人的主体，他们既不是贵族，也不是平民，已经没有多少田，也不能继承先人的爵位和官职，只有高贵的血统，只能靠出卖知识学问度日。因此只有读书做学问，然后争取赢得诸侯公卿的赏识，才可能当官。（参《学而篇》1·1）当了官，才有俸禄，才能生存，才有可能去实现人生理想。此所谓"为人"也。"人"非泛指他人，乃特指诸侯公卿这些可以给读书人官帽子的"大人"。

本章孔子只是客观叙述历史变迁，没有褒贬。

14·25 蘧伯玉使人于孔子。孔子与之坐而问焉，曰："夫子何为？"对曰："夫子欲寡其过而未能也。"

使者出，子曰："使乎！使乎！"

【译文】蘧伯玉派使者访问孔子。孔子给他座位而后问道："夫子在忙什么呀？"使者答道："夫子想减少过错但还没能做到。"

使者告辞出去，孔子道："好一位使者！好一位使者！"

【解析】本章称赞蘧瑗使者的礼貌机智，也间接称赞了蘧瑗的品德修养。

蘧伯玉，名瑗，字伯玉，卫国公卿。吴公子季札访问卫国时，曾称赞蘧伯玉等六人为卫国的"君子"（《左传·襄公二十九年》）。《史记·孔子世家》载，孔子在卫国时，曾"入主蘧伯玉家"，即借住在蘧伯玉家。蘧伯玉等"君子"在卫国当政时，孔子常来卫国，与诸"君子"都很熟悉。

古人席地而坐。按周礼，孔子坐北朝南，使者坐西朝东；孔子座席三层，使者座席两层。使者来访，孔子给他座席，他才可以坐。所以"与之坐"，犹后世所谓"赐座"，并非与他一起坐，而是给他座席，让他坐。

蘧伯玉和孔子都当过公卿，周代公卿和大夫均可尊称"夫子"。孔子地位比使者高，所以使者答话谓之"对"。

孔子问"夫子何为"，寒暄而已。使者答话，避实就虚而不失礼仪，既为蘧伯玉言善，又对孔子表示了足够的尊敬，所以孔子夸他。蘧伯玉使者尚且如此这般，蘧伯玉的君子之风可以想见。

另据《淮南子·原道篇》："蘧伯玉年五十而知四十九年非。"看来蘧伯玉诚如使者所言，的确是一位不断提高道德修养的"君子"，他赢得季札和孔子的尊敬，不是没有道理。

14·26　子曰："不在其位，不谋其政。"
曾子曰："君子思不出其位。"

【译文】 孔子说："不在那个职位上，就不考虑他的政务。"
曾子解释道："君子考虑问题，不超出自己的职位。"

【解析】 本章为曾子语录，记录者是其随侍弟子。

据《论语》记载，孔子一生行事，常常不在其位，而谋其政，终身谋划"立人达人"的大政；孔子教学生时，也常常与他们讨论，如果治国又当如何，弟子们亦常常侃侃而谈，可见他也教弟子不在其位，而谋其政。孔子说本章这番话的具体背景，如今无法知晓，可能只是就某件具体事情所发的议论。如果因为孔夫子讲了这样的话就当了真，则恐有乖夫子本意。

本章与《泰伯篇》8·14所记录的应是孔子同一次谈话，因记录者不同而小有差异，编《论语》时一并收入。《论语》中还有一些这样重录的例子。

本章特尊孔子为"子",尊称曾参为"曾子",那么记录者应为曾参之弟子。祖师爷讲话,曾子的弟子听不懂,所以孔子走后,曾参又把孔子的话解释给自己的弟子听,其弟子便一并记在同一简牍上。

14·27　子曰："君子耻其言而过其行。"

【译文】孔子说："说了过头话,行为跟不上,君子以为耻。"

【解析】可与《宪问篇》14·20合读。

14·28　子曰："君子道者三,我无能焉:仁者不忧,知者不惑,勇者不惧。"

子贡曰："夫子自道也。"

【译文】孔子说："君子之道有三,我皆不能:仁德的人不忧愁,智慧的人不迷惑,勇敢的人不畏惧。"

子贡道："这是他老人家的自我叙述呢。"

【解析】本章论仁德君子应不忧、不惑、不惧。

本章用互文之法,谓君子应为"仁者、智者、勇者",应当"不忧、不惑、不惧"。《子罕篇》9·29:"子曰:'知者不惑,仁者不忧,勇者不惧。'"与本章几乎完全相同。《颜渊篇》12·4:"君子不忧不惧。"与本章大体相同。

本章为端木子语录,记录者是他的弟子。子贡和曾参都是孔子设帐授徒的弟子。本章与14·26非常相似,都记载了祖师爷的话,徒孙们都不懂,他们的老师都解释给自己的学生听,徒孙们就把祖师爷和自己老师的语录都记了下来。子贡的话"夫子自道",应该是解释给自己的弟子听的,本章的记录者应该是子贡的弟子,那么原简记录者应该尊称他为"端木子"。曾参师徒在编辑《论语》时,将"端木子曰"统统改为"子贡曰"。子贡是春秋晚期的著名"行人",而"行人"是战国早期纵横家的祖师爷。曾参师徒可能因此认为,纵横家别是一家,子贡并没有继承老师的衣钵,不能继续得到尊敬,所以将所收子贡语录中的"端木子曰"直接统统改为"子贡曰"。这折射了孔子去世后，儒家分化争鸣的某些情况，也折射了曾参以孔子衣钵继承者自居，借助老师，并借助编辑《论语》的机会，确定自己历史地位的情况。

14·29 子贡方人。子曰："赐也贤乎哉？夫我则不暇。"

【译文】子贡品评人物，（说到人家不贤。）孔子道："你就贤明吗？我是没这闲工夫（在背后议论别人）的。"

【解析】本章批评子贡品评人物时有失厚道。

"方人"，郑玄解释为"谤人"，郑说可从。"谤"之本意，是评价、评论之义。周代天子的"明堂"（庙堂、朝堂兼学堂）旁边立有"谤木"，供朝廷以外的人评论政治之用。那么"方人"就是评论人。评论他人，难免会有褒贬。从下文"赐也贤乎哉"一句来看，子贡评价他人时，大概有讥讽他人不贤之类的话，因此孔子批评他。

"暇"，闲暇。

通读《论语》《左传》等周代文献可知，孔子自己也常常评论同时代的人以及古代的人，自然也有褒有贬。那么，孔子为什么不能认可子贡评论他人呢？可能是因为子贡评论别人时，失之于刻薄，有伤恕道，所以孔子批评他。

14·30 子曰："不患人之不己知，患其不能也。"

【译文】孔子说："（读书人）不用担心人家大人不了解自己，只需担心自己没本事。"

【解析】晚周的读书人学到本事后，绝大多数都要去做官，一者解决生计问题，二者实现人生理想，谓之"学而优则仕"。但他们能否当官，一与自己有无本事相关，二与"大人"们（诸侯、公卿）"知不知"他们，赏识不赏识他们，用不用他们相关。所以本章中的"人"，不是普通人，而是有权让读书人当官的"大人"。可与《学而篇》1·1、16,《卫灵公篇》15·19诸章合读。

本章应该是孔子对随侍弟子们讲的。随侍弟子学有所成,自然都想早日当官,心里未免有些着急,所以孔子说这番话,鼓励弟子好好学习。

14·31 子曰:"不逆诈,不亿不信,抑亦先觉者,是贤乎!"

【译文】孔子说:"不逆料别人欺诈,不悬想别人不诚实,但能先于他人发现实情的人,这是贤人吧!"

【解析】"逆",逆料、预判;"亿","臆"之假借,悬想、猜测。二字均有凭空推断之义。

14·32 微生亩谓孔子曰:"丘何为是栖栖者与?无乃为佞乎?"孔子曰:"非敢为佞也,疾固也。"

【译文】微生亩对孔子说:"你为什么这样栖栖皇皇忙忙碌碌到处游说呢?该不是要逞你的口舌之快吧?"孔子道:"我不敢逞口舌之快,而是讨厌那些冥顽不化的人。"

【解析】微生亩,邢昺《论语注疏》称之为隐士,不知何据。先秦文献中,此人只出现这一次。《公冶长篇》5·24有微生高,微生应该是复姓。他称孔子的名"丘",那么其年龄、地位、声望都应高于孔子。周代礼俗,上称下,方可称名,如孔子称弟子名。孔子晚年奔走列国,四处游说,推销自己的政治学说,所以微生亩有此问。孟子一生也奔走列国,四处游说,甚至雄辩滔滔,当时就有人认为他好争辩,孟子对此有详细说明。(《孟子·滕文公下》6·9) 孔孟二位都不是为了逞口舌之快,而是为了推销他们的政治学说,希望诸侯按照他们的政治主张来治国平天下。

14·33　子曰："骥,不称其力,称其德也。"

【译文】孔子说:"良马称之为'骥',并不是赞美它们的气力,而是赞美它们的品质。"

【解析】孔颖达《五经正义》认为,晚周尚力不尚德,本章应有所指。可备一说。

14·34　或曰："以德报怨,何如?"子曰："何以报德?以直报怨,以德报德。"

【译文】有人对孔子说:"用恩惠报答怨恨,怎么样?"孔子道:"那用什么报答恩惠呢?应该用公平正直报答怨恨,用恩惠报答恩惠。"

【解析】《左传·僖公十五年》:"以德为怨。"《老子》:"大小多少,报怨以德。"《礼记·表记》:"以德报德,则民有所劝;以怨报怨,则民有所惩。"看来,如何"报怨",如何"报德",是当时人们常常讨论的问题。

14·35　子曰："莫我知也夫!"子贡曰："何为其莫知子也?"子曰："不怨天,不尤人,下学而上达,知我者其天乎!"

【译文】孔子说:"没有大人了解我呀!"子贡道:"为什么没大人了解您呢?"孔子道:"(我这一生,)不怨恨老天,不责备大人,下学人事而上达天命,了解我的只有天吧!"

【解析】本章孔子感叹无人任用,暗含怨天尤人之意。
孔子之意,对他自己,大人不知而天知。大人不知,故无人用他。天虽知,仍然无人用他。此乃暗指天不欲平治天下。

孔子说这番话，应该是在晚年回鲁国之后，快要去世的时候。子贡当时在鲁国做官，孔子去世前，大概只有子贡和高柴两个弟子在身边（参《左传·哀公十六年》，称子贡为"子赣"）。

古代读书人，终究要做官，既为生存，更为实现理想。但如果诸侯、公卿这些大人不了解你，不知道你有经邦济世之才，就不会用你，你就当不了官。当不了官，生存不易，理想更会落空。孔子平日常常教导弟子"不患人之不己知，患其不能也"（《宪问篇》14·30），"人不知而不愠"（《学而篇》1·1）。但如果年年赋闲，人之将老，孔子也有受不了的时候。

孔子三十多岁时，曾经担任齐国世卿高昭子的家臣，齐景公拟用而终不用。鲁定公十年，阳货失败逃走后，孔子年过五十，这才真正开始做官，做过鲁定公的"相"，五十六岁任鲁国大司寇，位列公卿。后因鲁国正卿季氏被齐人离间，接受齐人女乐八十人，沉溺酒色，荒废朝政，孔子忿然辞职，游说列国十四年之久。其间卫灵公、楚昭王、卫出公均拟用而未及用，七十岁返回鲁国，而鲁哀公最终还是不用他。哀公十六年，孔子约七十二三岁，郁郁而终。孔子有经邦济世之才，但因无人了解，长期无人任用，以致抱憾终生，故有此沉重感叹。

孟子七十余岁被迫离开齐宣王时，想起孔子，想起孔子的这番话，也有此沉重感叹，说："天不欲平治天下，如欲平治天下，当今之世，舍我其谁也！"（《孟子·公孙丑下》4·13）孟子明确地责怪老天爷说"天不欲平治天下"，孔子委婉地说"天知我而人不知我"；孟子明确地说"当今之世，舍我其谁"，孔子暗中其实也有此意。两位圣人，性格不同，表达方式亦有所不同。

14·36 公伯寮愬子路于季孙。子服景伯以告，曰："夫子固有惑志于公伯寮，吾力犹能肆诸市朝。"

子曰："道之将行也与，命也；道之将废也与，命也。公伯寮其如命何！"

【译文】我向季康子告子路的状。子服景伯把这事告诉老师，并说："夫子（季康子）的确已被公伯寮所迷惑，但我仍有力量（证明子路无罪，从而让季氏杀死公伯寮，）让他的尸体在集市上示众。"

老师道："我的主张将实现吗，听之于命运；我的主张将被废弃吗，也听之于命运。公伯寮能把我的命运怎么样？"

【解析】公伯寮、子路都给鲁国正卿季康子当家臣。公伯寮，《史记·仲尼弟子列传》作"公伯僚"，谓其"字子周"，称其为孔门弟子。

子服景伯，《左传·哀公八年》《哀公十三年》均自称"何"，则名"何"无疑。为孟献子之玄孙，与其父昭伯，祖惠伯，曾祖孝伯，高祖献子，每每见于《左传》。景伯为鲁定公、哀公时代的大夫，但非卿，故尝对吴人自称"贱者"（《哀公十三年》）。当时晋国内乱不已，华夏无主，吴王称霸，暴虐诸侯，季康子使景伯用奇计对付吴国，尽可能保护了鲁国的利益。因此景伯认为，自己能够获得季康子的信任，有能力保护子路。《哀公十四年》记载，季康子使子路与小邾国大夫签约。《哀公十五年》记载，子路在卫国接待齐国使者，说明此时子路已经到卫国担任世卿孔悝的"宰"。由此推知，本章所记之事，或许就发生在鲁哀公十四年。

子路可能遭遇不测，这与孔子之"道"能否实现有何联系？据《哀公三年》记载，季康子从哀公三年开始担任鲁国的执政大臣，掌握鲁国的实权。哀公十四年左右，子路、冉求都在季康子手下做官。陈恒弑齐简公，孔子报告鲁哀公，请求派兵讨逆，《哀公十四年》载，哀公竟让孔子报告季康子，让季康子拿主意。《论语·宪问篇》14·21记载，哀公让孔子"告夫三子"，有所不同。可见孔子是想，可以通过子路等影响季康子，再通过季康子影响鲁国朝政，这就是所谓的"陪臣执国命"了。子路有此大权，又是终身追随孔子的得意门生，想必会按孔子之"道"行事，这就是孔子之"道"有可能在鲁国实现的原因。若子路因为谗言而被杀，孔子之"道"必被季康子所废弃。由于上述原因，孔子将子路的命运与自己的人生理想"道"的命运紧紧联系在一起。

"愬"，同"诉"，今言告状，是个中性词。《襄公五年》"王使王叔陈生愬戎于晋"，《成公十六年》"诉公于晋侯"，均作中性词。"市朝"，集市和朝廷。按照周礼，周代罪犯被杀，大夫以上尸体在朝廷示众，士以下尸体在集市示众，以儆效尤。但也有因为罪行严重，上卿被杀在集市示众的，如齐国的崔杼（《襄公二十八年》），郑国的公孙黑（《昭公二年》）。公伯寮只是季氏家臣，若有罪被杀，尸体应在集市示众，所以译文仅取"市朝"之"市"义。

本章应该是公伯寮自己所做的记录，故叙述语自称姓名"公伯寮"。孔子和子服景伯都不称他"子周"或"公伯子周"，而称其姓名"公伯寮"者，均表示对子周的态度极其严厉。子周记录本章者，盖表示接受老师和子服景伯批评教育，有悔过之意。这与冉求记录老师骂自己的语录（6·12、11·17），出于相同的考虑。

14·37 子曰："贤者辟世，其次辟地，其次辟色，其次辟言。"

子曰："作者七人矣。"

【译文】孔子说："贤明的人逃避恶世而隐居，次一等的另外择地而隐居，再次一等的避看君主的脸色，再次一等的避听君主的恶言。"

孔子又说："像这样做的已经有七个人了。"

【解析】本章评论隐士。

孔子一直主张"天下有道则见，无道则隐"（《泰伯篇》8·13），"用之则行，舍之则藏"（《述而篇》7·11），因此，他认为天下无道，读书人隐逸是可以理解的。不过，隐逸又分几种情况："避世"是彻底隐居，"避地"则只是离开朝廷，"避色""避言"就更不彻底。不管怎样"避"，都是某种程度上的"藏"和"隐"。

"作者七人"究竟是哪"七人"，古代经师有两种意见：一是包咸的意见，认为指长沮（《微子篇》18·6）、桀溺（《微子篇》18·6）、荷蓧丈人（《微子篇》18·7）、石门晨门（《宪问篇》14·38）、荷蒉（《宪问篇》14·39）、仪封人（《八佾篇》3·24）、楚狂接舆（《微子篇》18·5）。二是王弼的意见，认为是指《微子篇》18·8中列举的七位"逸民"：伯夷、叔齐、虞仲、夷逸、朱张、柳下惠、少连。（二说均见邢昺《论语注疏》）

包咸所说的"七人"，都是孔子同时代的人，且都或直接或间接地与孔子打过交道。其中，长沮、桀溺明明白白自称"避世之士"；"荷蓧丈人"孔子称之为"隐者";"晨门"为看门人,竟知孔子"知其不可为而为之",明显也是隐士;"荷蓧"也非一般汉子,从其与孔子过招的方式来看,也是一位隐士;"仪封人"明说"天下无道久矣",竟知"天将以夫子为木铎";"楚狂接舆"则是十分典型的隐士。

王弼说18·8中的七个"逸民"就是"作者七人",似不如包说圆通。伯夷、叔齐离开孤竹国,并非因"天下无道",只是都不想继位当国君而已。柳下惠或废或立,总体上一直做官,似乎未"隐"。另几位无考。二说之中,包说可能更接近孔子本意。

本章孔子两句话,可能是分两次说的。或者虽然是一次说的,中间有较长的停顿。(参《阳货篇》17·1)按照《论语》的惯例,后一个"子曰",应该是"曰",似乎多了一个"子"字。

14·38 子路宿于石门。晨门曰:"奚自?"子路曰:"自孔氏。"曰:"是知其不可而为之者与?"

【译文】子路在石门住了一宿,(次日早早进城。)看门人问他道:"从哪里来的呀?"子路道:"从孔家来。"看门人道:"就是那位明知做不到却要努力去做的人吗?"

【解析】本章记载隐士"石门晨门"评论孔子。

"石门",鲁国城门。古代城门早开晚闭,各有其时。前一天子路欲进城,而城门已关,所以在城门外住了一宿,待次日早晨开门时方可进城。"晨门",看门人,负责开门、关门者,亦称"阍",称为"晨门"则侧重于早晨开门,称为"阍"则侧重于黄昏关门,名称虽异,职守则一。"奚自""自孔氏"两句,后面均省略了动词谓语。《左传·昭公五年》"自西门"亦然,可见周代有此句法。鲁国在位以及致仕的卿大夫均可敬称"夫子",其中公卿可特称为"子",所以子路对他人称老师为"孔氏",而不尊称"子""夫子",以示区别。

孔子曾当过鲁国的公卿,鲁国的看门人知道孔子,应该正常。但知道孔子是"知其不可为而为之者",就不是一般看门人所能做到的。所以《论语正义》说此人是"隐士"(邢昺《论语注疏》引),这个意见是对的。

孔子一生都想恢复西周那种"君君，臣臣，父父，子子"的政治秩序和社会秩序，但已经完全没有可能性了，孔子对此也心知肚明。但不恢复秩序，天下就完了，孔子这才"知其不可为而为之"。

本章应为子路语录，记录者只可能是子路的随侍弟子，原简必称"仲子"，《论语》编辑者将其改为"子路"。子路不会记录自己的语录，而且即使要记隐士而记录，也会自称"由""仲由"，编辑者没必要也不可能将"由""仲由"改为"子路"。

14·39　子击磬于卫，有荷蒉而过孔氏之门者，曰："有心哉，击磬乎！"既而曰："鄙哉，硁硁乎！莫己知也，斯己而已矣。'深则厉，浅则揭'。"

子曰："果哉！末之难矣。"

【译文】孔子在卫国，一天正敲着磬，有个挑着草筐的人经过孔子门口，说："敲磬颇有深意啊！"过了一会儿又说："这硁硁的磬声，很可鄙啊！没人了解自己，这就罢了。'水深就趟过去，水浅就撩起下裳走过去。'"

孔子道："好果决，没办法说服他了。"

【解析】本章记载"荷蒉而过孔氏之门"的隐士讥讽孔子，劝孔子随波逐流。

隐士大约从磬声中听出了孔子"莫己知"的感叹，所以说"莫己知"也就罢了。"深则厉"两句，本是《诗经·邶风·匏有苦叶》中的诗，隐士引用这两句诗，意在劝孔子随波逐流，如同过河，水深就连人带裳（裙子）趟过去，水浅则撩起下裳走过去，大家都这样，你也应该这样，犯不着感叹"莫己知"。

孔子听见隐士说话，必然罢手。他见隐士如此消沉，反欲劝他振作，大概隐士根本不等孔子开口便扬长而去，孔子便自言自语道，无法说服他了。

孔子用磬声抒发"莫己知"的苦闷，说明他仍有进取心。而"荷蒉"隐士引用诗歌，以过河为喻，劝孔子随波逐流，说明这位隐士对现实已经完全绝望。

《邶风》《鄘风》《卫风》都是卫风，卫国隐士以卫诗为喻劝告身在卫国的孔子，符合当时"赋诗断章"的风气。

14·40 子张曰："《书》云：'高宗谅阴，三年不言。'何谓也？"子曰："何必高宗？古之人皆然。君薨，百官总己以听于冢宰三年。"

【译文】子张问道："《尚书》上说：'殷高宗守孝，三年不主政。'这是什么意思啊？"孔子道："不仅仅殷高宗如此，古人都这样。国君驾崩了，储君三年不亲政，文武百官都听命于国相。"

【解析】本章孔子论"三年之丧"为古代贵族通用丧礼，但这不是历史事实。

"高宗"二句，见《尚书·无逸篇》。

"谅阴"，居丧守孝时住的草棚子，也叫"凶庐"。战国时代滕定公去世，世子滕文公即按照周礼规定"五月居庐"，在草庐中居丧守孝五个月（《孟子·滕文公上》5·2）。

"三年不言"，即"三年无改于父之道"（参《学而篇》1·11、《里仁篇》4·20），"不改父之臣与父之政"（《子张篇》19·18），其实只是三年不主政、不发号施令的意思，并非三年不说话，亦非今日学者所云"三年不主动说话"。

"冢宰"，东夷诸国称国相。楚本东夷，据《左传》记载，春秋时代，楚人也偶称国相为冢宰。孔子本是东夷殷人之后，久居鲁国，鲁本东夷故地，多有东夷，而且本章所论，乃东夷贵族之礼，故此用东夷之语，而未用周人之"雅言"（普通话）。

孔子说"古之人皆然"，"人"指上等人，"古之人"，当然仅指古代的天子、诸侯、卿大夫、士（士，至少在西周时代和春秋早期还是贵族。《左传·隐公元年》讲周代贵族丧制，尚有对士的规定），自然不含平民，此所谓"礼不下庶人"。孔子所举的"人"的例子就是国君。据《学而篇》1·11分析文字所述,"古之人"明明并未"皆然",孔子为何说"皆然"?我推测,孔子这样说,是想"托古改制",提倡忠道孝道,目的是想恢复"君君,臣臣,父父,子子"的政治秩序、伦理秩序乃至整个社会秩序。

《学而篇》1·11的分析文字对尧、舜至周代实行的两种"三年之丧"均有分析介绍。①亦可与《里仁篇》4·20、《子张篇》19·18、《阳货篇》17·21诸章合读。

14·41 子曰:"上好礼,则民易使也。"

【译文】孔子说:"上等人如果凡事依礼而行,那么下民就好使唤了。"

【解析】"礼",周人所说的"礼",十分复杂笼统,但其要义应该只有两点:人与神的关系,人与人的关系。人际关系则主要包括华夷关系、君民关系、上等人内部的君臣父子关系等等。孔子不谈夫妻关系和婆媳关系。

周朝君子治国,兼用宗教与行政两种手段,均体现"礼"的精神。《左传·成公十三年》,诸侯将伐秦,战前祭神毕,赐成子祭肉,成子不敬。刘康公曰:"君子勤礼,小人尽力。勤礼莫如致敬,尽力莫如敦笃。敬在养神,笃在守业。国之大事,在祀与戎。祀有热膰,戎有受脤,神之大节也。"刘康公批评成公礼神不敬,他所论述的"礼",侧重于宗教,兼及理民,理民则是政治。

孔子一直认为,上等人的道德水平高了,自然会提高下等人的道德水平,那么使唤下等人就方便了。《尚书·君陈篇》:"尔惟风,下民惟草。"孔子曾对鲁国正卿季康子说:"君子之德,风;小人之德,草。草上之风,必偃。"(《颜渊篇》12·19)都是说上等人如果尊礼,下民必然守法,故而"易使"。孔子常常论述的"礼",侧重于人事,兼及礼神。

侧重于宗教者,"礼"重点规范君子的祖先神与子孙之间的关系,当然也涉及治国理民的问题;侧重于人事者,"礼"重点规范上等人之间的君臣父子关系,同样涉及治国理民的问题。周代君子认为,作为上等人的君子守礼,那

---

①详见《孔孟倡导"三年之丧"的政治目的与文化考量》(吴天明,《湖北社会科学》,2017年第8期)。

么，作为下等人的平民就好使唤了。本章孔子这句话，应该包含上述两层含义。

14·42 子路问君子。子曰："修己以敬。"

曰："如斯而已乎？"曰："修己以安人。"

曰："如斯而已乎？"曰："修己以安百姓——修己以安百姓，尧舜其犹病诸！"

【译文】子路问怎样当一个真正的君子。孔子说："好好修身，好好工作。"

子路问："像这样做就够了吗？"孔子道："好好修身，以安定上等人。"

子路又问："像这样做就够了吗？"孔子道："好好修身，以安定老百姓——不过，修身养性，安定百姓，恐怕连伟大的尧舜都没有真正做到哇！"

【解析】本章孔子论"君子"的三种境界："修己以敬"者是正人君子，"修己以安人"者是仁德君子，即仁人，"安人"且"安百姓"者是圣人。不过孔子认为，恐怕连伟大的尧舜都没有真正做到"安百姓"，因此当个仁人就很好了。

"人"，用其狭义，孔子也称之为"君子、大人、仁人、仁者、知者、圣人、善人、有恒者"等，包括天子、诸侯、卿大夫这三种上等人。《论语》中很多"人"字即用此意。如"人不知而不愠""古之学者为己，今之学者为人"等，古来经师常常误读为广义的人。本章所说的"安人"，即孔子常常讲的"己欲立而立人，己欲达而达人"（《雍也篇》6·30），只是帮助贵族"安""立""达"而已。

"民"，也叫"百姓、鄙夫、老农、老圃、工、小人"等，主要包括农民、手工业者、商人、小吏，可能还有一些已经破产的小贵族，他们都是周代的平民阶级。

孔子一生都在琢磨如何"安人"。他曾说自己的理想是"老者安之，朋友信之，少者怀之"，这没有超过"安人"的范围。但他明白，"安人"之后，还要"安百姓"。"安人"者只是"仁人"，"安人"而且"安百姓"者才是"圣人"。但他也明白,"安人"就极为不易,何况"安百姓"!

周代人人都赞美尧舜伟大。孔子认为,尧舜不可能"安百姓",这是很了不起的见解。

14·43　原壤夷俟。子曰:"幼而不孙弟,长而无述焉,老而不死,是为贼。"以杖叩其胫。

【译文】(在自己母亲的丧礼上,)原壤箕居而待孔子。孔子骂道:"你小时不懂礼节,长大无所述作,老而不死,真是个坏蛋!"用拐杖敲他的小腿。

【解析】本章记载孔子骂朋友原壤无礼。

《礼记·檀弓下》:"孔子之故人原壤,其母死,夫子助之沐椁。原壤登木曰:'久矣,予之不托于音也!'歌曰:'狸首之班然,执女手之卷然。'夫子为弗闻也者而过之。"孔子的这位老朋友,居然站在亡母的棺椁上唱歌,看来他和"楚狂接舆"一样,也是一位隐士狂士。

"夷俟",像野蛮人那样箕居而等待。古人上穿衣,下着裳(裙子),裆里扎一宽布带,所以很注意坐法是否文雅有礼。坐法有三:正襟危坐法,此法对人最恭敬,最文雅,坐着也最累;蹲法,古人居家多用此式;箕法,臀部着席,两腿着席并叉开,形似兜箕,谓之"箕居"或"箕踞",此法最省力,也最无礼。本章称"箕居"为"夷","夷"是野蛮人,大概那时野蛮人都"箕居"。"孙弟"同"逊悌"。

原壤是孔子的老朋友,孔子骂他,可谓半真半假。得意门生颜回死了,亲儿子孔鲤死了,孔子都只给他们买棺而不买椁。原壤母亲死了,孔子居然买棺又买椁,孔子与原壤感情之深可以想见。所以孔子骂他,不可以完全当真的。

春秋后期出现隐士之风,他们往往行为古怪,以发泄对统治者乃至对社会的不满,原壤以及后世隐士亦然。

14·44 阙党童子将命。或问之曰："益者与？"子曰："吾见其居于位也，见其与先生并行也。非求益者也，欲速成者也。"

【译文】阙党的一个年轻人给孔子带了个信来，（孔子接待了他。）有人问孔子道："这个年轻人是求上进的人吗？"孔子道："我看他（未经长者赐座就）坐在位子上，又见他与长辈并肩而行。看来他不是一个求上进的人，只是一个急于求成的人。"

【解析】"阙党"，孔子家乡名。《荀子·儒效篇》载，孔子"居于阙党"。《史记·孔子世家·索引》："孔子居鲁之邹邑昌平乡之阙里也。"

"童子"，父亲称儿子，尊长者称年轻的男性位卑者，均可称之为"童子"。父称子为"童子"，如《左传·襄公八年》郑国大夫子国称儿子子产为"童子"，《成公十六年》范文子称其子为"童子"，《国语·晋语五》随武子称其子为"尔童子"。尊称卑如《襄公三十年》周灵王称单愆期为"童子"。

《礼记·玉藻》："童子无事，则立主人之北。"华夏礼制，主人坐北朝南，则童子站在主人身后。《襄公七年》，卫国大夫孙文子访问鲁国，竟然与鲁襄公并肩而行，"（鲁襄）公登（孙文子）亦登"。鲁国世卿叔孙穆子为相，见孙文子如此无礼，责问孙文子："今吾子不后（于）寡君，寡君未知所过。"孙文子哑然。

周代礼制，尊者坐着，卑者站在大人身后陪侍，而对这个拜见孔子的年轻人，孔子依据周礼，当然不会赐座，他竟然"居于位"；尊者前行，卑者应在尊者身后随行，而这个年轻人竟然与"先生并行"。从本章所述来看，这个年轻人应是在孔子接待他时如此这般，让孔子看到了这些细节，从中看出了他"欲速成"的心理。"欲速成者"，只要条件允许，在周代一般都是犯上作乱弑君弑父的人。看来，孔子对这个年轻人的判断是极其严厉的。

卫灵公篇第十五
（共四十二章）

15·1　卫灵公问陈于孔子。孔子对曰："俎豆之事，则尝闻之矣；军旅之事，未之学也。"明日遂行。

【译文】卫灵公问孔子布阵打仗的事。孔子答道："礼仪的事，曾听说过；打仗的事，不曾学过。"次日便离开了卫国。

【解析】本章记载孔子离开卫国之事。

"陈"，同"阵"。"俎"与"豆"，都是盛肉酱的器皿，亦作宗教礼仪用品，故借以表示宗教礼仪。《泰伯篇》8·4之"笾豆"，《左传·哀公十一年》之"胡簋"，也都是借宗教用品表示宗教礼仪，用法相同。

《哀公十一年》，卫国公卿孔文子问兵阵之事于孔子，子曰："胡簋之事，则学之矣；甲兵之事，未之闻也。"遂归鲁。《史记·卫康叔世家》采用了这一材料。卫灵公问兵、孔文子问兵，如为两事，当并存。如为一事，《论语》为孔子随侍弟子所记，可信度应更高。

孔子给人的印象，长处在宗教礼仪，而不在用兵打仗。故《定公十年》说："孔丘知礼而无勇。""无勇"并非胆怯，只是不会用兵的意思。但《哀公十一年》载，鲁齐大战，孟孙氏率鲁国右军（主力），大败而逃；孔门弟子冉求率鲁国左军（偏师），打败齐军。《孔子世家》采用这一史料，并记载了鲁国正卿季康子与冉求的对话。季问："子之于军旅，学之乎？性之乎？"冉求对曰："学之于孔子。"这么说来，孔子原来会用兵打仗，卫灵公（或孔文子）请教孔子用兵之事并无不妥，那么，孔子为什么生气并离开卫国呢？

卫灵公无道，宠信南子，搅乱朝纲（参《宪问篇》14·19），天下尽知。他赶走太子蒯聩，欲另立幼子为太子而不可得。自己老迈，行将就木，储君之事，仍未理顺。灵公一死，卫必大乱。如此险象，灵公竟浑然不知，而问用兵！所谓"用之则行，舍之则藏"（《述而篇》7·11），所谓"危邦不入，乱邦不居"（《泰伯篇》8·13），如此昏君，孔子亦无可奈何，只有一走了之。

一如孔子所料，灵公一死，卫国立出奔太子蒯聩之子辄为君，是为出公。此后蒯聩与辄这对亲生父子争夺君位，殃及卫国，子路死焉（《左传·哀公十五年》），此皆灵公之罪也！

15·2　在陈绝粮，从者病，莫能兴。子路愠见，曰："君子亦有穷乎？"子曰："君子固穷，小人穷斯滥矣。"

【译文】孔子在陈国断绝了粮食，随侍弟子都病倒了，没人能爬起来。子路恼怒地见孔子，说："君子也有穷途末路的时候吗？"孔子道："君子固然也有穷途末路的时候，（但仍然是君子，）小人一到穷途末路就无所不为了。"

【解析】孔子被围困在陈、蔡之间的事，《孟子·尽心下》14·18、《史记·孔子世家》均有详细记载。

《宪问篇》14·22："子路问事君。子曰：'勿欺也，而犯之。'"事师如事君，子路常常当面"犯"老师：孔子见了卫灵公夫人南子，而南子名声很不好，故子路"犯"之（《雍也篇》6·28）；孔子受邀治理卫国，要首先为卫出公"正名"，而卫出公系卫国朝廷所立，且已即位多年，故而子路认为老师"迂"，因而"犯"之（《子路篇》13·3）；孔子两次要去给叛臣当臣，子路两次坚决反对（《阳货篇》17·5、7）；本次被困陈、蔡，师徒生死未卜，而老师竟然"弦歌不绝"（《孔子世家》），故子路亦当面"犯"之。

孔子将"君子"分为"仁者"和"不仁者"（《宪问篇》14·6），无论多么穷困都守得住底线的当然是仁德君子。而"小人"（应包括那些"不仁"的

"君子")从无任何底线,何况还在穷困之时。

15·3 子曰:"赐也,女以予为多学而识之者与?"对曰:"然。非与?"曰:"非也,予一以贯之。"

【译文】孔子对子贡说:"赐啊,你以为我博学而且都能记住吗?"子贡答道:"是的。难道不是这样吗?"孔子道:"不是这样的,我用一个基本理念来贯穿它。"

【解析】本章孔子论自己"学"有所统,而非论"道"有所统。

《史记·孔子世家》引本章,谓记孔子被困陈、蔡时事,不知何据。孔子被困陈、蔡时,子贡随侍。

孔子博学多能,当时就十分有名,齐国晏婴、鲁国孟僖子、楚国令尹子西对此都有所论述(《左传·昭公七年》《史记·孔子世家》),孔门弟子亦十分佩服。但孔夫子却说,那么多知识学问,我怎么可能全都记得住呢?我有一个东西,能把这些丰富复杂而又零零碎碎的知识学问统统串起来,所以你们误认为我全都记得住。可见,孔子跟子贡是谈读书做学问的心得。

那么,孔子是用什么东西把他无比复杂的"学"来"一以贯之"呢?子贡毫无疑问听懂了,所以没有接着问,孔子当然不会接着说,也就没有什么可以再记录的。但是这样一来,却苦了汉代以来的经学家。因为孔子曾经对曾子讲过"参乎,吾道一以贯之"(《里仁篇》4·15)的话,学者们于是便认为,两个"一以贯之"的东西,应该都是"仁"。这是几千年的误解。

孔子与曾参讲的是"道"有个东西"一以贯之"。"道"即道德,是孔子的人生理想和政治理想,其"一以贯之"的核心的确是"仁",分而论之,即"忠恕"。

孔子与子贡讲的是"学"有个东西"一以贯之"。"学"即学问,是孔子的知识体系和创造能力,其"一以贯之"的核心却不是"仁",而是"礼"。弟子颜回曾说,孔子"博我以文,约我以礼"(《子罕篇》9·11),说夫子用许多文献教导我们,让我们博学;然后用"礼"帮我们提纲挈领,由"博"返"约"。这就是说,"礼"是孔子学问的主线主纲。颜回的学习心得,得到

了孔子自己的认可:"博学于文,约之以礼,亦可以弗畔矣夫!"(《颜渊篇》12·15,《雍也篇》6·27)

孔子的道德与学问本非一事,孔子师徒说得很明白,古来经师全都误解了。①

15·4 子曰:"由,知德者鲜矣!"

【译文】孔子说:"(仲)由啊,懂得仁德的人很少了!"

【解析】本章孔子对子路感叹"知德者鲜"。

孔子等周代君子讲的"德""仁""道",有时指君子的修养,但重点是指仁德君子志士仁人平治国家天下的人生理想、政治理想;近千年的君子所讲的"德""仁""道",有时指君子平治国家天下的人生理想、政治理想,但重点是指君子的个人修养行为规范。重点明显不同。本章孔子是在感叹,心忧天下志在国家的仁德君子志士仁人太少了。孔子在世时,常常感叹"求仁得仁"而仁人难觅,可知春秋时代晚期,真心实意愿为国家天下奋斗的人的确太少。

15·5 子曰:"无为而治者其舜也与?夫何为哉?恭己正南面而已矣。"

【译文】孔子说:"自己从容安静而天下又安宁太平的君主,大概只有舜帝吧?他做了什么呢?不过是庄严端正地坐在朝廷上罢了。"

【解析】本章赞美舜帝得贤人辅佐,故可无为而治。

中国文化传统,主张君主重用贤人,而君主本人则可"无为而治""垂拱而治"甚至"卧治",古代文献中这类记载非常多。舜帝有大禹、皋陶等贤臣辅佐,故可"无为而治"。《泰伯篇》8·20所谓"舜有臣五人而天下治",与本章含义相同。

---

① 详见《孔子的道德学问不只一条主线》(吴天明,《求索》2017年第4期)。

"南面",远古西北羌戎发展到中原,到西周春秋时代形成华夏民族,其礼制设计以祖先崇拜为核心,其祖先葬在西北,故以北为至尊,西为次尊,东为再次,君主坐北朝南,所以古代文献中常有"南面称孤""君子当阳"之类的记载。东夷在汉代以前,则常常以东为至尊,南为次尊,北为再次,君主坐东朝西,主要也是因为崇拜祖先,而不是崇拜太阳(张正明《楚俗杂考》认为主要是太阳崇拜,不可从)。汉初经刘邦、萧何设计融合(参《史记·高祖本纪》),慢慢形成以华夏礼制为主的大汉统一礼制。舜帝本是"东夷之人"(《孟子·离娄下》8·1),其做君主,不可能坐北朝南。孔子称他"南面",不过是说舜帝为君而已,这是采用了华夏族的思维方式和言说方式。限于本书体例,此不具论。①(参《雍也篇》6·1)

《子张篇》19·16,曾参批评子张说:"堂堂乎张,难与并为仁矣。"批评子张的做派似乎高不可攀,好像只有他才是舜禹那样的仁者,而别人都不是。《荀子·非十二子篇》:"禹行而舜趋,是子张氏之贱儒也。"进一步佐证了曾参的说法。子张是否为"贱儒",另当别论。孔子去世后,子张设帐授徒时,大约模仿古代传说中舜禹的步态,这大概就是所谓"堂堂乎张"。本章孔子也说舜帝"恭己正南面",估计周代君子都传说,舜帝、大禹等古代圣人,一举手一投足,一言一行,都与众不同,高不可攀,别有一番"堂堂正正"的圣人形象和仁人气概。

15·6 子张问行。子曰:"言忠信,行笃敬,虽蛮貊之邦,行矣。言不忠信,行不笃敬,虽州里,行乎哉?立则见其参于前也,在舆则见其倚于衡也,夫然后行。"子张书诸绅。

【译文】子张问君子怎么做才能行得通。孔子道:"说话忠诚信实,做事严肃认真,即使到了野蛮人生活的地方,那也行得通。说话不忠诚信实,做事不严肃认真,即使在本乡本土,能行得通吗?站着时好像看见'忠信''笃敬'

---

①详见《上左上右礼制及其对中华民族的深远影响》(吴天明,《理论月刊》2017年第12期)。

就在眼前，坐在车厢里好像看见'忠信''笃敬'就在前面的横木上，（时时刻刻都不能忘记，）这样才能行得通。"子张把老师这话写在衣带上。

【解析】 本章论君子"言忠信""行笃敬"，方可行得通。

"言忠信"四句，极而言之，与"居处恭，执事敬，与人忠，虽之夷狄，不可弃也"（《子路篇》13·19），表达方式相同，含义亦相近。

"言不忠信"四句，亦极而言之。中国发明农业、人民定居、形成村社都很早，这就形成了熟人社会。孔子说，如不"忠信""笃敬"，即使在本乡本土熟人社会也行不通，极言"忠信""笃敬"之重要。

"立则"两句，亦极而言之，谓无论何时何地都不可忘记"忠信""笃敬"。

"绅"，大衣带之下垂部分。周代天子、诸侯、大夫、士均有大衣带，具体礼制不同，但均以丝为之，宽四寸，用以束腰，其下垂部分谓之"绅"。孔子有精彩言论，随侍弟子一般都会记在预先准备好的空白竹简上，以便将来传述。（参《阳货篇》17·19）但是简牍不可能每天都随身带着，所以子张把老师这番话记在大衣带的下垂部分上，是为了天天看。

"参"，若与"倚"并言之，理解为动词即可，上文即按此翻译。亦可理解为数词"叁"（三），则"忠信""笃敬"这类美德可与天地并列为三。《左传·襄公七年》："恤民为德，正直为正，正曲为直，参和为仁。""参"（三）指"德、正、直"。《楚辞·橘颂》："秉德无私，参（三）天地兮。"以"天、地、德"为"参"（三）。均其证。后说亦通，只是译文要做调整。

15·7 子曰："直哉史鱼！邦有道，如矢；邦无道，如矢。君子哉蘧伯玉！邦有道，则仕；邦无道，则可卷而怀之。"

【译文】 孔子说："好一位正直的史鱼！国家政治清明，他像箭矢一样正直；国家政治黑暗，他也像箭矢一样正直。好一位君子蘧伯玉，国家政治清明，就做官；国家政治黑暗，就把本事藏起来。"

【解析】 本章称赞卫国的两位君子史鱼和蘧伯玉。

《左传·襄公二十九年》记载，吴公子季札遍访中原各国时，"适卫，说蘧瑗、史狗、史䲡、公子荆、公叔发、公子朝，曰：'卫多君子，未有患也。'"蘧瑗，字伯玉；史䲡，字子鱼，本章称之为"史鱼"。孔子周游列国时，常到卫国，而且常常借住在蘧伯玉家，也有不少学生在卫国做官，因此与诸位君子都很熟悉，也非常认可这些君子。《论语》中《子路篇》13·8 称赞公子荆，《宪问篇》14·25 称赞蘧伯玉，《公冶长篇》5·21 称赞宁武子，《宪问篇》14·13、18 两章均称赞公叔文子（公叔发）。这些人都是卫国的"君子"。当时，卫国献公、殇公、襄公、灵公均无道，多亏这些"君子"，方使卫国"未有患"。

据《左传》记载，鲁襄公十四年，卫国大夫孙氏驱逐卫献公，蘧伯玉从近关出境，离开卫国；鲁襄公二十六年，卫国大夫宁喜弑殇公，迎接流亡十二年的卫献公回国，蘧伯玉又"遂行，从近关出"，又离开卫国（详见《襄公十四年》《襄公二十六年》）。所以孔子说伯玉"邦无道，则可卷而怀之"。

孔子认为，君子可以"用之则行，舍之则藏"（《述而篇》7·11），"藏"，即"卷而怀之"。孔子曾称赞卫国公卿宁武子"邦有道，则知；邦无道，则愚。其知可及也，其愚不可及也"（《公冶长篇》5·21），"愚"，装傻，亦"卷而怀之"也。

15·8 子曰："可与言而不与之言，失人；不可与言而与之言，失言。知者不失人，亦不失言。"

【译文】孔子说："可以与他交谈却不与他交谈，很可能失去人才；不可与他交谈却与他交谈，很可能浪费言语。聪明人既不失去人才，也不浪费言语。"

【解析】本章论"失人"与"失言"。

孔子这番话很抽象，可能与他挑选学生的经历有关。《公冶长篇》5·10 记载，弟子宰予大白天睡觉，孔子骂了他，并说："始吾于人也，听其言而信其行；今吾于人也，听其言而观其行。于予与改是。"从中可以推知，宰予此前应该跟老师讲过发奋学习之类的大话，孔子才收他为徒，并对他有过很高的期待，而宰予的行为却跟不上，孔子因此总结出了应该"听其言而观其行"的教训。后来孔子因为澹台灭明相貌丑陋而差点拒绝他当弟子，不料这位弟子后来学问道德都相当好，《史记·仲尼弟子列传》记载孔子事后总结说："吾以言取人，失之宰予；以貌取人，失之子羽。"对宰予，就是"不可与言而与之言，失言"；对子羽，则因其丑陋，"可与言而不与之言，（差一点）失人"。

孔子这番话很抽象，还可能与诸侯公卿挑选官员的经验有关。"人"在此特指上等人中的人才，与《雍也篇》6·14、《泰伯篇》8·20、《宪问篇》14·9三章的用法一样，可以互相参证。读书人是不是人才，可不可以委以官职，诸侯公卿首先要跟他们谈谈，考察考察。不接触、不交谈、不了解，很可能失去人才。而国家治理，关键是要得到人才。舜帝能够"无为而治"，就是因为有贤人辅佐（《卫灵公篇》15·5、《泰伯篇》8·20）。但与他们交谈吧，他们可能根本就不是什么人才，谈了半天，浪费了不少言语，结果却让人失望。只有真正的"知（智）者"才能判断，谁是人才，值得交谈；谁不是人才，根本不值得交谈。所以"知者"才能既不"失人"，又不"失言"。

春秋晚期人才争夺已经非常激烈，但滥竽充数者也不少。孔子去世后不久，历史就进入战国时期，诸国均兴起"养士之风"，诸侯卿大夫动辄养士几千，其间既有人才，亦有滥竽充数者，这可视为孔子时代风气的延续。

15·9 子曰："志士仁人，无求生以害仁，有杀身以成仁。"

【译文】孔子说："志士仁人，没有贪生怕死而损害安定国家天下的伟业的，只有舍生忘死而成全这一伟业的。"

【解析】本章赞美"志士仁人"为了国家天下而舍生忘死。

"士"，读书人。"志士"，有志于"道"的"士"，即有志于安定国家天下的"士"。"人"，上等人、君子，其中有讲仁德的，也有不讲仁德的，所谓"君子而不仁者有矣夫"（《宪问篇》14·6）。"仁人"，立志"立人达人"的仁德君子（《雍也篇》6·30）。后面两个"仁"字，均指"安人"，即安定国家天下的伟业。孔子认为，"安人"者"仁"，"安人"且"安百姓"者"圣"。（《宪问篇》14·42）

15·10 子贡问为仁。子曰："工欲善其事，必先利其器。居是邦也，事其大夫之贤者，友其士之仁者。"

【译文】子贡问怎样培养自己的仁德。孔子道："百工如果想做好自己的事，必定首先磨利自己的工具。（同样的道理，你想培养仁德，就要与仁者为伍。）住在一个国家，就要敬事大夫中的贤人，结交士中的仁人。"

【解析】本章教导子贡要与贤人、仁人为伍，以培养自己的仁德。

"工"，百工。据《左传》记载，周初分封，天王给每个诸侯都分封了若干个氏族的"殷民"，最多分封七个氏族，最少也有五个氏族，这就是百工，是以氏族为单位的手工业者。《史记·五帝本纪》讲，舜命"垂"（亦作"倕"）管理天下的百工，可见手工业氏族起源甚早。周代各国都有负责管理百工的长官，如楚国有"工尹"。后世有许多姓氏如陶氏、张氏、唐氏、索氏等，即以所从事的手工业为姓氏。子贡是"士"，而欲行仁德，孔子便以百工之事为喻，教育他要以仁者、贤者为伍，以培养自己的仁德。

大夫有仁者也有不仁者，有贤也有不肖（《宪问篇》14·6）；士亦有君子小人之分（《雍也篇》6·13），故孔子嘱咐弟子要以仁者、贤者为伍，在仁者、贤者的砥砺帮助下，使自己最终也成为仁人、贤人。可与《里仁篇》4·1、25，《公冶长篇》5·3诸章合读。

15·11 颜渊问为邦。子曰："行夏之时，乘殷之辂，服周之冕，乐则《韶》《舞》。放郑声，远佞人。郑声淫，佞人殆。"

【译文】颜渊问怎么治理国家。孔子说："用夏朝的历法，坐殷朝的马车，戴周朝的礼帽，音乐就用《韶》和《武》。要放弃郑国的乐曲，斥退小人。郑国的乐曲淫荡，小人危险。"

【解析】本章论治国之道，要采用尧舜三代之长处。

"夏时"即夏历，今称阴历、农历、古历，民间沿用至今已约四千年之久。现存最早记录夏历的文献是《大戴礼·夏小正》，农业史家认为这一文献最晚记载于西周初期。[①]尧舜三代直到如今民间一直用夏历，官方则有所谓"三正"：夏代以农历正月为正，与民间相同，与实际时令相同，方便农业；商代官方以农历十二月为正，周代多国官方以农历十一月为正，则商周官方之春，实际上是冬，均不合于实际时令，均不方便农业。孔子要"行夏之时"，就是要官方的历法符合实际时令，以方便农民和农业。以《诗经》考之，民间之四时，皆为夏时；以《左传》考之，晋国用夏时，鲁国用周时。所以孔子说"行夏之时"，应该仅指官方，因为民间本来就实行夏时。

　　"辂"音lù。"殷辂"，亦作"大路""大辂"，商朝贵族的马车仅用木头，无任何装饰，简洁质朴，节省财力。而周朝贵族的马车，在木头之外常常还要覆之以皮革，饰之以美玉，耗费财力。《左传·昭公二年》："清庙茅屋（用茅草屋作太庙），大辂、越席（普通草席），大羹（肉汁）不致（不用各种调料调和），粢盛不凿（祭祀用糙米，不用精米），昭其俭也。"《襄公二十八年》记载，鲁国大夫展庄叔批评齐国卿大夫庆封的马车"美泽可以鉴"，并说"车甚泽，人必瘁"，说明周代已有不少贵族用豪华的马车了，所以孔子倡导用殷式的马车，以节省民力。

　　"周冕"，周代贵族的礼帽，编织或用丝或用麻，用度有限，都很节减。《闵公二年》记载，卫戴公亡国后，卫文公复国，"卫文公大布之衣，大帛之冠"，以示节俭。

　　《韶》是舜帝时代的音乐，孔子曾向齐国乐师学习演奏《韶》乐。《舞》即《武》，周武王时代的音乐。《韶》《武》等雅乐，必用洪钟大吕演奏。《昭公五年》："先王之乐，所以节百事也。"所以乐在古代不仅可以愉悦身心，陶冶性情，还是治国理政的工具。《阳货篇》17·4记载，孔子弟子子游做鲁国武城县长时，就用音乐教育当地的君子和平民。

　　"郑声"，郑国流行音乐。《襄公十五年》记载，郑国乐师师慧自称"淫乐之矇"（"矇"为盲人，周代以盲人为乐师。"师氏"为乐官），则郑国乐师亦

---

① 详见《春秋书名语源考》《七夕五考》（吴天明，《中南民族大学学报》哲学社会科学版2008年第5期，2003年第3期）。

自知"郑声淫"也。《襄公二十九年》，吴公子季札批评郑国音乐"细"，"细"犹"淫"也。可知君子均称"郑声淫"，或郑国乐曲固如是也。

孔子认为"郑声淫"，主张"放郑声"，古来学者有"放郑乐"和"兼放郑诗"两种意见。《昭公十六年》记载，晋国上卿韩宣子访郑，郑国六卿赋郑诗而言志，所赋之诗皆《郑风》之爱情诗，韩宣子均给予很高评价。《郑风》今存于《诗经》中，孔子并未"放"掉。由此看来，孔子要求"放"的，应该仅仅是"郑乐"，不包括歌词。

15·12 子曰："人无远虑，必有近忧。"

【译文】孔子说："君子没有长远的考虑，必定会有眼前的忧患。"

【解析】孔子所谓的"人"有广狭二义，广义指所有的人，与"鬼"相对而言；狭义仅指上等人、君子、贵族，与"民"相对而言。本章用狭义，故将"人"译为"君子"。

《左传·哀公十一年》，冉求曰："君子有远虑，小人何知？"《襄公二十九年》，子服惠伯曰："君子有远虑，小人从迩。"荣成伯曰："远图者，忠也。"可见春秋时代，要有"远虑""远图"，是上流社会对"君子"的普遍要求。而"小人"只顾眼前利益，也是春秋君子的基本判断。因此本章并非泛泛论"人"，而是论"君子"（上等人、贵族）当有"远虑"。

15·13 子曰："已矣乎，吾未见好德如好色者也。"

【译文】孔子说："算了吧，我没见过像喜欢美色一样喜欢美德的人！"

【解析】本章批评卫灵公重色轻德。

卫灵公夫人南子，不守妇道，貌美而专权，搅乱朝纲。《史记·孔子世家》记载，孔子"居卫月余，灵公与夫人同车，宦者雍渠参乘出，使孔子为次乘，招摇市过之"。孔子故有此叹。

"已矣乎"，绝望之叹。《公冶长篇》5·27引孔子语曰："已矣乎，吾未见能见其过而内自讼者也!"《左传·昭公十二年》引乡人歌:"已乎已乎!非吾党之士乎!"《楚辞·离骚》:"已矣哉!国无人莫我知兮,又何怀乎故都。"皆其成例。

本章与9·18重复,而多三字。当因孔子讲学时,弟子各有所记之故。

15·14 子曰:"臧文仲其窃位者与!知柳下惠之贤而不与立也。"

【译文】孔子说:"臧文仲大概是个尸位素餐的人吧,他明知柳下惠是位贤者,却不给他官位。"

【解析】本章批评臧文仲不举贤任能。

臧文仲,鲁国公卿,鲁隐公亲叔父臧僖伯之后,历仕庄、闵、僖、文四朝,僖公十六年季友去世,文仲开始长期执政。孔子批评他不给柳下惠官位,就是因为他是执政上卿,手握权柄。《左传》对其故事多有记载。柳下惠,本名展获,字禽,又名展季,《论语》《孟子》均称其为柳下惠。"柳下"可能是其住地名。"惠",据《列女传》,可能是其妻子给他的私谥。"立",俞樾《群经平议》认为同"位",与下引孔子批评臧文仲的话暗合,俞说可从。

《文公二年》引孔子的话,批评臧文仲"下展禽",使柳下惠屈居下位,就是"不与立(位)"的意思。为官之道,重在得人,所以古代文献特别强调举贤任能。公叔文子推荐自己的家臣当国家的大臣,心甘情愿与家臣同朝为官,孔子对此大加赞赏(《宪问篇》14·18),就是因为他以国事为重,为国荐贤。臧文仲明知柳下惠贤而故意不用,所以被孔子批评。

15·15 子曰:"躬自厚而薄责于人,则远怨矣。"

【译文】孔子说:"重重地责备自己,轻轻地责备别人,那么自然就远离怨恨了。"

【解析】"躬自",双音节副词,用法与《诗经·卫风·氓》"静言思之,躬自悼矣"相同。"厚"字后面本应有"责"字，探后省之。二说均从杨伯峻先生《论语译注》。

"怨"，有自己对别人的怨恨，也有别人对自己的怨恨。人之天性，厚责他人而薄责自己，故怨恨多而切近；而仁德君子深知人性的这一弱点，所以总是厚责自己，薄责他人，故怨恨稀而远。

15·16　子曰："不曰'如之何，如之何'者，吾末如之何也已矣。"

【译文】孔子说："对那些遇事不想想'怎么办，怎么办'的人，我也不知道拿他们怎么办了。"

【解析】本章论人遇事当多动脑筋。

《颜渊篇》12·9："哀公问于有若曰：'年饥，用不足，如之何？'"《子张篇》18·7："君臣之义，如之何其废之？"《先进篇》11·22："有父兄在，如之何其闻斯行之？""如之何"都是怎么办、为什么之类的意思。那么"不曰'如之何'"者，就是遇事不动脑筋，不知道凡事多问几个为什么的人。

15·17　子曰："群居终日，言不及义，好行小慧，难矣哉！"

【译文】孔子说："整天聚在一起，说话不合道义，只喜欢卖弄小聪明，（这种小人，）难办啊！"

【解析】本章批评君子中的小人。（参《宪问篇》14·6）

周代君子认为，"言，身之文也"（《左传·僖公二十四年》），"君子一言以为知，一言以为不知，言不可不慎也"（《子张篇》19·25）。君子本来应该"言思忠"（《季氏篇》16·10），而有些所谓的君子"言不及义"，"言不忠信，行不笃敬"（《卫灵公篇》15·6），皆小人所为，而非真正的君子所为。

15·18 子曰:"君子义以为质,礼以行之,孙以出之,信以成之。君子哉!"

【译文】孔子说:"君子以兑现合乎道义的诺言为信守承诺,(然后)按照礼制去实行它,谦逊地说出它,诚实地完成它。这才是真正的君子啊!"

【解析】本章赞美君子。

"君子义以为质",孔子之意,只有符合道义的事情,君子才能"礼以行之,孙以出之,信以成之",才是言而有信,否则不能做,不做不算无信。只有"小人"才不管是否符合道义,"言必信,行必果"(《子路篇》13·20),而真正的君子"贞而不谅"(15·37),只讲大信,不讲小信。"质"有诚实守诺,言而有信之意,古代有所谓"质子"(以子为质),如今有所谓"质押",均此意。《左传·昭公十六年》记载,楚平王认为"蛮子无质",故杀蛮子,"无质"即言而无信,背弃诺言;子产以郑桓公与商人有"质誓"为由,拒绝晋国上卿韩宣子强买郑国商人玉环的要求,"质誓"即下文之"盟誓"。《学而篇》1·13有子曰:"信近于义,言可复也。"("近"为"符合"之婉辞)《孟子·离娄下》8·11:"大人者,言不必信,行不必果,惟义所在。"子产有子孟子的话,子产拒绝韩宣子的行为,都是对"君子义以为质"的最好阐释。"孙",同"逊"。《宪问篇》14·3:"邦无道,危行言孙。""孙"亦同"逊"。

15·19 子曰:"君子病无能焉,不病人之不己知。"

【译文】孔子说:"君子只应惭愧自己没有才能,不应抱怨人家大人不了解自己。"

【解析】本章论君子只要有才能,不愁没机会当官。

"君子",孔子一般称"大人"即诸侯卿大夫为"君子",但有时也称那些"志于道"的读书人为"君子"。本章用后一义。

"人",本章指"大人",即诸侯公卿,因为只有"大人""知"你用你,读书人才能当上官。当了官,生计才有着落,理想才有着落。当不了官,生计和理想都是问题。所以读书人生怕人家诸侯公卿不了解自己的才能,生怕当不了官。可与《学而篇》1·1、16,《宪问篇》14·30,《卫灵公篇》15·19等章合读。

15·20 子曰:"君子疾没世而名不称焉。"

【译文】孔子说:"一直到死,名声都不被人家所称述,君子引以为遗恨。"

【解析】《子罕篇》9·23:"后生可畏,焉知来者之不如今也?四十、五十而无闻焉,斯亦不足畏也已。""四十、五十而无闻"与"没世而名不称"含义相近。古人寿命短,到了四五十岁还默默无闻,一生就不会有什么作为了。

15·21 子曰:"君子求诸己,小人求诸人。"

【译文】孔子说:"(读书人都想当官,但)君子儒求助于自己,(让自己有才能,凭本事当官;)小人儒求助于大人,(祈求大人赏个官位。)"

【解析】本章论读书人应当凭才能当官。

"君子小人","君子"此指"君子儒","小人"此指"小人儒",都是读书人。(《雍也篇》6·13)读书人读了书,学了礼乐,有了本事,都想做官,但路径不同。"人","大人",指诸侯公卿,并非泛指他人,因为只有诸侯公卿才能让读书人当官。两个"诸"字,都是"之于"的合音字。

15·22 子曰:"君子矜而不争,群而不党。"

【译文】孔子说:"君子持重而不纷争,合群而不闹宗派。"

【解析】本章论君子。

"矜"不仅指容貌仪表做派持重端庄,亦含有对相关问题具有自己独立的见解,不肯随声附和谄媚取容之类的意思。

15·23 子曰:"君子不以言举人,不以人废言。"

【译文】孔子说:"君子不能仅凭善言就举荐他当官,也不因人不好而废弃他的善言。"

【解析】《尚书·说命中》:"非知之艰,行之惟艰。"《左传·昭公十年》:"非知之实难,将在行之。"尧舜三代的君子早已知道,一个人,明白道理,说出善言,并非难事,难在实行。只有真正的君子才能"先行其言,而后从之"(《为政篇》2·13),"讷于言而敏于行"(《里仁篇》4·24),即先做了再说。小人反是,所以不可"以言举人"。

15·24 子贡问曰:"有一言而可以终身行之者乎?"子曰:"其恕乎!己所不欲,勿施于人。"

【译文】子贡问道:"有一句可以终身奉行的话吗?"孔子道:"大概是恕吧!自己不想要的,就不要强加给别人。"

【解析】本章论恕道。

孔子的仁道,包含忠道和恕道(《里仁篇》4·15)。忠道是"己欲立而立人,己欲达而达人"(《雍也篇》6·30),这是孔子终身奋斗的伟大理想,是"仁"的上线;恕道则是"己所不欲,勿施于人",这是"仁"的下限,即使是穷途末路也会守住这个底线。

孔子为什么说"恕"可"终身行之",而不说"忠"可"终身行之"呢?"立人达人"的理想虽然崇高,但不是自己可以控制的,你得当官,当大官,长时间当大官,才可能"立人达人"。能不能当大官,掌大权,当官的时间长不长,就由不得自己了。而"己所不欲,勿施于人",守住做人的底线,却是自己完全可以控制的。所以"忠"难以"终身行之",而"恕"可以"终身行之"。

15·25 子曰:"吾之于人也,谁毁谁誉?如有所誉者,其有所试矣。斯民也,三代之所以直道而行也。"

【译文】孔子说:"我对别人,诋毁了谁?赞誉了谁?假如我有所赞誉,都是有所验证的。这些人,三代时都能按正道而实行之。"

【解析】本章孔子说自己论人论事,均言而有据,不妄下断语。

"民",本章及《雍也篇》6·29、《微子篇》18·8、《尧曰篇》20·1诸章中的"民"字,均同"人",不仅不指平民,而且仅指上等人,这种用法在《论语》中很少见。"直道",正道、仁道。"三代",指夏、商、西周。"行",实行(道)。"直道而行",行直道,行仁道。孟子说:"三代之得天下也以仁,其失天下也以不仁。"(《孟子·离娄上》7·3)看法与孔子相同。

周人谈历史,讲究"眼见为实",口传史一般不视为信史。战国秦汉时代才将口传史视作信史。(参《史记·五帝本纪》)孔子称赞的三代圣贤,《尚书》《诗经》均有记载,人间亦有遗存(如尧都以及尧之子孙刘国,舜之子孙陈国,夏之子孙杞国,殷之子孙宋国);虞、舜、商、周四代的音乐如《韶》《九歌》《文王操》《武》等,列国乐师还在演奏(参《左传·襄公二十九年》季札"观周乐"),此其所谓"有所试"也。孔子称赞的春秋早中期的君子如管仲、子产、蘧伯玉、宁武子等,史书均有记载,人间有遗存,孔子还曾经与其中一些人有交往,此亦"有所试"也;同代君子,孔子与之常有来往,此亦所谓"有所试"也。孔子批评的人,当代国君如齐景公、鲁定公、鲁哀公、卫灵公、卫出公,公卿如季康子,"陪臣"如阳虎,孔子与他们均有来往,此亦"有所试"也。

《昭公八年》:"君子之言,信而有征,故怨远于其身;小人之言,僭而无征,故怨咎及之。"可与本章互证。"僭"与"信"相对而言,则为不信也。

15·26 子曰:"吾犹及史之阙文也。有马者借人乘之,今亡矣夫!"

【解析】本章不知何义,疑乱简所致。

15·27 子曰："巧言乱德。""小不忍，则乱大谋。"

【译文】孔子说："花言巧语败坏道德。"又说："小事不忍耐，就会坏了大事。"

【解析】本章可能原为两简，弟子们编书时误把两简并为一章了。或原为两章，弟子记载时录于一简。《宪问篇》14·37和《子路篇》13·22亦把两简或两章并为一章，但前后两番话还有内在联系。本章两简，前简批小人，后简嘱君子，似无内在联系。

孔子认为奸佞之人花言巧语，以求私利。而仁德君子，则"讷于言而敏于行"（《里仁篇》4·24）。《论语》中这类语录特别多，如《学而篇》1·3、6、14，《为政篇》2·13，《公冶长篇》5·5诸章皆是。

"大谋"应指"立人安人"的伟大事业。君子在实行这一伟大理想的过程中，会遇到小屈辱、小挫折，也会遇到小名声、小利益。如"不忍"，都必然影响伟大理想的实现。

15·28 子曰："众恶之，必察焉；众好之，必察焉。"

【译文】孔子说："众人都厌恶他，一定要考察他；众人都喜欢他，也一定要考察他。"

【解析】本章论为人君主者如何识人用人。

"众恶之"，恐怕是众口铄金、积毁销骨；"众好之"，恐为"乡愿"（《阳货篇》17·13）。孔子认为，真正的君子，应该是"善者好之""不善者恶之"（《子路篇》13·24）。《孟子·梁惠王下》2·7："左右皆曰贤，未可也；诸大夫皆曰贤，未可也；国人皆曰贤，然后察之；见贤焉，然后用之。左右皆曰不可，勿听；诸大夫皆曰不可，勿听；国人皆曰不可，然后察之，见不可焉，然后去之。左右皆曰可杀，勿听；诸大夫皆曰可杀，勿听；国人皆曰可杀，然后察之；见可杀焉，然后杀之。故曰国人杀之也。如此，然后可以为民父母。"孟子的话，正好可以做本章的注脚。

15·29 子曰:"人能弘道,非道弘人。"

【译文】孔子说:"志士仁人能够弘大崇高理想,而不能假借崇高理想来廓大自己。"

【解析】本章鼓励志士仁人弘大道德理想。

孔子所说的"仁""道""德",一般都主要指安定国家天下的人生理想、政治理想,并非泛指行为规范品德修养。本章亦然。本章中的两个"人"字,都指"君子人",即上等人。

15·30 子曰:"过而不改,是谓过矣。"

【译文】孔子说:"犯了过错而不改正,这就是真正的过错了。"

【解析】本章论君子应勇敢地改过自新。

《左传·宣公二年》载,"晋灵公不君",大夫士季谏曰:"人谁无过,过而能改,善莫大焉。"《韩诗外传》卷三引孔子语:"过而改之,是不过也。"《子张篇》19·21:"君子之过也,如日月之食焉:过也,人皆见之;更也,人皆仰之。"《学而篇》1·8:"过则不惮改。"(《子罕篇》9·25重录)可见无论是孔子还是其他春秋君子,都认为君子犯了过错,改了就好,不改才是真正的过错。

15·31 子曰:"吾尝终日不食,终夜不寝,以思,无益,不如学也。"

【译文】孔子说:"我曾整天不吃饭,整夜不睡觉,以冥思苦想,但没用,不如去学习。"

【解析】本章论学与思的关系。

《为政篇》2·15:"学而不思则罔,思而不学则殆。"《荀子·劝学篇》:

"吾尝终日思之矣，不如须臾之所学也。"先民的学识积累到晚周时期已经发展成为高深复杂的学问，所以孔门常有"学、思"关系的讨论。

15·32　子曰："君子谋道不谋食。耕也，馁在其中矣；学也，禄在其中矣。君子忧道不忧贫。"

【译文】孔子说："君子应该谋求治国安邦之道，而不应仅仅谋求衣食。耕田，也常饿肚子；学习大道，俸禄就在其中了。君子只担忧大道能不能实行，不用担忧贫困。"

【解析】本章论君子应该谋求治国安邦的大道，不应仅为衣食而担忧。邦国安宁，君子自然衣食无忧。

"道"，治国安邦的办法，并非泛指学问。"谋道"，谋求治国安邦。在实现这个伟大理想的过程中，君子自然会当官拿俸禄，自然不会饿肚子。

孔子一向主张，"君子不器"（《为政篇》2·12），不要去做"鄙夫"的事（《子罕篇》9·8），不要去做"老农""老圃"的事（《子路篇》13·4），也不要去做百工的事（《子张篇》19·4），只需要学会治国理民，安定天下国家，个人的衣食问题自然会解决。孟子则把这种社会分工称之为"劳心者治人，劳力者治于人"（《孟子·滕文公上》5·4）。

15·33　子曰："知及之，仁不能守之，虽得之，必失之。知及之，仁能守之，不庄以莅之，则民不敬。知及之，仁能守之，庄以莅之，动之不以礼，未善也。"

【译文】孔子说："（国家啊，你的）智慧足以得到它，（要是）仁德不能保持它，即使得到它，也会失去它。智慧足以得到它，仁德也足以保持它，（要是）不严肃认真地治理百姓，那么百姓做事也不会认真。智慧足以得到它，仁德也足以保持它，也能严肃认真地治理百姓，（要是）不按礼法来动员百姓，那么就还没有达到至善的境界。"

【解析】本章的主旨，是论述君子如何得到国与家，得到国与家以后又应当如何治国理民。

"及之、守之、得之、失之"诸"之"，小则指家（卿大夫之采邑），大则指国。此用杨伯峻先生《论语译注》说。"莅之、动之"的"之"，均指平民，为官者要治国理民。"动之"句，《尚书·说命中》："虑善以动，动惟其时。"子贡说："动之斯和。"（《子张篇》19·25）《尚书》之"动"泛指君上的一举一动；孔子、子贡所说的"动"，均特指动员百姓。动员百姓要依礼而行，具体要求很多，如不能耽误农时，要少收税等。

15·34　子曰："君子不可小知而可大受也，小人不可大受而可小知也。"

【译文】孔子说："君子不可用小事考验他，但可用大事考验他；小人不可用大事考验他，却可用小事考验他。"

【解析】本章论君子、小人之别。

孔子认为，"君子"的崇高使命是"安人"，可用能否"安人"即安邦定国来考验他。但"君子"不会在意小节，不会"言必信，行必果"（《子路篇》13·20），因此不能用这些小事来考验他。小人则与此相反。

周代文献分析"君子""小人"差别的话非常多，没有一句话是说"小人"好的。既然人人都知道"小人"不好，那又考验什么呢？晚周可能有以下几种"小人"，一是无德无才无官职的读书人，二是无德无才但因世禄而有官职的假君子，即"君子而不仁者"（《宪问篇》14·6），三是无德无才无文化但因经商致富而买了官职的平民。这些常常伪装成君子的小人，倒是需要考验的。

15·35　子曰："民之于仁，甚于水火。水火，吾见蹈而死者也，未见蹈仁而死者也。"

【译文】孔子说："民众需要仁政，超过了水火之互相需要。水火相合，我看见因而死了的，但没看见民众因践履仁政而死了的。"

【解析】 本章论民众需要仁政。

《孟子·尽心上》13·23："民非水火不生活。昏暮叩人之门户求水火，无弗与者，至足矣。圣人治天下，使有菽粟如水火。菽粟如水火，而民焉有不仁者乎？"杨伯峻先生《论语译注》据此将本章译为："百姓需要仁德，更急于需要水火。往水里火里去，我看见因而死了的，却没有看见践履仁德因而死了的。"杨说虽然不无道理，但说民众需要水火，又因水火而死，终究有些不太圆通。

《左传·昭公九年》："火，水妃也。"《昭公十七年》："水，火之牡也。""水火所以合也。"可见周人认为，水火为阴阳相配，不可须臾离开。因此本章亦可理解为，以水火天生相合比喻民众与仁政天生相合，那么可将前两句译为："民众需要仁政，超过了水火之互相需要。"后三句孔子则进一步说，民众天生与仁政相合，甚至超过了水火天生相合。水火相合时，稍有不慎，尚有水蹈火而死（水干），或者火蹈水而死（火熄）的事，而民众蹈仁政，则断无此事。水火相生，但亦相克；民众与仁政则只有相生，断然不会相克。故后三句亦可译为："水火相合，我看见因而死了的，但没看见民众因践履仁政而死了的。"如此理解，似乎更为圆通些。

按照杨说，本章主旨是，民众需要仁政，甚于需要水火。按照我的理解，本章主旨则是，民众天生需要仁政，甚于水火之天生互相需要。

15·36 子曰："当仁，不让于师。"

【译文】 孔子说："面临仁德，（君子都要努力实行，）就是老师，也不跟他谦让。"

15·37 子曰："君子贞而不谅。"

【译文】 孔子说："君子只讲大信，而不讲小信。"

【解析】《子路篇》13·20："言必信，行必果，硁硁然小人哉！"《孟子·离娄下》8·11："大人者，言不必信，行不必果，惟义所在。"孔孟都要求君子只讲究符合仁义的信誉，而不管小节小信。不顾大信，只顾小节小信的，是小人。孔子评价管仲时说，管仲不为故主去死，转而辅佐齐桓公，九和诸侯，一匡天下，扩大华夏文明圈，人民至今受其赐，难道管仲要像"匹夫匹妇之为谅"，而去为故主自杀？"匹夫匹妇之为谅"即"小人"之小节小信。（《宪问篇》14·17）

15·38 子曰："事君，敬其事而后其食。"

【译文】孔子说："服事君上，先认真工作，把食俸禄的事放在后头。"

【解析】"君"，未必仅仅指天子、诸侯，凡是上级，都可称君。

15·39 子曰："有教无类。"

【译文】孔子说："人人我都教育，没有区别。"

【解析】"类"，包括"先进""后进"、国别、贫富、出身等。古今学者围绕这个字有许多分析研究。《述而篇》7·7："自行束脩以上，吾未尝无诲焉。"可与本章合读。就因为孔子讲了这两句话，后世学者便认为，孔子有全民教育思想。这个判断并不严谨。孔子对上等人和士，既教其道德，又教其文化；对平民，则仅通过教育上等人教其道德，不教其文化。孔子的授业弟子，地位最低的应是"贱人"之子仲弓（《雍也篇》6·6，《史记·仲尼弟子列传》），其余的都是"士"。孔子的社会弟子，都是国君和卿大夫。因此，孔子说"有教无类"，是有一个不言而喻的大前提的。中国真正的平民教育，只是最近几十年的事。[①]

[①]详见《孔子没有平民文化教育思想》（吴天明，《长江学术》2017年第1期）。

15·40 子曰:"道不同,不相为谋。"

【译文】孔子说:"人生理想、政治理想不同的,不互相商议。"

【解析】孔子的"道""德""仁",均指人生理想、政治理想。孔子的理想是"己欲立而立人,己欲达而达人"(《雍也篇》6·30)。

15·41 子曰:"辞,达而已矣。"

【译文】孔子说:"言辞文辞,只要达意便罢了。"

【解析】"辞"作名词,是言辞、文辞之义。《雍也篇》6·18:"质胜文则野,文胜质则史。文质彬彬,然后君子。"《左传·襄公二十七年》记载,孔子后来读到诸侯本年弭兵盟会的文献时,评论说"多文辞",说明孔子一向认为,言辞文辞达意即可,不宜"多"。《仪礼·聘礼》:"辞多则史,少则不达。辞苟足以达,义之至也。"这些都可以做本章的注脚。

"辞"做动词,除了有推辞等意义外,还有辩解、责让之意,本章译文则需略加调整。《宣公十一年》,楚庄王怪罪申叔时不祝贺自己灭陈,申叔时说:"犹可辞乎?"意思是,"我还可以为自己辩解吗?"《僖公四年》,晋太子申生被君夫人陷害,或劝太子曰:"子辞,君必辩焉。"太子曰:"我辞,姬必有罪。""姬"指晋献公夫人。《襄公五年》,前年晋侯邀吴君会盟,吴君不与会,故吴国使者本年访问晋国,"辞不会于鸡泽之故"。《襄公七年》:"季武子如卫,报子叔之聘,且辞缓报,非二也。"以上五个"辞"字都做动词,且均为辩解、解释之义。《昭公九年》:"王使詹桓伯辞于晋。"这个"辞"字则为责让怪罪之义。

本章具体语境不得而知,故两说皆存之。

15·42　师冕见，及阶，子曰："阶也。"及席，子曰："席也。"皆坐，子告之曰："某在斯，某在斯。"

师冕出，子张问曰："与师言之道与？"子曰："然，固相师之道也。"

【译文】师冕来见孔子，走到台阶前，孔子说："这是台阶。"走到坐席旁，孔子说："这是坐席。"大家都落座了，孔子告诉他说："某人在这里，某人在这里。"

师冕辞别出去了，子张问道："这是与盲人讲话的方式吗？"孔子道："是的，这本来就是帮助盲人的方式。"

【解析】本章记载孔子礼遇盲人乐师的故事。

师冕，乐官，名冕。古代乐官，一般由盲人即"师氏"担任。盲人主要依靠耳朵感知世界，具有"生理补偿效应"，所以对音乐感知特别敏感。

"某"，代称没有官爵者。按照周代礼制，史官记录史实时，诸侯要直书国名、爵位名，如"曹伯""鲁公"，亦有在国名爵位名后称名或字者，如"卫侯珩"；卿大夫或只书国名，不书爵位，如"鲁人""齐人""晋人"，或在国名之后书其名或字，如"郑良霄"；大夫以下，因其位卑，史官记录时只用"某"字代之，《春秋》《左传》多有其例。如《左传·成公十六年》，晋楚大战，晋国大夫栾针在战场上看到楚国大夫子重，让"行人"（外交官）给子重送酒。"行人"对子重说："（栾针）使某摄饮。""行人"位卑，故不敢自通姓名，而以"某"字代之。又如《襄公二十六年》，宋平公夫人弃（夫人名"弃"）让"圉人"（马倌）给左师送礼，史官即称"圉人"为"某"。孔子弟子为公卿大夫者，必不能随侍左右；随侍左右者，应为暂无官爵的弟子。孔子口头介绍弟子时，应该一一道出弟子姓名（不称字），但弟子记录时，因为被孔子介绍者位卑，故依周礼以"某"字代之。后世至今常有自称"某"或"张某""李某""赵某"者，即源于这一周礼。

季氏篇第十六

（共十四章）

16·1 季氏将伐颛臾。冉有、季路见于孔子，曰："季氏将有事于颛臾。"

孔子曰："求！无乃尔是过与？夫颛臾，昔者先王以为东蒙主，且在邦域之中矣，是社稷之臣也，何以伐为？"

冉有曰："夫子欲之，吾二臣者皆不欲也。"

孔子曰："求！周任有言曰：'陈力就列，不能者止。'危而不持，颠而不扶，则将焉用彼相矣？且尔言过矣，虎兕出于柙，龟玉毁于椟中，是谁之过与？"

冉有曰："今夫颛臾，固而近于费。今不取，后世必为子孙忧。"

孔子曰："求！君子疾夫舍曰欲之而必为之辞。丘也闻，有国有家者，不患寡（贫）而患不均，不患贫（寡）而患不安。盖均无贫，和无寡，安无倾。夫如是，故远人不服，则修文德以来之。既来之，则安之。今由与求也，相夫子，远人不服，而不能来也；邦分崩离析，而不能守也；而谋动干戈于邦内。吾恐季孙之忧，不在颛臾，而在萧墙之内也。"

【译文】季康子将进攻颛臾。他的两个家臣冉有、季路拜见老师孔子，说："季氏将对颛臾有战事。"

孔子说："求！这要怪你吧？颛臾，过去先王让他做（国家在）东蒙山的主祭者，而且早在国家疆域之中了，这是国家的藩臣，为什么要攻打它呢？"

冉有说："夫子他想这么干，我们两个做家臣的都不想。"

孔子说："求！周任有句话说：'出力就当官，不出力就辞职。'好比盲人遇到危险不去扶持，将要倒了不去搀扶，那何必要那个助手呢？而且你的话错了，老虎犀牛从兽笼里跑出来了，龟甲玉石在匣子里被毁坏了，这是谁的过错？"

冉有说："如今那颛臾，城廓坚固，而又靠近夫子的采邑费，如今不攻取，以后必定成为（夫子）子孙的忧患。"

孔子说："求！君子讨厌那些口里不说想要而又为要找托辞的人。我听说，诸侯卿大夫不担心财富少而担心财富不平均，不担心民众少而担心境内不安宁。如果财富平均就无所谓贫困，境内和睦就无所谓人少，四境安宁国家就不会倾覆。做到这样，所以远方的人不归服，就加强（内部的）文德教化以使他们来归服。他们来归服了，就使他们安心。如今由和求，辅佐季氏，远方人不归服，你们不能让他们来归服；国家分崩离析，你们不能保全；反而想在国家内部动武用兵。我看恐怕季孙氏的忧虑，不在颛臾那里，而在萧墙里头的朝廷内部呢！"

【解析】本章严厉批评鲁国权臣季康子毫无人臣之礼，斥责弟子未尽家臣之责，让季氏"谋动干戈于邦内"。

冉有、季路看望老师并且谈及季氏准备伐颛臾之事，不仅因为孔子是老师，而且因为孔子是"国老"（现任和致仕的公卿。孔子曾经担任鲁国公卿，早已致仕，故《左传·哀公十一年》称他为"国老"）。天子之臣曰"元老"，诸侯之臣曰"国老"，公卿之臣曰"室老""庶老"，均可简称"老"。古代有大事首先征求"老"的意见的礼制。(参《子路篇》13·14、《国语·晋语八》第五章)此俗至今犹存。

"季氏",此当指季康子,他鲁哀公三年嗣位为鲁国正卿(《哀公三年》)。子路年满五十而被称"季路"时,冉求、子路同时做季氏家臣时,鲁国正是季康子当路,其具体时间应该在鲁哀公十一至十四年之间。《哀公十一年》称冉求为季氏"宰","季氏使从于朝",则冉求不仅是季氏总管,同时也是朝廷大夫。此后冉求继续留在鲁国,做季康子的家臣和朝廷大臣,子路则到卫国做孔悝的家臣去了。(参《哀公十一年》《哀公十二年》《哀公十三年》《哀公十四年》《哀公十五年》)

颛臾本是风姓之国,太昊之后,春秋早期即已华夏化(见《僖公二十二年》),而且此时早已是鲁国的附庸国,其地靠近季氏采邑"费"(古音 bì,据《僖公元年》,鲁僖公将"汶阳之田及费"赐给季友,此后汶阳之田时常被齐国占据,而费则一直是季氏的私邑),季氏贪其地而欲攻占之。按照周礼,颛臾、季氏均为鲁君臣属,季氏未经鲁君同意,欲伐颛臾,全无人臣之礼,所以孔子严词批评。

孔门弟子、季氏家臣冉有、季路,把一切责任都推给季氏,而孔子认为,你们既为季氏家臣,理当劝谏君上执人臣之礼,如今全不履行家臣职责,所以孔子亦严词批评。

"有事",此指有战事。《成公十三年》:"国之大事,在祀与戎。"《昭公十六年》"有事于桑山""有事于山","有事"均指有祭祀之事,本章则指对颛臾用兵。"不患寡"当作"不患贫","不患贫"当作"不患寡",古人辗转刊刻致误。"周任",古代史官。周人常常引用他的话,如《左传·隐公六年》《昭公五年》,古人称为"良史"。

"萧墙",屏蔽大风的矮墙,亦称"屏",故郑玄、邢昺均释为"屏"。《荀子·大略篇》:"天子外屏,诸侯内屏。"则天子之"屏"在朝廷大门外侧,诸侯之"屏"在朝廷大门内侧。朝臣进了大门,过了"萧墙",就进了"外朝",这就算正式上朝了。鲁人以北为至上,鲁君必坐北朝南,故鲁国宫廷必以南门为正大门,其"萧墙"必在南门内侧。据《国语·吴语》第九章记载,春秋时代越国已经把"屏"细分为内"屏"和外"檐",越王在内"屏"下吩咐王后,让王后主持"屏"内即后宫诸事,越王主持"屏"外即国家大事;又在外

"檐"下吩咐朝臣，让朝臣负责"檐"内即越国内政，越王主持"檐"外即外交军事。如此则"屏"为越王寝宫与"内朝"之间的屏风，越王从寝宫走到"屏"外，就进入办公区"内朝"（往外依次还有"治朝"和"外朝"）了，办公完毕，退出"内朝"，回到"屏"内，就进入生活区寝宫了。"檐"为越国朝廷大门内侧的矮墙，"檐"外即朝廷之外，故有外交军事；"檐"内即朝廷之内，故有诸多内政。朝臣来到"檐"内，就进了"外朝"，就算正式上朝了。越楚同为芈姓之国，芈姓以东为至尊，越王必坐东朝西，故越国朝廷正大门必为西门，其"檐"必在西门内侧。那么诸侯宫殿正大门内侧的这堵矮墙，鲁称"萧墙"，越称"檐"，荀子郑玄邢昺均称"屏"，杨伯峻先生《论语译注》称"屏风"。杨氏既用现代语，宜称"照壁"。"萧墙""檐"后面就是"外朝"，君臣在此相见毕，国君一般退回"治朝"听政，大臣留在"外朝"，有事则上"治朝"上奏，上奏毕退回"外朝"。国君亦偶然在"外朝"办公，询问非常之事。朝臣至矮墙处必肃然起敬，故鲁称"萧墙"。"萧"，肃也。"萧墙之内"，指朝廷内部，并非专指诸侯。

  冉求和子路都做季氏家臣，都没有阻止季氏伐颛臾，孔子为什么只骂冉求，而不骂子路呢？除了与冉求此时是季氏的总管，又是朝廷大夫，权力比子路大有关以外，还与其他因素关联。《史记·仲尼弟子列传》说子路"性鄙好勇"，十分准确。子路为人诚实，没什么心机，这样的人容易得到原谅，古今皆然。而且《定公十二年》记载，子路第一次担任季氏宰时，曾经因为季孙氏、孟孙氏、叔孙氏三家公卿采邑"都城过百雉"，不合礼制，而主张毁掉三家的都城，并且毁掉了费的城墙。那时孔子担任鲁国大司寇，曾经亲历此事。孔子大概因此认为，子路尚有国家意识，尊重周礼，所以没有骂他。

  冉求当季氏家臣时，曾经帮助季氏成倍提高税收，为此挨了孔子的骂（《先进篇》11·17、《哀公十一年》《哀公十二年》《孟子·离娄上》7·14）。提高税收和放任季氏伐颛臾二事，冉求都未尽人臣之责，估计孔子将两件事联系在一起，对冉求颇为生气，所以才这样骂他。

  本章孔子称弟子，称名不称字；叙述语言称孔子的两个弟子，称字不称名，均符合礼制。那么，记录者应该是孔子的随侍弟子即子路冉求的同学，或者是子路冉求的同学的弟子，只有这两种人才可以称他们的字。

  本章尊称"孔子"而不尊称"子"，是因为按照春秋礼俗，地位特别高的公卿，在一定语境里，在不引起认知混乱的情况下，才可以尊称为"子"，不冠姓氏。但是本章中孔子和季康子都可以尊称为"子"，为了不至于引起认知混乱，所以干脆尊称孔丘为"孔子"。《论语》中孔子的徒子徒孙称孔子，或尊称"孔子"，或尊称"子"，大多与此有关。只是有些篇章记录太不完整，提供的信息太少，我们无法具体分析罢了。

16·2　孔子曰："天下有道，则礼乐征伐自天子出；天下无道，则礼乐征伐自诸侯出。自诸侯出，盖十世希不失矣；自大夫出，五世希不失矣；陪臣执国命，三世希不失矣。天下有道，则政不在大夫。天下有道，则庶人不议。"

【译文】孔子说："政治清明，天下安宁，那么制作礼乐、出兵征伐的决定都由天子做出；政治混乱，天下不安，那么制作礼乐、出兵征伐的决定都由诸侯做出。由诸侯做出决定，大概传到十代就很少还能不失去权势的；由大夫做出决定，传到五代就很少不失去权势的；大夫的家臣执掌国家大权，三代就很少不失去权势的。政治清明，天下安宁，那么国家的政权就不在大夫之手。政治清明，天下安宁，那么庶民百姓就不会议论纷纷。"

【解析】本章总结历史发展规律。

"天下有道"，应指西周时代；"天下无道"，应指春秋时代。按照周礼，周天子才是华夏共主，礼乐征伐只能由天子做出决定，春秋初期郑庄公还要"奉天子以令诸侯"。但从齐桓公五年即鲁庄公十三年开始，齐桓公以诸侯身份主持天下盟会，礼乐征伐的决定从此完全出自诸侯。杨伯峻先生《论语译注》："齐桓公称霸，历孝公、昭公、懿公、惠公、顷公、灵公、庄公、景公、悼公、简公十公，至简公而为陈恒所杀，孔子亲身见之；晋自文公称霸，历襄公、灵公、成公、景公、厉公、平公、昭公、顷公九公，六卿专权，也是孔子所亲见的，所以说'十世希不失'。鲁自季友专政，历文子、武子、平子、桓子而为阳虎所执，更是孔子所亲见的，所以说'五世希不失'。当时各国家臣有专政的，孔子言'三世希不失'，盖宽言之。"平子之父悼子或未立而卒，则平子以嫡孙身份直接嗣武子之卿位。杨氏考据精审，其说可从。孟子常讲"五百年必有王者兴"，从尧、舜、禹到汤，从汤到、文、武、周公，从文、武、周公到孔子，其间都约间隔五百年左右，所以孟子总结出了这一历史规律。古人总结历史规律，并非向壁虚构，大多有所依凭。

孟子说"春秋无义战"（《孟子·尽心下》14·2），就是因为"礼乐征伐"的决定不是出自周天子，而是出自诸侯。这一见解与孔子相同。

从西周灭亡，到秦汉统一之前，天下权柄总体上不断下移，开始从天子手里落到诸侯手里，故有"春秋五霸"。后又从诸侯手里落到卿大夫手里，所以有"三家分晋""田氏代齐"。甚至落到家臣手里，所以出现"陪臣执国命"的现象，如阳虎囚禁季桓子并强使季桓子、孟献子乃至鲁定公，控制国人，强占鲁邑，甚至要杀三桓，盗窃鲁国国宝"宝玉、大弓"（参《左传·定公五年》《定公六年》《定公七年》《定公八年》）。"陪臣"，指臣之臣。齐桓公是天子之臣，管仲是齐桓公之臣，所以管仲在天子面前自称"陪臣"（《僖公十二年》）。季氏是鲁君之臣，阳虎本是季氏之臣，所以阳虎是鲁君之"陪臣"。

本章可与《季氏篇》16·1、3两章合读。

16·3　孔子曰："禄之去公室五世矣，政逮于大夫四世矣，故夫三桓之子孙微矣。"

【译文】孔子说："国家的主祭权、主政权离开鲁君已经五代了，落入大夫手中已经四代了，所以鲁桓公的三房子孙也该开始衰微了。"

【解析】本章叙述鲁国公室失去国家政权，而由卿大夫专权甚至开始了"陪臣执国命"的历史。

"禄"，祭神以祈福，转指主祭权；"政"，主政权。上古政教一体，鲁君兼鲁国大祭司，主鲁祀亦主鲁政。因此"禄之去公室"与"政逮于大夫"互文，兼指主祭权与主政权均离开了鲁君，而落入了"三桓"之手。《僖公二十四年》："主晋祀者，非君而谁？""主晋祀"，即兼指主晋祀与主晋政。

"三桓之子"，《宪问篇》14·21简称"三子"，指鲁桓公的三房子孙季孙氏、孟孙（仲孙）氏、叔孙氏，这三房子孙长期把持鲁国朝政。据《昭公三十二年》总结，鲁文公卒，执政东门襄仲杀嫡立庶，鲁君于是失国，鲁宣公、成公、襄公、昭公、定公、哀公六君，均无实权，政在季氏。孔子此言"公室五世"者，盖孔子说这番话时，尚在鲁定公时代。《昭公二十五年》"政在季氏三世矣，鲁君丧政四公矣"，"三世"杜预注"文子、武子、平子"，盖平子之父悼子早死，未及为卿，昭公二十五年季平子执政，桓子尚未为卿。"四公"杜预注"宣、成、襄、昭"，定公时代尚未到来。这些史料均可佐证孔子"五世""四世"说。季氏把持朝政，历经季文子、武子、平子、桓子、康子五世，孔子此言"四世"者，盖因鲁定公时代季康子尚未执政，季康子哀公三年才执政，所以本章说三桓子孙专权鲁国已经四代，也该衰微了。《季氏篇》16·2说"礼乐征伐"如"自大夫出，五世希不失矣"，所以本章用了一个"故"字，这说明孔子笃信卿大夫专权"五世希不失"的规律；还可能说明本章呼应上章，上章是孔子先说的，本章是孔子后说的。

16·4 孔子曰："益者三友，损者三友。友直，友谅，友多闻，益矣。友便辟，友善柔，友便佞，损矣。"

【译文】孔子说："有益的朋友三种，有害的朋友三种。与正直的人交友，与诚信的人交友，与博学的人交友，就有益了。与谄媚奉承的人交友，与当面恭维的人交友，与花言巧语的人交友，就有害了。"

【解析】16·4—8似为一组语录。本章论交友之道。

"友"，周代读书人互相责善，故互称朋友。（参《学而篇》1·1注文）"谅"，诚信。但《卫灵公篇》15·37、《宪问篇》14·17两章中的"谅"均表示小信誉，含贬义，与本章不同。"多闻"，博学之义。"便辟"，"辟"同"避"，避人所忌以求容媚者。"善柔"，当面和颜悦色者。"便佞"，"便"同"辩"，巧舌如簧，花言巧语，能言善辩者。

16·5 孔子曰："益者三乐，损者三乐。乐节礼乐，乐道人之善，乐多贤友，益矣。乐骄乐，乐佚游，乐宴乐，损矣。"

【译文】孔子说："有益的快乐三种，有害的快乐三种。以得到礼乐的调节为快乐，以宣扬别人的长处为快乐，以结交了许多仁德朋友为快乐，就有益了。以骄横跋扈为快乐，以游荡忘返为快乐，以饮宴荒淫为快乐，就有害了。"

【解析】本章论人生之乐。

16·6 孔子曰："侍于君子有三愆：言未及之而言，谓之躁；言及之而不言，谓之隐；未见颜色而言，谓之瞽。"

【译文】孔子说："陪着君上说话有三种过失：没轮到他说话就说了，叫作急躁；轮到他说话却不说，叫作隐瞒；不看看君上的脸色（是否让他说）就说，叫作盲动。"

【解析】本章教导后生小子陪侍君上时怎样说话。
"君子"，上等人。前有"侍"字，则"君子"指君上、长官，还应包括老师。

16·7 孔子曰："君子有三戒：少之时，血气未定，戒之在色；及其壮也，血气方刚，戒之在斗；及其老也，血气既衰，戒之在得。"

【译文】孔子说："君子有三件事要警戒：年轻时，血气未定，要警戒贪色；壮年时，血气方刚，要警戒好斗；等到年老，血气已衰，要警戒贪财。"

【解析】本章论"君子有三戒"。

《淮南子·诠言训》化用此章，曰："凡人之性，少则猖狂，壮则强暴，老则好利。"可谓得之。

16·8　孔子曰："君子有三畏：畏天命，畏大人，畏圣人之言。小人不知天命而不畏也，狎大人，侮圣人之言。"

【译文】孔子说："君子有三件敬畏的事：敬畏天命，敬畏天子诸侯公卿这些大人，敬畏圣人的话。小人不知天命所以不怕，轻视天子诸侯公卿这些大人，轻侮圣人的话。"

【解析】本章论"君子有三畏"。

"天命"，上天的安排、命运。孔子很少讨论这一问题。《述而篇》7·23："天生德于予"，"天"指上天、上帝。《宪问篇》14·36："道之将行也与，命也；道之将废也与，命也。公伯寮其如命何？"这三个"命"字，都是天意、命运的意思，与本章相同。《诗经·周颂·我将》："畏天之威，于时保之。"古人畏天是普遍心理。

"大人"，地位很高的人，指天子、诸侯、公卿。《礼记·礼运》："大人世及以为礼。"《论语》中常常以"人"字代之，如《学而篇》1·1："人不知而不愠，不亦君子乎？"

"圣人"，春秋时代有以博学多闻为圣人的，有以道德崇高为圣人的。孔子只以道德崇高者为圣。如，他认为"安人"的是"仁人"，"安人"且"安百姓"的才是"圣人"。孔子称赞过的"圣人"，只有尧、舜、禹、汤、文、武、周公。这些人讲的话，才叫"圣人之言"。

"君子"畏"天命"，畏"圣人之言"，好理解。为什么畏"大人"？仁德君子、志士仁人，必先广泛学习，多有学问，然后经"大人"发现，得到"大人"赏识，授以官职，才可一解决温饱问题，二解决理想问题，故而畏之。

16·4—8共五章，都是告诫君子的格言警句。弟子们编《论语》时，应做了初步的编辑工作。

16·9 孔子曰:"生而知之者,上也;学而知之者,次也;困而学之,又其次也;困而不学,民斯为下矣。"

【译文】 孔子说:"生来就知道的,是天资超常的上等人;学了然后知道的,是次一等的人;遇到困难而去学习的,是再次一等的人;遇到困难还不学习的,平民百姓就是这样最下等的了。"

【解析】 本章从智力和学习习惯上,将所有的人分为两大类四小等。

孔子认为有"生而知之者",但从未举任何一个例子,这与今人的天才观相同。至于"学而知之者",孔子认为,他自己就是这样的人。《述而篇》7·20:"我非生而知之者,好古,敏以求之者也。"孔子把"学而知之""困而学之"这两种人,称为"中人",即智力中等的人。《雍也篇》6·21:"中人以上,可以语上也;中人以下,不可以语上也。""中人以上",还包括"生而知之者"。前三种人,都是上等人,是第一类人。第二类人只有平民。孔子认为,"民",即"百姓、众、鄙夫、小人"这些平民,是智力十分低下又不肯学习的人。所以《泰伯篇》8·9说:"民可使由之,不可使知之。""不可",非"不可以",乃"不可能"之义。

孔子不懂的是,"民"是否愿"学",首先是个经济问题。只要衣食无忧,"学"了又能改善生活,"民"当然是愿意"学"的。孔子说过"有教无类""自行束脩以上,吾未尝无悔焉",因此后人长期认为孔子有全民教育思想。这是误解。孔子这两句话,是有个不言而喻的前提条件的。孔子从来没有平民文化教育思想和教育实践。①

---

①详见《孔子没有平民文化教育思想》(吴天明,《长江学术》2017年第1期)。

16·10　孔子曰:"君子有九思:视思明,听思聪,色思温,貌思恭,言思忠,事思敬,疑思问,忿思难,见得思义。"

【译文】孔子说:"君子遇事应有九种考虑:看的时候想想看明白了没有,听的时候想想听清楚了没有,自己的脸色想想还温和吗,自己的容貌想想庄重恭敬吗,说话想想忠诚老实吗,做事想想严肃认真吗,遇到疑问想想不耻下问吗,愤恨难忍时想想严重后果吗,看见可得到的利益时想想自己该得吗。"

【解析】本章论君子遇事应有九种考虑。

16·11　孔子曰:"'见善如不及,见不善如探汤。'吾见其人矣,吾闻其语矣。'隐居以求其志,行义以达其道。'吾闻其语矣,未见其人也。"

【译文】孔子说:"'看见善行努力追求,好像生怕赶不上;看见恶行努力避免,好像用手试探开水。'我见过这样的人,也听过这样的话。'隐居起来以保全其志向,依义而行以贯彻其主张。'我听过这样的话,但并未看见这样的人。"

【解析】孔子评价了两种人、两番话,充分肯定了积极入世者,而对隐居者似乎颇有微辞。

《左传·宣公十七年》:"昔者诸侯事吾先君,皆如不逮。""如不逮"与"如不及"同义。受此启发,结合本章语气,我认为孔子是引用了周代的俗语,所以标点如上。孔子引用了两句话,评价了两种人。前一番话是评价积极入世的仁德君子,孔夫子对他们评价积极。后一番话是评价隐士,夫子对他们的评价并不积极,认为他们隐居起来没有承担社会责任,也不可能"求其志""达其道"。孔子虽然说过"贤者辟世,其次辟地,其次辟色,其次辟言"这样的话(《宪问篇》14·37),对这些隐士的隐居行为也表示理解,但似乎并不赞成。子路认为："不仕无义。长幼之节，不可废也；君臣之义，如之何其废之？欲洁其身，而乱大伦。君子之仕也，行其义也。道之不行，已知之矣。"（《微子篇》18·7）这虽然只是子路的话，但是应该代表了整个孔门的观点。

16·12　齐景公有马千驷，死之日，民无德而称焉。伯夷、叔齐饿于首阳之下，民到于今称之。其斯之谓与？

【译文】（孔子说：）"齐景公拥有千乘大国，死的时候，人民都觉得他没什么值得称道的。伯夷叔齐（都不要孤竹国，两手空空，又耻食周粟，）饿死在首阳山下，人民至今还在称颂他们。那就是这个意思吧？"

【解析】本章论仁德比财富和地位更重要。

本章应为孔子语录，依《论语》体例，开头应逸"子曰"二字。如果是孔子设帐授徒的弟子的语录，开头则逸"某子曰"几个字。

从"其是之谓与"一句话来看，可能是在阅读讨论文献时说的这番话。

"驷"与"乘"同义。一辆青铜马车，配四匹马，谓之一"驷"或一"乘"。"马千驷"即"千乘"，千辆马车，四千匹马。春秋时代打仗，只有车兵和徒兵（步兵）两个兵种，因此人们习惯于用战车数量衡量一个国家的兵赋多少、国土大小、国力强弱。春秋后期，"千驷"之国是大国，齐国才是千乘大国，鲁国只有八百乘，邾国六百乘，唯一的超级大国晋国也只能勉强凑数四千乘（参《左传·哀公七年》《昭公十三年》）。按照周代的观念，齐国的兵赋就是齐君的兵赋，齐国就是齐君之国，所以"齐景公有马千驷"，就是"齐景公有千乘之国"（参《学而篇》1·5、《先进篇》11·26）。

"死之日"两句，据《左传·隐公元年》记载，诸侯五月而葬。那么齐景公死后，丧期五个月，其间宗室朝廷要根据他活着时的为人为事，给他议定个"谥"，也叫"谥号"，这一宗教活动叫作"名"（《孟子·离娄下》7·2："名之曰'幽''厉'。"），《春秋》记载华夏诸侯去世和安葬，死之月均无谥，安葬时才有谥，就是因为这个缘故。后世民间称之为"盖棺定论"。可是大家回首景公平生，发现他居然"无德"可称。周代文献记载为死者议定谥号时，有"无德而称"和"无得而称"两种说法，前者指死者不仁不义因此无所称道，后者指死者大仁大德让后人无比感佩因此不知怎么称道，犹如后世"语言无力"之义。

《论语》中有四十九个"民"字，大多仅指平民，亦有例外。本章中的两个"民"字，均兼指"民"和"人"。《泰伯篇》8·1、19，《尧曰篇》20·1共三章中的几个"民"字也均兼指"人"（贵族）和"民"（平民）。

周代许多文献都记载了伯夷、叔齐的传闻，大体上说他们兄弟俩都不想继承孤竹国国君之位，逃到首阳山，这时殷商灭亡，天下归周，二人因为耻食周粟而饿死于首阳山。首阳山在何处，学者颇多考据，众说纷纭，大可不必，只要知道大抵在今河南境内即可。

16·13 陈亢问于伯鱼曰："子亦有异闻乎？"

对曰："未也。尝独立，鲤趋而过庭。曰：'学诗乎？'对曰：'未也。''不学诗，无以言。'鲤退而学诗。他日，又独立，鲤趋而过庭。曰：'学礼乎？'对曰：'未也。''不学礼，无以立。'鲤退而学礼。闻斯二者。"

陈亢退而喜曰："问一得三：闻诗，闻礼，又闻君子之远其子也。"

【译文】我问伯鱼道："您在夫子那里另有所闻吗？"

伯鱼答道："没有。他老人家曾一个人站在庭院中，我恭敬地走过。他问我：'学了诗吗？'我答道：'没有。'（他老人家说：）'不学诗，就不会说话。'我退回便学诗。有一天，他老人家又独自一人站在庭院中，我恭敬地走过。他老人家问我：'学了礼吗？'我答道：'没有。'（他老人家说：）'不学礼，就无法安身立命。'我退回便学礼。只听到这两件。"

我从他室中退出，非常高兴地说："我问一件事，知道了三件事，知道要学诗，知道要学礼，又知道老师并非特别亲近自己的儿子。"

【解析】本章记载孔子勉励后学学诗，学礼，善待子嗣。

陈亢，字子禽。此人《论语》中共出现了三次：《学而篇》1·10、《子张篇》19·25及本章。除本章称其姓名外，另两章均称其表字。这说明，本章是自称姓名的陈亢所记录，所以我将"陈亢"翻译为"我"。《论语》郑玄注、《礼记·檀弓》均称其为孔子学生。

伯鱼，孔子之子孔鲤，字伯鱼。"退"，陈亢从孔鲤"室"中退出。古人设帐，弟子在"堂"，老师在"室"。或许孔鲤亦设帐授徒。

据《左传》《国语》记载，春秋时代贵族交往时，尤其是在外交场合，经常赋诗，借以表达自己的意思。如果不会赋诗，或者人家赋诗你听不懂，那是极其丢人的事。孔子说"不学诗，无以言"，与当时的社会风气密切相关。杨伯峻先生《春秋左传注·僖公二十三年》考证："《左传》记赋《诗》者始于此，而终于定四年秦哀公之赋《无衣》。始于此，非前此无赋《诗》者，盖不足记也。终于定四年者，盖其时赋《诗》之风渐衰，后竟成绝响矣。"据《论语》记载，孔子常常与弟子讨论《诗》，说明鲁定公四年之后，君子赋诗风气尚存，只是外交场合较少赋诗，因此史官较少记录而已。

孔子讲的"礼"极其复杂，齐人晏婴即已感叹极其浩繁难学（《史记·孔子世家》），西汉司马谈也有同感。（《太史公自序》引《论六家之要旨》）但"礼"对国家，是立国之本，故《左传·闵公元年》曰："周礼，所以本也。"《僖公十一年》曰："礼，国之干也。""礼不行，则上下昏。"对君子，是立身之本，不学礼，则无以安身立命，也就是找不到自己的位置。（周代"立""位"同字）因此，孔子自己"十有五而志于学，三十而立，四十而不惑，五十而知天命，六十而耳顺，七十而从心所欲不逾矩"（《为政篇》2·4）；鲁国公卿孟僖子昭公二十四年去世时，遗命二子向孔子学礼；（《昭公七年》）孔子也叫儿子孔鲤学"礼"。不过，孔子在世时，今人所见"三礼"（《周礼》《仪礼》《礼记》）均未编写出来，"礼"散见于各种政府文告、三代的各种文献甚至周人的各种礼制安排之中。

"君子远其子"，是说孔子并不特别亲近、特别宠爱、特别教导自己的儿子。孔子教导儿子，如同教导其他弟子，这就是"远其子"。孔鲤死后，孔子为他办丧事，丧事从简，有棺而无椁，这也是"远其子"。

伯鱼自称其名"鲤"，不自称其字，符合周礼。

古代地广人稀，稍有钱财者都会盖一个院子，父母与成年儿子分房而居，所以伯鱼常常在院子中见到父亲。

16·14　邦君之妻，君称之曰夫人，夫人自称曰小童，邦人称之曰君夫人，称诸异邦曰寡小君，异邦人称之亦曰君夫人。

【译文】（孔子说：）"国君的嫡妻，国君称之为夫人，夫人自称为小童，国人称她为君夫人，但对外国人则称她为寡小君，外国人也称她为君夫人。"

【解析】本章与16·12、《先进篇》11·18两章一样，开头应逸"子曰"二字。《先进篇》11·13"子乐"之后，亦当逸"曰"字。古书辗转传抄，出现少数逸文，校阅亦有遗漏，并非完全不可理解。

"小君"，亦称"少君"（见《定公十四年》，余见《礼记·曲礼下》）。周礼无比复杂，仅国君嫡妻的称呼就如此复杂，由此可见一斑。

阳货篇第十七
（共二十六章）

17·1　阳货欲见孔子，孔子不见。归孔子豚。

孔子时其亡也，而往拜之，遇诸途。

谓孔子曰："来，予与尔言。"曰："怀其宝而迷其邦，可谓仁乎？"曰："不可。好从事而亟失时，可谓知乎？"曰："不可。日月逝矣，岁不我与。"

孔子曰："诺，吾将仕矣。"

【译文】阳货想见孔子，孔子不见他。（阳货就瞅准孔子不在家的机会，到孔子家里）送了孔子一个蒸熟了的小猪，（想让孔子依礼上门道谢。）

孔子也瞅着阳货不在家时而去拜谢他，不料在路上遇见了他。

阳货对孔子说："来，我和你说话。"（见孔子不搭理，过了会儿）又说："自己揣着宝贵的才能却让国家犯糊涂，可以叫仁德吗？"（见孔子不搭理，过了会儿）又说："不可以。明明喜欢做官却屡屡失去机会，可以叫明智吗？"（见孔子还是不搭理，过了会儿）又说："不可以。时光一去，就不再回来了啊！"

孔子说："好吧，我将出仕了。"

【解析】本章记载阳货劝孔子出仕。

本章这个故事，《孟子·滕文公下》6·7讲得很明白："阳货欲见孔子而恶无礼（"无礼"指孔子不去拜见他）。大夫（阳货为鲁国正卿季桓子的家臣，可能兼任朝廷大夫。正卿总管兼朝廷大夫，这在春秋时代并不少见，如冉求做季氏家臣时，即兼朝廷大夫，见《左传·哀公十一年》。故称阳货为"大夫"）有赐于士（孔子这时早已离开齐国高氏，回到鲁国，尚未做官，只是个普通读书人，故称"士"），不得受于其家，则往拜其门。阳货瞰孔子之亡（不在家）也，而馈孔子蒸豚。孔子亦瞰其亡也，而往拜之。"阳货想让孔子拜见自己，但孔子又故意不见他，所以以豚为道具，演出了这一故事。上面的译文，考虑到了孟子的说法。

"阳货"，《左传》亦称"阳虎"，鲁国正卿季桓子的家臣，很可能还兼做了朝廷的大夫。季桓子把持鲁国朝政，阳货又把持季氏权柄，控制季氏，鲁国形成了所谓"陪臣执国命"（《季氏篇》16·2）的格局。当时孔子尚未出仕，所以阳虎可居高临下与孔子说话。鲁定公八年阳虎被季氏、孟氏打败出奔齐国，定公九年阳虎又经宋国逃往晋国，孔子预判说："赵氏其世有乱乎！"（《定公九年》，赵氏为晋之正卿）阳虎失势逃亡在定公八年至九年，孔子出仕在阳虎出奔之后不久，大约在定公十年。由此算来，阳虎劝孔子出仕，应在其败亡之前不久。

"归"，假借为"馈"。《闵公二年》"归公乘马""归夫人鱼轩"，皆其例。第一个"时"字，合适时，用法与《学而篇》1·1"学而时习之"之"时"相同。第二个"时"字，时机。"怀其宝"几句，应是阳货问孔子，而孔子不答，阳货只得不断地自问自答。中间多了几个"曰"字，均表示阳虎说话时因为要等孔子答话而有一段时间的停顿。

本章记录者应该是孔子早期的随侍弟子。这事发生时，孔子还只是个"士"，原简记录不可能尊称他为"孔子"。按照周礼，"子"尊称华夏大国的公卿。（参《学而篇》1·1的分析文字）孔子大约在鲁定公十年正式出仕，担任鲁定公的"相"，职务几经调整，后又转任"司寇"。"相"与"司寇"均为公卿。按照周礼，孔丘出任公卿以后，其弟子才可以尊称他为"孔子"，否则就是僭越礼制。孔子晚年，曾参等许多弟子都设帐授徒，并被各自的弟子尊称为"某子"，为了避免辈分混乱，同时也为了表示对孔子特别的尊敬，徒子徒孙才可在孔门特称孔子为"子"。《左传》常常引用孔子对春秋时代相关事件的评价，开头只称"孔丘曰"云云、"仲尼曰"云云，后来孔子出仕为公卿以后才尊称"孔子曰"云云，这才是完全符合礼制的。孔子大约从昭公二十四年开始招收门徒（参《左传·昭公七年》），本章所记之事发生在鲁定公八年左右阳虎得势之时，其时孔子尚未正式出仕（鲁昭公晚期，孔子曾经在齐国给高氏做过一段时间的家臣，见《史记·孔子世家》），没有公卿的名分，因此原简记录很可能尊称他为"先生"。周代有尊称长者为先生的礼制，（参《为政篇》2·8）而不可能尊称他为"孔子"。改为尊称"孔子"者，应该是曾参师徒编辑《论语》所致。孔子后来担任过鲁国的公卿，且已去世四十多年，此时尊称他为"孔子"完全符合礼制。

17·2　子曰："性相近也，习相远也。"

【译文】孔子说："人的天性原本相近，但因后天习染不同，其性情便相去甚远。"

【解析】子贡曾感叹："夫子之文章，可得而闻也；夫子之言性与天道，不可得而闻也。"（《公冶长篇》5·13）孔子大概很少谈"（人）性"，子贡故有此叹。

孔子不言人性善恶，而孟子主性善（参《孟子·公孙丑上》3·6），荀子主性恶（参《荀子·性恶篇》），皆言人性之善恶。

17·3　子曰："唯上知与下愚不移。"

【译文】孔子说："只有上等的智者和下等的愚民是改变不了的。"

【解析】"上知""下愚"，古来经师颇多猜测，但均从道德上考虑，殊乖孔子本意。其实本章只是从人的智力上立论。孔子从智力上把人分为四等："生而知之者""学而知之者""困而学之"者和"困而不学"者。前三种人都是君子，上等人，只有第四种人才是平民百姓。"生而知之者"为"上知"，犹今言天才;"学而知之"者和"困而学之"者为智力平平的"中人"(《雍也篇》6·21);只有那些"困而不学者"为"下愚",为"中人以下",犹今言笨蛋。依孔子原意,我将"下愚"译为"愚民"。

17·4 子之武城,闻弦歌之声。夫子莞尔而笑,曰:"割鸡焉用牛刀?"

子游对曰:"昔者偃也闻诸夫子曰:'君子学道则爱人,小人学道则易使也。'"

子曰:"二三子!偃之言是也,前言戏之耳。"

【译文】孔子到了武城,听到弹琴唱歌的声音。孔子微微一笑,说:"杀鸡何必用牛刀?(治理这么个小地方,还用得着礼乐教化吗?)"

子游答道:"以前我曾听老师讲过:'君子学道就有仁德之心,小人学道就容易使唤。'"

孔子对随侍弟子们说:"各位,偃的话是对的,我前面的话只是开玩笑罢了。"

【解析】本章谈礼乐在治国理民方面的教化作用。

"偃",言偃,字子游,吴国人,孔子弟子,后来当了鲁国武城(今山东境内)的县长。孔子到武城时,自然要看看这位当县长的学生,于是有了本章记录的这番谈话。

孔子认为,典雅的音乐与"礼"一样,具有教化作用,是治国理民的重要工具,所以常常"礼乐"并称。一次颜回请教如何治国,孔子说:"行夏之时,乘殷之辂,服周之冕,乐则《韶》《舞》。放郑声,远佞人。郑声淫,佞人殆。"(《卫灵公篇》15·11)用《韶》《武》这类典雅的音乐教化人民,这就是在教他们"学道"。言偃严格地按老师的教导治理武城。孔子开头觉得,武城只是个弹丸之地,所以才开那种玩笑。当言偃正色以对时,孔子马上认错,承认言偃做得对。

"爱人",仁也(《颜渊篇》12·22)。"君子"有仁者,也有不仁者(《宪问篇》14·6），也需要进行教育，所以孔子说"君子学道则爱人"。"小人"，平民百姓。

孔子说"当仁，不让于师"（《卫灵公篇》15·36），子游的作为，是对老师这番话最好的解释；孔子教导弟子事君之道，"勿欺也，而犯之"（《宪问篇》14·22），事师如事君，子游当面"犯"师，是对老师教导最好的学习；孔门认为，君子不文过饰非，亦不二过（参《学而篇》1·8、《里仁篇》4·7、《子张篇》19·21），孔子有过，立即承认，立即改过，这是君子之德最好的体现。

本章记录者是孔子的随侍弟子，子游的同学。在叙述语中，他称同学为"子游"，不称"偃"；称老师为"子"；子游自称其名"偃"，孔子称弟子之名"偃"，不称字，这些都完全符合礼制。

17·5　公山弗扰以费畔，召，子欲往。

子路不说，曰："末之也，已，何必公山氏之之也？"

子曰："夫召我者，而岂徒哉？如有用我者，吾其为东周乎？"

【译文】公山弗扰凭借季桓子的采邑费反叛，叫孔子去，孔子想去。

子路不高兴，说："没地方去，就算了，为什么一定要去公山氏那里呢？"

孔子说："那个叫我去的人，难道是白白地叫我去吗？如果有人用我，我或许可以在东夏复兴周道呢！"

【解析】本章记录孔子急于为官。

本章所涉及的史实较复杂。"公山弗扰"，《左传·定公五年》《定公八年》《定公十二年》《哀公八年》《史记·孔子世家》均作"公山不狃"。此人本是鲁国正卿季桓子的家臣，季氏采邑费邑"宰"（家臣之长，总管），鲁国公室公山氏成员，字子洩。昭公、定公年间，季孙、孟孙、叔孙三家继续控制朝政，但其家臣又分别控制季孙氏采邑费、叔孙采邑郈、孟孙氏采邑成，三家不胜其苦。按照周礼，卿大夫采邑的城墙长度最多不能超过国都城墙长度的三分之一

（见《隐公元年》），目的是防止卿大夫的势力太大，威胁诸侯安全。《定公十二年》记载，子路以此为据，要求三家自毁都邑城墙。三家并非要守周礼，但是为了反抗家臣控制，于是接受子路的提议，同意自毁采邑城墙。"季氏将堕费，公山不狃、叔孙辄帅费人以袭鲁。"其时孔子已为鲁国大司寇（孔子出任大司寇，应在定公十年），故命鲁国两位大夫将其打败。

将本章与《定公十二年》合读可知，不狃反叛季桓子应有两次：第一次是在定公八九年间，阳虎被打败出奔之后不久，孔子在鲁国正式出仕之前，子路做季氏家臣之前，本章所记即此事。第二次是在定公十二年，此时孔子已任鲁国大司寇，子路已为季氏宰，孔子命人打败了不狃，《定公十二年》即记录后一事。

"何必"句，是"何必之公山氏也"的倒文。本章是子路许多直言"犯"师的案例之一。（参《宪问篇》14·22）

本章所记之事发生时，孔子尚未正式出仕为鲁定公"相"（公卿），不应称孔丘为"孔子""子"。本章称孔丘为"子"者，当为曾参师徒编辑《论语》时修改所致。

17·6　子张问仁于孔子。孔子曰："能行五者于天下为仁矣。"

"请问之。"曰："恭，宽，信，敏，惠。恭则不侮，宽则得众，信则人任焉，敏则有功，惠则足以使人。"

【译文】子张问孔子，怎样才能当个仁人。孔子道："能躬行五种仁德于天下，就是仁人了。"

子张道："请问哪五种。"孔子说："庄重，宽厚，诚实，勤敏，恩惠。庄重就不会受到侮辱，宽厚就会得到平民拥护，诚实就有大人任用，勤敏就能立功，恩惠就能使唤平民。"

【解析】"人任焉"的"人"字指上等人"大人"，因为只有"大人"才能任命官员。这种用法很多，与《学而篇》1·1、2、5，《八佾篇》3·3，《雍也篇》6·30诸章相同。本章的"使人"与孔子常常说的"使民""使小人"同义，因此"使人"的"人"字指平民。后面这种用法春秋时代很少见，战国时代倒是很常见，如《孟子》就常将"人民"二字混用。

孔子认为郑国国相子产是贤人仁人，他说子产有"君子之道四"："恭、敬、惠、义"（《公冶长篇》5·16)，与本章所论相近，两章可以互证。

17·7　佛肸召，子欲往。

子路曰："昔者由也闻诸夫子曰：'亲于其身为不善者，君子不入也。'佛肸以中牟畔，子之往也，如之何？"

子曰："然，有是言也。不曰坚乎，磨而不磷；不曰白乎，涅而不缁。吾岂匏瓜也哉？焉能系而不食？"

【译文】佛肸叫孔子到中牟去，孔子想去。

子路说："过去我曾听您说过：'亲自做坏事的人那里，君子是不会去的。'佛肸凭借中牟谋反，您却要去，怎么说得过去呢？"

孔子道："对，我有过这话。但真正坚固的东西，磨也磨不薄；真正白的东西，染也染不黑。我难道是那种干枯了的葫芦吗，难道只能系在腰间（当腰舟）而不能吃吗？"

【解析】本章记录孔子急于出仕，甚至到了不加选择的地步。邢昺《论语注疏》认为孔子只是说说而已，目的是"观门人之意"，恐为悬想臆测之辞，盖为尊者讳。

佛肸，晋国公卿赵简子的采邑中牟的总管，即中牟县长。中牟，其地在今河北邢台、邯郸之间。佛肸据此反叛赵简子，与公山弗扰占据季桓子采邑费而反叛季氏相同，并且叫孔子去，孔子也想去。于是孔子、子路师徒有这番对话。

孔子的话总共用了三个比喻。"不曰坚乎"四句，用了两个比喻，以说明忠奸终究不同，自己并不担心被人误解。"匏瓜"是第三个比喻。甜葫芦适口期才可吃，苦葫芦和过了适口期的葫芦，农民就将其晾晒干，渡黄河时将其系在腰间作腰舟，助人渡河。《诗经·邶风·匏有苦叶》首章即写到腰舟之事。"苦叶"，枯叶。《国语·鲁语下》："夫苦匏不材，与人共济而已。""苦"亦同"枯"。或谓"苦"为甘苦之"苦"，亦通，葫芦易味苦故也。"瓠"亦作"壶"，《鹖冠子·学问篇》："贱生于无所用，中流失船，一壶千金。"第三个比喻，说明孔子自己很想派上用场。

孔子曾说："君子疾没世而名不称焉。"（《卫灵公篇》15·20）又说："四十、五十而无闻焉，斯亦不足畏也已。"（《子罕篇》9·23）可见他本有很强的出仕欲望，又年老，有些饥不择食。《阳货篇》17·5记录他出仕前饥不择食，本章记录他辞职后饥不择食。周代"夫子"敬称公卿和大夫，本章中子路既然尊称孔子为"夫子"，则知孔子此前当过公卿，那么本章所记之事，应该发生在孔子辞去鲁国大司寇之后，周游列国之时。邢昺《论语注疏》为尊者讳，说圣人孔子答应公山弗扰（《阳货篇》17·5），与本章答应叛臣一样，并非真想给反叛者为官，只不过是"观门人之意"而已，这种推测恐怕并不可靠。我们只能依据文献，不能依据想象。

本章也是子路直言"犯"师的案例之一。（参《宪问篇》14·22）

17·8 子曰："由也！女闻六言六蔽矣乎？"对曰："未也。"

"居，吾语女。好仁不好学，其蔽也愚；好知不好学，其蔽也荡；好信不好学，其蔽也贼；好直不好学，其蔽也绞；好勇不好学，其蔽也乱；好刚不好学，其蔽也狂。"

【译文】孔子道："由啊，你听说过六句话，概括不读书不做学问的六种弊病吗？"子路答道："没有。"

孔子道："坐下，我告诉你。爱仁德而不爱学问，其弊病是愚笨；爱智慧而不爱学问，其弊病是只有小聪明而没有真根基；爱诚信而不爱学问，其弊病是为守小信而害人；爱直率而不爱学问，其弊病是说话伤人；爱勇敢而不爱学问，其弊病是容易犯上作乱；爱刚强而不爱学问，其弊病是狂妄胡来。"

【解析】本章劝学。

孔子特别跟仲由讲这番君子要读书做学问的道理，很可能与仲由"性鄙好勇"（《史记·仲尼弟子列传》），读书做学问只是"升堂"而未"入室"（《先进篇》11·15）有关，还可能与子路有时轻视读书做学问（《先进篇》11·25）有关。我曾经根据9·12、11·15考证，子路也是孔子门下设帐授徒的弟子之一，但是《论语》中竟然没有一章子路的语录，只有14·38、18·7两章可能是其语录，看来编辑《论语》的曾参师徒也认为，子路的学问不行。

"居"，坐下。古人席地而坐，此前仲由必陪孔子坐着，老师有问，弟子必然跪起（只是臀部离开脚后跟，双膝仍然着地，大腿上身挺直而已）答"未也"，故孔子叫他坐下。

孔子之意，是说"仁、智、信、直、勇、刚"都是君子的好品德，但要是没有学问的滋润，则易心智闭塞，不能真正理解很好实行这些美德，容易让人出错。

17·9 子曰："小子何莫学夫《诗》？《诗》，可以兴，可以观，可以群，可以怨；迩之事父，远之事君；多识于鸟兽草木之名。"

【译文】孔子说："学生们何不学学《诗经》？学习《诗经》，可以培养联想力，可以提高观察力，可以增强合群力，可以学到讽刺方法；近可以教导我们侍奉父母，远可以教导我们服事君上；还可以让我们多多认识鸟兽草木的名称。"

【解析】本章论《诗经》的作用，鼓励学生学习《诗经》。

本章中的"诗"，与8·8中的"诗"一样，可有二解：一、都只是泛泛指"诗"，而不是特指《诗》即后世所谓《诗经》。《左传》《国语》等周代文献中还有很多今本《诗经》未收的"诗"，因此可以认为泛泛指"诗"。二、特指《诗》即《诗经》。据《左传·襄公二十九年》吴公子季札访问中原诸侯情况的记载，可以推知，今本《诗经》最晚在鲁襄公时代晚期就已经编成，那时孔子大约只有几岁。孔子一生都是用定本的《诗经》教育学生，此说亦通。①

中国最近三千多年大多实行"宗法制"，即"嫡长子继承制，余子分封制"。这样的社会政治结构，使君上常常就是父兄，臣下就是子弟。古人常常将"事父事君"相提并论，就是因为这个原因。中国文化"家国同构，忠孝一体"的秘密就在这里。

"鸟兽草木"一句，不过是孔子顺便补充言之而已，并无特别含义。"多识于鸟兽草木之名"，其作用当然不可能与"兴、观、群、怨""事父、事君"相提并论。但因孔夫子顺便讲了这句话，古代经师甚至有人专门研究《诗经》中的"鸟兽草木之名"，其实大可不必。

本章是孔子最重要的"诗论"，后世学者研究者甚众。孔子认为"六艺"都以"礼"为核心。从这番"诗论"里，已可以看出他将"诗"道德化，即所谓"思无邪"的倾向。以今本《诗经》和周代其他文献中的若干逸诗来考察，孔子所言不完全是事实。

17·10　子谓伯鱼曰："女为《周南》《召南》矣乎？人而不为《周南》《召南》，其犹正墙面而立也与！"

【译文】孔子对伯鱼说："你学过《周南》《召南》了吗？身为君子而不学习《周南》《召南》，就像面对墙壁站着（什么都看不到，寸步难行）罢！"

【解析】本章教导儿子伯鱼要好好学习"二南"，好好体会周道王化，也是孔子的重要"诗论"。

孔子为什么认为"二南"特别重要呢？《左传·襄公二十九年》记载，吴公子季札访问鲁国时，"请观于周乐。使工为之歌《周南》《召南》，曰：'美哉！始基之矣，犹未也，然勤而不怨矣'"。季札说"二南"记载西周早期周公、召公之风化自北而南，泽被江汉，为周道王业奠定了基础，但王业尚未建成，民众虽然辛劳而不抱怨。季札的见解对我们理解本章孔子的话很有借鉴意义。春秋时代几乎所有的外交场合都会赋诗言志，而且大多数情况下都赋"二

---

①详见《春秋〈诗〉义三变》（吴天明，《长江学术》2008年第1期）。

雅""二南"①。这一方面是因为"二雅""二南"都是周诗,天下影响大,比"颂"诗"风"诗影响都大;另一方面是因为春秋诸侯均以周德周礼为正宗,而"二雅""二南"则是周德周礼最好的体现者。如果人家赋"二南",你居然听不懂,说明你完全没有文化,完全不懂周礼,是极其无礼极其丢人的事。

"人",此用其狭义,仅指君子。君子当然要学习王化,理解周德,不然就是"小人"了。古来学者常把这个"人"理解为广义的人,但普通人与周德王化有什么关系呢?平民不可能"仁"(《宪问篇》14·6),也不需要学"礼",孔子一生从不教平民学"六艺",学"六艺"本来就只是君子的事情。

明白了"二南"的主旨,知道了孔鲤作为君子的历史使命,本章就好理解了。孔子认为,"二南"记载了周公、召公的丰功伟业,记载了周德王化泽被江汉流域的历史进程,君子若不认真学习"二南",便不知周德之伟大,王业之不易,民众之何以不怨,将来如何治国理民?当然如同面墙而立,一无所见,寸步难行。

本章的记录者当然不可能是孔子,也不是孔鲤,孔鲤自称其字"伯鱼",不合周礼,他只能自称其名"鲤"。因此,本章的记录者,只有三种可能:孔鲤的同学,同学互相称字,以示尊重,符合周礼,所以称"伯鱼";孔鲤同学的弟子,他们只尊称自己的老师为"某子",老师的同学则直接称字,所以也可以称"伯鱼";伯鱼的弟子,如果伯鱼设帐授徒,也不便尊称他为"孔子",更不能尊称他为"子",恐怕也只能称"伯鱼"。伯鱼是否设帐,目前还无确证。伯鱼小孔子二十岁,五十岁去世时,孔子七十岁。孔子晚期弟子许多都设帐授徒,伯鱼是否受此影响也设帐,尚无确证。

17·11 子曰:"礼云礼云,玉帛云乎哉?乐云乐云,钟鼓云乎哉?"

【译文】孔子说:"礼呀礼呀,难道仅指玉帛而说的吗?乐呀乐呀,难道仅指钟鼓而说的吗?"

---

①详见《春秋〈诗〉义三变》(吴天明,《长江学术》2008年第1期)。

【解析】本章论君子学礼乐不要注重外表，而要注重礼乐的本质。

礼源于宗教祭祀活动。祭祖要用谷物酒肉玉帛等祭品，形成了一系列成文不成文的制度规定，故称礼俗、礼法、礼制。孔子说，礼并不仅指玉帛所代表的仪，礼的本质是确定人与神、人与人的关系。孔子说："不学礼，无以立。"（《季氏篇》16·13）不学礼，就不知道怎么做人，怎样安身立命，其重要性如此。

乐也源于宗教祭祀活动。祭祀鬼神时要娱悦鬼神，便有了乐。相传大禹时代就有祭祀鬼神的音乐《九歌》，虽然早已失传，但是战国时代屈原模仿大禹《九歌》而创作的楚国祭祀音乐《九歌》，其歌词今尚保存在《楚辞》中。乐也是礼，因为重要，所以与礼并称。鲁国传承了虞、夏、商、周四代的古乐，又有风雅颂，统称为"周乐"（见《左传·襄公二十九年》）。孔子讲治国时，说要用夏人的历法（方便农民农业）、殷人的马车（俭朴省钱）、周人的礼帽（节俭而且显示贵族气概），"乐则《韶》《舞》"（《卫灵公篇》15·11）。演奏古乐，祭祀伟人，当然要用钟鼓这类乐器。但孔子认为，我们的心思不能仅仅放在乐器和旋律上，而要遥想圣人，领悟王化，心忧天下，恢复王道。

17·12 子曰："色厉而内荏，譬诸小人，其犹穿窬之盗也与？"

【译文】孔子说："（有些所谓的君子，）脸色厉害，而内心怯弱，拿小人来类比，恐怕像个挖洞跳墙的小偷吧？"

【解析】本章讽刺伪君子并无真正的勇敢。

孔子曾说，"君子道者三"："仁者不忧，知者不惑，勇者不惧"（《宪问篇》14·28）。三句互文，是说"君子"应该是"仁者、知者、勇者"，应该"不忧、不惑、不惧"。但这是真君子。"君子而不仁者有矣夫"（《宪问篇》14·6），有些地位很高的所谓"君子"，并没有"仁、智、勇"这三种美德，因此就会"忧、惑、惧"，他们只是伪君子而已。本章即论述这种伪君子无勇的特点。

"小人"有很多种，当然包括"盗"。但"盗"本是明火执仗杀人越货者，故后世称之为"强盗",如春秋时代的"盗跖"(柳下跖)。而那些胆小懦弱的"盗",居然只能干些乘人不备小偷小摸的勾当,今人称为"小偷"。孔子拿那些怯弱的所谓"君子",与偷偷摸摸的"盗"(小偷)类比,可谓极尽讽刺之能事,实际上是说,这些人貌似"君子",实为"小人",是"小人"中的"盗",而且只是那种胆小如鼠、不能入流的"盗"。

17·13 子曰:"乡愿,德之贼也。"

【译文】孔子说:"那些没有是非的好好先生,是败坏道德的小人。"

【解析】本章批评"好好先生"。

"乡愿",孟子称"乡原",今称"好好先生"。这种人没有是非标准,谁都不得罪。《孟子·尽心下》14·37对其有十分精彩的描绘:"非之无举也,刺之无刺也,同乎流俗,合乎污世,居之似忠信,行之似廉洁,众皆悦之,自以为是,而不可与入尧舜之道,故曰'德之贼'也。"孔子认为,一位正人君子,理应有正常的是非标准。人们对他的评价,应该是"乡人之善者好之,其不善者恶之"(《子路篇》13·24),就是好人说他好,坏人说他坏。如果所有的人都说他好,说明他就不是个正派人,只是个"好好先生"。

"贼",动词用作名词,指杀人者,在此类比败坏道德者。

17·14 子曰:"道听而途说,德之弃也。"

【译文】孔子说:"在路上听到什么传言,未经核实,就四处传播,这种风气应该抛弃。"

【解析】本章批评"道听途说"的坏风气。

人之天性喜欢炫耀,喜欢传播消息,所以有"风闻"说,有"舆论"说。但真正的君子会十分注意克服人性的这一弱点,不会传播未经核实的消息。孔子说:"吾之于人也,谁毁谁誉?如有所誉者,其有所试矣。"(《卫灵公篇》15·25)孔子"毁"谁"誉"谁,都有所考察。"道听途说"要不得,就很好理解了。

17·15 子曰："鄙夫，可与事君也与哉？其未得之也，患（不）得之。既得之，患失之。苟患失之，无所不至矣。"

【译文】孔子说："小人，可与他共同服事君上吗？当他尚未得到官位的时候，担忧得不到。已经得到官位了，又担忧失去官位。如果他担忧失去官位，就会无所不用其极了。"

【解析】本章批评当官的小人患得患失，难以共事。

"鄙夫"，孔子一般指平民（《子罕篇》9·8），与"众、百姓、老农、老圃、工"同义。春秋时代有少数平民经商致富，买得官职，本章即指这些小人。孔子有时也称他们是"难事而易说"的"小人"（《子罕篇》13·25）。孔子对君子中的不仁者还算客气，还不至于称他们为"鄙夫""小人"。他说："君子而不仁者有矣夫，未有小人而仁者也。"（《宪问篇》14·6）他们尽管不仁，孔子还是称他们为"君子"。

"患得之"，疑本为"患不得之"，脱一"不"字。古人对此已有共识。

17·16 子曰："古者民有三疾，今也或是之亡也。古之狂也肆，今之狂也荡；古之矜也廉，今之矜也忿戾；古之愚也直，今之愚也诈而已矣。"

【译文】孔子说："古代民众有三种毛病，如今或许都没有了，（却有了新的毛病。）古代民众狂妄而放肆，如今民众狂妄而放荡；古代民众矜持而方正，如今民众矜持而暴虐；古代民众愚笨而直率，如今民众愚笨而欺诈，如此而已。"

【解析】本章论古今民风的变化，感叹人心不古，世风日下。

"民"，平民百姓、下等人。"是之亡"，"亡是"的倒文。"廉"，器物方正有棱有角，借喻行为端正。

孔子所谓的"古"，应主要指西周。西周时代大多数天王和诸侯都实行裕民政治。土地实行井田制，所有土地虽然名义上都归周天王所有，实际上归各级贵族所具体控制。但是平民每户都有宅基地，都有百亩农田的使用权，天下倒也安稳，民风比较淳朴。春秋中期实行"初税亩"，土地逐步私有化，税收不断提高，民众对财富的追求更甚以往，所以民风不似西周淳朴。这是经济发展规律，也是孔子所不明白的。

17·17 子曰："巧言令色，鲜矣仁。"

【解析】本章与《学而篇》1·3重复。孔子讲话时，弟子各有所记，后均被收录。

17·18 子曰："恶紫之夺朱也，恶郑声之乱雅乐也，恶利口之覆邦家者。"

【译文】孔子说："憎恶紫红色衣裳夺去朱红色衣裳礼法地位的行为，憎恶郑国音乐扰乱雅乐礼法地位的行为，憎恶奸佞小人强舌利口颠覆国家的行为。"

【解析】本章说憎恶三种扰乱礼制的行为。

按照周礼，诸侯衣裳的正色是朱红色，据《韩非子·外储说左上》记载，大约从齐桓公开始，诸侯、卿大夫甚至家臣都逐步穿紫色的衣裳了。贵族的服装车马要与其身份相符，谓之"称"，不相符谓之"不称"。孔子认为，人、服"不称"，是扰乱周礼的表现。《左传·闵公二年》，"衣，身之章也"；《宣公十二年》，"君子小人，物有服章"；《襄公二十七年》，"服美不称，必以恶终"；《僖公二十四年》，"服之不衷，身之灾也"，都是此意。例如《僖公二十四年》记载，郑国公子臧出奔宋，他本不懂天文，又不是天文官员，却与一帮人戴上天文官员的"鹬冠"聚会，因此被郑君所杀。《哀公六年》，郑国下大夫驷秦"常陈卿之车服于其庭，郑人恶而杀之"。《襄公二十七年》记载，齐大夫庆封访问鲁国,"其车美",故被鲁国官员讽刺,鲁人甚至假借《相鼠》之诗咒骂其"无仪""无耻"。《哀公十七年》记载,尽管浑良夫是驱逐卫出公,帮助卫庄公上台的重要功臣之一,但是因为他违反礼制,竟然穿"紫衣狐裘",卫庄公还是下令杀了他。《诗经·曹风·候人》也曾批评"彼己之子,不称其服"的现象。

"雅乐""周乐"包括虞、夏、商、周四代的音乐和风、雅、颂。《襄公二十九年》记载,吴公子季札称"雅"为小雅、大雅,并说小雅显示"周德之衰",大雅体现"文王之德",可见"雅乐"主要是文、武、成、康时代的音乐。"雅"本指先周治理的岐山一带,那里是周家的发祥地,又是西周的政治文化中心,所以那里的方言后来成为周朝的官话,即普通话,称为"雅言"(参《述而篇》7·18)。同理,那里的音乐也称为"雅乐"。而"郑声"则是春秋时代郑国民间的流行音乐。《郑风》歌词今存,内容主要为情歌。情歌音乐在赢得受众上具有天然优势,估计"郑声"让人心旌摇荡,所以孔子说"郑声淫",季札说郑声"其细已甚"(参《左传·襄公二十九年》)。"淫"谓其抒情过分而毫无节制,"细"谓其格局太小,无法与洪钟大羽相比。音乐在古代具有宣示礼制、陶冶性情、教化人民、治国理政的作用,所以古人常常"礼乐"并称。孔子认为"郑声"流行,冲击"雅乐",这也是扰乱周礼的表现。

奸佞小人"利口"强舌,不顾事情真相,但求一己私利,《论语》等周代文献中批评这类小人的话很多。孔子认为,这些人都是目无周礼的"小人"。

17·19 子曰:"予欲无言。"子贡曰:"子如不言,则小子何述焉?"子曰:"天何言哉?四时行焉,百物生焉,天何言哉?"

【译文】孔子道:"我想不说什么了。"子贡说:"您如果不说话,那么我们传述什么呢?"孔子道:"天说了什么呢?四季照样更替,百物照样生长,天说了什么呢?"

【解析】本章写孔子想效法天,不再说什么。

三代的"天"既是人格的天，又是自然的天，天人合一。春秋时代，天的人格特征开始慢慢隐去，而自然特征开始凸现出来。本章孔子的话，似乎突出了天的自然属性。《孟子·万章上》9·5："天不言，以行与事示之而已矣。"则似乎突出了天的人格特征。司马迁著《史记》，欲"究天人之际，通古今之变，成一家之言"，（《太史公自序》）可见天人关系是中国宗教、哲学乃至整个中国文化的一个重大问题。

孔子一生"诲人不倦"，以致弟子随侍时，都有随身携带竹简以做记录的习惯。本章说不想再说什么了，恐系夫子一时之念。

子贡的这个"述"字十分重要。这说明，弟子当初记录孔夫子教诲，曾参师徒编辑《论语》，都是出于传述夫子之道的理性行为，他们都明白孔子在华夏文明史上的崇高地位，都明白夫子之道的伟大，都有高度的文化自觉。

17·20　孺悲欲见孔子，孔子辞以疾。将命者出户，取瑟而歌，使之闻之。

【译文】孺悲想见孔子，孔子以有病为由加以推辞。传命的人刚出门，孔子便取下瑟，边弹瑟边唱歌，故意使孺悲听到（让他知道自己没有病，只是不想见他）。

【解析】本章记录孔子故意不见孺悲的故事。

孺悲，鲁国人。《礼记·杂记》记载，鲁哀公曾让他向孔子学习士丧礼。此次孔子为何故意不见他，因史料阙如，无法猜测。

17·21　宰我问:"三年之丧,期已久矣。君子三年不为礼,礼必坏;三年不为乐,乐必崩。旧谷既没,新谷既升,钻燧改火,期可已矣。"子曰:"食夫稻,衣夫锦,于女安乎?"曰:"安。""女安,则为之!夫君子之居丧,食旨不甘,闻乐不乐,居处不安,故不为也。今女安,则为之。"

宰我出。子曰:"予之不仁也!子生三年,然后免于父母之怀。夫三年之丧,天下之通丧也,予也有三年之爱于其父母乎?"

【译文】宰我问道:"父母死了,为之守丧三年,为期也太久了。君子三年不习礼,礼仪必定废掉;三年不奏乐,音乐必定忘掉。陈谷已经吃完了,新谷又已登场了,打火用的燧木又改换了,(守丧)一年就可以了。"孔子道:"(父母刚死,还不满三年,)你就吃白米饭,穿锦绣衣,你心里安宁吗?"宰我道:"安宁。""你心安,就去做吧!君子守孝,吃美味不知道甘甜,听音乐不觉得快乐,住在家里不以为舒适,所以不这样做。如今你心安,就去做吧!"

宰我退了出来。孔子道:"予真不仁啊!儿女生下来,三年才能脱离父母的怀抱。替父母守孝三年,是天下通行的丧期。予难道没有从他父母那里得到怀抱三年的爱护吗?"

【解析】宰我说,父母死了,实实在在地守孝三年,对子孙生活影响太大,主张守丧一年即可。孔子反对,主张守丧三年,理由有二:一是儿女得到父母三年的精心呵护,才能下地走路,如今为父母守丧三年,是报父母之恩,应该。这话有一定道理,但若因此影响子孙生计,必非父母所愿。二是"三年之丧"是"天下之通丧",这完全不是历史事实。

本章要与《学而篇》1·11、《宪问篇》14·40、《里仁篇》4·20、《子张篇》19·18诸章合读。1·11的分析文字对周代人常讲的两种"三年之丧"有详细分析。

孔孟都倡导"三年之丧"。孔子要求实行殷商的"三年之丧"（丧期至少二十五个月，即有三个年头），孟子要求实行天子七月、诸侯五月、大夫三月、士二月的"三年之丧"（详见《左传·隐公元年》），而且都说各自要求实行的"三年之丧"是"天下之通丧"，显然都不是历史事实，而是要托古改制。其主要政治目的，应该是为了倡导孝道忠道，恢复"君君，臣臣，父父，子子"的政治秩序和社会秩序。①

"钻燧改火"，周代人工取火之法，有"金燧"和"木燧"，前者用金属凹镜聚集太阳光而取火，故亦名"阳燧"，后者钻木取火。拿来取火的树木，四季不同，春用榆柳，夏用枣杏、桑柘，秋用柞楢，冬用槐檀，不断循环改换，故云"改火"。此从杨伯峻先生《论语译注》说。

"居处不安"，周代丧礼，守丧期间，不能住在家里，要另搭草庐，叫作"凶庐"，住在草庐里。丧礼结束以后，才能回到家里"居处"，生活才能恢复正常。

宰予，字子我。孔子称弟子，称名不称字。

17·22 子曰："饱食终日，无所用心，难矣哉！不有博弈者乎？为之，犹贤乎已。"

【译文】孔子说："整天吃得饱饱的，什么事都不做，（这种人）就难办了啊！不是有博彩下棋的游戏吗？去干干，也比什么都不干强。"

【解析】本章批评"饱食终日，无所用心"者。

孔子说："君子食无求饱，居无求安，敏于事而慎于言，就有道而正焉，可谓好学也已。"（《学而篇》1·14）当然，这是对君子较高的要求；"博弈"，已经是很低的要求了；而"饱食终日，无所用心"者，就完全没有君子的一点点样子了。

"博"，掷彩，看点数定输赢；"弈"，下围棋。

---

①详见《孔孟倡导"三年之丧"的政治目的与文化考量》（吴天明，《湖北社会科学》2017年第8期）。

17·23 子路曰:"君子尚勇乎!"子曰:"君子义以为上。君子有勇而无义为乱,小人有勇而无义为盗。"

【译文】子路问:"君子崇尚勇敢吗?"孔子道:"君子认为义最尊贵。君子有勇无义就会犯上作乱,小人有勇无义就会做土匪强盗。"

【解析】本章论以义统勇。

子路"性鄙好勇"(《史记·仲尼弟子列传》),《论语》中多有记载,孔子曾经多次批评他。本章强调以义为上,颇有针对性。如果是生性懦弱的弟子,孔子就可能会直接说"君子尚勇"。

17·24 子贡曰:"君子亦有恶乎?"子曰:"有恶:恶称人之恶者,恶居下〔流〕而讪上者,恶勇而无礼者,恶果敢而窒者。"

曰:"赐也亦有恶乎?""恶徼以为知者,恶不孙以为勇者,恶讦以为直者。"

【译文】子贡问道:"君子亦有所憎恶吗?"孔子道:"有所憎恶:憎恶说别人坏话的人,憎恶身居下位而诋毁君上的人,憎恶勇敢而无视礼法的人,憎恶办事果敢但冥顽不化的人。"

孔子问道:"赐,你也有所憎恶吗?"(子贡答道:)"我憎恶剽窃别人成绩却自以为聪明的人,憎恶出言不逊而自以为勇敢的人,憎恶攻讦他人还自以为直率的人。"

【解析】本章论君子有所憎恶。

"流",当为衍文。子贡回答老师的三句话前面,应逸"对曰"二字。"孙"同"逊"。

17·25　子曰："唯女子与小人为难养也，近之则不孙，远之则怨。"

【译文】孔子道："只有女子和小人是难以畜养的了，亲近了，他会无礼；疏远了，他又怨恨。"

【解析】周代君子评价小人，从来没有说过一句好话，孔子也一样。至于女人，似乎西周并不怎么藐视，春秋时代才开始藐视。《泰伯篇》8·20引《尚书》说，周武王有十位人才，其中"文母"是女的，孔子竟然说，"有妇人焉，九人而已"，将文母排除在外。《左传·僖公二十四年》说，"女德无极，妇怨无终"。春秋君子重男轻女，由此可见一斑。

本章语录，近百年最为经师和世人所诟病，这与女权主义的兴起有关，也与世人的误解密切相关。不过本章所说的"女子与小人"，并非如经师所理解的泛泛之论，而只是特指那些"嬖""嬖人"，即天子诸侯卿大夫的宠妾和宠臣，他们的宠妾被称为"内嬖"（《僖公十七年》"内嬖如夫人者六人"，"夫人"为嫡妻，将六位宠妾视如夫人），宠臣则被称为"外嬖"（如《庄公二十八年》称晋献公宠臣梁五和东关嬖五）。"内嬖"著名者如夏桀之妹喜，商纣之妲己，周幽之褒姒（均见《尚书》），晋献公之骊姬，卫灵公之南子等（均见《春秋》《左传》《国语》），其例甚多。南子，孔子曾经直接与她打过交道（《雍也篇》6·28，《史记·孔子世家》），并且批评卫灵公"好色不好德"（《子罕篇》9·18，《卫灵公篇》15·13），孔子弟子子路，就死于南子直接引起的卫国之乱（《哀公十五年》）；其他的女子，孔子自然是从古代文献上了解到的。春秋君子就是根据这些女子搅乱朝纲祸乱天下的故事，总结出了"女人祸水"的规律。"外嬖"则为天子诸侯卿大夫的各种宠臣幸臣，如果是大夫，春秋文献一般就称为"嬖大夫"；如果是宦官，则大多称为"嬖寺"，春秋时代所有的诸侯都有宦官了。孔子将他们统统称为"君子而不仁者"（《宪问篇》14·6），因为他们虽然"不仁"，却处在"君子"（贵族）的政治地位上。这些"女子与小人"常常搅乱君子的心智，甚至搅乱天下国家，因此春秋文献将其统统贬称为"嬖""嬖人"，说明春秋君子都非常鄙视这些人，并非孔子一人而已。

鲁国大夫公父文伯（生活在鲁昭公定公哀公时代）早死，其母叮嘱儿子的宠妾们不要表现得太悲伤，免得人家认为文伯"好内"，让儿子留下一个不好的名声。他母亲说："吾闻之，（卿大夫去世了，如果他生前）好内，女死之（宠妾殉葬）；好外，士死之（宠臣殉葬）。"但是春秋时代已经基本废除了殉葬制度，所以她要儿子的宠妾们尽可能保持克制，不要太悲伤，免得世人以为文伯有"好内"之病。孔子对这位母亲"欲明其子之令德"的举动非常赞赏。（参《国语·鲁语下》第十六章）可见春秋君子无论真假，至少明面上都不愿意"好内""好外"，对"女子与小人"都持排斥态度，并非孔子一人而已。

译文统一用"他"字，这个字本来兼指男女。专指女性的"她"字是近代才出现的晚起字。

17·26 子曰："年四十而见恶焉，其终也已。"

【译文】孔子说："（一个人）到了四十岁还被人厌恶，他这一生算完了。"

【解析】《子罕篇》9·23："子曰：'后生可畏，焉知来者之不如今也？四十、五十而无闻焉，斯亦不足畏也已。'""四十、五十而无闻焉"，更进一层，则是"年四十而见恶焉"；"斯亦不足畏也已"，更进一层，则是"其终也已"。我们应将两章合读。

微子篇第十八
（共十一章）

18·1　微子去之，箕子为之奴，比干谏而死。孔子曰："殷有三仁焉。"

【译文】（商纣王荒淫无道，）微子离开了他，箕子做了他的奴隶，比干因力谏而被杀死。孔子说："殷商有三位仁人。"

【解析】本章盛赞微子、箕子、比干为仁人。

据《尚书》和周代许多典籍记载，"微子"，商纣王庶兄。其母生微子时，尚为其父王帝乙之妾，故微子为庶子。其母被立为帝乙嫡妻后，才生了帝辛，故帝辛为嫡子，得嗣帝位，世人谓之纣。商亡，周封纣子禄父嗣殷，周武王病卒，禄父乘机谋反，被杀。周封微子为宋君嗣殷，都商丘，即今河南商丘，所以微子是天下宋氏始祖，也是孔子的直系祖先。《左传·僖公六年》称微子尝面缚衔璧投降周武王，盖去商都以后以国来降。"箕子"为纣王叔父，纣王无道，箕子进谏不果，便佯狂为奴，后逃到今朝鲜半岛自立为王，周天子重封，以示认可。朝鲜半岛至今仍以箕子为神和祖先。"比干"亦为纣王叔父，多次力谏，纣王剖其心而杀之。武王伐纣后，立即祭拜比干。周代君子全都认为微子、箕子、比干是仁人。

"殷"，族名；"商"，国号，朝代名。二字在周代常常混用。殷为东夷诸族之一，应该起源于今河南以东。大约在夏代中后期，其势力发展到河南，进入高度发达的文明社会，创造了以青铜器、文字、玉器、鬼神文化为代表的光辉灿烂的殷商文明。

18·2 柳下惠为士师，三黜。人曰："子未可以去乎？"曰："直道而事人，焉往而不三黜？枉道而事人，何必去父母之邦？"

【译文】柳下惠当法官，多次被罢黜。有人说："您不可以离开鲁国吗？"柳下惠说："按正道来服事君上，到哪里不会被反复罢黜呢？用歪门邪道来服事君上，何必要离开祖国呢？"

【解析】柳下惠，鲁庄公、闵公、僖公时代的大夫，姓展，名获，字禽，住柳下（或曰食邑于柳下），其妻私谥"惠"，故称柳下惠。孔子称柳下惠"贤"（《卫灵公篇》15·14），这是很高的评价。

本章所记，不管是孔子所亲述，还是授业弟子所转述，都反映了孔子的见解：柳下惠是位贤人，他不管服事什么君上，都以"直道而事人"。孔子曾经批评鲁国执政公卿臧文仲"下展禽"（《左传·文公二年》引），使这位贤人屈居下位，或许柳下惠反复被罢黜，与臧文仲有密切关系。

孔子认为，"邦有道，谷；邦无道，谷，耻也"（《宪问篇》14·1）。孔子任鲁国司寇，摄相事，位列公卿。但因鲁国正卿季桓子接受齐人女乐，连续三天不上朝，孔子就立即辞职（《史记·孔子世家》，《微子篇》18·4）。孟子辅助梁惠王，惠王死，襄王立，孟子见襄王"望之不似人君，就之不见所畏焉"（《孟子·梁惠王上》1·6），立即辞职离开梁国。当他断定齐宣王不值得辅佐时，便"致为臣而归"，离开齐国，回到邹国（《孟子·公孙丑下》4·10—14）。这就是他们这派"君子儒"的理念和做派。

孟子对柳下惠总体上也这么看，但略有不同。《孟子·万章下》10·1："柳下惠不羞污君，不辞小官。进不隐贤，必以其道。遗佚而不怨，阨穷而不悯。与乡人处，由由然不忍去也。'尔为尔，我为我，虽袒裼裸裎于我侧，尔焉能浼我哉？'故闻柳下惠之风者，鄙夫宽，薄夫敦。"《公孙丑上》3·9总体看法相同，但觉得柳下惠"不羞污君"，终究有些"不恭"。

18·3 齐景公待孔子，曰："若季氏，则吾不能；以季、孟之间待之。"曰："吾老矣，不能用也。"孔子行。

【译文】齐景公在谈到怎么对待孔子时，对孔子说："要我像鲁君对待季氏那样对你，（让你做正卿，）那我做不到；我想用季氏、孟氏之间的待遇来对待你（让你做公卿）。"（过了些时，齐景公）又说："我老了，不能用你了。"孔子便离开了齐国。

【解析】《史记·孔子世家》考证，孔子三十五岁时，曾因鲁国内乱（季氏驱逐鲁昭公）而到了齐国，当了高昭子的家臣。齐国高氏、国氏都是周天王所封，地位很高。孔子是想借此接近齐景公，做齐国朝廷大臣。齐景公问政，孔子以"君君，臣臣，父父，子子"对之，景公以为善（《颜渊篇》12·11）。孔子在齐国闻《韶》乐，"三月不知肉味"（《述而篇》7·14），亦发生在这一时期。齐景公本欲重用孔子，因晏婴坚决反对而未果。后来孔子便离开齐国，回到鲁国，直到大约鲁定公十年孔子五十多岁时才正式出仕。

据《左传·昭公七年》的记载推算，孔子在齐国做高昭子家臣的这个时间节点，可能刚开始招收弟子不久，可能有弟子到齐国随侍左右，本章即由随侍弟子所记录。当时孔子尚未担任公卿，原始记录不能尊称"孔子"，只能尊称"先生"，应该是《论语》编辑者改称"孔子"。

18·4 齐人归女乐，季桓子受之，三日不朝，孔子行。

【译文】齐国赠送了女乐，季恒子接受了，连续三天不上朝，孔子便辞职走了。

【解析】据《孔子世家》，本章所记故事发生在鲁定公十四年孔子大约五十六岁时。这一年,孔子"由大司冠行摄相事"。齐人担忧孔子为政使鲁国称霸,危及齐国,故用美人计离间鲁人。齐人送女乐八十人给鲁国正卿季恒子,季氏受之,三日不朝,孔子立即辞职,从此开始了长达十四年的周游列国之旅。

"齐人",据《春秋》,鲁僖公以前,多称某国国君为"某人";僖公以后,只有秦楚之君称"某人";鲁宣公五年以后,再无国君称"某人"的情况(此用杨伯峻先生《春秋左传注·隐公十年经注》说),而称卿大夫为"某人",故"齐人"即齐国卿大夫。具体何人,周史依礼不书。"归"同"馈"。季氏当时把持朝政,他不上朝,鲁国朝政就无法运转。孔子一向认为,"邦有道,谷;邦无道,谷,耻也"(《宪问篇》14·1),故辞官离去。

18·5 楚狂接舆歌而过孔子,曰:"凤兮,凤兮!何德之衰?往者不可谏,来者犹可追。已而,已而!今之从政者殆而!"

孔子下,欲与之言。趋而辟之,不得与之言。

【译文】楚国有位狂人靠近孔子的马车,一边唱歌,一边走过去,他唱道:"凤凰啊,凤凰啊,为什么周德如此衰微?过去的事不可挽回,未来的光阴犹可追。算了吧,算了吧!如今的从政者危乎其危!"

孔子下马车,想和他谈谈。他却急急避开,没能与他谈成。

【解析】18·5—9诸章,均记载隐士事,与《宪问篇》14·37—39均记载隐士事有相通之处。本章记录孔子与"楚狂接舆"打交道的事。

后世文献常称这位楚国狂人为"楚狂接舆"或"接舆",但在本章中"接舆"不能做人名。《论语》记载的隐士大多不知真实姓名,当时恐亦无暇问及,而且即使问及,隐士也未必愿意告知。

孔子被围困在陈、蔡之间时,楚昭王曾派兵营救孔子到楚国。昭王本欲重用孔子,封其采邑纵横各七百里,因为令尹子西反对而未果。昭王死,孔子返卫。据《史记·孔子世家》推测,孔子遇"楚狂接舆"的事,应该就发生在昭王死后,孔子返卫前这段时间。孔子一生只有这段时间在楚国,所以太史公的这一推测有一定的道理。

孔子曾听说:"刳胎杀夭则麒麟不至郊,竭泽涸渔则蛟龙不合阴阳,覆巢毁卵则凤凰不翔。何哉?君子讳伤其类也。"(《史记·孔子世家》)凤凰是周人的圣鸟。周代文献记载,周文王时,周道将兴,而凤鸣岐山。岐山,即岐周,文王所治。如今周道已衰,天下大乱,故凤鸟不至,所以这位楚国狂人离开官场,隐居于野,并且佯装癫狂,要孔子不要为官,远离官场。

随侍弟子记下这一故事,后又编入《论语》,不仅因为这一故事新奇可记,还可能因为他们觉得这位佯狂楚人的话多少有些道理。

18·6 长沮、桀溺耦而耕。孔子过之,使子路问津焉。长沮曰:"夫执舆者为谁?"子路曰:"为孔丘。"曰:"是鲁孔丘与?"曰:"是也。"曰:"是知'津'矣。"

问于桀溺。桀溺曰:"子为谁?"曰:"为仲由。"曰:"是鲁孔丘之徒与?"对曰:"然。"曰:"滔滔者天下皆是也,而谁以易之?且而与其从辟人之士也,岂若从辟世之士哉?"耰而不辍。

子路行,以告。夫子怃然,曰:"鸟兽不可与同群,吾非斯人之徒与而谁与?天下有道,丘不与易也。"

【译文】长沮、桀溺两位隐士正在人力耕田,孔子经过这里,便让子路去问问渡口在哪里。长沮问子路道:"那手执马缰的是谁呀?"子路道:"是孔丘。"长沮又问道:"是鲁国的孔丘吗?"子路道:"是的。"长沮说:"他呀,早知道'渡口'在哪里了。"

子路只得问桀溺。桀溺问道:"你是谁呀?"子路道:"我是仲由。"他又问:"是鲁国孔丘的门徒吗?"子路答道:"是的。"桀溺道:"当今天下到处都洪水泛滥,你和谁去改革它呢?而且,你与其跟随孔丘那种躲避坏人的人,为什么不跟随我们这些躲避整个坏世界的人呢?"一边说,一边不停地劳作。

子路回来，把这些报告给孔子。孔子怅然若失，道："我们既不能与鸟兽同群，若不同人群打交道，又和谁打交道？天下太平，政治清明，我就不会和你们一起从事改革了。"

【解析】本章记录子路"问津"，而被隐士抢白讥讽的故事。"长沮""桀溺"均非真实人名，《论语》记载的隐士大多如此。但随侍弟子记录此事，给这两位隐士编写名字时，应暗含深义："沮"为古水名，"桀"即夏末暴君夏桀，"长""溺"均为多水貌，两位隐士必在水边劳作，以此为名，既切合地理和"问津"的事实，又暗含世人长久地为暴政所苦，如同水之深的意思，借以解释两人何以隐居乡野。

《史记·孔子世家》推测，子路问津处在楚国境内叶、蔡之间（蔡国早已被楚国灭而为县），《论语正义》则云，在叶县西南二十五里之黄城山，下有东流，即子路问津处，后人亦有附会他处者，总之越说得具体越不可靠。

"耦耕"，一人扶犁，一人拉犁，用人力耕田。"耦"，两人共作。春秋时代西亚人工冶铁技术虽已传入中国，过去用来拉车和食用的牛也已开始变为耕牛，孔门弟子甚至有以犁、牛为名字者，但直到几十年前仍有人力耕田的情况存在。

"是知'津'矣"，双关语。孔子让子路"问津"，是问渡口。隐士说，不用问了，孔丘知道渡口，是指孔子知道政治社会问题的解决之道。

孔子曾说："贤者辟世，其次辟地，其次辟色，其次辟言。"（《宪问篇》14·37）两位隐士"辟世"，即所谓"辟世之士"；孔子师徒"辟色""辟言"，是所谓"辟人之士"。本章记录子路答话，用了一个"对"字，说明子路十分敬重隐士。

隐士也罢，孔子师徒也罢，其实都知道天下洪水滔滔。不同的只是，隐士知其不可为而隐居之，孔子师徒明知其不可为而为之。

"执舆"，手执马缰。老师坐车，必由子路"执舆"驾车。子路下车问津，故孔子临时"执舆"以控制马车。

子路向隐士介绍老师时，连姓带名称"孔丘"；自我介绍时，连姓带名称"仲由"，都符合礼制。跟外人讲话，不称姓氏，只称名，人家就很不容易知道是谁。在孔门内部，就可以只称名了。

18·7 子路从而后，遇丈人，以杖荷蓧。子路问曰："子见夫子乎？"丈人曰："四体不勤，五谷不分，孰为夫子？"植其杖而芸。子路拱而立。止子路宿，杀鸡为黍而食之，见其二子焉。

明日，子路行，以告。子曰："隐者也。"使子路反见之。至，则行矣。

子路曰："不仕无义。长幼之节，不可废也；君臣之义，如之何其废之？欲洁其身，而乱大伦。君子之仕也，行其义也。道之不行，已知之矣。"

【译文】子路跟随孔子，落到了后面，路遇一位老人，用拐杖挑着除草的农具。子路问道："您看见我的老师了吗？"老人说："你这个人，四肢不劳动，五谷分不清，谁是你的老师呀？"说完，便拄着拐杖除草。子路拱手而恭敬地站着。老人便留子路到他家住宿，杀鸡做饭给子路吃，又引荐其二子与子路相见。

第二天，子路赶上了孔子，禀告了这事。孔子道："这是位隐士。"让子路返回去再看看他。子路到了那里，老人却走了。

子路道："不做官不应该。长幼关系，是不可废弃的；君臣关系，怎么能废弃呢？想自保高洁，而扰乱了君臣关系。君子做官，是为了做其应该做的事。我们的理想不可能实现，早就知道了。"

【解析】本章记录子路遇隐士"荷蓧丈人"的事，批评隐士"不仕无义"。

子路明知"道之不行"，但仍要做官，仍然要"行其义"，这与《微子篇》18·6中孔子讲的话是一个意思，可见孔子师徒都是明知其不可为而为之，而隐士则是明知其不可为而隐之。

以"四体"称四肢，以"四体勤"为勤奋劳作，可能是周代俗语。（参《左传·定公四年》）

本章或可视作子路语录，其记录者或为子路之授业弟子，我根据《子罕篇》9·12和《先进篇》11·15考证，子路也是孔子设帐授徒的弟子，故特称孔子为"子"。如果这一推测成立，按照周礼和孔门习惯，本章还应尊称子路为"仲子"。估计曾参师徒编辑《论语》时，因为轻视子路的学问，又忌惮子路的影响，而将"仲子"统统改为"子路""季路"。

18·8 逸民：伯夷、叔齐、虞仲、夷逸、朱张、柳下惠、少连。子曰："不降其志，不辱其身，伯夷、叔齐与？"谓柳下惠、少连，"降志辱身矣，言中伦，行中虑，其斯而已矣。"谓虞仲、夷逸，"隐居放言，身中清，废中权。我则异于是，无可无不可。"

【译文】古今被遗落的人才：伯夷、叔齐、虞仲、夷逸、朱张、柳下惠、少连。孔子说："不降低自己的理想，不辱没自己的身份，是伯夷、叔齐吧？"又说柳下惠、少连，"降低自己的理想、辱没自己的身份了，但他们的言语合乎法度，行为符合考虑，那也不过如此罢了。"又说虞仲、夷逸，"避世隐居，放肆直言，行为廉洁，自我废弃符合其权变。我和这些人有所不同，没什么可以，也没什么不可以。"

【解析】本章评论古今七位"逸民"。

"逸民"，遗落的人才。《论语》中"民"字多指平民，但本章、6·29、15·25、20·1（"举逸民"）诸章均指"人"即上等人。伯夷、叔齐是殷商末期孤竹国君的两个儿子，两人均不愿意继位，逃离孤竹国，最后饿死于首阳山。虞仲，或谓即吴王泰伯之弟。柳下惠，春秋鲁国贤士，孔子、孟子均多次论及。其余无考。

孔子说："贤者辟世，其次辟地，其次避色，其次辟言。""作者七人矣。"（《宪问篇》14·37）而本章刚好列举了七位"逸民"，故有经师以本章所列七人为隐士。细读本章，孔子恐非此意。

孔子对颜回说："用之则行，舍之则藏。"（《述而篇》7·10）又说："邦有道，谷；邦无道，谷，耻也。"（《宪问篇》14·1）这大概就是"无可无不可"的意思吧。

18·9 大师挚适齐,亚饭干适楚,三饭缭适蔡,四饭缺适秦,鼓方叔入于河,播鼗武入于汉,少师阳、击磬襄入于海。

【译文】(鲁国礼崩乐坏,乐师纷纷离去,)太师挚到了齐国,师亚饭干到了楚国,师三饭缭到了蔡国,师四饭缺到了秦国,师鼓方叔入居黄河之滨,师播鼗武入居汉水之滨,少师阳和师磬襄入居海滨。

【解析】《论语注疏》谓本章是写"鲁襄公时礼坏乐崩,乐人皆去",是说可从。

"挚、干、缭、缺、方叔、武、阳、襄"皆乐师名。"大师"即"太师","大师挚"或即《泰伯篇》8·15之"师挚",太师为乐官之长,负责演奏乐曲的开端。然后鲁君用饭,"亚饭""三饭""四饭"等乐官依次演奏。"鼓",周代文献多作"瞽",即击鼓者,盲人鼓师。"播鼗"为摇小鼓者。依周人叙事习惯,"亚饭"以下七位乐师,均应称"师",如"师亚饭"之类。本章可能承前省略了几个"师"字,故译文补上。"海",古代凡大水均可称海,今广东方言犹存此俗。

18·10 周公谓鲁公曰:"君子不施其亲,不使大臣怨乎不以。故旧无大故,则不弃也。无求备于一人。"

【译文】周公对鲁公说:"君子不怠慢自己的亲族,不让大臣抱怨没被任用。故交老臣只要没有恶逆这类重大罪过,就不要抛弃他们。不要对人求全责备。"

【解析】本章记载周公姬旦教导其子鲁公伯禽事,或为弟子学习《尚书》时所做的札记摘录。

周武王在伐纣二年后即病死，周家天下风雨飘摇，周公必须在王朝执掌大局，而鲁国只能由嫡长子伯禽来治理。这段话，大概是伯禽赴任时周公叮嘱他的话。

"施"，同"弛"，弓弦放松谓之弛，"弛亲"，喻对亲族不亲近，往来不紧密。

"大故"，犯上作乱之类的大罪。

《尚书·君陈篇》："无求备于一夫。"或为"无求"句所本。

18·11 周有八士：伯达、伯适、仲突、仲忽、叔夜、叔夏、季随、季骗。

【译文】周朝有八位贤士：伯达、伯适、仲突、仲忽、叔夜、叔夏、季随、季骗。

【解析】"八士"均无考。从按照"伯、仲、叔、季"的顺序起名来看，可能是周初的贤士。春秋战国时代所谓"周"，仅指西周。西周时代和春秋初期，华夏诸国卿大夫并以伯、仲、叔、季为称，从鲁庄公十二年称卫国公卿"石祁子"开始，华夏公卿尊称为"子"。（参《学而篇》1·1）

子张篇第十九
（共二十五章）

19·1　子张曰："士见危致命，见得思义，祭思敬，丧思哀，其可已矣。"

【译文】子张说："读书人看见危险肯豁出性命，看到利益就想是否该得，祭祀就想严肃恭敬，守丧就想真心哀伤，这就可以了。"

【解析】本篇收录了孔子晚期五位设帐授徒的弟子教育各自弟子的语录，他们是子张、子夏、子游、曾参、子贡。他们教育各自弟子的时间，也就是本篇所收这些语录记载的时间，应该都在孔子去世之后，其时间跨度可能长达四十多年，即从孔子去世，到曾参去世前后。其中有些弟子早在孔子去世以前就已设帐授徒，《论语》中也留下了他们在孔子去世前的少量语录，不过全都编到前面的各篇中去了，没有编入本篇。孔子去世后，设帐弟子们教育各自弟子的语录，除了《泰伯篇》8·4等少数篇章外，大部分都编辑在《子张篇》中。《论语》编辑者这样安排，可能是有意保持本篇的特点，让本篇只收录孔子去世后五位弟子继续教育各自弟子的语录。

本篇所收这些语录，其简牍的记录者，应该都是这五位设帐弟子各自的弟子。按照周礼和孔门习惯，简牍都应尊称各自的老师为"某子"，如子张弟子尊称他为"颛孙子"，子夏弟子尊称他为"卜子"等。但是，当这些简牍被收进《论语》之后，只有曾参的语录才一仍旧贯，继续尊称他为"曾子"，其他四人的语录均已不再尊称为"某子"，而是改为直接称字了。这应该是曾参师徒编辑《论语》时改动所致。而改动的原因，则可能是因为曾参师徒认为，其他四位同学的学问和做派，都已经至少部分背叛了老师孔子，要维护孔子道德学问的纯洁性，就不能继续尊称他们为"某子"。这样的做法，折射出了孔子去世以后，儒学就开始分化，有的弟子开宗立派的历史情况，已经与战国早期"百花齐放，百家争鸣"的形势密切相关了。①

本篇19·1—3共三章均为子张语录，其原简记录者应该都是子张之弟子，而且原本应该都记作"颛孙子曰"云云。据《荀子·非十二子篇》记载，孔子去世后，子张"禹行而舜趋"，像传说中的大禹和舜帝那个样子走路，显得高不可攀，子张的同学们因此也说他是所谓"堂堂乎张"（19·16），批评他"然而未仁"（19·15）。曾参师徒可能也因此认为，子张并不真正明白圣人的道德和学问，他的学问和做派，已经不是孔子道德学问的正统，他不能继续得到尊敬，因此在编辑《论语》时，将所有的"颛孙子曰"统统改为"子张曰"。

可以想见的是，曾参师徒在编辑《论语》时，应该收集到比19·1—3这三章多得多的子张语录，一些与孔子学说相差太远的语录，可能就被直接淘汰了。

孔子教导子路，曾有"见利思义，见危授命"之语（《宪问篇》14·12）。本章所记子张语录，应该有所师承。

19·2 子张曰："执德不弘，信道不笃，焉能为有？焉能为亡？"

【译文】子张说："（一些君子）秉持仁德却不坚强，信奉理想却不忠诚，（这种君子，）活在世上怎么能算有他？不在世上怎么能算无他？"

【解析】本章也是子张教育自己弟子的语录，且原简记录应该记作"颛孙子曰"云云。

---

①详见《孔子弟子称"子"现象研究》（吴天明，《湖北社会科学》2018年第12期）。

"执德"二句互文,"德"与"道",都是指君子平治国家天下的人生理想、政治理想;"不弘""不笃",都是指不能坚定不移地为这样的理想终身奋斗。本章批评一些似乎有理想有道德的君子,信仰不坚定不执着,认为这样的君子可有可无。

春秋晚期至战国早期,华夏诸国君臣父子之间完全礼崩乐坏,华夏诸国与蛮夷戎狄之实力对比则天翻地覆,在这种情况下,还能坚持平治国家天下的仁道理想,并为之终身奋斗的君子,的确很少。

19·3 子夏之门人问交于子张。子张曰:"子夏云何?"

对曰:"子夏曰:'可者与之,其不可者拒之。'"

子张曰:"异乎吾所闻。君子尊贤而容众,嘉善而矜不能。我之大贤与,于人何所不容?我之不贤与,人将拒我,如之何其拒人也?"

【译文】子夏的学生问子张如何交友。子张问道:"子夏说了什么?"

学生答道:"子夏说:'可以交往的就与他交往,不可以交往的就拒绝他。'"

子张说:"这与我听到的有所不同。君子尊敬贤人也容纳众人,鼓励有才干的人也可怜无能的人。我是很贤明的人吗,什么人不能容纳呢?我是不贤明的人吗,别人将拒绝我,我怎么去拒绝别人呢?"

【解析】本章论交友之道。

本章为子张语录,记载子张就交友之道教育子夏之授业弟子。本章的记录者为子张之随侍弟子,因此第一句本应记作"子夏之门人问交于颛孙子"。后面的两个"子张",简牍也都应该记作"颛孙子"。按照周代礼制和孔门习惯,子张的学生,可以直接称子张的同学卜商的字"子夏"。

孔子讲交友之道,其实就是讲应该与什么样的君子打交道,怎样与君子打交道,一切都与平民百姓无关。孔子常与弟子谈交友之道,他说"事其大夫之贤者，友其士之仁者"（《卫灵公篇》15·10），"无友（仁德）不如己者"（《学而篇》1·8），"益者三友，损者三友"（《季氏篇》16·4）。可见孔子认为，应该交仁德君子为友，不能交不仁的君子（《宪问篇》14·6）为友。

　　子夏的见解，接近孔子。子夏所说的"可者"，即孔子所说的"贤者""仁者"；子夏所说的"不可者"，即孔子所说的"（仁德）不如己者"。

　　子张讲交友，认为贤与不肖、能与不能，只要是君子，都可以相交，与孔子所论交友之道不同。"尊贤而容众，嘉善而矜不能"两句互文。"贤"与"众"相对而言，"贤"，贤明君子；"众"，普通君子。"众"在《论语》中绝大多数都指平民百姓，但在此既与"贤"相对而言，则仅仅取其"多"义，不指平民，而指众多的普通君子。"善"与"不能"相对而言，"善"指有才干的君子，"不能"指没才能的君子。

　　子夏姓卜名商。《论语》中孔子的学生也有在他人面前称老师为"孔丘""仲尼"的（如《子张篇》19·24、《微子篇》18·6），这是为了表示对他人的尊敬。子夏的授业弟子在子张面前，站在子张的立场，顺着子张的口吻，称自己的老师为"子夏"，而不称"卜子"，也属此类。子夏的弟子，甚至可以在子张面前，称自己老师的名"商"。《左传》常常记载儿子在他人面前称自己父亲的名讳，也是为了表示对他人的尊敬。

　　以上三章均为子张语录。

19·4　子夏曰："虽小道，必有可观者焉，致远恐泥，是以君子不为也。"

【译文】 子夏说："（百工）即使是小技艺，也必有可取之处，只因恐怕它妨碍远大的事业，所以君子不做。"

【解析】 19·4—13共十章，均为子夏教育自己弟子的语录，记录者应该都是子夏的弟子，原简本应都尊称他为"卜子"，记作"卜子曰"云云，而不会直称其字，记作"子夏曰"云云。

　　据《史记·仲尼弟子列传·索隐》，子夏的学问，在孔门弟子中恐怕是最好的。孔子终身传授弟子"六艺"，孔子去世后，子夏一人独传其中"四艺"。

据《战国策·魏策》《史记·魏世家》等文献记载，孔子去世后，子夏就带着自己的部分弟子，还有子贡、曾参的部分弟子，教授西河，做了魏文侯的老师，在魏国推行后世被称为"法家"的那一套治国理论和办法，帮助魏国富国强兵。这一举动说明，从尧舜一直到孔子的那一套理论和办法，不太适应春秋晚期和战国早期的社会现实，必须进行新的探索。但是曾参师徒因此认为，子夏至少部分背叛了孔子，不能再受到特别的尊敬，所以在编辑《论语》时，将原简中的"卜子曰"统统直接改为"子夏曰"。

可以想见的是，本篇只收录了子夏与孔子学说比较接近的部分语录，那些与孔子学说相去甚远的语录，编辑者早已直接将其剔除了。

孔子多次表达过"君子不器"（如《为政篇》2·12）之类的意思，希望弟子们致力于平治国家天下的伟大理想。"器"，器物，本指百工制作的各种物件。子夏虽然承认百工制作的小物件也"有可观者"，但亦认为，这种技艺和器物的意义十分有限。晚周读书人大都想治国平天下，这是伟大的事业，因此他们都不屑于做手工业者和农民所做的事。

19·5 子夏曰："日知其所亡，月无忘其所能，可谓好学也已矣。"

【译文】子夏说："每天都知道自己早先所未知的，每月都不忘记自己所已能的，可以说是好学了。"

【解析】本章子夏论学问要日积月累。

"日知"两句互文，实际上是说"日知其所亡，无忘其所能；月知其所亡，无忘其所能"。用了互文之法，意义仍然繁复，语言却可以简洁许多。《论语》中用互文之法的例子很多。

孔门讲"学"，常常兼指学"文"和学"行"，但本章仅指学"文"。

《史记·仲尼弟子列传·索隐》："子夏文学著于四科，序《诗》，传《易》。又，孔子以《春秋》属商。又传《礼》，著在《礼志》。""文学"，即文献之学。可见孔子去世后，孔子终身所传"六艺"，子夏一人独传其"四艺"于天下。在孔子授业弟子中，子夏对传授老师的学问贡献最大。子夏能有此学问，应与他勤奋学习日积月累密不可分。

19·6 子夏曰："博学而笃志，切问而近思，仁在其中矣。"

【译文】子夏说："广泛学习并坚持自己的志趣，恳切发问并多多考虑当下的问题，仁德就在其中了。"

【解析】"博学切问"，即后世所谓"学问"。"志"亦通"识"，那么第一句就是博学强记之义，此说亦通。

孔子从尧舜三代春秋的学问中悟到了"仁"和"礼"①。子夏从尧舜三代春秋学问中悟到了"仁"。孟子与子夏相同，所以说"三代之得天下也以仁，其失天下也以不仁"（《孟子·离娄上》7·3）。"礼"侧重于理顺君臣父子关系，"仁"侧重于国家天下的治理。

19·7 子夏曰："百工居肆以成其事，君子学以致其道。"

【译文】子夏说："百工在其制造场所互相观摩，互相学习，从而生产出高水平的手工业品。同样的道理，君子亦应互相学习，互相砥砺，从而获得善道。"

【解析】本章以"百工"类比"君子"，谓"君子"应像百工那样，通过互相学习以获得"道"。

"百工"，泛指所有以血缘为纽带，以氏族为单位，一个氏族在长达几百年甚至上千年的时间里，只生产一种或一类手工业品的"劳力者"。如张氏长期做弓箭，陶氏唐氏长期做陶器、青铜器，索氏长期纺织丝绸，等等。如今中国人还在使用的姓氏中，仍保留了百工的许多历史信息。"百工"起源甚早，相

---

①详见《孔子的道德学问不只一条主线》（吴天明，《求索》2017年第4期）。

传尧舜时代即有主管"百工"的长官，名叫"垂"（亦作"倕"，见《史记·五帝本纪》）。据《左传》记载，周初分封诸侯时，周天王为了帮助华夏诸国发展经济，要给每个诸侯都分封若干个氏族的"殷民"，这便是百工。他们在商代归殷人所有，故称"殷民"。有学者如郭沫若根据甲骨卜辞中"民"字有奴隶义，而说周代的"殷民"也是奴隶。我不从。他们在商代或许是奴隶，但在周代却不是奴隶，而是平民。百工生产的器物，春秋时代晚期甚至可以自由买卖，子贡、范蠡这些商人因此发了大财，奴隶不可能如此自由。我认为周代虽有少数战俘做奴隶的情况，但没有实行奴隶制。周代各国都设有管理百工的官员，类似后世的"工业部长"，如楚国有"工尹"，就是协助正卿"令尹"管理百工的长官。

百工生产手工业品时，祖孙父子兄弟叔侄，一个氏族若干家族的人都聚在一起，互相观摩，互相学习，竞相超越，所以其工艺水平极高。商周两代的青铜器、玉器、纺织品等手工业品都无比精美，至今都令人赞叹不已，就全都出自这些百工之手。

孔子说："朝闻道，夕死可矣。"（《里仁篇》4·8）"道"，平治国家天下的方法。本章既以百工之道类比君子之道，故"道"也指平治国家天下的方法。

19·8 子夏曰："小人之过也必文。"

【译文】子夏说："小人对自己的过错，一定会加以文饰。"

【解析】本章批评小人文过饰非。

周代君子认为，君子不文过饰非，亦不二过，有过必改。小人必文过饰非。孔门讨论这一问题的记录很多，观点亦相同，可与《卫灵公篇》15·30、《学而篇》1·8、《子张篇》19·21、《里仁篇》4·7诸章合读。

19·9 子夏曰:"君子有三变:望之俨然,即之也温,听其言也厉。"

【译文】子夏说:"君子有三种变化:远远望去,庄重可敬;靠近了他,温和可亲;听他说话,严厉不苟。"

【解析】子夏所描绘的"君子",应该不是普通的上等人,更不是普通的读书人("士""君子儒"),而是"大人",即诸侯、公卿。孟子曾如此描述梁襄王:"望之不似人君,就之而不见所畏焉。卒然问曰:'天下恶乎定?'"(《孟子·梁惠王上》1·6)描绘的是一个反面"君子"的典型,可与子夏所描绘的正面形象互参。

19·10 子夏曰:"君子信而后劳其民,未信,则以为厉己也。信而后谏,未信,则以为谤己也。"

【译文】子夏说:"君子要有信誉然后才可以使唤民众,没有信誉,那么民众会认为你在害他们。君子要有信誉才可劝谏君上,没有信誉,那么君上会认为你在毁谤他。"

【解析】本章论君子之"信"十分重要。

本章中的"君子",下使民,上谏君,应该特指卿大夫,并非泛指所有贵族。"厉",死后灵魂没有归属,四处害人的恶鬼,在此用作动词。

19·11 子夏曰:"大德不逾闲,小德出入可也。"

【译文】子夏说:"(君子)重大节操不能越界,小节小礼有点出入是可以的。"

【解析】"大德",指涉及君臣父子的礼制;"小德",指无关紧要的问题。"逾闲""出入",均相对礼制礼法而言。孔子评价管仲,尽管管仲私德有亏,因其帮助齐桓公"九合诸侯""一匡天下",保护并扩大了先进的华夏文明圈,孔子就称赞他"仁"(《宪问篇》14·16、17)。周礼规定君子的礼帽要用麻线编织,但十分费时费力,孔子就支持人们改用蚕丝。蚕丝原料虽贵,但很省时省力,反而便宜许多。但是涉及如何给诸侯行礼,孔子就不同意卿大夫们随意改变(《子罕篇》9·3)。这些案例说明,孔子对君子遵守礼制的要求,并不死板,关键看是否涉及君臣父子大礼。子夏本章的观点,应该对孔子的礼制思想有所继承。

19·12 子游曰:"子夏之门人小子,当洒扫应对进退则可矣,抑末也。本之则无,如之何?"

子夏闻之,曰:"噫!言游过矣!君子之道,孰先传焉,孰后倦焉?譬诸草木,区以别矣?君子之道,焉可诬也?有始有卒者,其惟圣人乎?"

【译文】子游说:"子夏的学生,叫他们洒水扫地、接待客人、应对进退,还是可以的,不过这是末节罢了。学问的根基则没有,怎么可以呢?"

子夏听了这话,说:"噫,言游这话说错了!君子的学问,哪先传授(哪后传授),(哪先学习)哪后厌倦,(哪有一定呢?)好比是草木,要去区别分类吗?君子的学问,怎么可以歪曲?按部就班传授,有始有终的,大概只有先师圣人吧!"

【解析】本章子夏论学问的传授之道。

言偃字子游,故称言游,犹颜回字子渊,故称颜渊。同学之间互相称字,以示尊重,子夏平日称言偃时必称"子游",这次冠以姓氏"言",略有保持距离之义,说明子夏多少有些恼火。此俗至今犹存。

"圣人"应指孔子。孔子教弟子"六艺",应"有始有卒",这从孔子去世后子夏有能力传授《诗》《易》《春秋》《礼》(《史记·仲尼弟子列传·索隐》)中即可看出。孔子在世时,即已有人称他为圣人(《述而篇》7·34:"若圣与仁,则吾岂敢!");孔子去世后,鲁哀公写《诔》文追悼他(《左传·哀公十六年》）；子贡把他比作天上的日月（《子张篇》19·24）。子夏说这番话时，孔子应已去世。

战国学者著作，都说孔子去世后，儒学一分为八，子游、子夏都是孔子设帐授徒，开宗立派的弟子。本章所记录的争论，似乎并不涉及学理之争，仅仅关乎孰高孰低的问题。由此看来，曾参师徒在编辑《论语》时，不容许子夏、子张、子游、子贡、颜回、子路等继续被尊称为"某子"，除了与是否继承了孔子的衣钵这一学理问题有关外，还应与孔子去世后，同学之间竞争影响力有关。

19·13 子夏曰："仕而优则学，学而优则仕。"

【译文】子夏说："当官当得好，有余力，便学习礼乐；礼乐学得好，有能力，被大人赏识，就做官。"

【解析】我这样翻译，参考了《先进篇》11·1。我认为两个"学"字后面的宾语"礼乐"，因为在周代人所共知，而被子夏直接省略了。人所共知的宾语直接省略，至今仍然如此。以《论语》所记而论，孔子授业弟子，除了颜回、原宪、闵子骞不肯做官以外，绝大多数都"学而优则仕"；许多诸侯、卿大夫都向孔子请教过问题，这就是"仕而优则学"。

但郑国的亚卿子产似乎并不认可"仕而优则学"的看法。当时上卿子皮准备让一个年轻人当家宰，子产说："侨闻学而后入政，未闻以政学者也。"（《左传·襄公三十一年》）子产不同意把行政当试验品，所以不认同"以政学者"。

以上十章均为子夏教育自己弟子的语录。子夏有授业弟子，19·3、12两章说得很明白。我认为《学而篇》1·7也是子夏教育授业弟子的语录，另外《颜渊篇》12·5、12·22也是子夏语录，而且记录者也是其授业弟子，依据周礼和《论语》惯例，也应尊称"卜子"，而不应径称"子夏"。径称"子夏"，也是曾参师徒改动所致。其所以将1·7、12·5、12·22不编入本篇，可能是因为，本篇所有五位弟子的语录，都是在孔子去世后的语录，而1·7、12·5、12·22是孔子在世时，子夏教育自己弟子的语录。曾参也有类似情况。

19·14　子游曰："丧致乎哀而止。"

【译文】子游说："丧礼，只要表达悲哀之情就可以了。"

【解析】本章和19·15两章都是孔子弟子言偃（字子游）教育自己弟子的语录，原简均为子游弟子所记，故本应尊称他为"言子"，曾参师徒编辑《论语》时，将"言子"一律改为"子游"。

君子的丧礼，无论是按殷商礼制实行"三年之丧"（至少二十五个月，三个年头），还是按西周礼制实行丧期短得多的"三年之丧"（《左传·隐公五年》），①都有许多十分繁杂的礼仪规定。孔门一派人认为，关键是"心丧"，而不是各种繁琐的仪式，即孔子所谓"礼，与其奢也，宁俭；丧，与其易也，宁戚"（《八佾篇》3·4）。孔子在世时，齐国国相晏婴、楚国令尹子西，就都说孔子的礼学太复杂（《史记·孔子世家》）。其实孔子一派人从来就不刻板，他们更加关注天下国家的大事，更加注重君臣父子的大节。本章子游论丧礼，就得了孔子礼制思想的精髓，不可轻轻放过。

19·15　子游曰："吾友张也为难能也，然而未仁。"

【译文】子游说："我的朋友子张是难能可贵的了，然而还没有达到仁德的境界。"

【解析】孔子认为，为平治国家天下，"立人安人"而终身奋斗，这样的君子才可以称为"仁"。孔子评价他人，从不轻许谁"仁"。七十余弟子，只称赞颜回"仁"。子游可能也如此。

"友"，孔门弟子都是读书人，周代读书人之间有互相责善的义务，互称"朋友""朋""友"（参《学而篇》1·1分析文字）。

---

①详见《孔孟倡导"三年之丧"的政治目的与文化考量》（吴天明，《湖北社会科学》2017年第8期）。

"张",子张。用法与《子张篇》19·16相同。周代君子的表字,绝大多数都是"子某",如"子渊""子张"之类,所以他们有时称呼表字时,干脆把"子"字省掉。

子张有什么"难能"呢?子游未说明,可能是指子张在老师去世后四处讲学。

19·16 曾子曰:"堂堂乎张也,难与并为仁矣。"

【译文】曾子说:"子张仪表堂堂,(颇似高不可攀,)似乎他人难以与之并入仁德之境了,(天下只有他才是圣人。)"

【解析】本章批评子张的样子和做派貌似圣人,自以为了不起。

19·16—19共四章都是曾参语录,孔子去世前曾参的另十章语录则编于他篇。曾参在孔子去世后教育自己弟子的这四章语录,均一仍旧贯,继续尊称曾参为"曾子",这除了与曾参师徒编辑《论语》,在与同学们争夺影响力的竞争中得了方便以外,还可能与曾参师徒认为,自己才是先师孔子道德学问的忠诚继承者有关。

"堂堂",仪表步态非比寻常。《荀子·非十二子篇》说子张"禹行而舜趋",像大禹和舜帝爷那样走路,大概就是"堂堂"的意思。其实尧、舜、大禹乃至先师孔子的道德学问一点都不复杂,一点都不高不可攀,任何人都可以"求仁得仁"。子张却只学圣人的威仪,以为老师既已去世,现在只有他一个人才是仁人,天下之人都"难与并为仁"。这是曾参用《春秋》笔法,批评子张的做派有违圣人的初衷和先师的教诲,只学圣人的皮毛,不学圣人的道德学问。曾参对子张的评价,与子游评价子张"未仁"(参19·15),其实是一致的。

"张",指同学子张。用法与19·15相同。

19·17 曾子曰:"吾闻诸夫子:人未有自致者也,必也亲丧乎!"

【译文】曾子说:"我从老师那里听说过:人没有自动调动至情的,如果有,一定是在父母去世的时候吧!"

【解析】"诸","之于"的合音字。"夫子",敬称公卿大夫。孔子曾为鲁国公卿,故得此敬称。

《孟子·滕文公上》5·2援引本章大意为:"亲丧,固所自尽也。""自尽"与"自致"意义相同。

19·18 曾子曰:"吾闻诸夫子,孟庄子之孝也,其他可能也,其不改父之臣与父之政,是难能也。"

【译文】曾子说:"我听老师说过:孟庄子的孝道,其他的别人也可能做到,但他(在守丧三年期间)留用先父的老臣,不改动先父的政策,这就难能可贵了。"

【解析】本章称赞鲁国公卿孟庄子严格遵守殷商"三年之丧"的礼制。

孟庄子,鲁国公卿。其父孟献子,鲁国公卿,卒于鲁襄公十九年。孟庄子的身体很可能相当糟糕,所以其父去世仅仅四年之后,自己也去世了。孟献子去世时,孔子尚未出生;孟庄子去世时,孔子刚出生。孟献子、孟庄子父子的故事,孔子或从鲁史,或从当时鲁人的议论中得以知之。孔子对孟庄子孝行的判断,很可能受到鲁史和鲁人的影响。

周朝有两种"三年之丧",丧期不同,但名称相同。源于尧、舜、殷商的"三年之丧",丧期至少要二十五个月,达到三个年头;西周时代的"三年之丧",则天子七月、诸侯五月、大夫三月、士二月。(参《左传·隐公元年》)周代人讲的"三年之丧",到底是指哪一种"三年之丧",要结合其他史料仔细分析,很难一概而论。不过,《论语》中孔子及其弟子每次讲的"三年之丧",

都仅仅指尧舜殷商的"三年之丧",而不指周人缩短了丧期的"三年之丧"。而孟子讲的"三年之丧",则指周礼规定的缩短了丧期,简化了礼仪的"三年之丧"(参《孟子·滕文公上》5·2)。由此可知,孔子和曾子夸奖孟庄子实行的"三年之丧",是至少守孝三个年头的"三年之丧"。不过,这只是孔子曾子的误判而已。

按照周礼,孟庄子为其父亲守孝五月(五个月份即可,不必满满的五个月),守丧期间"不改父之臣与父之政",这就是完全符合礼制的。丧期一满,孟庄子就要嗣位为公卿,可以"改父之臣与父之政"。大约因为孟庄子身体十分不好,嗣位之后并没有认真执政,所以从父亲去世一直到自己去世,连续几年都没有改动父亲留下来的一切。鲁国人包括孔子曾参都不明就里,竟然糊里糊涂地把孟庄子当成了一个恢复殷商古礼、谨守孝道的典型。

孔子、曾子还有一个误解:他们误认为孟庄子为其父亲孟献子守孝时间达到了三个年头,这是不可能的。我认为孟庄子"不改父之臣与父之政",只是因为自己身体不好,无暇顾及而已。周礼规定,卿大夫的丧期是五个月,超过了五个月就是僭越礼制,那是死罪。

《学而篇》1·11:"子曰:'父在,观其志;父没,观其行。三年无改于父之道,可谓孝矣。'"《里仁篇》4·20:"子曰:'三年无改于父之道,可谓孝矣。'"此外,《宪问篇》14·40、《阳货篇》17·21,孔子也有相关论述。看来孔子的确常常谈及"三年之丧"的问题。

春秋时代礼崩乐坏,就连周天子和鲁侯都常常不遵守周礼。而孟庄子从父亲去世,一直到自己去世,都至少在客观上"不改父之臣与父之政",因此恐怕早在孟庄子去世前后,他就被鲁国君子树立为孝道的典型了。所以连孔子都不明就里,而发表了许多评论,曾参才得以听到老师对孟庄子的评论。①

---

① 详见《孔孟倡导"三年之丧"的政治目的和文化考量》(吴天明,《湖北社会科学》2017年第8期)。

19·19 孟氏使阳肤为士师,问于曾子。曾子曰:"上失其道,民散久矣。如得其情,则哀矜而勿喜。"

【译文】(鲁国公卿)孟孙氏让(曾子的弟子)阳肤去当法官,阳肤向曾子请教。曾子说:"贵族不按规矩办事,平民离心离德已经很久了。如果查得平民犯罪的实情,你要可怜他们,而不要(因为查清了案子而)沾沾自喜。"

【解析】"情",实情。审查案子,必先得实情,再依法断狱,古今皆然。《左传·庄公十年》载:"小大之狱,虽不能察,必以情。"《僖公二十八年》:"民之情伪,尽知之矣。"《国语·鲁语上》作"必以情断之"。皆其例。

"矜",哀怜。《僖公十五年》:"吾怨其君,而矜其民。"《文公四年》:"虽不能救,敢不矜乎?""矜"均为哀怜义。

中国夏代即有"禹刑",以后各代都有刑法。君子制定这些法律,只为治理平民,而不可能治理君子自己,此所谓"刑不上大夫"。因此,阳肤当法官,只会审理平民的案子,不可能审理君子的案子。孔门认为,"君子之德,风;小人之德,草。草上之风,必偃"(《颜渊篇》12·19);"上好礼,则民莫敢不敬;上好义,则民莫敢不服;上好信,则民莫敢不用情"(《子路篇》13·4)。平民百姓的道德、守法出了问题,都是因为君子先出了问题,君子堕落了。曾参说"上失其道,民散久矣",是说君子不像君子,不讲仁道,堕落已经很久了,民众受其影响,因而道德堕落,作奸犯科,依法应负刑责,但根源在君子那里。所以曾子嘱咐弟子,既要依法处理,又要可怜平民。孔子也曾说,他当法官,重点是要"无讼",即清除犯罪根源(《颜渊篇》12·13)。孔子师徒均有哀怜平民之意,均注意到了平民犯罪的根源在君子那里。

以上四章均为曾子语录。

19·20 子贡曰:"纣之不善,不如是之甚也。是以君子恶居下流,天下之恶皆归焉。"

【译文】子贡说:"商纣王的坏,不像如今传说的这样过分。因此君子憎恨居于下流,一居下流,天下所有的坏事就都会集中算到他的身上。"

【解析】 19·20—25共六章都是孔子去世后,子贡教育自己弟子的语录。曾参师徒认为,子贡的弟子如田子方都是法家人物,跟着子夏在魏国实行法家的那一套。而且子贡自己又是春秋"行人"即外交家,"行人"到战国时期就是纵横家,他们都不是孔子道德学问的忠诚继承者,甚至他们的做派都与孔子不同。因此,曾参师徒为了维护孔学的纯洁性,不仅很可能剔除了子贡不少与孔子学说相左的语录,还把子贡弟子所记的原简中尊称子贡为"端木子"的地方,一并改为直接称"子贡"。

从子贡语录来看,孔子去世不久,对孔子的攻击就开始了。子贡、曾参,还有后来的孟子(《孟子·滕文公下》6·9),都用自己的方式,坚定地维护孔子的道德学问。子贡和孟子是直接出击,曾参的方式是编辑《论语》。方式不同,目的则一。

周代文献,的确如子贡所说,都说商纣王坏。子贡能有这种见识,很不简单。周代文献也都说尧舜怎样帮助天下所有的人,孔子却说,那不可能做到(《雍也篇》6·30),这样的见识也了不起。《尚书·武成篇上》说,周武王伐商纣王时"流血漂杵",孟子不信(《孟子·尽心下》14·3)。后来梁启超和夏、商、周断代工程的学者先后证实,武王伐纣这一仗,大概只打了一个时辰,而且基本没有打,孟子的见解是对的。由此看来,子贡的学问很了不起。

19·21 子贡曰:"君子之过也,如日月之食焉:过也,人皆见之;更也,人皆仰之。"

【译文】 子贡说:"君子的过错,如同日蚀月蚀那样明显:犯错时,人人都能看见;改正时,(如同日月恢复光明,)人人都仰望着。"

【解析】《左传·宣公十二年》记载,晋楚大战,晋败。晋侯欲杀主帅桓子,士贞子谏曰:"夫其败也,如日月之食,何损于明?"君子之过与君子之败,均为暂时现象,无损其明。

孔子说:"过而不改,是谓过矣。"(《卫灵公篇》15·30)子夏说:"小人之过也,必文。"(《子张篇》19·8)这几章可以合读。

《孟子·公孙丑下》4·9引用了此章大意。

19·22 卫公孙朝问于子贡曰:"仲尼焉学?"子贡曰:"文武之道,未坠于地,在人。贤者识其大者,不贤者识其小者,莫不有文武之道焉。夫子焉不学?而亦何常师之有?"

【译文】卫国的公孙朝向子贡问道:"仲尼的学问是从哪里学来的?"子贡道:"以周文王、周武王为代表的尧舜三代的道德学问,从来没有失传,而是散落在人间。贤明的人能认识其大处,不贤明的人也能认识其小节,没有哪个地方没有这些道德学问。我的老师何处不学?为什么要有一定的师承呢?"

【解析】本章论孔子并无特别的师承,而是向许多有识之士学习尧舜三代的道德学问。

本章中的两个"文武之道",均借指尧舜三代的道德学问,并非单指文武二王之道而已。孔子曾经说:"周监于二代,郁郁乎文哉!"(《八佾篇》3·14)西周礼制文化是在广泛地吸收学习了尧、舜、夏、商优秀文化的基础上发展起来的。孔子终身学"六艺",教"六艺","六艺"就是"文武之道",也就是尧舜三代的道德学问。

子贡这一见识,与孔子相同。《昭公十七年》记载,孔子曾经向郯子学习远古史,学习东夷利用候鸟的来去规律来纪年纪月的方法,并说:"吾闻之,'天子失官,官学在四夷。'尤信。"可见"文武之道,未坠于地,在人","天子失官,官学在四夷",是当时很多有识之士的共识。西周灭亡之后,春秋时代中晚期华夏分崩离析之后,礼器、图书、文化人逐步散落天下许多国家(《微子篇》18·9),所以孔子说"官学在四夷"。"夷"泛指与西周王国等姬姓国家相比原本文化落后的国家和部落。但这些文化散落诸国后,并不在"民"间,而在"人"间,因为只有上等的"人"才可能学到这些文化知识,下等的"民"在那时是没有机会没有可能甚至是没有必有学到的。文化知识从"人"间下移到"民"间，经过了几千年的漫长岁月，直到如今才开始逐步变成现实。郯国到底是华夏还是蛮夷，鲁国上卿季文子因为郯国为古帝少皞、颛顼之后，且文化比楚人高，故曾称之为"中国"（《左传·成公七年》）；孔子因为郯国至周代实际上已经东夷化，鲁昭公甚至好奇地问郯子少皞氏以鸟名官的文化，故称郯国为"夷"。章太炎《左传读》引刘子骏《让太常博士书》"夫礼失求之于野"，《后汉书·朱浮传》"中国失礼，求之于野"，均以"野"释"夷"，这些都是《左传》家对孔子"天子失官，官学在四夷"的解释，恐非孔子本意，也与本章子贡的见解相悖。我以孔子子贡师徒之语互证，其意或许更加接近孔子。

关于"卫公孙朝"，据翟灏《四书考异》，春秋晚期大夫而称公孙朝者，还有鲁公孙朝（《昭公二十六年》），楚公孙朝（《哀公十七年》），郑公孙朝（《列子》）。可能正是因为考虑到这一点，记录者记录此事时，为了避免混乱，特别注明是卫国的大夫公孙朝。翟氏考据精审，其说可从。按照周礼，周天王太子以外的儿子均称"王子"，孙子均称"王孙"；华夏诸侯太子以外的儿子均称"公子"，孙子均称"公孙"。他们又都是卿大夫，史官必须记录其名字事迹，不能用"某"字代替其名，只要他们名"朝"，史册就记作"王子朝""王孙朝""公子朝""公孙朝"，而华夏各国又特别爱用"朝"字给子孙命名，因此周代文献中有"王子朝"，而"公子朝""公孙朝"则很多。

19·23　叔孙武叔语大夫于朝曰："子贡贤于仲尼。"子服景伯以告子贡。

子贡曰："譬之宫墙，赐之墙也及肩，窥见室家之好。夫子之墙数仞，不得其门而入，不见宗庙之美，百官之富，得其门者或寡矣。夫子之云，不亦宜乎？"

【译文】叔孙武叔在鲁国朝廷上对大夫们说："子贡比仲尼强。"
子服景伯把这话转告子贡。
子贡说："拿房子的围墙打比方：我家的围墙只有肩膀那么高，可以看到房屋的美好。我老师家的围墙有几人高，找不到门进去，就看不到里头宗庙的美好，许多房子的丰富多彩，能找到大门（进去）的人或许很少吧。叔孙武叔说这样的话，不也很自然吗？"

【解析】本章记录子贡反驳无知者对先师孔子的诋毁，盛赞老师的道德学问。所记故事，应发生在孔子去世之后。

叔孙武叔、子服景伯，都是鲁国大夫，《左传》定公、哀公诸年均有记载（"子服景伯"，另见《宪问篇》14·36）。"贤"是对一个人的道德学问所做的总体上的笼统的评价。"官"与"宫"一样，都本指房子。"仞"究竟有几尺几寸，古来学者索解纷纭，大可不必。我以为"仞"就是"人"。从古到今，中国人都有用成年人的身高目测高度、深度的习惯，所谓"数仞"，就是几人高；"万仞"，就是上万人高。"夫子"本指公卿和大夫。本章中有两个"夫子"，前者称孔子，因其曾任公卿；后者称叔孙武叔，因其现为大夫。

"宗庙"，古代都邑，有宗庙者谓之都，即后世所谓都市；无宗庙者谓之邑，即后世所谓村庄。子贡以有宗庙的都市，比喻老师的学问十分繁复，远非叔孙武叔之流所能了解。子贡这个比喻很巧妙，在不失礼貌的情况下，暗讽叔孙武叔不学无术，"不得其门而入"，对孔子伟大的道德学问一无所知，竟敢对孔子妄加评论。

孔子弟子发自内心地崇拜孔子。宰我说："以予观于夫子，贤于尧舜远矣。"子贡说："见其礼而知其政，闻其乐而知其德，由百世之后，等百世之王，莫之能违也。自生民以来，未有夫子也。"有若说："自生民以来，未有盛于孔子也。"（《孟子·公孙丑上》3·2引）

19·24 叔孙武叔毁仲尼。子贡曰："无以为也！仲尼不可毁也。他人之贤者，丘陵也，犹可逾也；仲尼，日月也，无得而逾焉。人虽欲自绝，其何伤于日月乎？多见其不知量也。"

【译文】鲁国卿大夫叔孙武叔诋毁仲尼。子贡道："不要这样做！仲尼是不可能诋毁得了的。别的贤人，好比是丘陵，还可以超越；仲尼，好比是天上的太阳和月亮，无法超越。有人即使想自绝于太阳和月亮，他对太阳和月亮有什么损害呢？只能表示他不自量力罢了。"

【解析】本章记录子贡盛赞孔子，反击无知者对孔子的诋毁。

本章应与上章合读，时间上或有先后，程度上或有轻重，子贡的反应也有含蓄与直白、稍轻与更重之别。

在他人面前自称老师、父亲的名讳，以示对他人的尊重，这是从古到今都不曾改动的礼制。故《论语》中有几章像本章这样，弟子在他人面前称呼老师孔子为"丘""孔丘"或"仲尼"。但是子贡的弟子记录本章语录，在用叙述语言称呼孔子时，按照礼制，则不应该称呼"仲尼"，而应该尊称"孔子"或"子"，记作"叔孙武叔毁孔子"，或记作"叔孙武叔毁子"。

19·25　陈子禽谓子贡曰："子为恭也，仲尼岂贤于子乎？"

子贡曰："君子一言以为知，一言以为不知，言不可不慎也。夫子之不可及也，犹天之不可阶而升也。夫子之得邦家者，所谓立之斯立，道之斯行；绥之斯来，动之斯和。其生也荣，其死也哀，如之何其可及也？"

【译文】陈子禽对子贡说："您是谦恭客气吧？仲尼难道比您还强？"

子贡道："君子的一句话，既可以表现他有知，也可以表现他无知，所以说话不可不谨慎。我的老师不可企及，就像苍天不可用阶梯上去一样。他老人家如果能得到邦国，（能当诸侯，）那正如他老人家所说的，他就会让所有的君子都依礼而立，他的伟大理想就会得以实行；他要绥靖远方的人，他们就会来归顺，他要动员所有的人，大家都会和睦。他老人家，生得光荣，死得可惜，怎么可能企及呢？"

【解析】本章记录子贡盛赞孔子，反击无知者对先师孔子的诋毁。

陈子禽，即《学而篇》1·10、《季氏篇》16·13两章中的陈亢，字子禽。郑玄说他是孔子的学生，以本章所论观之，断无授业弟子如此评价业师之理，故《仲尼弟子列传》不收陈亢。但16·13是陈亢自己的记录，若非孔的弟子，这一章不可能被收进《论语》，估计陈亢是孔子的一个非常糟糕的弟子。

子贡对老师的赞美，无一虚辞，他发自内心地称颂老师，为老师一生未遂其志表示无比的惋惜！子贡委婉地讽刺陈子禽无知，分寸拿捏亦很妥帖。

"邦家"，"邦"本指国家，"家"本指卿大夫的采邑。我认为这个词在此可能作偏义复词，仅用"邦"之义。那么"立之"四句就有两层意思：

"立之斯立，道之斯行"是一个意思，这是治理国家的第一个阶段。孔子一生都想"立人达人"（《雍也篇》6·30），都想实行伟大的理想"道"。"立人达人"就是孔子的"仁""德""道"，"立人达人"了，国家就治理好了，"道"就实行了。

然后再"绥之斯来"并"动之斯和"，即用先进的华夏文化吸引远人来归顺，之后还要使已经归顺的远人与本国原有的人民和谐地生活在一起，这就是"远人不服，则修文德以来之。既来之，则安之"（《季氏篇》16·1），这是治理国家第二个阶段的任务。

国家治理好了，远人来归顺了，融入华夏了，如此这般，天下就统一于"仁"与"礼"矣。可见，子贡实际上是在委婉地表示，先师孔子如果得遂其志，可以称王于天下。这是对孔子极其崇高的评价。

曾参师徒把这一章编在这里，当然也是十分认可子贡对孔子的这一评价的，很可能是想拿这一章做孔子之道和《论语》一书的总结。《尧曰篇》三章非常乱，几乎完全看不出做过编辑工作的痕迹，很可能原本并不在曾参师徒的编辑计划之列。假若这一推测能够成立，本章就是《论语》的卒章，编辑者当然要"卒章显志"了。《孟子·尽心下》14·38"卒章显志"之义甚明，说明那时编书者已经有此意识，可以略略佐证我的这一推测。

尧曰篇第二十
（共三章）

20·1　尧曰："咨！尔舜！天之历数在尔躬，允执其中。四海困穷，天禄永终。"

舜亦以命禹。

【译文】尧禅让时对舜说："啧！你这位舜！天命如何都在你身上，你要保持公正。如果天下人都困穷，上天给你的禄位也就永远完了。"

舜禅让时也这样对禹说。

【解析】本篇内容杂乱无章，或许曾参师徒编辑《论语》时，本无此篇。

本章内容庞杂，有凭借记忆摘录的《尚书》片段，其中可能有误记者；可能还有孔子或其弟子的语录。现将其分为七小节，以便解说。

本节是摘录《尚书·大禹谟》的片段，可能有误记。今本《尚书·大禹谟》记载舜帝告诫大禹曰："天之历数在汝躬……允执阙中……四海困穷，天禄永终。"本节将这番话记作尧告诫舜，舜告诫禹的话。古人读书全凭记诵，难免出错。或此事本有不同传闻，周代本有不同记录。本节可能是哪位弟子或再传弟子读书时抄录在竹简上，以备学习记诵之用的，后编《论语》时，将其编入，可见《论语》的编辑工作的确不敢恭维。

曰："予小子履敢用玄牡，敢昭告于皇皇后帝：有罪不敢赦。帝臣不蔽，简在帝心。朕躬有罪，无以万方；万方有罪，罪在朕躬。"

【译文】汤说："我谨用黑色的牡牛作牺牲，冒昧禀告光明而伟大的天帝：有罪者我不敢赦免。您臣仆的善恶我不会遮蔽，这些都记在您的心里。我自己有罪，请不要诛连万方；万方有罪，请将罪过都记在我一个人身上。"

【解析】本节摘自《尚书·汤诰》，为商汤祈雨之辞。《墨子·兼爱篇下》《国语·周语上》《吕氏春秋·顺民篇》亦记载之，文字略有不同。《左传·庄公十一年》载，臧文仲说"禹汤罪己"，此即商汤罪己之辞，说明秦火之前《尚书》确有《汤诰》。古人引文全凭记诵，不如今人严谨。今本《汤诰》："王曰：嗟尔万方有众，明听予一人诰……敢用玄牡，敢昭告于上天神后，请罪有夏……尔有善，朕弗敢蔽。罪当朕躬，弗敢自赦，惟简在上帝之心。其尔万方有罪，在予一人。予一人有罪，无以尔万方。"所谓大禹罪己，《尚书》无征，恐系臧文仲连言之。《左传·庄公三十二年》，周内史过尝言，国将兴，神降之；将亡，神亦降之，"虞夏商周皆有之"。《国语·周语上》只记三代神降之事，不及于虞。盖虞夏同科，虞夏连言乃当时习惯，故内史过亦连言之。此说本俞樾《茶香室经说》。虞夏连言，禹汤连言，都是周人的语言习惯。

"予小子""予一人"，均为帝王自称。《僖公九年》《礼记·曲礼下》都说天王在丧才自称"予小子"，恐误。"履"，相传商汤名"履"，也叫"太乙""大乙"。"玄牡"，黑色的公牛。祭神用牡不用牝。夏尚黑，殷尚白，周尚赤。故商汤祭祀求雨用夏礼，选黑色的牛（水牛）祭神；武王伐纣用殷礼，举白旗为战旗。①《庄公二十五年》："凡天灾，有币，无牲。"所记盖诸侯之礼，非天子之礼。《诗经·大雅·云汉》记载周宣王天灾祭祀，亦如商汤用牲，可为佐证。"朕"，我。秦始皇以前，人人都可以"朕"称自己。

---

①详见《白旗小考》（吴天明，《江汉论坛》1996年第8期）。

周有大赉,善人是富。

【译文】 周人大封诸侯,让善人都富裕起来。

【解析】 这两句不见于今存古书。若是孔子语录,则逸"子曰"二字;若是曾子或其他设帐授徒的授业弟子的语录,则逸"某子曰"三字;若是古书,则为逸文。

《左传·襄公二十八年》:"善人富,谓之赏。"周初大封周家兄弟子侄、古老氏族、周家甥舅共三百多国,其地北至北京蒙古,南至江汉流域,东至大海之滨,西至山西陕西,此皆"善人"所封。李亚农《西周与东周》对此有详细考证。

虽有周亲,不如仁人。百姓有过,在予一人。

【译文】 虽有许多亲族,不如仁人一人。百姓如有罪过,罪责都在我一人。

【解析】 这节文字摘自《尚书·泰誓中》:"(周武王说)虽有周亲,不如仁人。天视自我民视,天听自我民听。百姓有过,在予一人。"

"周亲",很多亲族。"周"有遍、多之义。古人称父系本家为亲族,称姻亲为戚族,此"亲""戚"之别也。

谨权量,审法度,修废官,四方之政行焉。兴灭国,继绝世,举逸民,天下之民归心焉。

【译文】 谨慎地审定度量衡,修复废置的官署,国家的政令就能实行了。恢复被灭亡的国家,继续断绝了的世系,推举遗落的人才,天下人民就会心向往之了。

【解析】 这几句话不见于今存古书,或为孔子语录,则前逸"子曰"二字;或为授业弟子语录,则逸"某子曰"三字;或为逸书逸文,则为孔门摘录古书。

"权"测轻重,"量"测容积,"度"测长短,"废官"为废置的官署,四者慎则政治运行良好。

"兴灭国,继绝世"为一事,"举逸民"则为另一事。夏商周三代令王,均分封古老文明氏族,因此最晚在春秋时代,这些氏族融合而成华夏民族,周代君子常常论及,要求保留先王这一优良传统。如周灭商,大封炎、黄、尧、舜、夏、商等古老氏族约三百国,以祀先祖,存其世系。春秋时代灭国无数,许多并非绝其社稷,断其世系,尽有其地,往往是灭而复续之。如《左传·僖公十九年》说"齐桓公存三亡国";《僖公十二年》楚灭黄国(今河南潢川),后复其国;《僖公二十二年》"取须句,反其君焉,礼也";《宣公十一年》楚庄王杀夏征舒(以其弑陈君也),灭陈,后立陈灵公之子午,是谓成公;《宣公十二年》楚灭宋国附庸萧,但《定公十一年》萧国仍存;《昭公十三年》吴灭州来,《昭公二十三年》州来犹存;《昭公十三年》,楚平王恢复陈、蔡等八国,并反复说"礼也",其例甚多,皆"兴灭继绝"也。《僖公二十二年》,鲁僖公之母成风劝僖公曰:"崇明祀,保小寡,周礼也。""保小寡",是小国寡民灭之前要保之,灭之后则要"兴"之"继"之。《史记·陈世家》《孔子家语·好生篇》均记载,孔子读古史至楚庄王立陈灵公之子陈成公处时,以其"兴灭继绝",喟然而叹,盛赞楚庄王"贤"。可见"兴灭继绝"是周礼的基本精神之一,是周代仁德君子的共识。

"兴灭继绝"之后,治国理民需要人才。"举逸民",推举遗落的人才,也叫"出滞淹"(《文公六年》)、"举淹滞"(《昭公十四年》),推举逸落隐居的人才为官。"民",此指"人",即人才。

所重:民,食;丧,祭。

【译文】所重视的:民众,粮食;丧礼,祭祀。

【解析】本节"民"与"食"为一事,为治民之要;"丧"与"祭"为另一事,为治人之本。

"民"必有"食",故《左传·昭公五年》谓鲁昭公失国,"公室四分,民食于他"（鲁国四分，季氏独得两份，孟氏、叔氏各得一份，平民种地，不需再找鲁君）；故有国有家者，必先重"民"与"食"。孔子每次与弟子讨论如何治国安邦，必谈三大任务：富民、教民、保民。"民"与"食"，即富民之事。

"丧"与"祭"，君子的父母死了，依礼丧葬，依礼祭祀，这是孝与忠的核心。《孟子·离娄下》8·13："养生者不足以当大事，惟送死可以当大事。"其义亦在于此。

孔孟这派人的上述思想，可能既来源于对现实政治的观察总结，也可能有所继承。《尚书·武成》有"惟食丧祭"之语，"食"乃治民之要，"丧、祭"乃君子所本。

本节或为孔门弟子所记。"所重"之主语，或为孔子。

宽则得众，〔信则民任焉，〕敏则有功，公则说。

【译文】宽厚就会得到众人拥护，勤敏就会有功绩，公平公正部属就高兴。

【解析】本节当为孔子或其授业弟子之语录。"信则民任焉"，前贤早已指出当系衍文。可从。"说"，同"悦"。

20·2　子张问于孔子曰："何如斯可以从政矣？"

子曰："尊五美，屏四恶，斯可以从政矣。"

子张曰："何谓五美？"

子曰："君子惠而不费，劳而不怨，欲而不贪，泰而不骄，威而不猛。"

子张曰："何谓惠而不费？"

子曰："因民之所利而利之，斯不亦惠而不费乎？择可劳而劳之，又谁怨？欲仁而得仁，又焉贪？君子无众寡，无小大，无敢慢，斯不亦泰而不骄乎？君子正其衣冠，尊其瞻视，俨然人望而畏之，斯不亦威而不猛乎？"

子张曰:"何谓四恶?"

子曰:"不教而杀谓之虐,不戒视成谓之暴,慢令致期谓之贼,犹之与人也,出纳之吝谓之有司。"

【译文】子张向孔子问道:"怎么样做方可从政?"

孔子道:"尊重五种美德,摒弃四种恶政,这就可以从政了。"

子张又问:"哪些是五种美德?"

孔子道:"君子给民众好处而自己无所耗费,使唤百姓而百姓却不抱怨,自己欲仁欲义而并无贪心,安泰矜持却并不骄傲,仪表威严却并不凶猛。"

子张又问:"什么叫作给民众好处而自己无所耗费?"

孔子道:"就着民众能得利时而让他们得利,这不就是给人好处而自己无所耗费吗?选择可以使唤的时机而使唤他们,又有谁会怨恨?自己想要仁德善政就得到了仁德善政,又贪求什么?君子衣冠端正,目不斜视,庄严得让人望而生畏,这不也是威严而不凶猛吗?"

子张又问:"什么叫作四种恶政?"

孔子道:"不予教育便加杀戮叫作虐,不先申戒便要事成叫作暴,早先怠慢突然限期叫作贼,给人财物出手悭吝就像小吏一样。"

【解析】本章孔子论"尊五美,屏四恶",方可从政。

《阳货篇》17·6:"能行五者于天下为仁矣。""恭,宽,信,敏,惠。恭则不侮,宽则得众,信则人任焉,敏则有功,惠则足以使人。"可与本章"五美"说互证。"有司",具体管事者,权力小,杂事多,责任大,办事多小气。

20·3 孔子曰:"不知命,无以为君子也;不知礼,无以立也;不知言,无以知人也。"

【译文】孔子说:"不懂得天命,就无法成为君子;不懂得礼制,就无法安身立命;不懂得辨析别人的话,就无法认识人。"

附录一:《论语》所及孔子弟子索引

一、编写说明

(一)为了方便读者阅读、学习并进一步开展研究工作,编写本索引。

(二)太史公编写《仲尼弟子列传》,其顺序除了将可考者放置于前,并将颜回列为第一,将不可考者放置于后以外,并无其他特别考虑。本索引仍然大体按照太史公所定顺序编写,以便读者对照阅读,减轻翻检之劳。

(三)本索引只收录《论语》所及之孔子弟子二十九人,《论语》未及者概不收录。

(四)陈亢,太史公《仲尼弟子列传》不收,郑玄等学者认为是孔子弟子,我考证郑说可从,故亦收录之。

(五)本书在孔子弟子第一次出现时,会写一传略,此后一般从略,以减少文字。

(六)经过考证,孔子十位设帐弟子尊称"某子"并写"某子传略",其余十九位未设帐者径称"某某"并写"某某传略"。后世文献如《阙里文献考》等将孔子所有弟子均尊称为"某子",此说不从。

(七)本索引特别注明孔子设帐弟子的语录,以供学者进一步研究之用。

(八)孔子弟子所做的记录,凡有明确可考者,亦一并注明。

二、《论语》所及孔子弟子索引

（一）颜子，名回，字子渊，孔子设帐弟子。

《论语》所及者凡十九章：《为政篇》2·9，《公冶长篇》5·9、5·26，《雍也篇》6·3、6·7、6·11，《述而篇》7·11，《子罕篇》9·11、9·21，《先进篇》11·3、11·4、11·7、11·8、11·9、11·11、11·19、11·23，《颜渊篇》12·1，《卫灵公篇》15·11。

其中，11·11明确记载颜回有"门人"，说明颜回曾经设帐授徒，而且本章必为颜回门徒所记录，原简必称颜回为"颜子"。《论语》中"门人"一词共出现七次（另见4·15、7·29、9·12、11·15、19·3、19·12）。孔子弟子投身师门可称"门人"，案例见7·29；孔子设帐弟子的门徒投身各自的师门，也都可称为"门人"，9·11是颜子语录，其记录者必为颜子之"门人"，原简必然尊称他为"颜子"，曾参师徒编辑《论语》时改称"颜渊"。战国时代有"颜氏之学"，想必为颜回师徒所传。

按照春秋礼制，颜回必须担任公卿，其弟子才能尊称其为"颜子"（参《学而篇》1·1）。颜回终身未出仕，其弟子本不当尊称"颜子"，而应当尊称"先生"。可能到了战国时代早期，礼制越发松弛，颜回门徒记录其语录时，已经开始尊称"颜子"了。《孟子·滕文公上》5·1引有颜子语录，想必孟子当时尚可看到《论语》遗简。曾参师徒编辑《论语》时，或因固守春秋礼制，或因忌惮颜回巨大的影响力，或二者皆有之，而将"颜子"统统改为"颜渊"。

颜子传略见2·9。

（二）闵子，名损，字子渊，孔子设帐弟子。

《论语》所及者凡五章：《雍也篇》6·9，《先进篇》11·3、11·5、11·13、11·14。

其中，11·13明确记载"闵子"，则本章必为闵损门徒所记录。6·9也应该是闵子语录，应该是《论语》编辑者将两个"闵子"都改为"闵子骞"。

《史记·仲尼弟子列传》称闵损"不乐仕"，我推测闵损亦如颜回终身未出仕。按照春秋礼制，闵损门徒不应尊称他为"闵子"，只应尊称他为"先生"。

可能战国礼制松弛，其门徒记录他的语录时，就已经直接尊称"闵子"了。

闵子传略见6·9。

（三）冉耕，字伯牛。

《论语》所及者凡两章：《雍也篇》6·10，《先进篇》11·3。

冉耕传略见6·10。

（四）冉雍，字仲弓。

《论语》所及者凡七章：《公冶长篇》5·5，《雍也篇》6·1、6·2、6·6，《先进篇》11·3，《颜渊篇》12·2，《子路篇》13·2。

冉雍传略见5·5。

（五）冉子，名求，字子有，孔子设帐弟子。

《论语》所及者凡十三章：《公冶长篇》5·8，《雍也篇》6·4、6·8、6·12，《述而篇》7·15，《先进篇》11·3、11·17、11·22、11·26，《子路篇》13·9、13·14，《宪问篇》14·12，《季氏篇》16·1。

其中，6·12、11·17两章都是冉求自己所做的记录，故均自称"求"；6·4、13·14两章均尊称"冉子"，必为冉子之门徒所记，则冉求为孔子设帐弟子。

冉子传略见5·8。

（六）仲子，名由，字子路，晚年亦字季路，孔子设帐弟子。

《论语》所及者凡三十一章：《为政篇》2·17，《公冶长篇》5·7、5·8、5·14、5·26，《雍也篇》6·8、6·28，《述而篇》7·11、7·35，《子罕篇》9·12、9·27，《先进篇》11·3、11·12、11·13、11·15、11·18、11·22、11·24、11·25、11·26，《颜渊篇》12·12，《子路篇》13·1、13·3，《先进篇》14·22、14·42，《卫灵公篇》15·2、15·4，《季氏篇》16·1，《阳货篇》17·5、17·7、17·8。

其中9·12、11·15两章明确记载子路有"门人"，《孟子·滕文公下》6·7引有子路语录，可知他是孔子的设帐弟子之一，可惜《论语》编辑者鄙视子路之学问，忌惮子路之影响，竟然很少收子路语录，只有14·38、18·7可能是其语录。

仲子传略见2·17。

（七）宰予，字子我。

《论语》写到宰予者，凡四章：《公冶长篇》5·10，《雍也篇》6·26，《先进篇》11·3，《阳货篇》17·21。

其中5·10自称姓名"宰予"，则为宰予自己所做的记录。

《孟子·公孙丑上》3·2引有宰我语录。

宰予传略见5·10。

（八）端木（亦作沐）子，名赐，字子贡，孔子设帐弟子。

《论语》所及者凡三十三章：《学而篇》1·10、1·15，《为政篇》2·13，《八佾篇》3·17，《公冶长篇》5·4、5·9、5·12、5·13、5·15，《雍也篇》6·8、6·30，《述而篇》7·15，《子罕篇》9·6、9·13，《先进篇》11·3、11·13、11·19，《颜渊篇》12·8、12·23，《子路篇》13·20、13·24，《先进篇》14·29、14·35，《卫灵公篇》15·3、15·10，《阳货篇》17·19、17·24，《子张篇》19·20、19·21、19·22、19·23、19·24、19·25。

其中1·10、5·13、12·8、14·28、19·20、19·21、19·22、19·23、19·24、19·25十章为端木子语录，按照礼制均应尊称"端木子"，曾参师徒编辑《论语》时，一并改为"子贡"。

端木子传略见1·10。

（九）言子，名偃，字子游，孔子设帐弟子。

《论语》所及者凡八章：《为政篇》2·7，《里仁篇》4·26，《雍也篇》6·14，《先进篇》11·3，《阳货篇》17·4，《子张篇》19·12、19·14、19·15。

其中4·26、19·14、19·15三章为言子门徒所记录之言子语录，原简必称"言子"，曾参师徒编辑《论语》时改称"子游"。

言子传略见2·7。

（十）卜子，名商，字子夏，孔子设帐弟子。

《论语》所及者凡十八章：《学而篇》1·7，《为政篇》2·8，《八佾篇》3·8，《雍也篇》6·13，《先进篇》11·3，《颜渊篇》12·5、12·22，《子张篇》19·3、19·4、19·5、19·6、19·7、19·8、19·9、19·10、19·11、19·12、19·13。

其中，1·7、12·5、12·22，19·3—19·13共十四章为卜子门徒所记录之卜子语录。

卜子传略见1·7。

（十一）颛孙子，名师，字子张，孔子设帐弟子。

《论语》所及者凡十六章：《为政篇》2·18、2·23，《公冶长篇》5·19，《先进篇》11·16、11·18、11·20，《颜渊篇》12·6、12·10、12·14、12·20，《宪问篇》14·40，《卫灵公篇》15·6，《阳货篇》17·6，《子张篇》19·1、19·2、19·3。

其中19·1、19·2、19·3三章为其门徒所记颛孙子语录。

颛孙子传略见2·18。

（十二）曾子，名参，字子舆，孔子设帐弟子。

《论语》所及者凡十五章：《学而篇》1·4、1·9，《里仁篇》4·15，《泰伯篇》8·3、8·4、8·5、8·6、8·7，《先进篇》11·18，《颜渊篇》12·24，《宪问篇》14·26，《子张篇》19·16、19·17、19·18、19·19。

除了11·18以外，其余十四章，都是曾子语录，而且都称"曾子"，这应该与曾子师徒编辑《论语》有关。

曾子传略见1·4。

（十三）澹台灭明，字子羽。

《论语》所及者仅《雍也篇》6·14。有传略。

（十四）宓（虙）不齐，字子贱。

《论语》所及者仅《公冶长篇》5·3。有传略。

（十五）原宪，字子思。

《论语》所及者仅《雍也篇》6·5，《宪问篇》14·1，传略见6·5。
14·1"宪问"云云，说明本章为原宪所记录。

（十六）公冶长，字子长（亦字子芝，误）。

《论语》所及者仅《公冶长篇》5·1。有传略。

（十七）南宫括（适），字子容。

《论语》所及者凡三章：《公冶长篇》5·2，《先进篇》11·6，《宪问篇》14·5。
其中14·5自称其姓名"南宫适""南宫"，当为南容自己所记录。
传略见5·2。

（十八）曾点，字皙。

《论语》所及者仅《先进篇》11·26。有传略。

（十九）颜无繇，字路。

《论语》所及者仅《先进篇》11·8。有传略。

（二十）高柴，字子羔。

《论语》所及者仅《先进篇》11·18、11·25。
传略见11·18。

（二十一）漆雕开，字子开。

《论语》所及者仅《公冶长篇》5·6。有传略。亦说字子若，当误。
5·6自称姓名"漆雕开"，则这一章为漆雕开自己所记录。

（二十二）公伯寮。

《论语》所及者仅《宪问篇》14·36。有传略。本章自称其姓名"公伯寮"，则为他自己所记录。

（二十三）司马耕，字子牛。

《论语》所及者凡三章：《颜渊篇》12·3、12·4、12·5。

传略见12·3。

（二十四）樊须，字子迟。

《论语》所及者凡五章：《为政篇》2·5，《雍也篇》6·22，《颜渊篇》12·21、12·22，《子路篇》13·19。

传略见2·5。

（二十五）有子，名若，字子有，孔子设帐弟子。

《论语》所及者凡四章：《学而篇》1·2、1·12、1·13，《颜渊篇》12·9。

其中1·2、1·12、1·13均尊称"有子"，则为有子门徒所记录之有子语录；12·9亦为有子语录，非常特殊。

12·9为有若自己所做的记录。

传略见1·2。

（二十六）公西赤，字子华。

《论语》所及者凡四章：《公冶长篇》5·8，《雍也篇》6·4，《先进篇》11·22，11·26，传略见5·8。

（二十七）申枨（党），字周。

《论语》所及者仅《公冶长篇》5·11。有传略。

（二十八）巫马期，复姓巫马，名施，字子旗（期）。

《论语》所及者仅《述而篇》7·31。有传略。

（二十九）陈亢，字子周。

《论语》所及者1·10、16·13、19·25三章。19·25记载陈亢攻击孔子，故太史公断定他不是孔子弟子，《仲尼弟子列传》不收陈亢。但是《论语》郑玄注、《礼记·檀弓》均称陈亢为孔子弟子。而且16·13自称其姓名"陈亢"，则为陈亢自己所记录。他若不是孔子弟子，这一章不可能被收进《论语》。故郑玄等学者的说法可从。

传略见1·10。

附录二：《论语本意》参考文献目录

一、经书类

《论语注疏》，（魏）何晏等注，（宋）邢昺疏，北京：中华书局影印《十三经注疏》，1979年。

《论语译注》，杨伯峻译注，北京：中华书局，1980年。

《毛诗正义》，（汉）毛公传、郑玄笺，（唐）孔颖达等正义，北京：中华书局影印《十三经注疏》，1979年。

《诗经今注》，高亨，上海：上海古籍出版社，1980年。

《尚书正义》，（汉）孔安国传，（唐）孔颖达等正义，北京：中华书局影印《十三经注疏》，1979年。

《周礼注疏》，（汉）郑玄注，（唐）贾公彦疏，北京：中华书局影印《十三经注疏》，1979年。

《仪礼注疏》，（汉）郑玄注，（唐）贾公彦疏，北京：中华书局影印《十三经注疏》，1979年。

《礼记正义》，（汉）郑玄注，（唐）孔颖达等正义，北京：中华书局影印《十三经注疏》，1979年。

《周易正义》，（魏）王弼、（晋）韩康伯注，（唐）孔颖达等正义，北京：中华书局影印《十三经注疏》，1979年。

《春秋左传正义》，（晋）杜预注，（唐）孔颖达等正义，北京：中华书局影印《十三经注疏》，1979年。

《春秋左传注》，杨伯峻注，北京：中华书局，1981年。

《春秋公羊传注疏》，（汉）何休注，（唐）徐彦疏，北京：中华书局影印《十三经注疏》，1979年。

《春秋谷梁传注疏》，（晋）范甯注，（唐）杨士勋疏，北京：中华书局影印《十三经注疏》，1979年。

《孟子注疏》，（汉）赵岐注，（宋）孙奭疏，北京：中华书局影印《十三经注疏》，1979年。

二、史书类

《国语》，上海师范大学古籍整理研究所点校，上海：上海古籍出版社，1988年。

《战国策注释》，何建章注释，北京：中华书局，1990年。

《史记》，（汉）司马迁撰，（宋）裴骃集解，（唐）司马贞索隐，张守节正义，北京：中华书局，1975年。

《中国古史的传说时代》，徐旭生，桂林：广西师范大学出版社，2003年。

《中国民族史》，林惠祥，北京：商务印书馆，1993年。

《中华远古史》，王玉哲，上海：上海人民出版社，2003年。

《西周史》，杨宽，上海：上海人民出版社，2003年。

《春秋史》，童书业，北京：商务印书馆，2010年。

《西周与东周》，李亚农，上海：上海人民出版社，1956年。

《楚史论丛初集》，张正明主编，武汉：湖北人民出版社，1984年。

三、子书类

《墨子》，（清）毕沅校注，上海：上海古籍出版社影印《二十二子》，1985年。

《荀子》，（唐）杨倞注，（清）卢文弨等校，上海：上海古籍出版社影印《二十二子》，1985年。

《吕氏春秋》，（汉）高诱注，（清）毕沅校，上海：上海古籍出版社影印

《二十二子》,1985年。

《韩非子》,佚名注,(清)顾广圻识误,上海:上海古籍出版社影印《二十二子》,1985年。

四、吴天明发表的文章

《春秋书名语源考》,《中南民族大学学报》哲学社会科学版2008年第5期。
《春秋〈诗〉三变》,《长江学术》2008年第1期。
《弃子考》,《杭州师范学院学报》哲学社会科学版2004年第3期。
《原始文化的生存竞争和生殖竞争主题》,《中国文化》2002年合刊。
《文身新说》,《中南民族大学学报》哲学社会科学版2004年第2期。
《孔子的道德学问不只一条主线》,《求索》2017年第4期。
《孔孟倡道"三年之丧"的政治目的与文化考量》,《湖北社会科学》2017年第8期。
《上左上右礼制及其对中华民族的深远影响》,《理论月刊》2017年第12期。
《七夕五考》,《中南民族大学学报》哲学社会科学版2003年第3期。
《孔子弟子称"子"现象研究》,《湖北社会科学》2018年第12期。
《孔子没有平民文化教育思想》,《长江学术》2017年第1期。
《神仙思想的起源和变迁》,《海南大学学报》哲学社会科学版2004年第6期。
《鸟田新证》,《浙江社会科学》2003年第6期。
《白旗小考》,《江汉论坛》1996年第8期。

后　记

我在工作了几年之后，二十多岁才考上大学，这才有机会学习《论语》《孟子》等经典著作，起步实在太晚，基础实在太差。而且在刚开始学习的许多年中，我与大多数读者一样，在古今经师的帮助下，虽然认得字、会翻译，甚至许多篇章都会背诵，但是始终不得其门而入，事实上几乎没有读懂，更谈不上登堂入室了。后来反复学习周代其他文献，并与《论语》《孟子》等结合起来考虑，才慢慢略有心得。

大约二十年前，我受命给武汉大学的本科生讲授《孟子》，后来又给我读小学的女儿和文学院的研究生讲授《论语》，我采取的办法，就是把这些经典放在周代文化背景下，结合周代其他文献来解读，用周代文献互证，以经解经，尽可能地还原经典本意。武汉大学始终保留着容许旁听的优良传统，所以每学期讲课时，听课者中都既有本校师生，也有其他高校老师，还有一些社会人士，他们都觉得，我的这个办法还行，我就萌生了写作《论语本意》《孟子本意》的想法。

后来武汉工商学院成立国学院，彭秀春女士亲临寒舍，邀请我担任院长，《论语》《孟子》都是必讲课程。武昌理工学院赵作斌、蔡贤浩两位先生也邀请我给学生讲授《论语》，深圳图书馆等图书馆，武汉大学等几十所高校，还有一些党政机关，许多年来也常常邀请我去讲讲儒家经典，听课者也都觉得我的这个办法还行，对他们较快进入孔门，聆听孔夫子的教诲，理解经典的本意，多少有些帮助。看来先读群经再治一经，以经解经，这条路走对了。于是我决定先写作本书。

中华文明是人类唯一没有中断的文明，这固然与半封闭的地理环境多少有些关系，"周虽旧邦，其命惟新"，我们的历代先人都不断继承，同时又不断创新，无疑是远比地理环境重要得多的原因。孔子就是这样的典范，他虽然说过"述而不作"的话，但他研究尧舜三代春秋经典，从来没有因循守旧，他不仅有所"述"，而且有所"作"。春秋君子常说，"《诗》《书》，义之府也；礼、乐，德之则也"（《左传·僖公二十七年》），孔子却把尧舜三代春秋的经典总结为"六艺"，这就是创造性的"述"；他又进一步将"六艺"的主旨概括为"仁"和"礼"，这更是创造性的"作"。本书虽然只想尽可能还原孔子本意，但并无任何因循的考虑，因为只有了解孔子本意，才可能对他做出比较科学的评价，才可能在圣人的基础上有所发现，有所创造。

所有学习过《论语》的朋友都会发现，孔子讲的那些话，好像就在昨天。与圣人为邻，听圣人讲话，与圣人谈心，学习体会华夏五千年的道德学问，从而提高我们自己的道德学问，这是人生何等快意的事情！中华民族在历经了一百多年的磨难之后，如今正在复兴，不仅经济建设和科学技术飞速发展，文化自觉和文化自信亦在迅速恢复之中。我相信，将来会有更多的读者从中国文化元典中吸取智慧和力量，相信我们伟大的中华民族，我们伟大的祖国，一定会重新焕发勃勃生机！

商务印书馆对我的这本小书非常重视，责任编辑乔永、李拴牢先生认真、敬业，让我非常感佩。书稿原来是手写稿，是我的研究生向瑞雪、江姝两位同学不辞辛苦帮我打成电子稿，我要谢谢她们。

我读《论语》虽然不能说毫无心得，但书中的错误一定不少，恳请专家读者多多批评，以便再版时得以改进。

吴天明

二〇一九年春于武汉大学文学院

图书在版编目（CIP）数据

论语本意/吴天明著.—北京：商务印书馆，2019
ISBN 978-7-100-17592-0

Ⅰ.①论… Ⅱ.①吴… Ⅲ.①儒家②《论语》—研究Ⅳ.①B222.25

中国版本图书馆CIP数据核字（2019）第125697号

权利保留，侵权必究。

LÚNYǓ BĚNYÌ
论语本意
吴天明 著

商务印书馆出版
（北京王府井大街36号 邮政编码100710）
商务印书馆发行
天津旭丰源印刷有限公司印刷
ISBN 978-7-100-17592-0

2019年10月第1版　　开本 889×1194 1/16
2019年10月第1次印刷　　印张 30

定价：48.00元